聚焦学科建设
凝练研究方向

广西外国语学院论文集

韦 茜 ◎ 主 编

曾 雁 李冬冬 ◎ 副主编

Guangxi University of Foreign Languages

Collected papers

上海财经大学出版社
SHANGHAI UNIVERSITY OF FINANCE & ECONOMICS PRESS

上海学术·经济学出版中心

图书在版编目(CIP)数据

聚焦学科建设 凝练研究方向:广西外国语学院论文集/韦茜主编.
—上海:上海财经大学出版社,2024.1
ISBN 978-7-5642-4307-4/F·4307

Ⅰ.①聚… Ⅱ.①韦…… Ⅲ.①高等学校-学科建设-中国-文集
Ⅳ.①G642.3-53

中国国家版本馆CIP数据核字(2024)第000537号

□ 责任编辑 徐 超
□ 封面设计 贺加贝 李 希

聚焦学科建设 凝练研究方向
广西外国语学院论文集

韦 茜 主 编
曾 雁 李冬冬 副主编

上海财经大学出版社出版发行
(上海市中山北一路369号 邮编200083)
网 址:http://www.sufep.com
电子邮箱:webmaster@sufep.com
全国新华书店经销
上海新文印刷厂有限公司印刷装订
2024年1月第1版 2024年1月第1次印刷

787mm×1092mm 1/16 18.25印张(插页:2) 444千字
定价:88.00元

前 言

“十四五”时期(2021—2025年)是我国建设高质量教育体系,促进广西教育高质量发展,推动科教振兴,加快推进教育现代化时期,也是争创高水平大学的重要时期。广西外国语学院充分利用面向东盟的区位优势,注重培育特色专业,动态调整专业结构,优化形成以东盟国家语言种类特色学科专业群为轴心,服务中国—东盟自贸区和台港澳经贸急需学科专业群、现代信息技术与政企信息系统应用专业群为两翼的专业发展格局。确立“以文学学科专业为主,经济学、管理学、艺术学、教育学、工学等多学科专业协调发展”的学科专业定位,以本科专业教育为主的办学格局基本形成。为了聚焦学科建设,凝练学科研究方向,全面落实立德树人根本任务,让广大师生深入了解学校的学科研究情况,我们组织撰写了这本论文集。

全书由46篇学科研究论文组成,主题分为“经济与管理”“思政教育”“文学与教育”。“经济与管理”由14篇论文组成,主要内容有研究红色财经、区域经济与贸易。“思政教育”由17篇论文组成,主要内容有研究湘江战役红色教育资源、课程思政和思政教育。“文学与教育”由15篇论文组成,主要内容有研究古代文学、国际汉语教学、外语教育、育人模式等。

本书以“聚焦学科建设 凝练研究方向”为研究对象,重点是落实高校立德树人的根本任务,积极促进学科研究资源转化为教学资源,将教师研究成果融入教学内容。本书的研究重点是挖掘红色文化资源,提升教育铸魂育人效果,深入构建爱国主义教育长效机制。研究期间,作者们实地走访了江西赣州的金融研究所、大柏地、叶坪、沙洲坝、泽覃乡、云石山、和君小镇、于都,以及湘江战役遗址等红色教育基地,从不同的学科论证红色文化融入教育课程的价值及路径。

本书可为高校工作者提供学科研究的思考,为经管类、文学类等学科课程思政的建设提供指导。同时,也可以供从事红色历史研究、红色资源开发、红色文化发展的工作人员参阅。

本书由广西外国语学院组织编写。广西外国语学院是广西唯一独立建制的外语类本科高校,学校把立德树人作为根本任务,用习近平新时代中国特色社会主义思想铸魂育人,积极加强思政工作体系和“三全育人”工作格局的建设。本书是广西外国语学院的学者们在学校各学科“三进”工作推进背景下,突出学科研究特色,是广西外国语学院“三进”工作成效的体现。

由于我们的研究水平有限,研究人员的水平也有差别,所撰写的论文难免存在缺点和错误,敬请专家、学者和读者朋友给我们提出宝贵意见,我们甚为感谢。

编 者

2023年11月于南宁

目录
CONTENTS

一、经济与管理

二、思政教育

三、文学与教育

一、经济与管理

共同富裕背景下提高农村居民财经素养缩小城乡差距的现实路径

李俊江

摘　要：缩小城乡收入和消费差距是实现共同富裕的关键。文章根据我国城乡居民收入与消费的数据分析，分析了财经素养对农村居民收入与消费的影响机制，包括保险保障机制、理财增值机制和信贷平滑机制。接着分析与教育、收入和年龄等社会特征有关的影响财经素养的因素。由此提出构建农民财经教育长效机制，提高农民财经素养水平；打造多维财经服务推广体系，提升农民财经获取意识；加强农村财经生态环境建设，提高农民财经风险防范意识等建议。

关键词：农村居民；财经素养；城乡差距

一、引言

党的二十大强调了中国式现代化是全体人民共同富裕的现代化，应着力促进全体人民共同富裕，坚决防止两极分化。二十大还强调了加快构建新发展格局，着力推动高质量发展。着力扩大内需，增强消费对经济发展的基础性作用和投资对优化供给结构的关键作用。2023 年 12 月中央经济工作会议也强调了着力扩大国内需求，把恢复和扩大消费摆在优先位置。

随着我国经济社会的快速发展，财经素养也成为人们越来越关注的问题。在现代社会，每个人都参与了更多的经济活动，自然也面临着比以往更多的财经风险。财经素养又称金融素养，是人们拥有的有助于个体应对财经事务、实现财经福祉的知识、能力和价值观的综合体，财经素养包括财经知识、财经能力和财经价值观，对人们的经济活动和福祉有重大影响。[1]根据中国统计年鉴截至 2020 年 12 月 31 日的数据显示，我国农村居民人口总数约占全国总人口的 40%。然而，现阶段的城乡收入和支出差距依然巨大，提高农村居民财经素养，有利于提高农村居民的财经知识和能力，树立正确的财经价值观，促进农村经济社会发展，更好地实现全面建成小康社会目标。

二、我国城乡居民收入与消费差距较大

首先，我国城镇居民与农村居民的人均可支配收入存在较大差距。随着经济发展水平逐步提高以及这些年中国在“三农”建设中取得显著成果，城乡居民收入都在稳步增长，这是可喜的一面；但是另一方面，城乡居民的人均可支配收入的总量差距也越来越大。如表 1 所示，2021 年，城镇居民人均可支配收入已经达到 47 412 元，而农村居民人均可支配收入仅有 18 931 元，相差 28 481 元，城镇居民人均可支配收入约是农村居民的 2.50 倍，远高于例如美国、英国等一些发达国家的约为 1.5 倍。

表 1　　城乡居民人均可支配收入

指标＼年份	2016	2017	2018	2019	2020	2021
城镇居民人均可支配收入(元)	33 616	36 396	39 251	42 359	43 834	47 412
农村居民人均可支配收入(元)	12 363	13 432	14 617	16 021	17 131	18 931
差距(元)	21 253	22 964	24 634	26 338	26 703	28 481
倍数	2.72	2.71	2.69	2.64	2.56	2.50

数据来源:国家统计局。

其次,我国城镇居民与农村居民的人均消费支出存在较大差距。从表 2 中可以看出,城镇居民人均消费支出从 2016 年的 23 079 元上升到 2021 年的 30 307 元;农村居民人均消费支出从 2016 年的 10 129 元上升到 2021 年的 15 916 元。总体而言,城乡居民人均消费支出总量上也呈现上升趋势,同时差距也有逐年扩大的趋势,虽然数据显示 2020 年和 2021 年城乡居民人均消费支出的差额相对历年有所下降,但是差距依然巨大。

表 2　　城乡居民人均消费支出

指标＼年份	2016	2017	2018	2019	2020	2021
城镇居民人均消费支出(元)	23 079	24 445	26 112	28 063	27 007	30 307
农村居民人均消费支出(元)	10 129	10 954	12 124	13 327	13 713	15 916
差距(元)	12 950	13 491	13 988	14 736	13 294	14 391
倍数	2.28	2.23	2.15	2.11	1.97	1.90

数据来源:国家统计局。

第三,我国城镇居民与农村居民的消费支出占可支配收入比重存在较大差距。从之前分析可知,城乡居民人均消费支出差距有所缩减。但进一步分析发现(见表 3),农村居民消费支出占可支配收入比重远高于城镇居民,说明农村居民消费的增长是以牺牲家庭财务保障为代价的。

表 3　　城乡居民人均消费支出占可支配收入比重

指标＼年份	2016	2017	2018	2019	2020	2021
城镇居民消费支出占可支配收入比重(%)	69	67	67	66	62	64
农村居民消费支出占可支配收入比重(%)	82	82	83	83	80	84

数据来源:国家统计局。

最后,我国城乡的经济发展不平衡问题在不同区域中普遍存在,特别是在经济发达地区和城市，城乡差距更大。从表4中可以明显看到，城乡居民人均可支配收入的差额无论是在经济发达的东部地区，还是在经济欠发达的中、西部地区，都呈现出逐年上涨的趋势，表明城乡发展不平衡的现象日益严重。我国城镇与农村居民收入与消费支出存在较大差距的现象不仅在中西部经济不发达地区存在，在东部经济发达地区也普遍存在。值得注意的是，东、中、西部地区城乡居民人均可支配收入的差额在2020年分别为30 741元、21 445元和23 437元，其中东部发达地区的城乡差额绝对值最大，一定程度反映了经济较发达地区的贫富分化现象最严重；当然，西部地区的分化也一样不可忽视，因为数据表明西部城镇居民人均可支配收入与农村居民收入之比最大，为2.66(东部为2.44，中部为2.32)。

表4　城乡居民人均可支配收入(按东、中、西部地区划分)

地区	居民类型	2016	2017	2018	2019	2020
东部地区	城镇居民	39 651	42 990	46 433	50 145	52 027
	农村居民	15 498	16 822	18 286	19 989	21 286
	差额	24 153	26 168	28 147	30 156	30 741
中部地区	城镇居民	28 879	31 294	33 803	36 608	37 658
	农村居民	11 794	12 806	13 954	15 291	16 213
	差额	17 085	18 488	19 849	21317	21 445
西部地区	城镇居民	28 610	30 987	33 389	36 041	37 548
	农村居民	9 918	10 829	11 831	13 035	14 111
	差额	18 692	20 158	21 558	23 006	23 437

数据来源：国家统计局。

通过上述分析可知，我国城乡居民收入与消费支出之间的差距仍然很大，城乡发展不均衡现象普遍存在。为促进全体人民共同富裕，以中国式现代化推进中华民族伟大复兴，解决城乡之间发展不平衡的问题是重中之重。

三、财经素养对农村居民收入与消费的影响机制

近年来，我国经济持续增长，城乡居民生活水平不断提高。但是在经济快速发展过程中，我国城镇居民和农村居民财经素养的差距依然明显。农村居民普遍存在风险防范意识淡薄、理财观念相对保守、理财知识匮乏等财经素养较低的问题。一项由人民银行(南昌中心支行)在南昌当地进行的农村中小学生的专项调研的数据表明，当地农村中小学生财经素养水平总体较低，表现为风险责任意识较为淡薄，财经规划意识偏弱，对财经知识的认知存在较大偏差，理解和应用能力不足，风险应对处置能力较低，消费者权益保护能力亟待提高。[2]虽然样本有一定的局限性(包括样本量以及区域的局限性)，但从中我们依然可以得出有一定参考价值的结论。农村地区居民财经素养水平普遍低于城镇地区，城镇地区金融消费者平均得分为68.06，比农村地区高3.45分，其中金融知识方面的差异最大，农村地区消费者的金融知识得分61.13，比城镇地区低6.41分。很多学者通过对财经素养与居民收入与消费深度观察和研究发现，两者之间有着紧密的内在关系。财经素养主要通过保险、理财和信贷等财经行为影响

农民收入与消费。

(一)保险保障机制

保险可以减少农民和农业未来的不确定性,从而稳定农村居民对未来消费的信心,促进农民消费。财经素养高的农村居民更了解保险产品和作用,会利用保险来规避和消除风险带给个人和家庭的不利影响。一方面,传统的保险产品例如商业医疗保险、重大疾病保险和农业保险等产品可以减少农民因为天灾人祸而造成的人员和财产损失。医保报销可以减少医疗费用给农村家庭生活带来的经济压力,在一定程度上可以增加当期消费能力;对于健康投保人来说,购买医疗保险可以减少过度储蓄行为,以应对未来风险,并释放当前消费的潜力。另一方面,由于近年来农村中青年劳动力大量外流,逐渐打破了传统的家庭养老模式。农村全民基本医疗保险措施全面实施,不少金融机构也推出了针对农村养老服务的金融产品。与未参保农民相比,已参保农民的消费意愿更强,消费金额也更高。参保带来的养老金增加了农民的收入来源,弱化了预期风险,释放了消费潜力。

(二)理财增值机制

随着互联网金融的快速发展,越来越多农村居民通过网络接触到了投资理财等金融工具,特别是作为网络原住民的Z世代的年轻人,有着更多的财经知识和技能,更多地参与着互联网的理财活动,有利于优化家庭资源配置,增加个人和家庭的收入和消费。根据自身和家庭的生命周期阶段和风险偏好合理选择合适的金融资产,可以让理财既安全又能让资产有着一定的增值。

(三)信贷平滑机制

农民的财经素养是影响信贷审批可能性和额度的重要因素。一方面,农村居民的财经素养会影响信贷的积极性和可得性。财经素养高的农村居民具有较好的计算能力并且对金融产品有着较高的理解和认同,可以准确计算利息和选择合适的还款方式和期限,可以降低存贷款人的信息偏见,提高农民信贷的积极性和贷款可能性。另一方面,根据经济学的生命周期理论,个人消费决策通常是跨期决策,个人在面临大额支出和不确定性时,容易出现预算约束和流动性约束。农村居民参与信贷可以有效降低消费对家庭即时可支配收入的敏感性,缓解家庭预算约束,进而实现跨期消费。

四、财经素养的影响因素

由于城镇与农村居民之间的差距主要体现在社会特征的差异上,以下部分将重点讨论与教育、收入和年龄等社会特征有关的影响财经素养的因素。

第一,教育与财经素养的关系。自财经素养研究开始以来,受教育程度与财经素养的关系就受到研究人员的关注。教育可以改变人的行为,包括金融行为。根据中国人民银行(金融消费权益保护局)发布的《消费者金融素养调查分析报告(2021)》(以下简称《分析报告2021》)显示,受教育程度与金融素养呈现正相关的关系,即受教育程度越高金融素养水平越高,其中研究生及以上学历的消费者金融素养水平最高。海外相关机构对财经素养的研究也发现了这一种正相关关系。休斯顿(Huston)认为,较高的教育水平提高了个人信息收集的效率,这促使人们有更大的动力去学习更多的财经与金融知识,以期提高他们在未来获得更多金融资源的能力,而教育水平较低的人,这些能力的水平相对较低。[3]有趣的是,关于教育和财经素养之间的关系不同学者不同样本的研究结果有时候是相互矛盾的。有一些学者的研究表明短期的财经教育和培训一般不会带来财经素养水平的提高，[4]而另一些学者则始终强调财经教育的重要作用，认为这种短期干预措施可以对教育水平较低的人的财经素养水平有一定的提升作用。

第二，收入与财经素养的关系。中国家庭追踪调查 2022（China Family Panel Studies）最新的数据分析表明，个人财富与居民财经素养之间存在着明显的正相关的关系。[5]这意味着拥有更多财富的家庭有更多的动机和资本来提高他们的财经知识。这很容易理解，因为较多的财富增加了消费者的可支配收入，足够多的可支配收入又意味着有更多的参与财经活动的机会，收入较高个人和家庭可以在财经实践中提高财经知识和技能。通过分析数据还发现，每月收入低于 2 000 元的低收入群体在个人投资、购买保险和获取信贷方面都缺乏足够的财经知识和相应的技能。这可能的原因是，由于可支配收入较低降低了该群体参与财经活动的机会，较难从实践中积累财经知识和技能。财经素养较低会进一步减少财富积累的可能性，长远来看，这样的恶性循环会加剧贫富分化。

第三，年龄与财经素养的关系。很多研究显示，年龄越大财经素养越低。根据《分析报告 2021》的结果显示，18～30 岁组的群体财经素养在三组不同年龄群体中处于中间偏上的程度，30～40 岁组的群体财经素养平均得分最高，60 岁及以上的群体财经素养平均得分最低。根据报告的调查发现，在这个互联网金融盛行的年代，老年人对于金融数字化整体适应能力不强，较难利用互联网接触财经信息和产品，只有非常低比例的受调查的老年人（25.09%）会通过互联网来获取金融产品和服务。

第四，地域与财经素养的关系。不同地域的居民财经素养也有区别。有学者从财经意识、财经知识和财经能力三个方面考察，编制调查问卷，通过实证分析法，分析了西部地区农村居民的财经素养水平及其影响因素，结果发现西部地区农村居民财经素养相对而言水平较低，年龄与金融机构网点间的距离对其有显著的负相关影响。[6]从《分析报告 2021》的调查数据显示，东部地区消费者金融素养处在最高水平，平均分约为 68，而西部地区消费者金融素养得分最低，比东部地区低约 3 分，中部地区消费者金融素养居中，由此可以得出，相对而言，东部地区居民理财意识较强，理财技能更娴熟。

五、提高农村居民财经素养的对策建议

（一）建立可持续发展的农村居民财经素养教育体系

设置个性化的财经素养课程，建立可持续发展的农村居民财经素养教育体系，持续提高农村居民财经素养，提高农民收入和消费。一是把财经知识融入国家的义务教育中。针对不同阶段的学生认知水平和实际需要，制定相应的财经课程，有利于从浅入深地提高农村青少年的财经知识和技能，树立正确的财经价值观。青少年财经素养的提高可以带动农村家庭整体的财经素养，减少贫困的代际传递。二是重视除学校课堂以外的财经知识和技能的宣传，特别是针对农村老年人群体，相关金融机构和政府部门可以沿用传统的知识宣传的方式，面对面点对点地开展防范养老诈骗和非法集资等活动，提高农村老年人风险意识，保障其合法利益。

（二）加强农村老年群体的数字金融素养

老年人财经知识和技能较弱很大的原因来自无法适应互联网金融的发展，数字金融素养较低。有研究表明，老年群体对金融机构的物理网点和现金使用有更强的偏好。[6]研究表明

63%的18～30岁年龄段受访者通过金融机构网点获取金融产品或服务信息，而有80.94%的60岁以上的老年群体受访者更偏好通过金融机构的物理网点来获取相关信息。在现金使用方面，年龄越大的群体使用现金支付的比例越高，60岁以上的群体中86.20%在过去两年使用过现金支付。因此，要加强农村老年群体的数字金融素养，减少城乡数字鸿沟。

（三）打造多样化的农村金融服务形式，提高农村居民参与财经活动的机会

农村居民的相对贫困很大程度上体现在机会的不均等。提高农民接触金融产品的机会和频率，让农民在实践中提高自身金融素养。一是要充分利用基层组织对农民财经实践的指导作用。农村基层干部可以深入农民群众中，全方位、深层次地为农民宣讲财经政策、普惠金融政策、政策性保险和信贷贴息等政策，提高农民参与财经活动的积极性。二是要充分利用农村金融机构的专业服务功能。金融机构可以根据农民的不同财经需求创新金融产品，例如农业贷款和养老产品，使其在财经活动中提高财务决策能力。三是要发挥新型农业经营主体的带头和示范作用。专业大户、家庭农场、专业合作社等新型农业经营主体可以用供应链金融的形式帮小农户进行担保，增加其参与金融服务的机会。

（四）构建良性农村金融生态环境，提高农民财经风险防范意识

随着财经知识和实践的不断增加，农村居民会更多地参与财经活动。政府以及金融机构在引导他们积极参加财经活动的同时，也要加强农民的信用意识和抵御非法集资和各种新型诈骗的诱惑。一要加强农村金融机构对农民合法权益的保护，坚持以农民为主体，强化农民在农村金融市场中的基础性作用，建立两者的良性互动机制。二要完善乡村信贷制度。要通过完善健全的正、负激励机制，对信誉良好的农户实行信贷支持和优惠利率，把失信农户纳入“黑名单”，增强农民的财经责任意识，规范其财经行为。三是要加强农民风险防范意识。建立农村财经违法行为预警监控体系，严厉打击诈骗等非法金融活动，加大惩处力度，构建良性农村金融生态环境，提高农民财经风险防范意识。

参考文献

[1]辛自强，张红川，孙铃，等.财经素养的内涵与三元结构[J].心理技术与应用，2018，6(08)：450－458.

[2]江西省金融学会课题组，张智富.农村中小学生金融素养教育的困境与应对策略——基于江西2302个样本调查[J].金融与经济，2018(10)：4－8.

[3]Huston，Sandra J. Measuring Financial Literacy. Journal of Consumer Affairs，2010，44(2)：296－316.

[4]彭显琪，朱小梅.消费者金融素养研究进展[J].经济学动态，2018(02)：99－116.

[5]吴卫星，吴锟，王琎.金融素养与家庭负债——基于中国居民家庭微观调查数据的分析[J].经济研究，2018，53(01)：97－109.

[6]何学松，孔荣.普惠金融视域下西部地区农民金融素养水平及其影响因素[J].信阳师范学院学报(哲学社会科学版)，2018，38(06)：46－51.

实施种业振兴行动促进广西农业高质量发展的路径与对策

欧文权

摘　要:党的十八大以来,广西认真贯彻落实中央关于发展现代种业的决策部署,大力实施现代种业提升工程,取得了良好成效。本文在总结广西种业发展取得成绩的基础上,分析广西种业发展存在的问题,提出全面落实国家《种业振兴行动方案》的工作思路及对策措施。

关键词:广西;种业振兴;高质量发展;对策建议

种业处于农业整个产业链的源头,是农业的"芯片",是建设现代农业的标志性、先导性工程,是国家战略性、基础性核心产业。党中央、国务院高度重视种业振兴,党的十八大以来,先后出台了多个促进种业振兴的相关文件。在2020年12月的中央农村工作会议上,习近平总书记强调,要深入推进农业供给侧结构性改革,推动品种培优、品质提升、品牌打造和标准化生产。2021年7月9日,习近平总书记主持召开中央全面深化改革委员会第二十次会议,审议通过了《种业振兴行动方案》。习近平在主持会议时强调,保障种源自主可控比过去任何时候都更加紧迫;农业现代化,种子是基础,必须把种源安全提升到关系国家安全的战略高度,集中力量破难题、补短板、强优势、控风险,实现种业科技自立自强、种源自主可控。在党的二十大报告中,习近平总书记再次强调要深入实施种业振兴行动。因此,在建设壮美广西的新征程中,我们如何实施种业振兴行动,促进广西农业高质量发展,是一项非常重要而紧迫的课题。

一、广西种业发展成就

(一)品种创新有了较大突破

党的十八大以来,广西各级农业部门以习近平总书记"三农"思想为指导,以实施乡村振兴战略为抓手,以农业供给侧结构性改革为主线,实施"种子提升工程",品种创新实现了较大突破,全区建成4个国家级及部级、5个自治区级的种质资源圃(库),保存农作物种质资源及相关材料8万余份,其中野生稻、栽培稻、甘蔗、糯玉米种质资源分别约占全国保存总量的1/2、1/6、1/2、1/3。建成5个国家级、28个自治区级畜禽遗传资源保种场(保护区、基因库),自治区级名录品种保护率84.38%。建成4个国家级、2个自治区级水产种质资源保护区,2个国家级、24个自治区级水产良种场。对巴马香猪、环江香猪、陆川猪、隆林黄牛等遗传资源进行抢救性保护,确保广西特有优势种质资源的延续发展。建成21个农作物良种培育中心,一批农作物种子骨干企业建立了"双杂"种子生产繁育、加工包装、仓储配送中心,基本解决了全区粮食生产用种需求。搭建的科研育种公共平台—— 广西农业良种海南南繁育种基地,在杂交稻、杂交玉米、甘蔗、蚕桑等品种选育上取得了较好成绩,中国工程院院士颜龙安评价广西优质杂交稻选育"处于全国领先水平"。选育出的桂单、亚航、青青等本土系列品种打破了广西玉米市场长达 10 多年被国外品种垄断的格局。高产高糖甘蔗良种、优质高产香蕉组培苗和柑橘无病毒苗、杂交桑种子种苗等繁育基地建设也得到加强,经济作物种子种苗生产能力进一步提高。

(二)种子企业不断做大做强

广西种子企业通过加强科企合作、产学研结合、联合开展科研育种攻关,以及兼并重组、购买品种权等方式,进一步提升了企业的核心竞争力,在品种选育方面形成了种子企业与科研机构齐头并进的新格局。近年来全区通过审定的农作物新品种中,种子企业选育的品种数量占总量的近 70%。目前全区形成了一批引领广西种业发展的龙头骨干企业和独具特色的专业型企业。"十三五"期间,通过广西审定品种中,广西企业选育的水稻占 79.4%,玉米占 70.9%,突显了种子企业科技创新的主体地位。广西有 2 家种子企业销售额进入全国 20 强,其中杂交水稻销售额分列全国第 5 和第 9 位。据全国最新数据,广西种子企业种子销售利润由全国第 18 位上升到第 11 位,企业总资产由全国第 20 位上升到第 14 位。广西企业逆势而上创造了全国种业界神奇的"广西现象"。

(三)种子生产持续稳定增长

"十三五"期间,广西农作物种子生产保持持续稳定增长的良好态势,种子企业常年"双杂"种子生产面积达 15 万亩,年生产种子 3 000 万公斤左右,可满足全区粮食生产需要,全区主要农作物良种覆盖率达 96%以上。近两年,在新冠肺炎疫情影响和全区增加粮食生产面积政策下,广西种子企业积极应对,保供应、保质量,积极加快复产复工,打通种子进村入户的最后一公里,稳住了全区粮食生产大局基本盘。

(四)监管服务能力不断提升

广西种子管理部门通过对企业开展"保姆式"的服务,推进种业"放管服"改革,以包容、开放、支持的态度,积极主动为种子企业做好"保姆式"服务。通过"量体裁衣"个性化定制,主动上门为企业提供生产技术、质量管理、制度建设等方面的指导和培训,补齐企业发展短板,为种业发展提供了良好营商环境。同时,全区持续不断开展种子市场监管和质量监督检查,守护种子市场的健康运行,确保种子市场秩序稳定,种子质量安全可靠。据统计,全区水稻、玉米种子质量合格率从"十二五"的 90.0%提升到 96.9%,蔬菜种子质量合格率从 82.7%提升到 96.8%,"十三五"期间,全区无重大种子质量安全事故。

二、广西种业发展存在的主要问题

广西现代种业发展虽然取得了一定成效,但由于起步较晚,种业发展尚处于初级阶段,与发展现代农业的要求还不相适应。

一是育种创新能力较低。育种材料深度评价不足,育种力量分散,育种方法、技术和模式落后,成果评价及转化机制不完善,育种复合型人才缺乏。高新育种理论和技术研发较为滞后,科研投入明显不足。

二是种子生产水平不高。种子繁育基础设施薄弱,抗自然灾害风险能力差,机械化水平低,加工工艺落后。

三是良种供求关系不够平衡。优质高产高抗的杂交稻、杂交玉米种子和健康柑橘苗木等供不应求，而普通“双杂”种子大路货等数量过剩，出现库存积压现象。种子种苗生产繁制基地不够稳定，杂交玉米种子主要依靠区外基地生产，蔬菜、马铃薯种薯等一些种子种苗主要从区外购进。

四是产学研合作定位不清。有的育种企业重眼前利益而忽视长远发展，重实际产出而非开发研究，仍然存在科研、生产“两张皮”现象。而对育种研究的支持重科研院校、轻种子企业，企业主体地位不够突出。对品种选育重“双杂”粮食类大作物、轻经济作物和地方特色小作物，对品种评价重产量数量、轻质量效益。

五是种子企业竞争能力较弱。企业数量不少，但规模小，研发能力弱，缺少“育繁推一体化”等大型骨干企业。尚未建立商业化育种体系，普遍缺乏品种资源这一核心竞争力。

六是市场监管服务能力有待加强。种子管理力量薄弱，监管技术和手段落后，工作经费不足，服务不够到位，财政、税收、信贷等政策扶持力度有待进一步强化。种子质量监督检验检测体系建设滞后，市场监管手段和服务方式落后，不能满足新《种子法》对种子管理部门的职责要求。管理部门普遍存在人员力量薄弱、工作经费缺乏等问题。

三、广西实施种业振兴行动的路径与对策

（一）广西实施种业振兴行动的路径

1. 加快建设特色种业

坚持市场需求导向，既要进一步做大做强大宗粮食、经济作物种业，也要做专做精地方特色小作物小品种，推进粮经饲与特色作物种业全面协调发展。

2. 积极推进绿色种业

加快新一轮品种更新换代，大力发展优质绿色产品，满足消费者对农产品需求由“吃得饱”向“吃得好”转变。

3. 坚持创新驱动导向

要按照国家创新驱动发展战略以及农业农村部种业人才发展与科研成果权益改革要求，全面释放科研机构、科研成果、科研人才的创新活力，调动种业科研人员的积极性，加快促进科技成果转化应用，促进产学研有效结合。

4. 积极做好宣传引导

要结合实际加强种业发展宣传，让公众更多关注和支持种业振兴。要建立健全全区种子生产经营信息网络，大力推进“数字种业”，建成一整套商品种子可溯、可查、可检的监管体系，加快推进“互联网 ＋ 种业”发展，提升现代种业信息化服务能力，提高全程监管服务水平。加强舆情跟踪和分析研判，对社会关注的热点问题及时回应，对不实报道、网络谣言及时澄清。要支持基层大胆创新探索，总结推广典型经验范例。

5. 提供良好营商环境

要充实县区种子基层管理队伍，持续不断开展种子市场监管和质量监督检查，守护种子市场的健康运行。坚持不懈地为种子企业做好“保姆式”服务，主动上门为企业提供生产技术、质量管理、制度建设等方面的指导和培训，补齐企业发展短板，为推进种业振兴营造良好氛围。

(二)广西实施种业振兴行动的对策措施

1. 加强种质资源保护,推进良种选育攻关

组建一批育种攻关联合体,推进科企合作,推动要素聚合、技术集成、机制创新,促进种质资源、数据信息、人才技术交流共享,加快突破一批突破性"桂系"新品种。加快建设现代种业基地,推动广西农业良种海南南繁育种基地提档升级。开展农业种质资源普查收集,加快广西农林业种质资源库(圃、场、地)建设,加强野生稻原生境资源及甘蔗等特色种质资源的保护利用,提纯复壮一批地方特色优良品种,实施种质资源精准鉴定评价。加强水果、蔬菜等优质高效经济作物和杂粮杂豆薯类等地方优势特色品种的研发,创造条件把一些传统优良品种资源开发成为一个特色优势产业。

2. 积极推广优良品种,促进产业转型升级

积极探索种子管理部门与种子企业联合或由企业独自开展的品种展示示范的新机制,加快建立自治区、市、县三级农作物新品种展示示范网络,加大农作物优良品种展示与示范推广。积极推进区域性良种繁育基地建设,加强桂南沿海、右江河谷和桂中北等杂交稻种子生产基地建设,稳定区外"双杂" 制种基地规模,加快建设一批无毒健康柑橘等优势特色经济作物种子种苗繁育基地,为全区农业生产提供优质健康的种子、种苗。同时,积极培育一批市场信誉度高、影响力大的原产地品牌和企业品牌,加快构建现代种业全新产业链,推动现代种业转型升级。

3. 深化种业改革创新,扶持优势企业发展

要全面研究梳理种业企业阵型,分类型拉出重点龙头企业名单,强化具体指导、重点支持,促进种业龙头企业与科研院所、金融机构、种业基地紧密对接。要建立健全以企业为主体的种业创新体系,一体化配置资金、项目、人才、技术等创新要素,搭建规模化技术集成应用平台,建立健全商业化育种体系。要让更多优势企业牵头承担种业科研攻关任务,鼓励金融机构创设品种权、土地经营权、养殖设施、机械设备等抵押质押贷款,提高企业融资可及性、便利性。要着力培育一批具有较强研发能力、产业带动力和国际竞争力的种业重点龙头企业,发展一批具有差异化竞争优势、专业化服务能力强的"专精特新"企业。要鼓励和支持本区种子企业积极参与"一带一路"建设,依托广西区位优势实施"走出去"战略,努力开拓国内外市场。积极推进南宁等地创造条件建设集研发、加工、仓储、销售、物流以及展示、会展、科普为一体的广西现代种业科技产业园区,吸引关联企业向园区聚集,加快打造现代种业产业集群,利用园区优惠政策扶持种子企业发展。

4. 强化市场监督管理,保障生产用种安全

要强化基层种业管理队伍建设,有专门机构的要进一步配强力量,没有的要明确主责主抓机构,完善设施装备条件,落实必要的运行经费,有专门力量来抓种质资源普查保护、良种试验示范、检验检测和执法监管等工作。积极推进"互联网 + 种业"发展,拓展提升广西种业信息网服务功能,配合农业农村部推进种业大数据平台和种业信息公共平台建设,建立健全种业信息智能化查询及追溯系统。进一步加强种子市场监管,强化种业知识产权保护,严厉打击套牌侵权等违法犯罪行为。加强植物新品种保护工作,强化转基因非法种植监管,保障农业生产用种安全。

5. 加大政策支持力度，建立工作推进机制

要建立党委政府领导下的部门工作协调机制，农业农村部门牵头抓总，相关职能部门密切配合，跟踪调度落实进展，细化实化规划审批、用地保障、人才激励、执法监管等工作措施，协调解决实际困难和问题，督促指导行动方案各项部署有力有序推进。要结合实际积极创设出台更多更有力度的政策举措，对地方品种资源保护开发、良种繁育基地建设、企业主体培育、良种推广应用、种子储备救灾等方面给予持续稳定的财政支持，通过税费减免、贷款贴息等措施引导企业加大研发投入力度，吸引社会和金融资本参与。探索重大品种研发与推广后补助政策，对突破性绿色新品种和推广效益突出的品种给予一次性补助，其他地方也要积极探索，农业农村部将在总结地方经验的基础上，研究推动出台后补助政策。

参考文献

[1]中共中央党史和文献研究院. 习近平关于"三农"工作论述摘编[M]. 北京：中央文献出版社，2019.

[2]中共中央关于制定国民经济和社会发展第十四个五年规划和二〇三五年远景目标的建议[N]. 人民日报，2020－11－04.

[3]本书编写组. 党的二十大报告学习辅导百问[M]. 北京：党建读物出版社，2022.

[4]韩俊. 新中国70年农村发展与制度变迁[M]. 北京：人民出版社，2019：14－15.

[5]吴宇雄. 织牢粮食安全保障网[N]. 广西日报，2022－05－17(6).

[6]祁广军，鞠忠良，贝永馨. 新时期推进广西现代种业发展的建议[J]. 中国种业，2018(3)：25－26.

[7]唐忠平，鞠忠良，庞华莒. 砥砺奋进争创种业辉煌 突破创新造就农业强芯——广西农作物种业"十三五"崛起之路[N]. 广西日报，2020－10－18(8).

[8]汪晓文，李明，胡云龙. 新时代我国农业高质量发展战略论纲[J]. 改革与战略，2020(1)：96－102.

[9]陈有联. 乡村振兴背景下农业高质量发展的逻辑必然与实践路径[J]. 安徽农学通报，2021(4)：21－23.

[10]张猛. 实施乡村振兴战略 推动农业农村高质量发展[J]. 发展，2018(10)：11－13.

[11]王田.《"十四五"全国种植业发展规划》印发[N]. 农民日报，2022－01－04(1).

[12]王小伟，邢云. 种业振兴行动方案出台在即 龙头企业当发挥排头兵作用[N]. 证券时报，2021－10－15(1).

[13]乔金亮. 种业振兴要畅通科技经济循环[N]. 经济日报，2022－02－08(2).

[14]宋珏遐. 种业科技引领农业高质量发展[N]. 金融时报，2018－02－08(1).

[15]胡从九. 浅析农业高质量发展[J]. 中国农垦，2019(12)：6－8.

全面乡村振兴背景下古岳文化艺术村的实践探究

韦文焕

摘　要:广西南宁市青秀区古岳文化艺术村①在我国全面实施乡村振兴战略以来取得突出成果。文章对古岳文化艺术村的基本情况进行介绍，着重分析古岳文化艺术村经济建设、文化挖掘、旅游发展、惠及民众等方面取得的成效及在乡村振兴战略中的示范引领作用，并结合古岳文化艺术村的实际情况，从土地政策、资金投入、人才引进方面提出建议，以助推全面乡村振兴战略的实施。

关键词:乡村振兴；古岳文化艺术村；实践探索

2021年2月25日上午，全国脱贫攻坚总结表彰大会在北京召开，习近平宣告我国完成了消除绝对贫困的艰巨任务，脱贫攻坚战取得全面胜利，部署了做好巩固拓展脱贫攻坚成果同乡村振兴有效衔接各项工作，我国走到了全面实施乡村振兴的新起点。在乡村振兴战略实施的大背景下，南宁市青秀区古岳文化艺术村抓住这一千载难逢的重大发展机遇，在习近平新时代中国特色社会主义思想指引下，全面贯彻落实强首府战略，坚持稳中求进工作总基调，大力发展"文化＋农业＋旅游"特色经济，在"田园青秀"综合体建设中脱颖而出，先后荣获"全国文明村镇""中国少数民族特色村寨""中国美丽休闲乡村""国家森林乡村"等荣誉，成为乡村振兴战略的新标杆，知名度和影响力不断获得提升，其示范意义值得深入的探讨。

一、古岳文化艺术村的基本情况

古岳文化艺术村依托南宁市综合示范村项目、广西壮族自治区文化和旅游厅"文化振兴"示范项目——青秀区南阳镇施厚村古岳坡建设而成，是南宁市青秀区党委、政府重点打造的生态综合示范村。古岳文化艺术村地貌丰富，自然植被完好，现有山林面积约1 500亩，耕地面积610亩。古木翠竹环绕，环境优美宜居，有2个生产队，68户人家，共316人。近几年，先后通过了"南宁市生态综合示范村""青秀区文化馆分馆""南宁市文化产业示范基地""中国人民大学文艺复兴研究院非物质文化遗产传承与创化实习基地""广西美术家协会培训创作基地""广西中小学生研学实践教育基地""广西乡村旅游区(五星级)"等10余项认证。

(一)优越的区位条件

古岳文化艺术村位于南宁市青秀区南阳镇，距离南宁市城区38公里，可从G75泉南高速

---

① 古岳文化艺术村行政村名称为"古岳坡村"，因为乡村振兴战略实施以及文化开发的示范意义，2016年3月开始，当地政府把该村作为乡村振兴示范基地，专门设计村口大门，并把"古岳文化艺术村"挂在大门上沿，而被外统称为"古岳文化艺术村"。因本文多数材料为访谈以及媒体宣传而来，文中均以"古岳文化艺术村"为称而不称"古岳坡村"。

或者S101省道直达。2018年始，青秀区把包括古岳文化艺术村在内的农业产业经济示范带范围的村屯道路从3米至4.5米路面拓宽成6米路面宽的双车道农村公路，排水设施、公路植被、安全防护等同步配套。近年来，南宁市青秀区着力打造“田园青秀”田园综合体，该项目位于南宁市长塘镇、刘圩镇、南阳镇相连片区，规划区总面积66.4平方公里，大力发展名贵花卉、特色水果、生态养殖、富锌香米、文化传承等产业，创建花之乡、果之乡、牧之乡、稻之乡、歌之乡，在项目中，古岳文化艺术村是“田园青秀”综合体中“歌之乡”的主体。近年来，随着道路网络的不断完善，古岳文化艺术村和长塘镇金花小镇得以连通，产业和农业文旅景观也串联起来形成旅游环线，为古岳文化艺术村实现农业、文化、旅游三位一体的融合发展提供了基础保障。

（二）良好的自然资源

依托古岳坡村良好的自然资源和生态环境，青秀区政府引进广西海源公司共同投资10 250万元建设花雨湖休闲农业示范区，截至2021年6月，示范区共建面积约32 000亩，种植月季、菊科植物、洋凤仙、千日红、樱花等观赏花卉和红心火龙、四季蜜芒、金花茶等特色农产品，同时还养殖了多种鱼类。在此基础上，示范区打造了百花园、樱花峪、百鸟园、射箭俱乐部、皮划艇俱乐部、水上乐园、水果采摘园等旅游项目，确定了“景镇联合、景村一体、景产联动”的旅游发展模式，带动村里的现代特色农业实现快速发展，目前，花雨湖已建设成为广西壮族自治区四星级核心产业示范区。

（三）深厚的文化底蕴

1. 有本土文化名人作为文化标杆

著名壮族文学艺术家、歌曲词作家古笛先生出生在南阳镇施厚村，他的代表歌曲《赶圩归来啊哩哩》被联合国科教文组织选定为亚太地区音乐教材。古岳文化艺术村依托古笛的文化影响力，建设了古笛故居，大力弘扬山歌文化，打造民俗民居示范村，吸引了摄影、音乐、油画、建筑设计等专业的艺术家长期入驻，租赁改造老旧民房建立艺术创作基地，建立了壮锦技艺传承和展示基地、乡村“艺术银行”、AX设计工作室、喜号美术馆等。

2. 传统村落保存较好

2015年，古岳文化艺术村建设发起人梁汉昌先生向南宁市青秀区政府递交了《“艺术古岳”壮族文化旅游村概念策划方案》，提出“传统村落布局不能大变动，每座传统民居都是一座民居博物馆，每一平方米的历史遗迹、每一件老物件都要保留”①的建议得到采纳，古岳文化艺术村20多座老房子因此保存了下来。后来，在古岳文化艺术村的建设规划中，提出了“修旧如旧”的原则，对古岳坡具有地方特色的传统民居建筑实施加固保护，对废弃民居、村集体晒谷场实施修缮改造和建设艺术家工作室。古岳文化艺术村在修缮传统民居，整治人居环境的同时，尊重自然，回归传统，着重保护生态环境、历史肌理与聚落形态，保持富有传统意境、各具特色的乡村景观格局。

3. 民俗文化资源丰富

古岳文化艺术村拥有芭蕉香火龙、南阳大鼓、南阳八音、采茶戏等具有本地特色的壮族传统文化，保留了壮族三月三、抢花炮、壮乡婚礼、家宴等传统节庆习俗，并依托丰富的民俗文化资源，开展以“缤纷花雨湖・艺术古岳坡”为主题的国庆文化旅游节，举办“新年音乐会”“非遗

---

① 梁汉昌．古岳坡传统村落保护与发展并举实践纪实[J]．当代广西，2018(02)．

音乐季”“壮族三月三青秀民族文化大型系列活动”等活动，通过数字网络、新媒体开展多种形式的文化宣传，让当地百姓和游客更多地认识、关注民族文化、民俗民居的保护和传承，打造古岳文化艺术村具有民俗文化特色旅游名片。

二、古岳文化艺术村建设存在的问题

（一）土地资源利用不充分

据统计，古岳文化艺术村现有山林面积约 1 500 亩、耕地面积 610 亩，人均土地面积不多，且分散。2015 年以来，入手建设古岳文化艺术村的广西巴弗罗投资集团有限公司从本村员工着手，筹建新型农民合作社，并将村民闲置的土地作为资本入股，企业出资进行运营管理，按营业收入进行分红，且每个村民股东每年收入不低于土地固定租金。通过这种方式，将分散在各家各户的土地逐步集中起来，但还有部分村民对这种模式不了解，抱着怀疑的态度，不愿意加入。因此，土地的零星状态并没有得到很好的改善，难以满足土地连片利用的需求。此外，古岳文化艺术村的林地以桉树种植为主，巴弗罗入驻后，对流转的林地逐步进行树种的更换，已完成 70 亩桉树林地改造成马蹄笋园、特色果园，但由于村内大部分林地被外村村民租赁用于桉树种植，难以回租。对当地的水源、生态造成较大的影响，也造成土地资源的严重浪费。

（二）乡村振兴人才储备不足

古岳文化艺术村的主要投资商广西巴弗罗投资集团有限公司把古岳的生产、生活资料转换成具有观光、体验、休闲价值的旅游产品，将民居与本地资源及文化特色相结合，用产业型、环保型、生态型、文化型、现代型发展思路，打造田园农业旅游、民俗风情旅游、休闲度假旅游、科普教育旅游，切实把旅游作为乡村振兴的重要抓手。随着古岳文化艺术村发展的逐步加快，人才紧缺成为亟须解决的问题。从整体看，人才需求主要集中在维持文化村高效运转、持续发展的管理型人才，能充分把握乡村文化资源并能有效转为旅游资源的研发人才，宣传当地优秀传统文化的文化型人才等，这些人才的储备不足，在一定程度上限制了古岳文化艺术村的高速、可持续发展。

（三）文化保护力度和宣传力度不够

一是本土深厚文化内涵挖掘不够。古岳南阳大鼓自清朝中期至今，历史悠久，具备申报非物质文化遗产代表性项目名录的基础，但是一直没有开展专业的挖掘整理、申报，以致优秀的文化资源未能得到有效的整体保护。二是文化宣传力度不足。南阳镇自古以来就有诚信经商、公平买卖的美誉，近年来国家更是大力弘扬诚信文化，但目前，南阳只是通过将南阳大鼓、诚信文化与现代研学相结合，借助抖音、微信、微博等平台进行传播，宣传力度还远远跟不上。

（四）基础设施建设不够完善

一是种植业基础设施不完善。古岳文化艺术村是自治区首批研学基地，以开展中小学研学实践、劳动实践，展示现代农业的发展为抓手，但由于土地零散，种植业蔬菜所需的大棚等未能形成连片规模，以致无法按规模申请财政农业扶持。二是水利设施不完善。目前，古岳的用水来源主要是那化山塘自然雨水汇集、花雨湖补水和自来水供应。但由于那化山塘坝体防渗漏工程没做好，不能起到有效蓄水作用；花雨湖补水设施受古巴路延长线施工影响，已受到损坏；自来水供应受伶俐水厂影响，供水不稳定。用水供应无法满足周边农业生产的需求，也给企业的运营带来极大的不便。三是道路设施不完善。2015 年，广西巴弗罗投资集团有限公司投资 200 多万元，修建了从古岳村庄到那化山塘的水泥路，解决奶水牛标准化养殖基地的交通需求，但由于古巴路修建工程中，载重货车同行较多，导致路面多处破损，造成交通不便。

三、古岳文化艺术村可持续发展的路径

（一）加强土地使用的把控和引导

良好的土地政策是古岳文化艺术村建设长远发展的基础保证。南宁市青秀区应根据2018 年中央 1 号文件精神，出台相关政策规范农村宅基地的市场交易，保障农民以出租、合作等方式盘活利用空闲宅基地的使用权，推动宅基地成为乡村振兴文旅项目的最大用地空间，促进乡村经济可持续发展。比如，针对古岳文化村农耕用地零散使用率不高的问题，当地管理部门应做好相应的政策宣传工作，鼓励更多的古岳村民入股建设合作社，以加快零星土地的流转。同时，政府应尽快出台在古岳文化艺术村展开点状供地的试点，便于巴弗罗公司整体提升中小学生研学基地等重点项目，服务社会，并带领村民股东创造更好的经济效益。另外，针对当地比较严重的桉树种植问题，政府应出台桉树禁种规定，加快古岳生态环境的恢复，维护生态的多样性。

（二）完善人才引进措施

“一切竞争都是人才的竞争”，人才的引入和培养是乡村振兴的重要保障。一要完善措施，对艺术家和非遗传承人的引进给予政策和资金的支持，营造良好的创作、传承环境，吸引文化、艺术、绘画、建筑等不同行业的艺术家入驻村屯，真正实现不同领域艺术家“愿意来、待得住、能发展”，长期稳定驻扎，为古岳文化艺术村建设提供源源不竭的文化思想源泉，打造名副其实的“文化古岳”“艺术古岳”。二要完善高级管理人才的引进政策，鼓励有学识、有技能、有专长的各类人才进入古岳文化艺术村，为村落的建设和管理注入活力，出谋划策。三要利用文化行政部门的资源优势，培养一支综合素质较高的、优秀的乡村振兴人才服务队伍，充分挖掘和利用乡村丰富的文化旅游资源，让本土民族文化焕发新的生命力，发挥文化旅游在乡村振兴中的新动力。

（三）加强宣传力度

做好宣传工作是乡村建设提升影响力的重要手段。在互联网时代，信息体量大，传播速度快，“酒香不怕巷子深”的时代已成为过去，宣传成为文化旅游项目提升影响力和品牌知名度的重要途径和方式。一是创新宣传方式。将传统媒体宣传与自媒体、融媒体结合，吸引一批年轻的网络达人开展宣传代言，以提升古岳文化艺术村的知名度。青秀区政府在宣传青秀山、凤岭儿童公园等成熟景区的同时，应加大对星级旅游区、星级农家乐、特色民俗村寨等新兴旅游景点的宣传推广，展现“乡村振兴”“新农村建设”的成效。二是整合文化与旅游资源整体宣传。充分挖掘当地较有特色的诚信文化、非遗资源，在更广的范围和更深的层次，加大对具有潜力的文化旅游项目的宣传力度，并支持当地举办更多的文旅活动，以项目带来人流，带动宣传。

（四）加大文化与旅游资金投入

持续的资金投入是全面乡村振兴战略阶段的重要保障。近日，财政部印发《中央财政衔接推进乡村振兴补助资金管理办法》，原中央财政专项扶贫资金更名为中央财政衔接推进乡村振兴补助资金。南宁市政府和青秀区政府应加大对古岳文化艺术村建设资金的支持力度，一是助力企业全面提升住宿环境和接待能力，改善交通、水利、村屯环境等旅游基础设施；二是加大

对当地传统民居、优秀文化挖掘和保护的资金投入,加快推进和深化旅游与文化的融合;三是积极推进文旅产业发展,发展特色养殖业,扶持建立古岳文化艺术村农副产品展示销售平台,助力企业尽快获得回报,引导企业进入健康发展。

四、古岳文化艺术村建设的示范意义

(一)以产业为支撑是可持续发展的基础

在乡村振兴领域,社会参与已经成为一种常态和共识,政府不再是唯一的建设主体。2015年,南宁市青秀区政府引进广西巴弗罗投资集团有限公司,采取“政府引导,村民出资,企业代建,财政奖补”的管理模式。政府投资 7 000 万元负责古岳文化艺术村基础设施建设,广西巴弗罗投资集团有限公司投资 6 000 万元负责项目的建设和独立运营。文化乡村建设普遍有“建设时间长、投入资金大、效益回报慢”的特点,为减轻资金压力,几年来,广西巴弗罗投资集团有限公司开源创收,一是建设奶水牛标准化生态牧场,养殖纯种摩拉水牛、尼里拉菲水牛,生产巴弗罗水牛奶;二是依托当地林地资源,将流转桉树林地进行改造,实施了马蹄笋种植项目、清香蜜橘种植项目、台湾长桑果种植项目以及芭乐种植项目。仅马蹄笋种植项目,一期种植面积 50 余亩,年亩产收益可达到 4.5 万元。可观的经济收益用于古岳文化艺术村的基础建设和文化品牌培育,保障文化艺术村有活力、可持续发展。

充分利用文化优势,建立产学研基地。2020 年 10 月 30 日,古岳文化艺术村在成为自治区研学实践教育基地后,正式接待了第一批研学学生 600 人。此外,古岳文化艺术村还满足了多种形式的培训、演出和创作的要求,每年接待来自广西不同地区的单位业务培训约 80 批次。同时,该村还多次举办全区摄影骨干暨摄影家业务培训、李海生中国民族管乐器艺术赏析、广西书法精锐培训等文艺演出和培训,为古岳文化艺术村文化氛围的营造着墨添色。可以说,古岳文化艺术村已逐步升级为会议、研学、培训多种功能组合的文化综合体。但这些活动总是阶段性的,要持续发展和壮大,需要更好的政策统筹以及政府、企业以及村委的大力支持。

(二)坚定弘扬优秀本土文化

乡村文化是中华民族精神文化的原点,乡村是最基础的文化空间,是优秀传统文化最后的阵地。古岳文化艺术村要充分挖掘并恢复芭蕉香火龙、南阳大鼓、采茶剧、南阳八音等本土传统文化,注重乡村文化旅游品牌培育,依托丰厚的文化资源和民俗节庆活动,策划和推出魅力青秀·壮族三月三、古岳非遗音乐节暨壮族歌圩保护传承系列活动、空谷幽音庭院音乐会等一批具有浓郁民族特色的乡村文化旅游节庆活动。并在已有的基础上尽可能建设古岳记忆馆、广西民族精品工艺馆、万品古岳艺术银行、壮族服饰文化博物馆、广西壮族自治区文化和旅游厅传统工艺工作站。

另外,要充分利用名人效应,发展当地文化。著名艺术家古笛是南阳镇施厚村的文化名人,作词歌曲《赶圩归来啊哩哩》《毛主席来到我广西》等多首曲子入选全国部分艺术院校及中小学音乐教材,曾获广西壮族自治区荣誉勋章、首届国际文化艺术金球奖、首届人类贡献奖文学金奖。古岳文化艺术村应该把古笛先生作为村屯文化标杆,建设古笛纪念馆,展示传播古笛的文化影响力;并结合研学教育要求,打造“啊哩哩”研学主题,设置“啊哩哩”南阳大鼓、赛歌会、打糍粑等相关课程;建设“啊哩哩”歌台,举办相关主题的音乐会、对歌比赛等活动,更好地传承古岳文化艺术村的山歌文化。以此不断提升古岳文化艺术村的文化内涵,并致敬一生致力于音乐创作、文学创作，热爱家乡的古笛先生。

(三)注重传统产业与文旅融合发展

古岳文化艺术村应以“休闲旅游、文化艺术”为发展定位，实行“综合示范村＋花雨湖生态休闲农业示范区＋文创艺术村”三核联动同步推进模式。重点发展绿色生态农业、传统手工艺，保护乡土文化，让不同产业在乡村振兴中集聚发力。另外，古岳文化艺术村要持续开发传统民俗、乡村美食、乡村特产、农事体验、农家生活等特色产业，打造传统村落、乡村民宿、休闲农庄等乡村旅游产品，促使田园变游园、村落变景区、民房变民宿、生产劳动变观光体验、农副产品变旅游商品。在村里就能满足游客“吃、住、游、娱、购”多方面需求，开发了壮族纺织工艺体验、扎染工艺体验、壮族石磨体验、民族服饰穿戴体验、打鸡毛毽体验、打陀螺体验、农耕体验、康养休闲体验等满足不同年龄、不同群体的游玩体验；在住宿方面，古岳文化艺术村建设有吾未居民宿、“老家庭院”民宿、八间房酒店等，可同时满足200人入住。在饮食方面，有满足会议、培训需求的商务套餐，有传统的五色糯米饭、毋米粥，特色粥底火锅等。在旅游商品方面，广西传统工艺工作站、广西工艺美术研究所、广西古岳文化产业有限责任公司等单位还联合开发了“壮族三月三文化礼包”产品。多形式、多渠道、全方位推动文化产业发展。

广西巴弗罗投资集团有限公司充分结合当地居民、周边游客的需求和文化消费习惯，拓展空间功能，经过几年的基础沉淀和扎实发展，在传统文化传承的基础上进行业态延伸，集产品展卖、研学基地、教育培训等文商旅功能于一体。2020年，广西巴弗罗投资集团有限公司入选广西首批“自治区级中小学生研学实践教育基地”，立足古岳文化村和巴弗罗文旅产业基础，结合中小学研学实践活动的要求，开发建设富有基地特色的研学场馆和研学课程，充分发挥古岳文化艺术村现有的文化资源，打造点石成金、生生不息、击鼓鸣金、啊哩哩等四大研学主题，设置了造纸、拓印、陶艺、啊哩哩－南阳大鼓、啊哩哩－赛歌会、啊哩哩－打糍粑等课程，让学生真正走出课堂，亲近自然，通过“体验＋知识点实体化”，增进青少年对中华民族优秀文化切身感悟，提升自我的创新和实践能力。

(四)始终坚持“惠及民众”的初心

我国乡村振兴战略的根本目标是通过政策导向，让资本再次回流农村，改善农村的基础设施、生态环境以及乡风文明，并通过新产业带动农民致富。广西巴弗罗投资集团有限公司在古岳文化艺术村建设中，始终不忘“民为根本”“惠及民众”的初心，身体力行为村民谋福利。一是注重村落环境建设和管理，每年投入40万元，用于村落环境的维护。几年来，在公司统一管理下，该村彻底砍伐并禁止种植桉树，让林地土地板结贫瘠状况得到改善，逐步推动村落农业生态环境的恢复。二是租赁村民土地，为村民创造新的经济来源。公司整体租赁村民土地600亩，高效整合土地资源，用于牧业、农业、服务业、文化项目的开发，每年根据合同约定，按时付给村民土地租赁费用。三是提供就业岗位，增加村民收入。公司每年为古岳文化艺术村及周边村屯村民提供酒店管理、村屯清洁、果园管理、采摘、工程施工等工作岗位40余个，村民在村里生活，就能兼顾增加经济收入和照顾家庭。四是设立教育基金，助优秀学子圆梦大学。为促进古岳文化艺术村教育的发展，帮助优秀学子圆大学梦，自2018年起，公司和古岳文化艺术村村民自筹教育资金，用于奖励勤学向上的学子，激励古岳坡学子勤奋好学，追逐梦想。

五、结语

总之，在全面乡村振兴背景下，古岳文化艺术村在充分挖掘本土优秀民俗民居文化的基础上，坚持传统文化的传承和特色村寨的保护相结合的理念，优化居住环境，壮大特色产业，提高当地居民收入，从而不断推进生态环境改善和村落经济文化发展，打造民族和谐共居的宜居家园。争取在未来几年里，古岳文化艺术村能在南宁市、广西，乃至全国的乡村振兴建设中具有示范意义。

参考文献

[1]何仁伟.城乡融合与乡村振兴：理论探讨、机理阐释与实现路径[J].地理研究，2018(11).
[2]廖彩荣，陈美球.乡村振兴战略的理论逻辑、科学内涵与实现路径[J].农林经济管理学报，2017(6).
[3]温铁军.生态文明与比较视野下的乡村振兴战略[J].上海大学学报(社会科学版)，2018(1).
[4]韩鹏云.乡村公共文化的实践逻辑及其治理[J].中国特色社会主义研究，2018(3).
[5]吕婷婷，冯应斌.县域农村居民点空间重构研究进展[J].中国农业资源与区划，2021，(2).

广西南宁市城市交通BRT调查分析

吴彩萍

摘　要：快速公交系统(Bus Rapid Transit，BRT)，是一种介于快速轨道交通(Rapid Rail Transit，RRT)与常规公交(Normal Bus Transit，NBT)之间的新型公共客运系统，是一种大运量交通方式，通常也被称作"地面上的地铁系统"。随着人口的集聚增长、经济的持续发展和城市化、机动化进程的不断加快，中国的城市尤其是大城市普遍面临着交通拥堵、环境污染、交通效率低下和事故率高等发展带来的压力和问题的困扰。我国大中型城市交通状况愈发恶化，解决的根本方法在于大力发展城市公共交通，而BRT以其建设周期短、运营速度快、投资金额少等优点受到了众多城市的欢迎，但BRT运营管理过程中还存在一些问题亟待解决。本文对这些问题进行了调查分析，提出了相应的对策建议。

关键词：城市交通；BRT；调查分析

一、研究背景

随着社会和经济的发展，人们的生活水平也随之提高，使私家车的数量不断增加，而现有的道路条件不能满足大量的私家车的运行，这就造成了城市交通拥堵的现象，特大城市和大城市早晚高峰期间整个城区的道路基本处于拥堵状态。另外，机动车跃升为除基础工业之外最大的能源耗源，从现在的能源危机角度来看，减少私家车的数量，提倡公共交通是刻不容缓的。同时，机动车产生的噪声和废气使得城市环境和大气污染日益严峻。城市交通问题已成为我国城市发展中一个不容回避的迫切的现实问题。

面对日益突出的城市交通问题，公共交通的发展受到广泛重视。公共交通在满足居民基本机动性要求的同时，最大限度地减少了道路空间资源的占用和能源消耗，大气和环境污染也随之降低。对人口众多、土地资源严重不足的中国来说，实现公交优先，提高公交出行比例，降低城市小汽车使用频率，是缓解交通拥挤、节省能源消耗、降低交通污染、改善城市居住环境、提升城市生活品质、构建和谐发展社会的一条行之有效的经验。

常规的公交车在准点性、安全性、舒适性等方面都不能满足乘客的需要，因此很难吸引人们乘坐公交。虽然轨道交通能很好地吸引乘客，但是轨道交通不仅投资巨大，而且建设周期长，施工难度大，运营成本高，不仅"远水解不了近渴"，而且对多数城市来说，可能是"喝不起的水"。快速公交BRT理念的产生为问题的解决提供了新契机，它通过对常规路面公共汽车在规划、设计、运营和管理上的改良，以较少的投资、较高的灵活性实现较高的服务效率，满足乘客的需求。

二、研究方法

本次调查采取问卷调查的方式，了解社会各界对南宁市 BRT 的满意程度以及对于未来规划的期望，结合现状分析南宁市 BRT 存在的问题，然后分析问题，提出建设性意见，得到最后的结论。

三、广西南宁市城市交通 BRT 情况调查

南宁市是广西首个开通快速公交 BRT 的城市，南宁 BRT1 号线连接火车站和火车东站，于 2015 年 12 月 28 日开建，2017 年 1 月 25 日开通试运营。南宁市快速公交至今开通已有多年，虽然在一定程度上说南宁快速公交 BRT 的开通给城市居民的出行增加了又一种交通方式，但由于城市交通管理体制不完善等一系列原因，南宁市交通相对较差。随着社会经济的不断发展，城市交通问题还没有得到根本解决，南宁市城市交通 BRT 仍存在着一些较突出的问题。

（一）样本结构

根据研究目的，考虑到乘坐城市交通 BRT 出行的人群包括学生、工人、白领、老人等，本次调查从不同类型的人群中抽取样本。人群类型和调查人数以及被调查人群基本情况见表 1、表 2。

表 1　人群类型及调查人数比例

人群类型	人数(人)	比例(%)
学生	15	15.3%
工人	20	20.4%
白领	10	10.2%
老人	25	25.5%
生意人	8	8.2%
其他	20	20.4%

表 2　调查样本的基本情况

变量名称	类别	人数(人)	所占比例(%)
通常乘坐的交通工具	私家车	17	17.3%
	公交车	21	21.4%
	地铁	26	26.5%
	出租车	14	14.3%
	快速公交 BRT	10	10.2%
	自行车	5	5.1%
	步行	5	5.1%

续表

变量名称	类别	人数(人)	所占比例(%)
对南宁市目前交通情况满意度	非常满意	0	0
	觉得一般	28	28.5%
	不太满意	40	40.8%
	很不满意	30	30.6%
南宁市有无必要发展 BRT	很有必要	12	12.2%
	无所谓	19	19.4%
	没有必要	67	68.4%

(二)调查研究方法

本研究采用自编的《南宁市快速公交 BRT 调查问卷》进行问卷调查,收集原始数据。所有数据均输入计算机,进行处理分析。主要运用文献法、问卷调查法、访谈法和统计法进行调查研究。本调查共发放问卷 120 份,回收问卷 98 份,回收率为 80%。根据整份问卷中的非做答题项≥3%视为无效问卷的原则,总共收集了有效问卷 98 份。

(三)数据处理方法

本研究的主要变量是南宁市市民对 BRT 的"满意度"。要实证地探讨南宁市市民对南宁市城市交通 BRT 的满意度,必须首先将满意度的概念分解成可以实际测量的具体指标。在研究中,笔者将其操作化为以下三个方面,从不同侧面对其进行综合测量。这三个方面分别是:第一,南宁市 BRT 给市民带来的影响;第二,市民对南宁市 BRT 存在哪些方面的不满;第三,南宁市有无必要建设 BRT 等。

四、广西南宁市城市交通 BRT 调查结果分析

(一)广西南宁市城市交通 BRT 情况调查

南宁市最近几年的社会经济得到了迅速发展,国民经济综合实力显著增强,城市规模迅速向外拓展,城市人口、用地等也发生了很大的变化,使城市交通压力不断增加。南宁市坚持优先发展公共交通来引导人们合理的出行方式。2017 年 1 月 25 日,首条 BRT 正式开通运营,南宁首条 BRT(B01 线)以南宁火车站为起点,以火车东站为终点,由朝阳路、人民东路、民主路、长堽路、长虹路 5 段道路组成,全长约 13 公里,跑完全程约需 40 分钟。B01 线配备 10 辆 18 米长公交车和 25 辆 12 米长公交车。投入运营以来,B01 路车全程使用 BRT 专用通道,平均时速约为每小时 25 公里,跑完全程约 40 分钟。南宁市快速公交(BRT)1 号线的专用通道为公交专用路权通道,除了救护车、消防车等应急车辆,其他社会车辆禁止行驶在该车道内,公交车辆运营速度、运行效率及车辆利用率得到大幅度提高。

此外,快速公交 BRT 与传统公交不同,快速公交 BRT 采用投票刷卡进站的方式,乘客可以交现金、刷市民卡或者是利用微信支付买票进入站台,上公交车后不再需要投币或是刷卡。快速公交 BRT 的票价统一为 2 元,乘客购票进站之后不需要重新购票,可以在站内免费换乘同一行驶方向的其他公交线路,非常实惠。另外,办理了南宁市民卡的乘客,乘坐 BRT 时可以

享受票价九折优惠，只需要 1.8 元。

(二)调查结果分析

通过对问卷调查进行分析，乘坐城市交通 BRT 的人群中，占比较高的为老人和上班族。在调查中，17.3%的被调查者常用的交通工具是私家车，26.5%的被调查者常用的交通工具是地铁，10.2%为快速公交 BRT，14.3%为出租车，5.1%的被调查者骑自行车，5.1%的被调查者选择步行，这表明乘坐城市交通 BRT 的人数并不是很多。在问到“对南宁市目前的交通情况是否满意”时，28.5%的被调查者表示“觉得一般”，40.8%的被调查者表示“不太满意”，30.6%的被调查者表示“非常不满意”，没有被调查者觉得非常满意，这说明南宁市的交通问题还是比较严重的。在问及“您觉得南宁市有发展快速公交的必要吗”时，回答“很有必要”的被调查者仅占 12.2%，回答没有必要的被调查者占 68.4%。90%的调查者表示上下班高峰期时，在红绿灯路口拥挤，等待时间过长，导致与普通公交的速度相差不大，无法体现快速公交的“快”。92.8%的被调查者表示 BRT 专用天桥又高又长，手推车、行李箱、白叟过桥都十分费力，并且上天桥到下天桥再到进站，浪费了大量的时间。南宁市城市交通 BRT 目前还存在着比较多的问题，因此有超过一半的被调查者表示没有建设 BRT 的必要。

(三)南宁市城市交通 BRT 存在的主要问题分析

通过这些问卷调查和笔者对乘客的访谈，了解到绝大多数人对南宁市 BRT 是满意的，但也提出了一些问题，总结为以下几个主要方面：

1. 站台位置设计不合理

包括两个方面，一方面是站台距离以及站台本身位置的不合理，另一方面是站台内部出入口位置的设置。特别是南宁长堽路到朝阳广场的部分，由于长堽路附近的居民较多，并且朝阳广场为市中心，在市中心设置过多的站台反而会影响到交通的运行。

2. 站台秩序混乱

公交站台遵循先下后上的原则，由于 BRT 站台的人数较多，导致 BRT 车内的乘客还未来得及下车，站台的乘客就已经哄抢进车厢，存在不安全的因素。

3. 设计存在安全隐患

BRT 一下车，走出站台一般就是十字路口，一方面由于乘客不遵守交通规则，另一方面，汽车司机横冲直撞，因而在十字路口存在较大的安全隐患。

4. 公交软件查询有延迟

南宁市推出一款名为南宁掌上公交的软件，本来是相当便捷的，可以查询到每条路线，能看到车子距离本站还有多远，大概多少分钟能到，这都取决于司机发出的信号，所以不能掐准了时间，要稍微早点到。

5. 站内设施不够完善

BRT 车站主要是以钢和玻璃为结构，由于高度和长度限制，不能有效遮蔽太阳光也不能有效地遮风避雨，站内较挤，乘客时常会被雨淋到。

6. 出行高峰时间站台拥堵

在早晚高峰时段，车流量加大，站台内经常出现拥堵现象。有时每班车间隔达到 20 分钟，直接造成站台候车人数过多。车内过于拥挤，造成安全隐患。

7. 快速公交的"快"无法体现

上下班高峰期时,在红绿灯路口拥挤,等待时间过长,导致与普通公交的速度相差不大,无法体现快速公交的"快"。

8. BRT 专用道造成部分路段的拥挤

BRT 快捷的特点得益于专用道的设计,但是它的专用道占据了原来机动车辆的两个车道,这必然会加剧相关路段的拥堵。恰逢私人汽车高速发展时期,高峰时段社会车辆时速不足 10 公里,道路负荷已经很重,此时采用 BRT 专用车道还要占据道路资源,可谓雪上加霜。

9. 特殊人群使用 BRT 专用通道困难

对于行动不便的老人和小孩来说,天桥太高太长了,走到上面还要下天桥才能进入 BRT 站点,坐个公交要上下两次阶梯才能成功乘车,很不方便。对于一些拉着行李赶公交的人也很不方便,中间的行李道很窄,连买菜的车子都不够宽,更不用说行李箱或者大纸箱了。在赶时间的时候,普通公交只需要跑到站台就可以乘车,但是 BRT 要跑上天桥,还要跑下天桥,等跑到买好票后公交车已经开走了,无法体现出 BRT 的方便、快捷。

五、对南宁市快速公交 BRT 的建议

(一)适当加长站台的长度

部分站台并不能满足客流的实际需要,这些站台往往停靠的车辆很多。很多车辆因为拥挤无法同时进入站台。适当加长站台的长度,可以从根本上解决该问题。

(二)改造普通公交,解决站台秩序混乱

BRT 公交线路与部分绕城普通公交线路重合,是否可以对这些车辆进行改造,让其进入 BRT 线路运行,在 BRT 站台停靠? BRT 线路最为繁忙的路段在长堽燕子岭路口—朝阳广场一线,这些站台与公交线重合。BRT 开通后这些车辆明显客流量比以前少了很多。让其进入 BRT 序列,可以缓解 B1 线路公交车的压力,解决站台拥堵以及哄抢的问题。

(三)在经常拥堵的路口建设 BRT 专用高架桥

在有红绿灯的十字路口,等待时间过长,快速公交 BRT"快"的优势无法显现,甚至还会增大拥堵问题。可以在经常拥堵的路口建设 BRT 专用高架桥,与其他车辆分流,可以彻底解决红绿灯处浪费时间和拥堵问题,提高运行效率,并且可以解决乘客的安全隐患问题。

(四)BRT 建设缺乏宏观政策优先措施,需政府给予良好的政策导向

BRT 的核心理念是"公交优先"。而一个城市如何实现"公交优先"这一理念就需要城市政府以及主管城市交通的部门的大力支持和果断决策。就以被联合国誉为全世界最适合人类居住的巴西库里蒂巴市来说,该市历届市长都把城市公共交通发展作为其任期内的重要任务,每一任市长都在继承上任的正确规划的基础上,不断完善和规划新的城市交通、城市建设和城市环境蓝图,相互协调发展,取得显著成效。与国外成功城市相比,南宁市在实施"公交优先"的政策上仍未大力落实,使其浮于表面,没有形成一个良好的"公交优先"的交通网络理念,对实施 BRT 项目工程有着很大制约。针对这一问题,便需要政府尽快转变工作观念,落实"公交优先"的交通理念,树立以人为本的执政思想,把解决交通问题放到重要位置上来,在政策、资金、技术等多个方面对 BRT 进行扶持,使其能够拥有一个良好的发展环境。

(五)统筹发展各类公共交通方式

BRT 是近年来兴起的城市公共交通方式,是普通公交的升级版,如何做好 BRT 与普通公交的衔接至关重要。BRT 的路权虽是独立的,但又是城市通勤方式的有机组成部分。因此发展 BRT 绝不应该将其与其他公共交通隔绝开来,而应该因地制宜多样化发展。南宁市目前已有两条地铁线路通车,BRT 是通勤速度仅次于地铁的出行方式,但南宁市无论是地铁还是 BRT,都只有两条线,未形成通行网络,由于地铁投入大、建设周期长,南宁市可继续大力发展 BRT,作为分担地铁与普通公交客流的有力途径。即使在将来南宁市地铁网络高度发达后,BRT 也可以根据其自身特点,对地铁运营形成补充,真正做到公共交通统筹协调发展,有效解决居民出行的"最后一公里"难题。

(六)增加班次及车辆数

这一项是市民反映最多的问题,许多市民认为在上下班高峰明显出现了车次不够的现象,很多人即使车来了也无法上车,容易造成一定的安全隐患。因此希望公交公司能够最大限度地满足市民们的要求,在早晚高峰期,多安排 BRT 班次及车辆数,切实做到每 3 分钟一班。

(七)建立封闭式 BRT 公交车道,实现 BRT 与一般车辆完全隔离

BRT 虽名为快速公交,但仍是既有道路改建而成,不仅与其他车辆一样受制于各路口的交通信号灯,还挤占了其他车辆一条车道的通行权利,道路利用率被降低。在遇到上下班高峰期拥堵时,BRT 完全失去了快速公交这一"快"的优势。因此,笔者建议南宁市部分 BRT 线路可实行全封闭式行车,新建高架桥作为 BRT 专用通道,与普通道路互不干涉,实现立体交通。只有真正做到完全隔离,BRT 的快速优势才能被充分体现出来。

笔者了解到,江苏常州、福建厦门和四川成都二环路 BRT 就实现了全程高架,BRT 公交车辆通行效率大大提高,有效缓解了上下班高峰期的拥堵情况,受到了广大市民的一致好评。这三个城市的 BRT 建设在国内起步较早,尤其是常州和厦门,兴建 BRT 的初衷其实是修建地铁提案未获批准的无奈之举,但却因此"种瓜得豆",走出了一条因地制宜的公共交通发展方式。毫无疑问,BRT 的建设经费与地铁相比要少很多,这大大降低了政府的债务风险,因此在人流量不足以支撑地铁建设的地区,当地政府便会以建设 BRT 作为补充。这种补充,实际上学习了地铁的封闭式运营,只不过由轨道运输变成了公路运输。因此,南宁市可以借鉴常州、厦门和成都的先进经验,在新建 BRT 线路时,可以利用道路中央绿化带等地修建高架桥作为 BRT 专用车道,而不占用现有道路资源,尽管初期建设经费比现有道路高出不少,但由于运营效率和舒适度的提高,选择 BRT 作为通勤方式的居民会越来越多,其利润完全可以超过现有运营方式。

(八)整合重复的线路,缓解交通压力

在 BRT 的运营过程中不可避免地会出现城市普通公交与 BRT 快速公交线路相互重复的现象,这时原先存在的普通公交不但不能承担分担交通压力的作用,反而会成为道路交通拥堵的一员。这就需要政府部门协调各利益相关方,结合当地交通实际现状,整合公共交通线路。

(九)合理安排公交线路

BRT 应当充分与地铁、普通公交协调配置,才能充分发挥其自身和城市公共交通两个方面的作用。BRT 运营线路一般连接地铁站和地铁未能到达的人口密集区域,而不应与地铁线路雷同,更不应与地铁争客流。例如,在连接机场、火车站、汽车站和高等院校等地开设更多资产、获得服务或解除债务时，无需向交易对方支付等值或者大致等值的现金，或者提供等值或大致等值的……民间非营利组织会计的许多收入是通过非交换交易形式取得的，并不需要以交换作为前提……

BRT 线路。根据载客量的大小，将城市公共交通划分为地铁—BRT—普通公交三个层次，使后者处于前者的支流和从属地位。

柳州市是广西最早兴建 BRT 的城市，BRT 也成为柳州市的一张名片。……

六、结语

民间非营利组织应当设置“捐赠收入”科目，核算民间非营利组织接受其他单位或者个人捐赠所取得的收入。

……和执行上因地制宜来是南宁市解决公共交通问题，成功建设 BRT 项目工程的决定因素。

就目前来看，南宁市的 BRT 项目工程已经成为南宁市解决自身公共管理问题的重要手段，更是南宁市广大市民热议的焦点话题，群众对于该项目的建设抱有极大的期望。如何不断解决 BRT 项目工程实施过程的问题，解决项目设计初期潜在的缺陷，提高政府公共管理水平，为广大市民提供一个快捷、方便的出行条件仍是任重而道远。

参考文献

[1]高小諳.连云港 BRT 示范线路使用情况调查[J].商用汽车,2017,(06):99-100.

[2]靳晓玲.昆明市 BRT 系统优化分析[J].价值工程,2017,36(28):71-73.

[3]张敏.抚州市临川区建设快速公交系统(BRT)可行性分析[D].南昌:南昌大学,2016.

[6]胡敏达.城市 BRT 系统专用道与站点设计研究[D].西安:长安大学,2015.

事业单位收入核算

(2)如果捐赠方没有提供有关凭据，受赠资产应以其公允价值作为入账价值。

某民间非营利组织收到慈善捐赠款 100 000 元，其中 30 000 元为限定用途的捐赠，捐赠款项已经到账。账务处理如下：

1.事业收入的概念

事业收入是指事业单位开展专业业务活动及其辅助活动实现的收入，不包括从同级政府财政部门取得的各类财政拨款。其中，按照国家有关规定应当上缴国库或者财政专户的资金，不计入事业收入；从财政专户核拨给事业单位的资金和经核准不上缴国库或者财政专户的资金，计入事业收入。事业收入包含以下两层概念：

(1)专业业务活动取得的收入，即事业单位根据单位专业特点所从事或开展的主要业务活动所取得的收入，如教育事业单位的教学活动、科研事业单位的科研活动、医院的医疗活动等。

(2)辅助活动取得的收入，即与专业业务活动相关，直接为专业业务活动服务的单位行政管理际储备货币。只有那些币值相对稳定，在国际经贸往来及市场干预方面被广泛使用，并在国际经济与货币体系中地位特殊的可兑换货币，才能成为储备货币。

RCEP背景下广西金融服务贸易发展路径分析

赵大龙

二、国际储备的构成

第二次世界大战后，各国的国际储备主要由四部分构成，即一国政府持有的黄金储备(Gold Reserve)、外汇储备(Foreign Exchange Reserve)、在国际货币基金组织中的储备头寸(Reserve Position)

（一）黄金储备

作为国际储备的历史比较长。黄金储备的优点

（3）装卸时间事实记录（Laytime Statement of Facts）。它是船舶在港装卸时间的记录文件，记录船舶从到达港口引领入港的地点时起，到船舶装货或卸货完毕时止的这段时间内进行各项作业的起止日、时和各项待时的起止日、时的记录。

（二）外汇储备

以广西对外贸易的发展，出口红利初步显现。

国别规模来看，RCEP国家中，越南、泰国、澳大利亚为广西三大主要贸易国，贸易总值占

[illegible]并非所有可兑换货币都可成为储备货币，具体来说：第一，

表 3－2 某轮船的装卸时间

[illegible]如第一次世界大战前的英镑及第二次世界大战后的美元；而且进出口商对该货币购买力的稳定性有信心，该货币发行国要保证其货币的可兑换性。[illegible]

[illegible]若供给太少，则很多国家会被迫实行外汇管制或采取[illegible]

[illegible]储备货币必须在外汇市场方面发挥作用。它必须在世界范围内普遍被人们接受[illegible]

[illegible]按照调整增加的金额，借记有关科目，贷记“预计负债”科目；按照调整减少的金额，借记“预计负债”科目，贷记有关科目。

[illegible]元流出美国，形成一种世界性货币[illegible]被各国政府所拥有，成为各国的储备货币。自20世纪70年代初期起，由于美元不断爆发危机，[illegible]

[illegible]加入了储备货币的行列。这些货币具有了储备货币的特点。1999 年欧元诞生后，欧元在大多数国家的国际储备中的比重不断增加。[illegible]

图 1 2020—2022 年广西进出口贸易额

[illegible]可以看出，越南为广西第一大贸易伙伴[illegible]

（三）在国际货币基金组织中的储备头寸

储备头寸是指成员在国际货币基金组织中的债权头寸，等于成员以外汇储备资产向国际货币基金组织认缴其份额的 25% 部分而产生的对国际货币基金组织的债权[①]，以及国际货币基金组织用去的本成员货币持有量部分。

任务五 国际海上货运单据

借：银行存款 200 000
贷：资金结存——货币资金 200 000

储备头寸是成员在国际货币基金组织里的自动提款权，成员可以无条件地提取以用于弥补国际收支逆差。成员若要使用其在国际货币基金组织的储备头寸，则只需向国际货币基金组织提出要求，国际货币基金组织便会通过提供另一成员的货币予以满足。

一、海运托运单

海运出口托运单是出口人向外运公司提供出运货物的必要资料，是外运公司向船公司订舱配载及外运公司与出口仓库或生产厂家之间往来提货的依据。它虽不是出口结汇的正式单据，但却是日后制作提单、出口结汇的主要材料。

（四）在国际货币基金组织中的特别提款权余额

特别提款权是国际货币基金组织分配给成员的一种用来补充现有储备资产的手段，是成员在国际货币基金组织的账面资产。特别提款权即储备头寸以外的一种特别使用资金的权利，所以被称为特别提款权，又称纸黄金。它也是一国国际储备的重要组成部分。

（二）散货运输海运出口托运单各联用途

[illegible]当某成员发生国际收支逆差时，可以动用特别提款权，把它转让给另一成员，换取可兑换货币，以弥补逆差，并且可直接用特别提款权偿付国际货币基金组织的贷款。我们在前一章中对特别提款权的产生、定价已做介绍，这里再对它（与储备资产相比）的特点、运作、利率和用途做一些补充说明。

表 3－3 散货运输海运出口托运单各联用途

顺序	名 称	颜色	主要用途
1	[illegible]	白色	托运人留存备查
2	[illegible]	白色	据此编制装船清单、积载图、预制提单等
3	[illegible]	白色	计算运费
[illegible]	[illegible]	[illegible]	[illegible]
5	装货单 场站收据副本（1）	白色	报关并作为装货指示

1. 特别提款权的特点

特别提款权与其他几种储备资产相比，有以下 4 个特点：

（1）它是一种没有任何物质基础的记账单位，虽创设时也规定了含金量，但实际上不像黄金[illegible]

图 2 2022 年广西进出口贸易额

（二）贸易结构逐步优化

财务会计系统下，行政单位应设置“受托代理负债”科目核算接受委托取得受托代理资产时形成的负债。[illegible]

贸易结构方面，得益于 RCEP 政策的执行，广西出口贸易结构也在逐步发生变化，机电、高新技术产品、服装纺织物为三大出口品类。其中机电产品继续保持强劲势头，2022 年同比增

长 22.1%。机电产品中,电子元件、电工器材、自动数据处理设备为主要出口品类;高新技术产品中,计算机、电子与通信技术产品比例高达 80%以上(参见图 3)。进口方面来看,机电产品、高新技术产品亦是比重较大的品类;农产品、食品、资源也是重要的进口品类。其中,农产品以粮食、谷物为主,资源类中金属矿、原油、煤炭近年进口增幅较大(参见图 4)。总的来看,广西进出口贸易以机电、高新技术产品为主,农产品、资源类初级产品进口为主,纺织类产品出口为主。可以看出,近些年自治区重点引进、发展高新技术产业,已经逐步取得了一定的成效,机电、高新技术产业整体实现贸易顺差,随着 RCEP 规则的进一步落实,贸易结构将进一步优化。

1. 收入按交易性质分类

收入按交易性质的不同可分为交换交易收入和非交换交易收入。交换交易收入和非交换交易收入在会计确认时需采用不同的会计确认方法。

(1)交换交易收入是交换交易所形成的收入。民间非营利组织的商品销售收入、提供服务收入,均以交换交易为基础,为交换交易收入。

(2)非交换交易收入是非交换交易所形成的收入。民间非营利组织的捐赠收入、政府补助收入,均以非交换交易为基础,为非交换交易收入。

如果资产提供者或法律、法规对资产的使用设置了时间限制或(和)用途限制,则此项收入为限定性收入。民间非营利组织会计的捐赠收入和政府补助收入一般属于限定性收入。如果资产提供者或法律、法规对资产的使用没有设置任何限制,此项收入为非限定性收入。民间非营利组织的会费收入、提供服务收入、商品销售收入和投资收益一般为非限定性收入,除非相关资产提供者对资产的使用设置了限制。

【提示】期末结转后,本科目应无余额。

本科目应当按照发放补助单位、补助项目等进行明细核算。

2. 上级补助收入的主要账务处理

(1)确认上级补助收入时,按照应收或实际收到的金额,借记"其他应收款""银行存款"等科目,贷记本科目。实际收到应收的上级补助款时,按照实际收到的金额,借记"银行存款"等科目,贷记"其他应收款"科目。

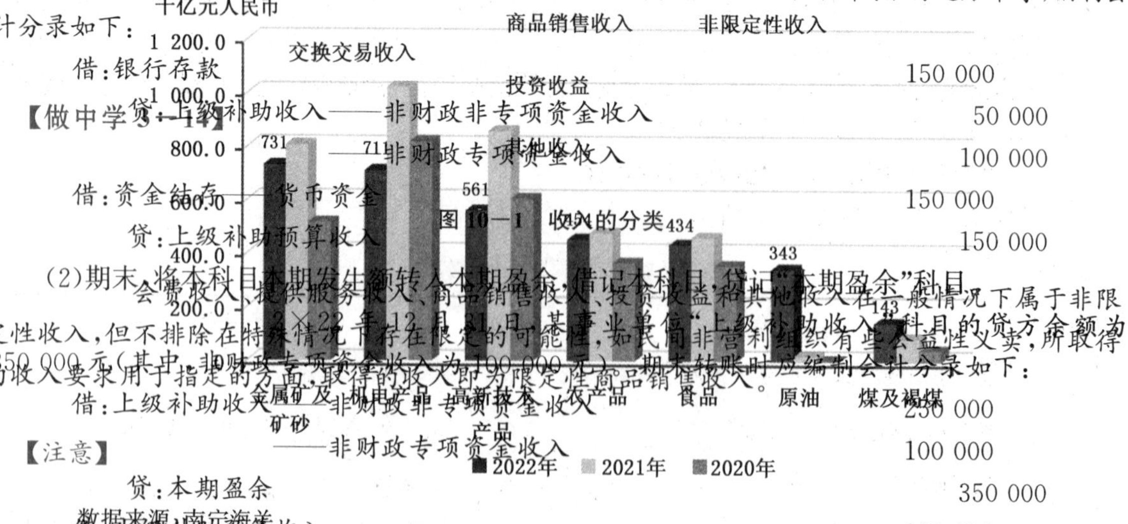

图 3 2020—2022 年广西出口贸易结构

图 10—1 收入的分类

【做中学 3-13】2×22 年 10 月 8 日,某事业单位收到上级单位拨入的非财政性补助资金 150 000 元(其中,专项资金收入 100 000 元),款项存入银行。根据上级拨款单、银行进账单等,编制会计分录如下:

借:银行存款 150 000

贷:上级补助收入——非财政非专项资金收入 50 000

——非财政专项资金收入 100 000

借:资金结存——货币资金 150 000

贷:上级补助预算收入 150 000

(2)期末,将本科目本期发生额转入本期盈余,借记本科目,贷记"本期盈余"科目。

【做中学 3-14】2×22 年 12 月 31 日,某事业单位"上级补助收入"科目的贷方余额为 350 000 元(其中,非财政专项资金收入为 100 000 元)。期末转账时应编制会计分录如下:

借:上级补助收入——非财政非专项资金收入 250 000

——非财政专项资金收入 100 000

贷:本期盈余 350 000

贷:非财政拨款结转——本年收支结转 100 000

借:上级补助预算收入 250 000

会费收入、提供服务收入、商品销售收入、投资收益和其他收入在一般情况下属于非限定性收入,但不排除在特殊情况下存在限定的可能性,如民间非营利组织有些公益性义卖,所取得的收入要求用于指定的方面,取得的收入即为限定性商品销售收入。

【注意】

非交换交易是民间非营利组织通过非交换交易取得的收入。在非交换交易中,某一主体取得

数据来源:南宁海关。

图 4 2022 年广西进口贸易结构

贷：其他结余 250 000

了《民间非营利组织会计制度》……起施行。现财政部正准备发布民间非营利组织会计……

二、RCEP背景下广西金融服务发展现状

……拨款属于财政拨款收入，来源于财政国库的预算资金和财政专户……包括从财政专户返还的事业收入和政府对事业单位的基本建设投资。

（一）银行信贷规模稳步回升

2022年前三季度来看，广西金融机构资产总额5.59万亿元，同比增长10.06%；金融机构……

……从事非营利性社会服务活动的非公立社会组织，包括民办学校、医院、福利院、养老院、研究所、文化……

（二）债券融资规模降幅较大

1．附属单位上缴收入的概念

附属单位上缴收入是指事业单位附属独立核算单位按照有关规定上缴的收入，包括附属事业单位上缴的收入和附属企业上缴的利润分成、管理费等。附属单位补偿本单位在支出中垫付的各种费用，应当冲减相应的费用，而不能作为附属单位上缴收入处理。

……较高加上近三年新冠疫情的影响，债券市场规模萎缩较快。发行主体来看，广西发债企业多为地方性……商业银行、民营企业参与较少，发行主体结构较为单一。行业结构来看……金融、交通运输、房地产领域，商贸企业参与率不高（参见图5）。

2．附属单位上缴收入的确认和计量

事业单位根据附属单位应收或实际上缴的款项，即银行进账单中标明的附属单位上缴收入到账金额，确认为附属单位上缴收入，并按应收或实际收到的金额计量入账。

1．附属单位上缴收入的科目设置

为了核算事业单位取得的附属独立核算单位按照有关规定上缴的收入，在收入要素类设置"附属单位上缴收入"总账科目。本科目贷方登记应收或收到附属独立核算单位实际上缴的款项；借方登记退回数和转账数，期末结转后，本科目应无余额。

本科目应当按照附属单位、缴款项目等进行明细核算。

2．附属单位上缴收入的主要账务处理

（1）确认附属单位上缴收入时，按照应收或收到的金额，借记"其他应收款""银行存款"等科目，贷记本科目。实际收到应收附属单位上缴款时，按照实际收到的金额，借记"银行存款"等科目，贷记"其他应收款"科目。

民间非营利组织会计的目标是向会计信息使用者提供有用的会计信息，反映其受托责任履行情况，满足会计信息使用者经济决策和监督管理的需要。

……和社会各界的监督管理。所以，民间非营利组织的会计信息使用者主要包括资源提供者、服务对象、债权人、政府和社会监管部门等。①资源提供者关心所提供的财务资源是否按规定的用途使用；②服务对象关心财务资源的使用效果及收费的合理性；③债权人关心民间非营利组织资产的流动性及……关心财务资源的运用是否符合法律、制度的规定。因此，……

（三）跨境人民币结算规模持续扩大

……币业务平台建设，人民币跨境结算业务规模持续增长。根据中国人民银行南宁支行的统计，……

民间非营利组织应当区分交换交易形成的收入和非交换交易形成的收入，分别界定其确认标准。民间非营利组织应当加强成本核算，其费用需要区分业务活动成本和期间费用。

理保险，是一个非常重要的问题。《2010年国际贸易术语解释通则》（以下简称《2010年通则》）

用人民币结算的规模还有进一步拓展的空间。

[illegible]

集装箱货物托运单如表3－6所示。

三、RCEP背景下广西金融服务贸易发展路径

表3－6 集装箱货物托运单

（一）加大对民营企业的金融支持

[illegible]

Consignee(收货人)	
Pre-carriage by	Place of Receipt
Container No.	
Booking Approved by(订舱确认)	
Charges	Total Prepaid
No. of Original B(s)/L	Monetary Amount
Reefer Temperature	

[illegible]

（二）多渠道培育民企债券市场

[illegible]

思考与练习

[illegible]

（三）借助金融科技扩展贸易范围

【视野拓展 3-1】电子托运单

2 金融科技的运用有助于企业扩大其产品在国外市场的销售与资金融通。由于金融科技的运用，[illegible]

[illegible]逐步[illegible]，通过金融科技的运用，可以逐步[illegible]

[illegible]信息数据发送给托运人，完成电子托运订舱的全部手续。

（四）[illegible]“无纸化贸易运输”的发展方向。

等科目[illegible]借记“其他应付款”科目，贷记“零余额账户用款额度”等科目。预算会计借记“行政支出”科目，贷记“资金结存——零余额账户用款额度”等科目。

看，人民币也成为半数以上RCEP成员国的锚货币，在RCEP成员国的货币锚效应仅次于美元，高于欧元、英镑和日元。[6]在此背景下，广西一直致力于在对外贸易中使用人民币进行贸易结算。当前广西与东盟国家的人民币结算量已经超过60%。据不完全统计，[illegible]

一、海运提单

（一）海运提单的概念

海运提单（Bill of Lading，B/L）是指用以证明海上货物运输合同和货物已经由承运人接收或者装船，以及承运人保证据以交付货物的单证。提单中载明的向记名人交付货物，或者按照指示人的指示交付货物，或者向提单持有人交付货物的条款，构成承运人据以交付货物的保证。提单的当事人有承运人、托运人、收货人、提单持有人和货物所有人等。

海运提单

财务会计		预算会计	
借：其他应付款	50 000	借：行政支出	50 000
贷：资金结存——零余额账户用款额度	50 000	贷：资金结存——零余额账户用款额度	50 000

（二）海运提单的性质和作用

分利用好自身的地缘优势，借助中央政策的有利契机，强化与RCEP国家尤其是东盟国家的贸易往来，[illegible]

1. 海运提单是海上货物运输合同的证明

提单的印刷条款规定了承运人与货物关系人之间的权利和义务，提单也是法律承认的处理有关货物运输争议的依据，因此，有人会认为提单本身就是运输合同。但是，提单并不具备作为经济合同应有的基本条件，构成运输合同的主要项目如船名、开航日期、航线、靠港及其他有关货运条件都是事先公布，而且是众所周知的；至于运价和运输条件也是承运人预先规定的，提单条款仅是承运人单方面制定的，且在提单上只有承运人单方的签字。而且合同履行在前，签发提单在后，它只是在履行运输合同的过程中出现的一种证据，而合同实际上是在托运人向承运人或其代理人订舱、办理托运手续时就已成立。确切地说，承运人或其代理人在托运人填制的托运单上盖章时，承、托之间的合同就已成立。所以，将提单称为“海上货物运输合同已存在的证明”更为合理。

[illegible]措施，调动民营企业的灵活性，拓展外贸发展空间，实现地区经济的腾[illegible]

提单是运输合同成立的证明。如果在签发提单之前，承、托双方另有约定，且该约定又不同于提单条款规定的内容，则以该约定为准。如果在签发提单之前，承、托双方并无约定，且托运人在接受提单时又未提出任何异议，这时才可将提单条款推定为合同条款的内容，从而约束承、托双方。提单只能从运输合同成立的证明转化为运输合同本身。

[illegible]提单转让给善意的第三人（提单的受让人、收货人等）以后，承运人与第三人之间的权利和义务等就按提单条款的规定处理，即此时提单就是第三人与承运人之间的运输合同。

2. 海运提单是证明货物已由承运人接管或已装船的货物收据

【注意】

贷：经营结余　　47 000

1. 投资收益的概念

投资收益是指事业单位股权投资和债券投资所实现的收益或发生的损失。

2. 投资收益的内容

投资收益包括事业单位股权投资取得的股利或利润，以及债券投资取得的利息收入。

3. 投资收益的确认与计量

(1)投资收益的确认。事业单位应当在取得短期或长期债券投资或到期收回长短期债券投资本息时确认投资收益；采用成本法核算的长期股权投资持有期间，被投资单位宣告分派现金股利或利润时确认投资收益；采用权益法核算的长期股权投资持有期间，按照应享有或应分担的被投资单位实现的净损益的份额确认投资收益。

(2)投资收益的计量。事业单位应当按照实际收到的金额计量。

1. 投资收益的科目设置

为了核算事业单位股权投资和债券投资所实现的收益或发生的损失，在收入要素类设置"投资收益"总账科目。本科目贷方登记投资收益的增加数，借方登记投资收益的冲销结转数。期末，将本科目余额转入本期盈余，期末结转后，本科目应无余额。

本科目应当按照投资的种类等进行明细核算。

2. 投资收益的主要账务处理

(1)收到短期投资持有期间的利息，按照实际收到的金额，借记"银行存款"科目，贷记"投资收益"科目。

2×22年11月3日，某事业单位分得所投资的联营单位利润120 000元，款项已存入银行。根据合同协议、收款收据、银行进账单等，编制会计分录如下：

借：银行存款　　120 000
　贷：投资收益　　120 000
借：资金结存——货币资金　　120 000
　贷：投资预算收益　　120 000

(2)出售或到期收回短期债券本息，按照实际收到的金额，借记"银行存款"科目；按照出售或收回短期投资的成本，贷记"短期投资"科目，按照其差额，贷记或借记本科目。涉及增值税业务的，相关账务处理参见"应交增值税"科目。

2×22年11月5日，某事业单位购买的短期国库券到期，实际收到本息105 000元，款项已存入银行，该国库券的账面成本为100 000元。根据国库券兑付及利息结算单、银行进账单等，编制会计分录如下：

借：银行存款　　105 000
　贷：短期投资　　100 000
　　投资收益　　5 000
借：资金结存——货币资金　　105 000
　贷：投资支出　　100 000
　　投资预算收益　　5 000

—19]. http://nanning.customs.gov.cn/nanning_customs/—60356/fdzdgknr6792/2966275/600340/4811234/index.html.

[3]中华人民共和国南宁海关. 2022年01—12月出口主要商品量值表(人民币值)[EB/OL]. [2023—01—19]. http://nanning.customs.gov.cn/nanning_customs/—600356/fdzdgknr6792/2966275/600340/4811233/index.html.

[4]中国银行保险监督管理委员会广西监管局. 2022年三季度广西银行保险业运行情况[EB/OL]. [2022—11—07]. http://www.cbirc.gov.cn/branch/guangxi/—view/pages/common/ItemDetail.html?1080493&itemId=[illegible]

[illegible]汇率[illegible]——基于[illegible]面板数据的实证分析[J]. 金融经济研究, 2022, 37(3)[illegible]

[illegible][J]. 区域金融研究, 2022, 604(11): 54-59.

[illegible]基础设施互联互通与贸易成本——以我国对东盟国家出口贸易为例[J]. [illegible], 2022(07)[illegible]

[8]李仲秋. 我国金融服务贸易对经济增长的影响研究[J]. 大众投资指南, 2022(22): 59-61.

民间非营利组织会计概述

[illegible]社会提供政府和企业难以充分提供或不便提供的服务的组织，是介于政府(公共部门)与企业(营利性组织)之间的第三部门[illegible]政府[illegible]社会组织[illegible]。由于公立的非营利组织被纳入政府会计核算范畴，因此，我国的非营利组织一般是指民间非营利组织[illegible]。

民间非营利组织包括依照国家法律、行政法规登记或登记的社会团体、基金会、社会服务机构、宗教活动场所、宗教院校和境外非政府组织代表机构等。根据我国《民间非营利组织会计制度》(以下简称《民非制度》)的规定，各种民间非营利组织应该同时具有如下三个方面的基本特征：

1. 该组织为公益目的或者其他非营利目的成立

民间非营利组织不以营利为目的，这是民间非营利组织与营利性企业之间的本质区别。对于营利性企业来说，其设立和业务活动的最终目标都是增加其利润，为投资者积累更多的资本。营利性组织最终是否成功、业务活动的最终目标是否能够实现，在很大程度上取决于赚取利润的多少。而对于民间非营利组织来讲，其设立和开展业务活动并不是为了追逐利润，其目的在于按照资金提供者的期望和要求，为社会提供更多的服务或商品。

2. 该组织的资源提供者向该组织投入资源不取得经济回报

营利性企业的资源是投资者出资形成的，其所有权归属于出资者，投资者出资的目的是将其资源投入生产经营过程后，与其他生产要素相结合，生产社会所需要的产品或服务，并使投入的资本增值。同时，营利性企业的所有者将资产交付企业后，仍保留收回投资的权利，而且对经营利润以及解散、破产时的剩余财产也有按一定比例分享的权利。

而非营利组织资源的提供者，其出资目的并不是期望得到同等或成比例的出资回报，而是希望组织为整个社会或特定群体提供更多的服务或商品，他们不指望获取对非营利组织净资产予以分享的权利。

3. 资源提供者不享有该组织的所有权

营利性组织的[illegible]所有者[illegible]。而民间非营利组织的资产[illegible]也不属于出资者(如捐赠人、会员等)。任何单位或个人不因为出资而拥有民间非营利组织的所有权，也不存在[illegible]。非营利组织一旦进行清算，清算后的剩余财产[illegible]继续用于社会公益事业或其他非营利事业。

民间非营利组织会计是以民间非营利组织的基本业务活动和其他业务活动为核算对象的专业会计。民间非营利组织会计有助于资源提供者、服务对象、债权人、政府和社会监管部门了解民间非营利组织财务资源的运用情况和业务的运营情况，对于加强民间非营利组织管理有着重要的作用。由于公立非营利组织(事业单位)纳入预算会计范畴，所以，我国的民间非营利组织会计即为非营利组织会计。

为加强民间非营利组织的管理、规范民间非营利组织的会计行为，财政部于2004年8月颁布

(3)持有的分期付息、一次还本的长期债券投资，按期确认利息收入时，按照计算确定的应收未收利息，借记"应收利息"科目，贷记本科目；持有的到期一次还本付息的债券投资，按期确认利息收入时，按照计算确定的应收未收利息，借记"长期债券投资——应计利息"科目，贷记本科目。

(4)出售长期债券投资或到期收回长期债券投资本息，按照实际收到的金额，借记"银行存款"等科目，按照债券初始投资成本和已计未收利息金额，贷记"长期债券投资——成本、应计利息"科目[到期一次还本付息债券]或"长期债券投资""应收利息"科目[分期付息债券]；按照其差额，贷记或借记本科目。涉及增值税业务的，相关账务处理参见"应交增值税"科目。

(5)采用成本法核算的长期股权投资持有期间，被投资单位宣告分派现金股利或利润时，按照宣告分派的现金股利或利润中属于单位应享有的份额，借记"应收股利"科目，贷记本科目。采用权益法核算的长期股权投资持有期间，按照应享有或应分担的被投资单位实现的净损益的份额，借记或贷记"长期股权投资——损益调整"科目，贷记或借记本科目。被投资单位发生净亏损，但以后年度又实现净利润的，单位在其收益分享额弥补未确认的亏损分担额等后，恢复确认投资收益，借记"长期股权投资——损益调整"科目，贷记本科目。

(6)按照规定处置长期股权投资时有关投资收益的账务处理，参见"长期股权投资"科目。

(7)期末，将本科目本期发生额转入本期盈余，借记或贷记本科目，贷记或借记"本期盈余"科目。

"一带一路"背景下广西与越南边境小额贸易发展现状、问题与对策

摘 要：广西与越南山水相连，双边边境贸易历史悠久。边境小额贸易是边境贸易的重要组成部分，是广西与越南进出口贸易增长的动力，但在双方边境小额贸易中，由于各种各样的因素存在，贸易水平不高。本文分析了广西与越南边境小额贸易中存在的问题，在践行"一带一路"倡议的基础上，提出了相应的对策。对此，应完善边贸政策及管理制度，发展边境地区经济，扩大边民收入，组建边境小额贸易企业集团，以促进广西与越南边境小额贸易高质量发展。

关键词："一带一路"；广西—越南；边境小额贸易

民间非营利组织的筹资费用，包括在筹资过程中发生的各种耗费，主要内容有：

(1)为了获得捐赠资产而发生的费用，包括举办募款活动费，准备、印刷和发放募款宣传资料费，以及其他与募款或者争取捐赠资产有关的费用。民间非营利组织取得代理资产所发生的费用不计入筹资费用。

一、引言

捐赠收入是指单位接受其他单位或者个人捐赠取得的收入。

广西有得天独厚的地理优势，拥有千里边境线，其西南大部分区域与越南毗邻接壤。2021年广西边境贸易进出口总额1 491.3亿元，占全国比重为46.73%，已连续多年位列全国第一。据海关统计，广西边境贸易月度进出口规模自2022年4月起逐步扩大，从8月起月度进出口额均逾百亿元，对"一带一路"沿线国家贸易不断增长。

(2)应当计入当期费用的借款费用。借款费用是民间非营利组织因借款而发生的利息费用、手续费等。应当计入当期费用的借款费用。与购建固定资产有关的借款费用，在办理竣工决算之前发生的，应当计入所购建固定资产的成本。

为了核算单位接受其他单位或者个人捐赠取得的收入，在收入要素类设置"捐赠收入"总账科目。

本科目应当按照捐赠资产的用途和捐赠单位等进行明细核算。

2.捐赠收入的主要账务处理

(1)接受捐赠的货币资金，按照实际收到的金额，借记"银行存款""库存现金"等科目，贷记本科目。

"一带一路"倡议进入全面推行阶段，广西与越南两地积极响应该倡议，进一步加强双边贸易往来。广西的边境贸易以边境小额贸易为主……

【例7-2】20××年11月8日，某事业单位接受捐赠现金250 000元……

借：资金结存——货币资金 250 000

贷：其他预算收入——捐赠收入 250 000

二、"一带一路"背景下广西与越南边境小额贸易环境分析

(一)政策环境

(2)接受捐赠的存货、固定资产等非现金资产，按照确定的成本，借记"库存物品""固定资产"等科目；按照发生的相关税费、运输费等，贷记"银行存款"等科目；按照其差额，贷记本科目。

(3)接受捐赠的资产按照名义金额入账的，按照名义金额，借记"库存物品""固定资产"等科目，贷记本科目；同时，按照发生的相关税费、运输费等，借记"其他费用"科目，贷记"银行存款"等科目。

(4)期末，将本科目本期发生额转入本期盈余，借记本科目，贷记"本期盈余"科目。

某民间非营利组织月末按银行公布的外币汇率调整外币存款账户余额，产

【同步案例 3-1】 正确理解已装船清洁提单

[illegible]

二、国际储备体系多元化产生的经济影响

[illegible]

三、广西与越南边境小额贸易现状

[illegible]

③指示提单，是指在提单“收货人”一栏内只填写“凭指示”（To Order）或“凭某人指示”（To the Order of）字样的提单。

[illegible]

[illegible]各国为了维护多元化国际储备体系的健康发展和国际金融形势的稳定，[illegible]互相协作，共同干预和管理，这些都有利于各国加强金融合作，改善各国相互间的[illegible]。

第一，[illegible]分散因储备货币汇率变动而带来的风险。这是因为多元化国际储备体系可为各国提供有效组合储备资产、规避风险的条件，即各国可根据金融市场具体的变化情况，适时、适当地调整储备资产结构，对其进行有效的搭配组合，从而避免或减少因单一储备资产发生危机而蒙受损失，保持储备价值的相对稳定，并尽力获取升值的好处。

第二，有利于各国调节国际收支。一方面，各国可以通过各种渠道获取多种硬货币用于平衡国际收支逆差，这与只有单一美元储备可用于弥补国际收支逆差相比要方便得多；另一方面，多元化国际储备体系处于各国实行浮动汇率制度的环境中，在此制度下，各国可以采取相应的措施调节国际收支，[illegible]各国为调节国际收支而需要变更汇率时，须征得国际货币基金组织同意[illegible]。

第三，有利于缓和国际储备资产供不应求的矛盾。在美元—黄金储备体系或以美元为中心的储备体系下，美元是单一的储备货币，但随着各国经济的发展，对美元的需求不断扩大，而美国却无法满足[illegible]，而造成了国际储备资产供不应求的矛盾，这显然不利于除美国以外的其他国家的经济发展。而在多元化国际储备体系下，同时以几个经济发达国家的硬货币为中心储备货币，使各国可使用的储备资产增加，可以满足各国储备货币多样化和灵活调节的需求。

（二）多元化国际储备体系潜在的不稳定性

多元化国际储备体系的积极作用使该体系多年来经受住了多次经济危机和金融危机的严峻考验，但该体系同时也带来潜在的不稳定性。

第一，加剧了世界性通货膨胀。[illegible]原因是国际储备货币总额的过分增长。[illegible]外汇储备中日元、瑞士法郎和欧元与传统货币美元[illegible]。

第二，加剧了外汇市场动荡。这是因为各国货币当局根据储备货币汇率风险和利率收益，在[illegible]市场上不断调整储备资产的货币构成，从而加剧了外汇市场的不稳定性。

第三，[illegible]国际储备资产的[illegible]不仅取决于[illegible]的经济发展，而且取决于其他储备货币所在国的经济情况。储备资产的稳定性如何就成了[illegible]问题。因此，一国在管理国际储备时，必须密切[illegible]储备货币发行国的经济动态，密切关注外汇市场上这些货币汇率的变化，根据各[illegible]市场的风险和收益，不断调整储备资产的[illegible]。这需要借助于极发达的通信系统、灵敏的判断力以及先进的操作技术[illegible]管理的难度增大。

第四，[illegible]采取紧缩政策，但利率提高[illegible]，这就削弱甚至抵消了本国政府经济政策的效力，因此，国际储备多元化会破坏一些国家的经济稳定和发展。

显然，多元化国际储备体系的建立与发展具有其不可替代的优点，同时带来了不少管理上

D. 收入来源渠道不同,计量的方式方法有所不同

(2)省物理研究所收到财政拨入的补助收入 50 000 元,并存入银行。

四、"一带一路"背景下广西与越南边境小额贸易存在的问题

(3)年末,省物理研究所将上级补助收入 100 000 元转入"本期盈余"科目。

(6)年末,省物理研究所将附属单位上缴收入 200 000 元转入"本期盈余"科目。

业难以协同",使得广西企业在该领域的合作陷入举步维艰的境地。例如广西企业与其地方企业签订相关开采或出口合同,但中央企业政策如有变,那么广西企业承担的损失巨大;反之与其中央企业签订协议,则会出现非常长的流程期,生产作业也会遇到各种阻挠。越南方面对外小额贸易的政策容易随国家利益变化随意调整。虽然广西对越出口量大,但越南本土政策是不得不考虑的因素,这也是导致广西实体企业及贸易商被越南本土政策限制的原因。其次,两地监管制度也不尽相同,管理制度不够完善。边境监管相对于其他地方来说难度较大,监管人员也经常不足。再次,加上交通不便,商品进出口关税、检验检疫、跨境车辆交通运输等一系列的费用没有被有效管理,办事效率不高,大量耗费人力物力。

(9)省物理研究所收到自然基金委拨来的自然科学基金课题费 6 000 000 元,存入银行。

(11)月末,省物理研究所收到半年期国库券的本月利息 1 000 元,存入银行。

(13)年末,省物理研究所将投资收益 90 000 元转入"本期盈余"科目。

(二)边境地区经济发展落后

(2)省物理研究所接受外国某机构捐赠的实验设备 1 台,估值 180 000 元,发生运输费用 9 000 元,以银行存款支付。

首先,在2000年10月中共十五届五中全会通过的《中共中央关于制定国民经济和社会发展第十个五年计划的建议》的西部扶贫名单中就有广西壮族自治区。虽然国家一直在扶持,但广西与越南边境基础设施建设及经济建设都较为落后。同时,广西与越南边境小额贸易在广西

(3)年末,省物理研究所将捐赠收入 300 000 元转入"本期盈余"科目。

(三)产品档次不高

广西与越南小额贸易的产品以农产品居多,加上地处边境,加工基础和工业贸易都相对薄弱。两地的市场规模也比较小,经济也赶不上其他发达地区,这也是导致产品档次不高的直接原因。广西与越南的边境小额贸易进出口商品一般主要集中在农产品瓜果蔬菜、初级机械产品和一般规格的电子产品及零件设备上,两地在高科技领域方面比较落后,重大工程项目的合作也很少,因为边境加工技术、重工业技术等水平较低,再加上薪资待遇和边境环境的原因,较难引进这方面的技术型人才。同时,农产品精深加工体系不完善,不能形成很好的完整加工体

某民间非营利组织为民办学校,经计算本月应付工资 100 000 元,其中管理人员 30 000 元,初级会计师考试项目培训教师工资为 70 000 元。账务处理如下:

30 000

业务活动成本——初级会计师考试项目 70 000

贷：提供服务收入——非限定性收入 3 000

某民间非营利组织为培训机构，3 月 1 日与某单位签订培训协议，为该单位举办……同时，收到预付培训费 80 000 元。账务处理如下：

……4 月 10 日，完成上述培训协议中规定的第一期培训。账务处理如下：

……某民间非营利组织为外语考试培训机构，与学员签订一项培训期为 1 年的培训协议，……收到学员缴纳的全部学费 120 000 元，存入银行。

120 000

120 000

12 月 31 日，上述培训机构按培训任务的完成进度确认本年提供服务收入 90 000 元。

借：预收账款 90 000

贷：提供服务收入——非限定性收入 90 000

（二）股权投资……

投资收益是指民间非营利组织因对外投资所取得的投资净损益。一般情况下，民间非营利组织的投资收益为非限定性收入，除非资产提供者对资产的使用设置了限制的除外。

民间非营利组织会计应设置"投资收益"科目，核算民间非营利组织因对外投资所取得的投资净损益。民间非营利组织应在满足规定的收入确认条件时确认投资收益，并区分短期投资、长期股权投资和长期债权投资三种情况进行核算。

(1)短期投资收益在实际取得时确认。

(2)长期股权投资收益的确认方法包括成本法和权益法两种。采用成本法核算的，被投资单位宣告发放现金股利或利润时，将宣告发放的现金股利或利润中属于民间非营利组织应享有的部分，确认为当期的投资收益。采用权益法核算的，在会计期末按照应享有或应分担的被投资单位当年实现的净利润或发生的净亏损的份额，调整长期股权投资账面价值。

(3)长期债权投资……

……某民间非营利组织出售持有的短期债券，债券的账面余额为 100 000 元，已计提……000 元，出售价格为 120 000 元。账务处理如下：

借：银行存款 120 000

短期投资跌价准备

贷：短期投资 100 000

【实训目的】通过对行政事业单位收入核算知识的了解，加深对行政事业单位收入核算的认识。

【实训资料】

1. 省物理研究所购买一批实验材料，价款及相关费用 60 000 元，以财政直接支付方式付款。

2. 省物理研究所收到"财政授权支付额度到账通知书"，通知书所列的授权支付额度为 1 000 000 元。

3. 省物理研究所的财政授权支付预算结余 150 000 元，转入财政应返还额度科目。

4. 某县实行……

7. 省物理研究所预收 A 公司的订货款 100 000 元，存入银行。

8. 按照完成进度，省物理研究所确认本月的事业收入 75 000 元。

9. 省物理研究所与 B 企业签订合同为 B 企业加工特殊材料，合同总金额 500 000 元。依据合同完成进度……

……产品，价款 42 000 元，增值税 5 460 元（增值税税率为 13%），共计 47 460 元，款项存入银行。

12. 年末，省物理研究所将事业收入 35 662 000 元转入"本期盈余"科目。

【实训要求】

1. 针对上述实训资料编制会计分录。

2. 撰写《行政事业单位收入核算》实训报告。

项目实训班级：	项目小组：	项目组成员：
实训时间：	实训地点：	实训成绩：
实训目的：		
实训步骤：		
实训结果：		
实训感言：		
不足与今后改进：		
项目组长评定签字：	项目指导教师评定签字：	

系，产品的档次自然得不到提升。

（四）贸易集约化程度不高

广西与越南边境小额贸易商品互补性较强，但是贸易集约化程度不高，集约化管理没有实施到位。贸易集约化是现代两地边境小额贸易提高效率与效益的基本取向，集约化管理不到位也说明了广西与越南边境小额贸易专业性不强，体量小，管理混乱，从而限制了对外经济技术合作经营等方面的发展。

广西与越南在资源整合上没有充分将人、财、物及运营管理等生产要素更合理地与现代化技术结合，进行资源整合再分配，导致资源重叠和浪费，从而没有达到降低成本和高效管理，进而不能使企业集中核心力量投入生产。因此两地边境小额贸易中所获得可持续竞争的优势是比较微弱的。

五、解决广西与越南边境小额贸易问题的对策

（一）完善边境贸易政策及管理制度

……《推动共建丝绸之路经济带和 21 世纪海上丝绸之路的愿景与行动》中的精神内容，响应国家"一带一路"倡议的号召，全面落实对外开放……

第一，广西与越南监管制度尽量协调统一，完善管理制度，增加边境管理人员。商品进出口关税、检验检疫、跨境车辆交通运输等一系列的费用应该做到统一管理，采取灵活通关政策。加强法律法规建设，完善监督体系，严防走私行为，给予广西与越南双方经济一个更全面的安全防护罩。落实人才政策，引进高尖端人才，并加强人才培养。

第二，应该逐步健全货物跟踪识别系统，并做好货物通关安全自检和抽检等记录。应严格执法，加强执法检查，通过技术手段着力提高执法效能。

第三，积极推进地方政府合作机制，加强中国与越南双方信息的交流，逐步完善相关法律体系。双方政府应清晰认识到政治的稳定是发展双边经济的重要前提，有决心、下决心发展广西与越南边境小额贸易，丰富边境小额贸易形式，形成共同推进双边发展的利益共同体。

（二）发展边境地区经济

第一，"要致富，先修路"。完善广西与越南边境地区交通基础设施建设，对于很难修整和改造的道路，努力争取中央财政支持，并且结合自身经济实力，及时解决或者重新规划路线。

第二，发展加工贸易。很多出口到越南的重工业商品大部分来自我国珠三角地区，广西只是这些货物出口到越南的"通道"。因此，广西应充分发挥"通道"优势[5]，基于此出台专项政策及一些配套措施吸引更多资金投入的外来加工企业入驻，加快边境产业园区的建设速度。

……应适当开放更多商品的减税免税政策，对自用生产设备适当采取减税或免税……

（三）提高商品档次

对此，首先，推进整体农业结构战略性调整。在广西与越南边境小额贸易中，农产品贸易所占比重非常大，要提高农产品档次，重点发展特色农产品深加工和精加工，将更多精力投入高级农产品和农副产品的研发当中。积极引导农业企业、农民合作经济组织和农户按标准生

三、政府与非营利组织会计及财务报告的目标

最适度国际储备量

[illegible]的规定承运人的权利[illegible]同时也要求货主承诺接受提单条款制约的条款。由于提单条款

[illegible]由承运人单方面拟定的，[illegible]

条款、……最适度国际储备量的含义 [illegible]要把现有的资源整合在一起[6]，依托国家“一带一路”的

[illegible]最适度国际储备量是指一国政府为实现国内经济目标而持有的用于平衡国际收支和维持[illegible]

[illegible]所需要的最低限度的黄金和外汇储备量。

[illegible]储备不足，往往会引起国际支付危机，

[illegible]海运提单背面的印刷条款

影响经济增长，缺乏对突发事件的应变能力。反之，储备过多，则会增加本国货币的投放量，潜

[illegible]海运提单的背面印有各种条款，一般可以分为两类：一类是强制性条款，另一类是任意性

伏着[illegible]过多，不能形成生产能力，实际上会导致储备的机会成本

上升[illegible]

[illegible]违反有关国际公约、国内法律或港口的规定，违反或不符合这些规

定的条款无效。我国《海商法》第 44 条规定：“海上货物运输合同和作为合同凭证的提单或者

其他运输单证中的条款，违反本章规定的，无效。”《海牙规则》第 3 条第 8 款规定：“运输合同中

的任何条款、约定或协议，凡是解除承运人或船舶由于疏忽、过失或未履行本条规定的责任与

义务，[illegible]

（三）确定最适度国际储备量的分析方法 [illegible]以本规定以外的方式减轻这种责任的，都

应作废并无效。”[illegible]《维斯比规则》以及我国《海商法》等国际公约和各国

[illegible]

任意性条款是国际公约、国内法律或港口规定中没有明确规定，允许承运人自行拟定的条

（一）比率分析法

款。[illegible]承运人与托运人、收货人或提单持有人之间承运货物的权利、义务、责

任与免责的条款，是解决争议的依据。[illegible]

[illegible]20 世纪 50 年代以来世界储备总额与进口比例从 80% 下降到 70—90 年代，

下降到 30% 以下，大约相当于 3 个月的进口额。但是因各国具体情况不同，并不能一概而论。

此外，提单上还会有承运人以另条印刷、刻字印章或打字、手写的形式加列的适用于某些

1947 年，美国经济学家特里芬通过对六十多个国家的储备与进口比例的分析，得出的结论为，

特定港口或特种货物运输的条款，或托运人要求加列的条款。具体如下：

一国的国际储备量与贸易进口额的比率应满足 3 个月的进口需求。

（1）首要条款。[illegible]

国际储备量 / 进口额　　外汇储备 / 3 个月进口额

（2）定义条款。[illegible]

（3）承运人责任条款。承运人责任条款是用以明确承运人承运货物过程中应承担的责任

的条款。由于提单的首要条款都规定提单所适用的法律，而有关提单的国际公约或各国的法

律规定了承运人的责任，所以凡是列有首要条款或类似首要条款的提单都可不再以明示条款

将承运人的责任列于提单条款之中。

（4）承运人责任期间条款。承运人责任期间条款是用以明确承运人对货物运输承担责任

的开始和终止时间的条款。我国《海商法》第 46 条规定：“承运人对集装箱装运的货物的责任

期间，是指从装货港接收货物时起至卸货港交付货物时止，货物处于承运人掌管之下的全部期

间。承运人对非集装箱装运的货物的责任期间，是指从货物装上船时起至卸下船时止，货物处

于承运人掌管之下的全部期间。”[illegible]

[illegible]3 个月进口额的国际储备水平，就可以算是发

展中国家的理想水平。然而，这种方法只能作为一种参考，一国不能完全将这种测算作为一国

[illegible]对每件或每单位货物支付的最高赔偿金额的

适度国际储备水平的依据，还必须结合其他适度方法进行测算。

条款。

（二）成本收益分析法

参考文献

（6）特定货物条款。特定货物条款是用以明确承运人对运输一些特定货物时应承担的责

成本收益分析法（Cost-Benefit Approach）重点研究发展中国家的适度储备量，它以发展

任和享有的权利，或为减轻或免除某些责任而作出规定的条款。在运输一些特殊性质或对运

输和保管有特殊要求的货物时，就会在提单中找到相应的条款，如舱面货、活动物、危险货物、

中国家常见的经济条件为理论依据。这些条件是：(1)由于进口价格上升和出口量下降等原因经常存在外汇紧缺；(2)因生产性进口商品受到限制而存在不能使用的闲置资源；(3)在国际金融市场上的筹资能力有限；(4)在不能为国际收支逆差提供融资时往往通过削减进口来调节。在上述假设前提下，计算一国持有一定量储备所需花费的机会成本和可能的收益，然后计算出边际成本等于边际收益时的储备量，即适度储备量。在这里，机会成本是指将外汇用于进口必需的生产性商品所能促进生产的那部分国内总产值。储备收益是指通过运用国际储备，避免在国际收支逆差时过度的紧缩所损失的国内总产量。机会成本和储备收益相等的储备量便是最适度储备量。这一方法虽然有一定的说服力，但寻找实证来证明理论上的一些因素比较困难。因此，真正采取这种分析方法还存在一定的难度。

（三）临界点分析法

这是以临界点为计算方法，即根据历年来国民经济发展水平，找出最高储备量和最低储备量两个临界点，两个临界点之间作为适度储备区，其中的某一点便是适度储备量。这种方法认为：经常项目出现最大逆差时所需要的储备为保险储备量，这是上限；如果只为满足正常进口需要的最低储备量被称为经常储备量，这是下限。上限和下限之间便是适度储备区，其中的某一点即适度储备量。

（四）回归分析法

自20世纪60年代以后，多数研究人员利用回归技术并根据进口和储备对进口的目标比率来估计对储备的需求，从而得出最适度储备量。这一方法能够较好地分析储备的周期性的影响，在分析问题时涉及更多的独立变量。这些变量包括：(1)国际收支变动量；(2)国内货币供应量；(3)国民生产总值和国民收入；(4)持有储备的机会成本，最主要的是与长期利率的关系；(5)进口水平和进口的边际倾向。总之，这一分析法使对国际储备量适度性的测算从静态分析发展为对各种变量的动态分析。

20世纪70年代后，西方各国实行浮动汇率制度，研究重点转向汇率制度对国际储备需求的影响，得出的结论为：汇率灵活性的增强，可期望抵消国际贸易的增长量对中央银行国际储备需求的影响。有研究表明，在浮动汇率制度下，工业国家的国际储备持有量因汇率变动更加灵活而下降，而非产油发展中国家的国际储备持有量倾向于高出固定汇率制度时期。由于它们的本国货币钉住一种或几种汇率浮动的货币，因此其国际收支容易遭受较大程度的变动。

上述各种分析方法表明，国际储备的需求及其适度性是一个极为复杂的问题。影响国际储备需求的因素或变量很多，并且储备量适度性的测算也比较困难，各种分析方法虽各有一定的根据，但均有利弊，很难达到测算的准确性。因此，测算最适度国际储备水平，不能只采取一种方法，而应将多种方法结合起来，测算出最适度国际储备水平的一个幅度，而不是某一具体数字。这个幅度可用上限和下限来表明。上下限的幅度就是适度性水平的范围。若超出上限，则表明国际储备过多；若低于下限，则表明国际储备不足。

二、影响一国适度国际储备水平的主要因素

影响一国国际储备水平适度性的因素很多，并且很复杂，这里主要就以下几点说明：

（一）国民经济的发展规模和发展速度

国民经济的发展规模和发展速度是影响适度储备量最基本的因素。投资规模越大，进口需求就越多，所需的外汇储备也就越多。

处理如下：

借：银行存款 30 000

单位从财政部门或者主管部门取得的有指定项目和用途的专项资金，应当专款专用、单独核算，并按照规定向财政部门或者主管部门报送专项资金使用情况；项目完成后，应当报送专项资金支出决算和使用效果的书面报告，接受财政部门或者主管部门的检查、验收。

(30，n/90)，账务处理如下：

中华苏维埃时期财政体制及政策研究与启示

贷：商品销售收入——非限定性收入 100 000

承【做中学10—11】，书店将图书的款项在30天内（现金折扣期内）收到。

费用的确认应当同时满足以下条件：

（1）与费用相关的含有服务潜力或者经济利益的经济资源很可能流出政府会计主体；

（2）含有服务潜力或者经济利益的经济资源流出会导致政府会计主体资产减少或者负债增加；

（3）流出金额能够可靠地计量。

……建立之后，这个“国家”的一切可谓是百废待兴，但同时各个方面……中取得了十分重要的作用和效果，这些也成为现代社会建设和发展的重要……化建设和发展进程当中，对应的财政体制和相关政策同样也具有重要的作用和价值。……研究，希望得到的启示对于当代社会的财政体制和政策完善起到一定的作用和效果。

费用的确认一般以权责发生制为基础，单位以发生支付款项的义务为标志来确定本期费用。凡是当期已经发生的或应当负担的费用，不论款项是否已付，都应作为当期的费用；凡是不属于当期的费用，即使款项已在当期支付，也不应作为当期的费用。

关键词：中华苏维埃；财政体制；财政政策；研究分析

借：银行存款 20 000

一、中华苏维埃共和国财政体制及政策研究

费用的计量……数额计量入账。 20 000

某民间非营利组织为出版社，上月销售的一批图书因质量问题被退回。该批图书取得的销售收入50 000元……000元也已经结转，退货的款项已经支付给书店。账务处理如下：

(一)中华苏维埃共和国国家银行及相关政策

行政单位费用核算

1932年2月，中华苏维埃共和国国家银行在瑞金叶坪正式成立，并颁布了《中华苏维埃国家银行暂行章程》，章程规定：“中华苏维埃共和国国家银行直接隶属于中央财政部，为苏维埃经济发展服务，是巩固苏维埃政权的事业单位。财政人民委员部负责监督国家银行的一切事务，指导国家银行的各项方针政策，核准国家银行的预算、决算，审查各项相关报告和资产负债表等。”中华苏维埃国家银行的建立，为巩固中华苏维埃共和国红色政权、支援苏维埃时期革命战争、发展中华苏维埃共和国经济作出非常重大的贡献，同时也对中国新民主主义和社会主义金融事业都具有深远的启示意义。中华苏维埃共和国国家银行的相关政策如表1所示。

行政单位费用包括业务活动费用、资产处置费用和其他费用。

贷：银行存款 50 000

借：存货 40 000

贷：业务活动成本 40 000

业务活动费用是指单位为实现其职能目标，依法履职或开展专业业务活动及其辅助活动所发生的各项费用……

……学费收入、医疗费收入、培训费收入等。一般情况下，民间非营利组织的提供服务收入为非限定性收入，除非相关资产提供者对资产的使用设置了限制条件。

……提供服务收入，应按以下规定予以确认：

……（2）如果劳务的开始和完成分属不同的会计年度，可以按完工进度或完成的工作量确认收入。

时间	名称	具体内容
1932年	《中华苏维埃国家银行暂行章程》	包括总则、资本、业务、组织和决算及纯利之分配五章，明确国家银行的性……行的纲领，推动苏区社会经济的发展和广大工农群众基本生活的改善。
1932年10月	《国库暂行条例》	国家的税收及所有的现金（银元、金条等）收入，统统交给国库的支金库、分金库；各项支出财政部门批准后，由国库管理局开出支票，各金库凭支票……各级金库应有主任、会计、出纳……

（2）购入……

……的金额进行计量入账。

（3）社会保障费、职工福利费和管理部门支付的工会经费，按照规定标准和实有人数每月在计提时确认费用，按照实际提取的金额计量入账。

基金项目：2021年度“红色财经文化素养研究”系列课题——中华苏维埃共和国财政体制研究（项目编号：GXCK202102）。

（4）固定资产、无形资产以及公共基础设施、保障性住房计提的折旧、摊销，按照规定计提时确认，按计提金额进行计量入账。

续表

时　间	名　称	具体内容
1933 年 1 月	成立中华苏维埃共和国金库	国家银行总行开始代理国库，又增设金库会计科。

中华苏维埃共和国国家银行在金融实践中坚持理想信念、勇于开拓进取，为支援苏维埃时期革命战争、发展苏区经济、改善人民的生活、巩固中华苏维埃政权发挥了积极的作用，也为中国现代金融事业的开创和发展打下了坚实基础。

(二)中华苏维埃共和国财政制度及政策

中华苏维埃共和国临时中央政府于 1931 年 11 月 7 日在瑞金成立，组建了财政人民委员部，是苏区最高财政主管机关，负责领导各级财政管理机构开展各项相关业务，例如开辟财源、募捐、开征各税、公管经济收入、发行公债和其他收入，确保革命战争保障供给、保障苏维埃革命政权的运转、支持苏区经济建设和促进其他各项事业的协调发展，为争取革命战争的胜利和根据地的发展壮大提供了财力保障。中华苏维埃共和国财政制度及政策如表 2 所示。

表 2　　中华苏维埃共和国财政制度及政策

时　间	名　称	具体内容
1931 年 7 月	《组织财政支销检查委员会通令》	本政府为要各机关财政完全公开，以实现机关群众监督账目起见，特规定各级苏维埃、各革命团体以及红军各部，一律组织“财政支销检查委员会”，以检查日常开支账目是否依照预算、有无舞弊行为。
1931 年 7 月	《鄂豫皖区苏维埃临时组织大纲》	成立各级工农监委会。各级工农监委会与各级苏维埃是平行机关，受代表大会指挥。其主要工作是工厂检查、会计检查、苏维埃各种工作检查，苏维埃官僚腐化检查……
1932 年 2 月	《中华苏维埃共和国暂行财政条例》	1. 为实行财政统一，一切国家税权，概由国家财政机关(中央及各省县区财政部)按照临时中央政府所颁布的税则征收。地方政府不得自行规定税则或征收。2. 各级财政机关，所有收入税款，及政府经营事业的收入款，或罚金或没收的财产以及其他收入款项，概应随时转送中央财政部，或中央财政部所指定的银行。3. 各级行政经费、各军伙食杂用等经费，统由各该部分的财政机关造具预算，交直接上一级财政机关审查，并报告中央财政部批准。
1932 年 8 月	《财政部暂行组织纲要》	财政部，在中央政府隶属于人民委员会，称财政人民委员部，“执行国家经济政策，计划岁入岁出，并管理国库、税收、公债、钱币、会计、银行、国有财产、合作社等事项”。(中华苏维埃共和国)财政人民委员部下，暂时设立会计处、审计处、总务处、税务局、公债管理局、钱币管理局、国产管理局、合作社指导委员会。第六条规定：省财政部设会计科、出纳科、税务科、审计科及合作社委员会。县财政与省同，但不设审计科，与省县同级之财政部均设出纳、会计、税务三科。
1933 年 3 月	《省县市财政部暂行组织纲要》	会计科或会计员掌管行政费的钱粮出纳、账目登记以及预算编制的审查，并负责掌管税收及国有财产以外的国家财政收入账目，经常检查和批示下级会计工作，省会计科之下及记账员、出纳员、审核员，实行分工负责。明确了地方税务机构设置，规定省财政部之下设税务科，为 9—13 人；县财政部设税务科，为 5 人；区财政部、市财政科配商业税征收员 1—2 人。

续表

时　间	名　称	具体内容
1933 年 9 月	《中华苏维埃共和国地方苏维埃组织法(草案)》	省设审计委员会,隶属于中央审计委员会,同时受省执行委员会及其主席团的指导与节制。省审计委员会的任务为:审核全省苏维埃及其所属各级苏维埃财政收支预算与决算,审核财政机关的临时收支账目,并得向中央审计委员会提出该省的预算原则。省审计委员会如查出各级苏维埃及地方部队对于财政收支事项有违背法令,或不正当的事情时,得提出解决办法于同级苏维埃主席团,并报告中央审计委员会。每当审计年度终结,须将一年审计经过报告中央审计委员会及省主席团。

中华苏维埃共和国财政制度及政策在财政支出、合理分配和节约使用有限的资财,保障革命战争的供给和苏维埃政府需要,促进金融业的建立和发展、加强财政管理和监督方面发挥了积极作用,造就了“实事求是、开拓创新、自力更生、艰苦奋斗、勤俭节约、廉洁奉公”的中华苏维埃共和国财政精神,创造和积累了很多治国理财的经验和教训。

(三)中华苏维埃共和国税收制度及政策

中华苏维埃共和国成立后,创造性地制定了一系列税收制度和实施暂行税则,建立起包括商业税、农业税、工业税、关税、山林税等,并努力推进各项税收政策按照规范化和法制化发展。在改进和加强税收法制建设中注重实事求是、注重实际、积极进取、开拓创新,深入贯彻依法治税,公证执法。这些制度和实施有利于经济复苏与人民政权的发展壮大,为中华苏维埃共和国政权的巩固和发展做出积极贡献,也为新中国税收制度建立及政策的顺利实施、税收事业的蓬勃发展打下坚实的基础。中华苏维埃共和国税收制度及政策如表 3 所示。

表 3　　中华苏维埃共和国税收制度及政策

时　间	名　称	具体内容
1931 年 11 月	《中华苏维埃共和国宪法大纲》	中华苏维埃共和国政权以保障工农利益,限制资本主义的发展,使劳苦群众脱离资本主义的剥削,宣布取消一切反革命统治时代的苛捐杂税,征收统一的累进税,采取一切有利于工农群众并为工农群众了解的走向社会主义去的经济政策。
1931 年 11 月	《中华苏维埃共和国暂行税则》	规定中华苏维埃共和国实行统一累进税,废除反动政府的旧税制,税则自 1931 年 12 月 1 日起实行,税收分为商业税、农业税、工业税三种。
1932 年 7 月	《暂行税则》的修改	起征点降低,征税面扩大;税率提高,税负增加。
1932 年 1 月	《关于工商业投资暂行条例的决议》	规定投资者必须按照要求向当地苏维埃政府申请登记,税务局兼管工商业登记事项。这主要是考虑工商业登记的重要目的之一,是加强税收征收管理。为防止隐瞒资本以及不真实登记,税务部门可进行账簿检查,经营者不得拒绝。
1932 年 8 月	《关于统一税收问题》	要求税收会计进行统一;税收为国家财政主要收入,自应由国家统一征收,以前各级政府对于各种税收都系各自征收,归入各统计,作为日常收入,从未另外报解中央,如此一方面使国家无从知道各地税收确数,另一方面对于各级账目之检查也发生许多困难,因此本部决定从 8 月份起,凡地税、商业税、山林税以及店租、房租、矿产租金等各项租税收入,各级财政部都应另立账簿,如公债款一样,分别收入,按月解缴上级,累送中央或中央所指令之用途,并须按月将所收款项列入日常收入,其上半年及 7 月份所收税款则须分别统计填表格,报告来本部,以便审查。

续表

时　间	名　称	具体内容
1932 年 7 月	《土地税征收委员会办事细则》	规定了税收征收管理和组织指导，征收前、征收时和征收后做的工作。
1932 年 8 月 16 日	《商业所得税征收细则》	税务机关有权检查纳税人的账簿，纳税人不得隐匿或抗拒检查，违者依照情节轻重论罪。关税则在货物经过税关时，即派人前往核实，然后再照税率计算税款，税款如数缴清后，再开给进口、出口或通过凭单。
1933 年 9 月	《土地税征收细则》	根据人均产量的不同确定各纳税人适用相应的累进税率档次，新的税率则按照农民分得土地后，以每人分田实收多少及全家分田人口多少来规定。第二次修改的结果，多数税率又提高了，因正值中央革命根据地第五次反“围剿”前夕，提高税率的目的是保证革命战争供给。
1933 年 5 月 11 日	《关税征收细则》	没收货物拍卖款及罚款，得取出五分之一至二分之一偿给报告人，以资鼓励。从而充分调动了人民群众护税协税的积极性，广大群众不仅拥护苏维埃税制，还主动帮助政府征粮查税，维持税收秩序。
1933 年 9 月	《农业税暂行税则》	新税率农民全家土地实收数和人口数核定，人口多税率高，人口少税率低，多数税率都提高了，一般贫农少则提高 0.1%，多则提高 2.2%；富农少则提高 0.2%，多则提高 6.3%。
1933 年 10 月	《山林税暂行细则》	税率按照取得收入的大小累进，在 5%—24%之间。
1934 年 1 月	《关税征收细则》	规定关税税率有完全免税，有高至百分之百的。各根据地的关税，因各时期和各地的情况不同，征收关税的税目税率有所不同。

(四)中华苏维埃共和国会计制度及政策

中华苏维埃共和国会计制度是中国共产党和苏维埃政权在没有任何经验和先例借鉴情况下，从实际出发，注重调查研究，按照实际建立起来的有利于生产发展、政权稳定和符合战争需要的会计制度，是先辈们艰苦努力谱写的革命政权会计建设的新篇章，体现了良好的工作作风和精神风貌，为后来建立革命根据地会计制度和新中国社会主义会计制度打下坚实基础。中华苏维埃共和国会计制度及政策如表 4 所示。

表 4　　中华苏维埃共和国会计制度及政策

时　间	名　称	具体内容
1932 年 12 月	《统一会计制度》	正式要求建立统一的会计制度。统一的会计制度把各级开支分别划分、各成系统，以便于中央有计划地管理各项财政项目。还规定了预算规则，自中央至县、区、乡政府必须照规定严格执行。
1932 年 12 月	《会计准则》	分为总则、收款之程序、支款之程序、账簿、记账、支库单据之证明、报告之编制、附则等八章。
1932 年 12 月	《整理旧账手续》	要求为实行国库制度，对于旧账做一个结束，各级财政部应先将全年收支数目，按月制作收支对照表，将每月收入和支出总结起来照原收付存的规定相对照，原收数目与付存数目须相符。
1933 年 12 月 15 日	《关于惩治贪污浪费行为》	规定凡苏维埃机关、国营企业及公共团体的工作人员利用自己的地位贪没公款以图私利者，贪污公款在 500 元以上处以死刑；贪污公款在 300 元以上 500 元以下处以二年以上五年以下监禁；贪污公款在 100 元以上 300 元以下处以半年以上二年以下监禁；贪污公款在 100 元以下处以半年以下的强迫劳动。

续表

时　间	名　称	具体内容
1934 年 1 月	《为统一财政收据防止舞弊》	规定财政上各项岁入收据统一印发，并由上级机关盖印，交各级财税机关使用。

(五)中华苏维埃共和国审计制度及政策

中华苏维埃共和国中央政府在财政收支时建立财政主管机关、实行收支预决算制度、设立相应的审计机关和审计监督制度，各级审计机关对相应机关单位的财务管理进行定期或不定期的巡回检查和突击查账，同时及时将审计结果进行公布，从而提升审计工作的透明度，接受群众的广泛审计监督，体现法律面前一律平等的原则，获得很好的社会效应。中华苏维埃共和国审计制度及政策如表 5 所示。

表 5　中华苏维埃共和国审计制度及政策

时　间	名　称	具体内容
1933 年 12 月	《中华苏维埃共和国地方苏维埃暂行组织法(草案)》	省设审计委员会，隶属于中央审计委员会，同时受省执行委员会及其主席团的指导与节制。各财政部会计科管理钱币的出纳、账目的登记、预算书、计算书的编制等。会计科之下，设记账、出纳、审预等。
1934 年 2 月	《审计条例》	该条例比较全面地规定了审计立法的宗旨、审计机构、各级审计机关的职权与分工，以及法定的审计程序。

二、中华苏维埃共和国财政体制及政策的启示

(一)中华苏维埃共和国财政制度及政策的启示

中华苏维埃共和国国家银行的红色金融实践积累了丰富的财政制度及政策的经验教训：坚持党的领导，把握金融工作的战略性、方向性、前瞻性，相继颁布一系列的财政税收制度和金融管理制度、法规和条例，也使财政工作有法可依，为革命根据地的财政工作顺利开展提供了制度保障。在新时期财政支出应向大数据、人工智能、物联网技术、5G 技术、疫苗的研发、基层公共卫生组织、社区组织、药品研发受资金限制的药品研发生产企业、储备物资等进行倾斜，并建议类似倾斜方向保持常态化，在开展下一年度的财政预算中考虑建立专门的卫生应急储备预算。

(二)中华苏维埃共和国税收制度及政策的启示

中华苏维埃时期税收机制的启示之一是注重农民利益。在土地税征收中，中华苏维埃政府采取了土地改革的政策，将土地税部分用于将土地分配给农民，并提供农业资金支持。这种政策体现了税收与农民利益的结合，有助于促进农业生产和农民福利的提升。

中华苏维埃时期税收机制的启示之二是关注社会救济。税收收入的一部分用于社会救济，如贫困人口的救济、减免税款等。这体现了税收在社会公平和扶贫方面的作用，有助于改善社会弱势群体的生活状况，增强社会稳定性和凝聚力。

中华苏维埃时期税收机制的启示之三是灵活调整税收政策。根据不同时期和地区的特殊情况，灵活调整税收政策，如减免土地税、降低工商税税率等，有利于适应经济发展的需要，促进生产力的提升和经济的繁荣。

中华苏维埃时期税收机制的启示之四是加强税收管理和监督。设立税务机构，负责税收的征收、管理和监督，可以有效提高税收的征收效率和透明度。同时，对不合规的纳税人进行处罚，有助于维护税收秩序和公平竞争环境。

中华苏维埃时期税收机制的启示之五是公布税收信息和奖励宣传。实行公告奖励制度，对履行纳税义务的人给予表彰和奖励，能够增强纳税意识，激励更多的人主动履行纳税义务，并促进税收合规性的提升。

总的来说，中华苏维埃时期税收机制的启示为我们提供了一些重要的经验教训。注重农民利益、关注社会救济、灵活调整税收政策、加强税收管理和监督、公布税收信息和奖励宣传等方面的做法，对于现代税收制度的建设和优化具有借鉴意义。然而，需要注意的是，税收机制的具体设计应结合时代背景、经济发展阶段和社会需求等因素进行综合考量，并不断进行改进和完善。

(三)中华苏维埃共和国会计制度及政策的启示

中华苏维埃共和国会计制度建设是先辈们通过不断探索建立起来的一套适应战争环境的会计制度，其规范性、可操作性及监督措施很好地促进各项工作的顺利进行，那么对当今后疫情时代会计制度依然有借鉴意义。启示我们调整会计科目、科目设置、财务处理，细化财政拨款收支核算等，会计制度建设必须既注重实际同时又积极推进在创新机制和管理手段上寻求突破。

(四)中华苏维埃共和国审计制度及政策的启示

首先，中华苏维埃时期的审计制度证明了建立和推行审计制度的重要性。审计机构的设立可以对政府机关、经济组织等进行监督和检查，确保资金的合理使用和防止腐败行为。这让我们认识到，在现代社会中，建立健全的审计制度是维护公共财务安全和促进社会经济发展的必要条件。其次，中华苏维埃时期的审计制度强调科学化和规范化的审计程序。审计机构制定了相应的审计计划，并采取一系列科学的审计方法和技巧。这提醒我们，在现代审计工作中，需要遵循科学化、规范化和标准化的审计程序，以确保审计工作的准确性和公正性。再次，中华苏维埃时期的审计制度扩大了审计对象的范围，不仅包括政府机关，还包括地方政府、军事组织和经济单位等。这使得审计工作能够对各个领域进行全面监督和检查，有效防止财务违规行为的发生。现代社会也应该在审计工作中扩大审计对象的范围，确保公共财务的安全和透明度。最后，中华苏维埃时期的审计制度明确规定了审计结果具有法律效力。这要求被审计单位负责人对审计结果高度重视，并及时采取相应措施予以整改。同时，对于发现财务违规行为的相关责任人进行追责，确保违规行为不被容忍。这一点提醒我们，在现代审计工作中，审计结果应该具有法律效力，并且相应的违法行为应该受到法律的制裁。

结论

中华苏维埃时期是一个特殊的历史时期，其经济政策和发展路径与其他时期存在差异。通过对其财政体制和政策的研究，可以对当时的经济发展进行评估和分析，提供对历史发展轨迹的思考。研究中华苏维埃时期财政体制及政策具有重要的意义。它不仅对当代财政改革具有借鉴意义，而且可以加深对历史时期的理解，反思经济发展的路径选择。通过这样的研究，我们可以更好地把握历史脉络、认识历史进程，并为当代经济决策提供启示和参考。

参考文献

[1]刘淑珺. 中华苏维埃共和国行政管理实践及其当代启示[D]. 赣州:江西理工大学,2022.

[2]李玉环. 中华苏维埃会计实践——共和国会计工作的预演[J]. 财务与会计,2021(14):4－8.

[3]李悦. 论中华苏维埃时期审计机构的法律规定[D]. 南京:南京审计大学,2021.

[4]本刊. 精筹帷幄 业迹长存——中华苏维埃共和国财政史简述[J]. 中国财政,2016(17):62－65.

[5]欧阳秀兰,曾心滢. 中华苏维埃共和国会计制度建设研究[C]//中央财经大学中国财政史研究所. 财政史研究(第六辑),2013:44－52.

[6]吕春蕾. 毛泽东早期经济建设思想研究[D]. 南京:南京财经大学,2010.

[7]钟山水. 论中华苏维埃共和国的财务行政管理[J]. 南昌职业技术师范学院学报,1996(01):30－35.

[8]张从恒. 论中华苏维埃共和国的财政工作[J]. 南昌大学学报(人文社会科学版),1991(03):13－18.

抗日战争后期财经思想给我们的启示

谢　清

摘　要：抗战时期，陕甘宁边区除了遭到日军侵袭，还被国民党军事包围与经济封锁，经济状况非常困难。毛泽东同志在《抗日时期的经济问题和财政问题》一文中明确提出"发展经济，保障供给"的思想，统筹贸易、金融和财政的发展，解决了陕甘宁边区经济发展的迫切问题。本文研究抗日战争后期陕甘宁边区的财经思想及其实践，这不仅在抗日战争时期有着不可替代的历史功绩，而且对新中国成立后在经济建设发展上发挥了重要的作用，同时在当代也有重要的应用价值和学术价值。

关键字：抗日战争；陕甘宁边区；经济思想

一、抗日战争后期财经思想的发展

1941年和1942年是抗日战争期间解放区最艰难的时候，日军的侵略和国民党的围剿，解放区财政状况陷入了极大的困境。在这样的情况下，我党应当采取有效的措施，以促进经济发展，开辟财源，改善财政收支。然而有一些人，没有从人民的实际困难着想，只从政府和军队的需要出发，提出加重人民负担的办法来解决财政困难。毛泽东同志在《抗日时期的经济问题和财政问题》一文中，对不顾及人民的困境、只关心政府和军队需要的错误思想，进行了严厉的批评。同时批评了那些只关注财政收支而忽略发展经济的错误思想，认为这种观念陈旧而不切实际，不能解决任何问题。

毛泽东同志对抗日战争时期解放区军民自己动手、开展大规模的生产运动，胜利地度过了困难时期，进行了全面总结，用事实向全党展示"只有发展经济才能保障供给"这一马克思主义真理。他强调，财税政策的优劣可能直接影响经济发展，但最终确定财税状态的是经济本身。因此，在"发展经济，保障供给"的明确思路指导下，陕甘宁边区以及敌后各解放区，开展了大规模的生产运动，并获得了很大的成就，解决了解放区军民在抗日战争时期最困难经济问题，为党以后领导经济建设积累了可贵的经验。

二、抗日战争后期财经思想的主要内容

（一）自力更生、发展经济

抗日战争进入僵持阶段后，解放区陷入严重的经济困境。日军残暴的"扫荡"，国民党停发军饷，又遇到严重的自然灾害，军民们连基本的生活物资都没有。为了实现抗战的胜利，党中

基金项目：广西财税科学应用研究会2021年度委托课题——抗日战争后期财经思想与发展研究（项目编号：GXCK202108）。

央和西北局提出了“自力更生”的基本方针，即通过开展大规模的生产活动，组织群众建立好大小家务，努力实现“耕三余一”(三年生产的粮棉供四年使用)，从而实现经济的自给或大部分自给。对边区经济生产的发展，从以下几方面开展工作。

1. 从政策上刺激农业生产

边区地域辽阔，人口稀少，经济发展落后，为了提升农业生产能力，解放区采取了一系列激励措施，如发放农贷、鼓励移民开垦荒地、减少公粮征收、组织变工队和互救组、鼓励植棉、大幅提高农副商品和土特商品采购价等。在这些措施中，最重要的是合作与相互促进。边区的民众通过共同开发生产、开展交通运输、进行内部贸易和社会福利事业，积极组织合作，以实现共同的繁荣与发展。边区政府积极支持公营、私营或合营经济的发展，并给予合作社特殊优惠，以促进其健康发展。同时，政府对合作社中存在的“摊派股金、服务不精、人员不合理、引导不强等缺陷”积极进行改正，以确保互助合作机制能够得到有效发展。

2. 积极推进工业生产的技术改造

为了在现有基础上不断改进技术，努力推动工业生产的发展，边区政府发布“归队运动”，号召所有工业生产技术人员前往厂区进行生产。为此，边区政府积极招募和培养技术人才，如延安军工厂厂长沈鸿、延安天然科学院副主任陈康白、施工人员陈振夏、旅德化学家刘威等。随着技术的不断进步，边区的工业生产发展从一片荒芜中走向繁荣昌盛，生产出了很多工业品，如毛巾、袜子、火柴、肥皂、纸巾、瓷器等，使边区的经济得到了大幅提升，从而完成了工业品的自主供应。

3. 强调生产要注重质量和计划性

为了避免“土法”工艺以及生产过“左”带来的质量问题，边区政府建立质量检查制度办法，这对于在生产器材极度落后的边区，是积极有效的。为了确保在统一主导和共同统一规划下所有国营和公营企业都能开展工业生产，应强化采购、产销、招募、扩张等工业生产单元工作方面的规划性，以避免不必要的耗费。没有有效的规划，就会导致资源的耗费，而按照规划行事则可以提升产出效率。

(二)开展贸易、突破封锁

“皖南事变”后，国民党动用五十万大军围攻陕甘宁及其他一些敌后根据地，实行了全方位的军事和经济封锁，不让任何国际物资援助进入。而边区又是多采用分散经营的外贸方式，难以集中力量，所以就形成低价出、高价进的局面。因此，边区政府采用了一系列措施来改变过去分散的运作方式，财经办事处在陕北边区和晋西北边区统购统销重点的出口货物生产资料(如盐)，并对重点的进出口口岸实施联合监管，采用中央集权的交易模式，联合国内外交易，恰当地运用国民党统治区的缺点，在短时期内大幅提升出口货物总量，不断提升出口货物价值，实现出口货物旺销，进出口运输收支逐渐均衡，最终打破敌军的全面封锁。

1. 保护出口，囤盐提价

边区政府采取“进行囤盐提价斗争”的销售策略，统一生产、运输、销售和外贸，大大提高了盐价，有效保护了边区出口。因为“盐”是边区主要出口的土产，是边区财政收入的重要来源。

2. 保证进口，高价购棉

国民党严密地统制了辖区内的棉业运销，使得边区的棉货进口受到了极大威胁。对此，财经办事处经过慎重研究，决定灵活提高棉价，刺激进口，保证边区必需品的持续进入。

3. 稳定市场,发展内贸

通过组建各类供销社和消费合作社,以及加强边区国内交易市场的建设,采取自由开放的策略,拓宽融资渠道,促进城市物资交流,促进内贸发展,以实现繁荣。对于发展生产、运输和开展内部贸易,边区人民通过开展合作社的方式。

(三)稳定金融、壮大边币

在边区,边币与法币之间的价值冲突是金融斗争的实际表现。在“皖南事变”前,边区主要流通的货币是法币。但“皖南事变”后,国民党发行的法币来源断绝,伪币泛滥,边区政府为维护正常的金融秩序和社会稳定,决定建立自己的银行,并独立发行边币。这样,边币和法币在市面上同时出现,混合流通,如何处理好这两种货币之间的关系,不仅是一个重大的金融挑战,也是一个极具深远影响的政治问题。金融稳定的基础是法币,因此,必须将法币作为维护金融稳定的有效手段。“七分服从,三分独立”规定,边币必须与法币保持一致,但国民党市场出现金融危机,法币价格大幅下跌甚至崩溃时,边区经济实力达到一定程度,贸易处于超额状态,边币才能逐步脱离法币,独立流通。边区为进一步巩固和壮大边币,实行以下金融政策:

1. 不能冲破“饱和点”发行货币

1943 年,在“银行是财政厅出纳”的观念下,边区银行对财务不顾一切地资助投资,导致边币贬值,物价暴涨(仅 1943 年就上涨了二十多倍),使得边区金融秩序陷入了极度混乱的境地。经过深入研究,边区政府发放的货币受到市场需求、物价水平、产品贸易变动以及发行量与物价之比率等四大指数的影响,因此,“饱和点”提出了一个重要的观点,即边币发放不能超越这些指数。解决困难不能靠发票子,要靠生产,票子多了,必然就贬值。为了应对这一情况,金融部门调整了发放架构,控制了发放数量,尽管这可能会导致一些部门的资金停发,但“天下大乱,不如天下小乱”。

2. 严格规范银行信贷

金融部门应顺应生产的发展,防止在大发票子后又过分减少货币发行,应适量发行一定数量的票子,做到信贷放款向生产领域倾斜,贷款给工农业投资。为了有效地回笼货币,遏制物价,促进存款并审慎放款,银行信贷流程制定了统一的规范。一切放款都需要按照借钱手续办理,并且要有利率、保证和还款方法,即便是财政厅要借钱,也需要经过财经办公室的审批,按照借贷关系办事,并且要有文件和借据,以经济交易税进行质押,由物资局保证偿还。财经办事处通过建立严格规范的信用制度,增强边区金融抵御风险的能力,以此来维护边区银行在金融市场的地位。

3. 在比价上维护金融稳定

边币与法币的比价是陕甘宁边区金融稳定的体现。在战争时期,边币的购买力变化剧烈,而且大部分商品都是从边区外进口,当地的物价会受到边币价格的严重影响。为了维持当地物价,通过提高边币价格,那么人们就可以用较低价格,购买较高价格的货币,从而减少银行的法币准备金。因此,当法币价格下跌,区外物价上升时,边区内的物价也必须相应提高;反之,如果外部物价上升,而要求边区物价稳定,实际上是在用公家的钱来支付私人的利益,这样只会使公家陷入困境。维持法币价值不变,实际上是在削弱我们自身财富储备中的法币价值。边区交易所通过争取同比例的通货膨胀率,把货币比价固定下来(不排除零星黑市承担比价的上下浮动),有效实现了两种货币的顺利接口和购买能力的大体持平。

(四)留有后备、厉行节约

边区财政紧张的状况,通过紧缩开支的方式,一定程度上得到了缓解,也有效地保证了供给。但是,边区财政厅及各局的工作由于诸多不利因素的存在,仍然是“只有招架之功,而无还手之力”。1945 年初,在财政工作检讨会上,从三个方面分析财政工作的被动原因:存在盲目性,存在实际困难,主动性不够。其中,盲目性指的是部分同志缺乏对财经信息的了解,无法有效地掌握日常业务,从而影响了财务工作的顺利进行。实际困难是由于上、下级关系,财务人员工作不好开展。主动性不够,主要是工作人员缺乏主体意识,被动地开展工作。针对以上这些问题,边区财政工作,进行如下整顿:

1. 财务人员素质需全面提高

导致边区财政工作陷入被动的主要原因是财务人员的素质问题。因此,对边区财务人员作了各项素质的明确要求:思想素质是首要。随着接触金钱的机会增多,我们应该更加廉洁奉公,不动用公家一分钱。“要同钞票作斗争”以此不断提醒我们。此外,业务素质也是必不可少的,财务人员应该努力学习业务知识,掌握计算技能,仔细打算盘。对待工作,人人都应该有“掌柜”的态度,即以当家的态度处理事务。在领取物品时,要按照原则办事,不能含糊不清,要仔细计算,否则会浪费。

2. 财政开支要有主有次

部队、机关、学校与财政部门在财政开支上存在着明显的对立面:前者需要更多的资金,而后者则受到财力的限制,无法满足所有方面的需求。因此,各方都希望能够获得更多的资金来支持自己的事业。对此,要有主次地安排财政支出,做到“钱要用在刀口上,不要用在刀背上”。规定了财政支出的先后次序:部队第一位,院校第二位,国家机关第三位,“伙食、草料重要,衣着次之”,“然后是看病,办事,文化娱乐”,最后才是投入“帮助公私生产”还有另外一些费用支出。在“力量集中”确保财政开支后,“长期打算”是边区财政的计划,积谷防荒,“留有余备,以备救急”。对于当前的开支要考虑周全,还要考虑到明年或后年的使用情况。这样,边区财政厅通过仅仅一年的工作,就出色地完成了积蓄力量、备战备荒的战略任务,不仅有效地消灭了财政赤字,还为边区留下了足够一年用的家底。

三、抗日战争后期财经思想特点

(一)财经工作从大局出发,为政治服务

财经工作不是独立的,而是政府工作的重要组成部分。因此,财经工作应当为党的总目标服务,以保障革命斗争的给养和供应,实现党的目标。为了确保革命斗争的胜利,需要全力以赴地筹集财力物力,满足所有必要的支出。

(二)生产第一,分配第二的财经关系

边区财政与经济的关系历来矛盾突出。边区是一个地方政府,财政收入十分有限,皖南事变后,均靠自力更生。落后生产力与财政庞大消费力的矛盾,使财政经济陷入极端困难的境地。为克服困难,从 1939 年开始,提出发展公私市场经济,力争自给的方向;1941 年 12 月,提出以蓬勃发展经济来满足财政工作要求的方向;1942 年 12 月,明确“发展经济保障供给”的财经工作总方针。1943 年,各部队、机关和学校完成了财政经济从半自给向基本自给自足的转化,构建起了雄厚的家务,达到了“丰衣足食”的水平。1945 年,以进一步发展生产为基础,为缓解财政困难，提出“节约储蓄，增加生产自给，备战备荒”的方针和实行“生产节约，长期打算，积蓄物资，准备反攻”的方针。在上述方针指导下，边区大力支持经济建设，使经济建设出现蓬勃发展的局面，综合运用财政垫支、银行贷款、税收保护等一系列手段。

(三)开源节流的收支政策

边区政府为增加财政收入，从 1940 年开始制订并修订税收条例，并适当扩大征收范围。1944 年 7 月又对货物税和营业税进行了修改，使税收基本呈上升趋势，从而充实了边区财政。财政资金使用的基本原则是“既要解决问题而又不浪费”。“解决问题”，即是保障供给。然而，保障供给并非毫无限制，“不耗费”规定了必须遵循的原则：“节省资金就是要合理，不能耗费。”因此，钱应该用在刀口上，而不能用在刀背上。即强调财政支出的效果。对于超过丰衣足食一定标准的浪费现象中共中央和边区政府十分注意，于 1944 年和 1945 年正式提出了“厉行节约，备战备荒”，“积蓄物资，准备反攻”的方针。边区财政部门从节约开支的角度，具体制定了节约的原则和办法。

(四)统筹统支为主、生产自给为辅的财政方针

1941 年，边区采取统一领导、分散经营的财政方针，将部分生产资金分配给各部队和机关，以便他们能够独立运营，经费开支问题得到了有效的解决。各部门为了解决资金困难问题，以大部分的资金去做能图速利的生意，为了赚钱，出现了部门间的相互竞争，甚至不顾政策和全局利益，走私漏税，倒卖黄金、敌货和法币，局面非常混乱。1942 年边区实行“统筹统支为主，生产自给为辅”财政方针，以纠正这种过分分散的现象，逐步建立了一套财政制度，使混乱得以整顿。但不久又出现过分集中，统得太死的缺点。为了解决这一问题，1943 年边区采取了统一领导、分区统筹的财政政策，有效地解决了财政体制上的矛盾，确保了边区经济的稳定发展。

(五)财政、金融、贸易互相联系又互相制约

金融是财政的一大支柱。边区政府在皖南事变之后迅速采取行动，阻止“法币”在边区流通，为支持当地的生产和必要的财政支出，授予边区商业银行发放“边币”。从 1941 年到 1942 年，边区商业银行的资金使用和发放都完全受到财政支付的约束。同时，贸易是支持财政的另一大支柱。边区财政收入主要来源于人民以租税形式缴纳政府的税款，仅靠税收，对于边区浩大的财政支出，是不敷应付的，还得依靠出口来增加收入。由于金融和贸易能分别从价值形态和物资形态上有力地支持财政，从而促进了财政收支平衡。

四、抗日战争后期财经思想给我们的启示

财政是国家治理的基础与重要支柱，是利益调节的总枢纽，连接着社会的方方面面。在新形势下，财经工作面对着更为复杂多变的情况和更为繁重的责任。财政被赋予“国家治理的基础和重要支柱”的作用和地位，因此，我们需要坚持初心，担当使命，并从红色财经的历史发展中吸取经验。党的十八大至今，中国特色社会主义步入了新阶段，财政工作也随之发生了巨大变化，需要更为积极地应对新的挑战，并以更为有效的方式推动“五位一体”建设和“四个全面”战略布局的实施。

(一)财政工作应树立全局观，加强党的全面领导

在抗战期间，党的坚强领导，成功地战胜了敌军“扫荡”、进攻、经济封锁、破坏和各类自然

灾难所带来的严重困难,在艰难的条件下,发展生产、发展经济,建立健全财政机构和各类规章制度,为根据地财政建设打下扎实的基础,为抗击外敌、维护人民的利益作出了重要贡献。历史实践表明,只有坚信党中央领导,坚决贯彻执行党的路线、宣传思想、政策措施,才能够有效地支持革命战争。在新形势下,我们必须坚持红色财经精神,加强党对财经工作的领导,牢固树立"财"自觉服从服务于"政"的意识,始终确保财政工作沿着正确的政治方向前进,为党和国家的经济社会发展长远大局提供公共服务,推进新形势下财政工作取得更高水平的发展。

(二)审时度势,着力推进财政治理现代化

在抗战期间,党在做好财政保障的过程中,不断探索、实践,主动总结经验,贯彻"发展经济、保障供给"、"自力更生、艰苦奋斗"和"自己动手、丰衣足食"的发展方针,把发展生产、加强经济建设作为解决财经难题的根本出路;坚持以人民为中心,动员民众积极参与生产与经济建设,通过精兵简政,努力实现财务收支均衡,以此来推动国家经济发展,促进和谐稳定。为了克服财政困难,降低供给标准,在财政、金融、贸易、税收和粮食方面,制定了相关的财经政策。为确保财政供给,建立了独立的经济体系,特别注重对财经队伍的建设和培养,加强财税与金融业务的学习,这为新时期财经工作的开展与财政治理提供了可贵的实践经验。

在新形势下,财经工作必须"坚持和完善中国特色社会主义制度、推进国家治理体系和治理能力现代化"的要求,深入落实新经济发展观,努力推动财经工作取得更大的成效,坚持"稳中求进"总基调,积极推动改革创新,全面落实新时代承担的财经职责,加快构建我国现代财经体系,提高财政管理水平,助力推动经济社会进步。

(三)传承红色财政精神,推进财经内涵建设

在抗日战争期间,日寇的疯狂"扫荡"与经济封锁,国民党停发军饷,严重的自然灾害,边区陷入严重的经济困境,但是,根据地军民坚定不移地追求革命事业,坚定不移地忠诚于党,最终取得了胜利。为了更好地完成当代的财经工作,我们要根据新的时代发展形势和新的实践要求,发掘红色财经资源,继承红色财经血脉,以红色财经精髓为指导,加强政治思维武装,强化信念,勇敢奋斗,遵循并践行竭诚为人民服务的基本理念,以此来推进财经各项事业的发展,为完成中华民族伟大的中国梦而努力奋斗。要自始至终坚定不移地忠于党的理想信念、路线方针,从红色财经文化中汲取精华,深刻领会为促进民族和当前转型发展奉献经济才智与能力的使命,敢于承担"红色财经"的政治责任,继续不屈不挠地奋斗,自力更生,节俭节约,团结互助,追求真理,注重实效,遵守法律法规,清正廉洁,将红色财经精神融合到财政工作实际中。

(四)严格财政纪律,强化财政人员素质

财政人员的素质是财政工作取得成功的关键,因此,应该进一步提高自己的技术水平,加强服务意识,坚决遵守法律规定,并且在办理财政事宜时,要保证不掺杂私念,坚决依规办理,严肃依照规定办理,绝不能有任何违反规定的行为。财政人员应当努力培养和巩固良好的职业道德品质,以便在日常工作中抵御经济利益的诱惑,树立正确的价值观、人生观和社会观,并以积极的态度投入未来的工作中,以实现更高的效率和更大的成就。

我们党一直以人民群众的基本利益为出发点,在各个时期对财经工作都做出了明确的要求。在抗日战争期间,我们党始终以人民为中心,创建了大量的抗日民主根据地,动员民众积极参与生产与发展经济,取得了巨大的胜利,为新中国建设探索了局部的执政道路,并积累了宝贵的经验。历史证明,只有始终坚持以人民为中心,财政才能不断发展壮大,国家才能繁荣昌盛。现如今，我们正在党的坚强领导下，朝着实现第二个百年奋斗目标前进。财政工作必须坚持党的领导，更好地发挥其职能作用，积极地加快民众生活的发展，推动经济社会的全面进步，为实现共同富裕、创造美好生活而贡献力量。

参考文献

[1]宋籽秋．抗日战争时期陕甘宁边区财政政策[J]．经济研究导刊，2013(30)．

[2]王杰，李春芳．延安时期陈云商品经济思想述论[J]．党的文献，2011(05)．

[3]殷瑞航．论抗战时期陈云的边区贸易思想[J]．中共乐山市委党校学报，2011(04)．

[4]王杰．陈云的经济危机思想述论[J]．中国浦东干部学院学报，2011(03)．

[5]赵学军．略论陈云的货币管理思想及其现实意义[J]．理论建设，2011(01)．

[6]赵士刚．陈云延安时期的经济思想及其意义[J]．中国延安干部学院学报，2010(04)．

[7]李建国．试论陕甘宁边区的通货膨胀与反通货膨胀措施[J]．抗日战争研究，2007(02)．

[8]陈答才．陈云与西北财经办事处[J]．陕西师范大学学报(哲学社会科学版)，2005(05)．

[9]李占才．建国前后陈云经济思想的历史启迪[J]．陕西师范大学学报(哲学社会科学版)，2005(05)．

[10]范水涛，叶婢娟．抗战后期陈云边区财经思想研究——纪念陈云诞辰100周年暨抗战胜利60周年[J]．龙岩学院学报，2005(04)．

[11]杨庆峰．陈云经济思想及其当代启示[D]．长春：吉林大学，2013．

[12]齐凯雁．抗战时期陕甘宁边区商业发展研究[D]．延安：延安大学，2011．

[13]孔燕．论延安时期毛泽东的经济思想[D]．上海：华东师范大学，2010．

[14]雷志成．陕甘宁边区的财政与税收体系探析[D]．长沙：湖南师范大学，2004．

解放战争时期金融发展历程研究

詹　婷

摘　要:1946 年 6 月底,在美国的支持下,国民党反动派撕毁停战协定和政治协商决议,悍然对解放区发动全面进攻,中国人民解放军在中国共产党的领导下,开始为推翻国民党统治、解放全中国而进行伟大的人民解放战争。随着解放战争的节节胜利和解放区的日益扩大,各解放区建立健全金融机构,积极普及发展新解放区的金融组织,金融机构逐渐由分散走向统一,建立起以人民币为本位的独立统一的金融体系。本文结合有关党史资料,从政策措施、金融机构设立、货币发行、银行贷款、金融工具等角度展开对陕甘宁、东北、华北、中原、华东这五个解放战争时期较为代表性的解放区的金融发展情况的研究。

关键词:解放战争时期;金融发展;解放区

1946 年 6 月,蒋介石集团背叛了中国共产党与国民党签订的"双十协定",不顾全国民众的强烈反对,国民党军队从中原解放区发起进攻,发动了全面内战,人民解放战争就此开始。面对全面内战爆发的严峻形势,中共中央指出,各解放区应有意识、规划性地发展居民生产,整顿各地区财政,贯彻执行发展区域经济、确保民生供给、中共统一领导、地方分散经营、军民统筹兼顾、公私同时兼顾等方针。在这一系列方针指导下,解放区的经济建设和战争供给得到了发展与保障,丰富了我国金融建设和对敌货币斗争的经验。本文结合有关党史、历史资料,从政策措施、金融机构设立、货币发行、银行贷款、金融工具等角度展开对各主要解放区的金融发展情况进行研究,总结各解放区金融发展特点及所取得的成就。

抗日战争进入后期时,到了 1945 年上半年,中国共产党领导下的人民军队已在中华大地上建立起了晋察冀、冀热辽、陕甘宁、冀鲁豫、晋绥、晋冀豫、山东、苏北、苏南、苏中、淮北、淮南、皖中、鄂豫皖、广东、湘鄂赣、河南、浙东、琼崖等总共 19 块抗日民主根据地。在日本军队投降后,统一将根据地改名为解放区,面积接近 100 万平方千米,总人口超过 1 亿人。在解放战争这一时期,上述解放区的面积通过不断的调整、连接和逐步扩大,渐渐形成了陕甘宁、中原、东北、华东、华北等几片规模较大的解放区。

一、陕甘宁解放区经济金融发展

陕甘宁解放区包括陕西的北部、甘肃的东部以及宁夏地区的部分区域,是中国共产党成立

基金项目:广西财税科学应用研究会 2021 年度"红色财经文化素养研究"课题项目——解放战争时期金融发展研究(项目编号:GXCK202110)。

的革命根据地,抗日战争时期陕甘宁边区是中共中央和中央军委所在地,是国民政府行政院的直属管辖行政区域,负责抗日战争时期敌后的政治指导,也是敌后抗日根据地的总后方。

在财政政策上,由于在对1937年至1940年中共提出"力争外援,休养民力"的财政政策执行上边区政府过于教条和死板,单纯只依靠外部援助和国民政府发给八路军的每月60万军饷,并没有提前计划发展经济、增加财政和税收来源的长远打算,造成财政连年赤字。为了缓解严重的财政危机,中共中央和边区政府一起采取相应措施,目的是增加政府的财政收入:调整、改变部分财政政策,大力推动边区经济发展,发行公债,增加税收等。为抑制边区出现的通货膨胀问题、稳定保证边区金融经济秩序,边区政府采取了多项措施:首先是成立西北财经办事处,由办事处统一领导边区所有的财经工作,关注生产,增强贸易扶持力度;其次是充分利用好发展生产所获得的物资,在一定区域内实行物品分配给予制度,减少财政支出,从而降低边区货币的发行压力;再次是由边区政府带动,大力支持农村信用合作社等机构的成立和发展,施行随行就市的浮动利率,引导边区闲置的资金转入重要生产领域。边区政府所采取的应对措施产生了正向、推动、积极的作用,使得边币在边区本地的购买力越来越强,边区的金融市场逐渐趋于稳定,物价也慢慢回归正常状态。

在皖南事变发生之后,经济发展迫在眉睫。边区政府为解决当下之急,制定了统一领导、分散经营、独立自主的财政政策,给各机关部队下发一定比例的生产启动资金由其自主经营,以解决当下经费困难的问题;大规模地开发食盐产业,鼓励群众通过牲畜驮运食盐出口,计划出口的食盐量为60万驮,其中公盐6万驮,先由边区政府相关部门将食盐分配至各县,再交由群众无偿进行义务驮运;食盐价格由政府统一制定,销售得到的收入归入军委进行管理,作为军费储备和部队的生产保证;把食盐作为代表货物进行出口贸易,在这特别时期保证了边区贸易平衡,打破了敌对势力的经济封锁,通过贸易换取了部分紧缺的物资,这举措发挥了十分重要的作用;发行建设救国公债618万元;征收救国公粮20万石,公草2 600万斤,解决人员和马匹粮草;禁止法币在边区内流通,由陕甘宁边区银行发行了1 054万元边币用于边区市面上流通,接着又发行了"商业流通券"用于代替、辅助边币。在大生产运动中,边币通过边区银行的贷款来到了无数的边区农民、工人、商人手里,成为发展边区居民生产、促进边区经济贸易、改善群众生活、支持解放战争与革命的有力武器,尤其是发行的农民贷款如"耕牛贷""种子贷""农具贷"等,为农民的生产提供了支持与保障。税收方面,实行农业税、工商业税、盐税、公盐代金、牲畜买卖税和斗佣。

1947年7月,中共中央决定将陕甘宁解放区、晋绥解放区统一为一个解放区,西北农民银行与陕甘宁边区银行合并在一起,统称为西北农民银行,西农币成为整个西北解放区的本位币。

二、东北解放区经济金融发展

1945年9月15日,中共中央决定建立东北局,此后大批共产党干部到达东北以建立人民政权。10月27日,大连市民主政府成立;11月3日,安东省民主政府成立;5日,辽北省政府成立;14日,嫩江省和热河省政府分别成立;1946年5月5日,松江省民主政府成立;26日,兴安省民主政府成立。8月7日至15日,东北各省代表联席会议在哈尔滨召开,成立了东北各省行政联合委员会办事处。此后两年的时间里,东北民主联军三下江南、四保临江,在1947年分别发动了夏季攻势和冬季攻势，进一步扩大和巩固了解放区。1948 年 9 月至 11 月，东北野战军发动了辽沈战役，共歼敌 47 万人，解放了东北全境。

由于抗战时期东北地区的政治、经济长期受到殖民统治，在我党进入东北初期，东北财经状况一片混乱：收支不平衡，入不敷出；通货膨胀，物价波动；物资奇缺，供应不足；伪币泛滥，紊乱东北金融，严重地影响了军需和人民生活。针对这一情况，东北局根据中央指示，及时地采取了措施。1945 年 11 月 12 日成立了东北银行，发行东北地方法币。1945 年 11 月 26 日因战争形势变化，东北银行撤离沈阳，1946 年 1 月在通化成立了东北银行印钞厂。不久又迁至佳木斯，发行东北地方流通券来兑换此前发行的法币，取代其他货币进行统一。1946 年 3 月，在东北局指示下，东北各解放区分区建立地方银行、发行货币并独立经营。为了有序恢复东北地区生产经济、保障战时物资供给，东北银行还发行了大量的地方公债，种类多达十种以上，如松江省的“胜利公债券”、合江省的“建设公债券”、嫩江省的“市政建设有奖公债券”等等。公债的发行为军费筹集、生产建设资金筹集提供了保障，为解放东北和解放战争取得最终胜利发挥了关键作用。此外，东北银行为了恢复东北地区农业生产，联合各级政府办理发放农业贷款，以解决农户生产资金不足的问题。

1946 年 8 月成立了财政委员会，1947 年 4 月改为财经办事处，并成立了各省、市、县敌伪资财清理委员会，收集和清理敌储存和遗散的武器、弹药、粮食、布匹、运输工具和器材等各种物资；稳定物价，整顿金融；废除一切苛捐杂税，减轻人民负担等。1948 年 7 月，东北解放区成立了财政经济委员会。在东北局的领导下，东北解放区财经工作取得较大的进步，农业、工业生产得到了恢复和发展，金融方面得到统一。1948 年 11 月，辽沈战役大捷，东北全线解放，12 月东北银行搬回沈阳，继续服务地方，支援全国解放战争。

三、华北解放区经济金融发展

华北解放区是由晋察冀边区和晋冀鲁豫边区这两解放区合并而成的，对该解放区进行研究需要追溯到前身两解放区的金融发展情况。晋冀鲁豫抗日根据地是抗日战争时期中国共产党领导的敌后抗日根据地，又称“晋冀鲁豫边区”，也是解放战争时期全国最大的根据地，是中国共产党与国民党作战的重要战场。晋冀鲁豫边区为了支持战争、稳定边区经济，先后创办了冀南银行和鲁西银行。面对当时严峻的货币斗争形势和混乱无序的货币市场，为了巩固根据地建设、保障战备军需及民生，中共北方局冀南行署决定于 1939 年 10 月成立晋冀鲁豫边区银行——冀南银行并发行冀南币。冀南银行是中国人民银行的前身。鲁西银行是冀鲁豫根据地银行，于 1940 年 3 月在鲁西根据地东平县建立，1946 年 1 月 1 日晋冀鲁豫边区政府将鲁西银行并入冀南银行，改名为冀南银行冀鲁豫区行，在边区发行冀南银行币(保留鲁西银行名称)，由冀南银行统一管理两区的货币发行。

抗日战争时期，日本先后在华北设立了伪冀东银行、伪察南银行、伪蒙疆银行和伪联合准备银行，后又将伪冀东银行、伪察南银行并入后两伪银行。这两个伪银行在华北发行大量伪币，滋扰解放区货币稳定与安全，肃清伪币迫在眉睫。1946 年晋察冀边区政府发布公告，在国民党停止收兑前禁用伪联银券，由解放区政府将伪券收集，统一向外购买物资，以达到肃清的目的。晋冀鲁豫边区的冀南银行也采取了同样的措施，彻底打破敌人的阴谋，保护了人民群众的利益。抗战胜利后，虽然伪币得到了肃清，但法币随着国民党军队流入华北解放区，成为边区货币新的斗争对象。1946年初，冀南银行总行召开了第一届区行经理会议，会议决定禁止法币在边区内部流通，同时将根据地货币市场分成本币、法币、混合币三个市场，通过采取一系列的手段，最终使得法币从解放区流入敌区，维护了市场稳定。华北解放区本币与法币的战斗在晋察冀边区银行和冀南银行合并之前已取得基本胜利。

1947年3月10日，中共中央委托晋冀鲁豫中央局在邯郸主持召开华北各解放区的财经会议，讨论了今后华北解放区财政经济工作方针及现阶段存在的问题。会议上，各解放区代表团统一意见，建议成立华北解放区联合办事处，统一领导华北各解放区的财政经济工作。1947年4月16日，中央正式发布关于成立华北财经办事处的通知，决定在太行成立华北财经办事处，地点位于晋察冀边区平山县。华北财经办事处负责统一华北解放区的财政，指导各解放区财经工作，如制定各解放区经济建设方针、管理生产建设、筹建银行以发行货币等等。同年8月16日，在中央领导下，华北财经办事处正式开始统一各解放区的财政经济工作。这一时期华北解放区的财政政策主要体现在以下方面：独立自主发展经济，以保障军需民生供给为首；精兵简政，优先保证前方物资军需储备充足；征收公粮，优化粮食储存运输管理；以生产发展为目的，开展金融工作和贸易活动。

1948年4月，在石家庄举办了华北各解放区的金融贸易会议，参会成员主要有西北解放区代表、晋察冀解放区代表、晋冀鲁豫解放区代表、华东解放区代表。会议就驰援战争、恢复生产发展、稳定社会物价三个方面展开了讨论，但最核心的问题是货币的发行与统一。在这一核心目标推动下，华北财经办事处与各解放区开始实施财经统一的政策，由各解放区执行政策后将情况反馈给华北财经办事处，再由办事处对政策进行进一步的改进与调整，以达到逐渐统一的目的。1948年5月，周恩来总理在听取本次会议汇报后提出要统一经济。不久，党中央决定取消华北财经办事处并成立中央财政经济部，将晋察冀和晋冀鲁豫两解放区合并组成华北解放区并成立了华北人民政府，晋察冀边区银行与冀南银行合并，成立华北银行。

四、中原解放区经济金融发展

1947年6月30日，刘伯承、邓小平同志遵从党中央和毛泽东同志的战略部署，率领晋冀鲁豫野战军千里挺进大别山，开辟了豫鄂、皖西、桐柏、江汉解放区；8月22日至24日，陈赓、谢富治指挥太岳兵团众将士进军豫西，开辟了豫西和陕南解放区；9月7日，陈毅、粟裕率领华东野战军众将士进军陇海路，进一步壮大了豫皖苏解放区。随着战事取得不断胜利，中原解放区逐步形成并扩大。中原解放区又称鄂豫皖解放区，是中共在抗战时期历经血战创建的敌后抗日根据地，位于长江、黄河、淮河、汉水交汇处，以河南为原点，连接安徽、江苏、湖北、陕西四个省市，由鄂豫、皖西、豫西、陕南、豫皖苏、桐柏、江汉七块战略区组成。境内山地平原交错，河汉纵横，背靠大别山、桐柏山、大洪山，面临江汉平原，气候温和、物产丰富。中原解放区靠近长江中游最大城市武汉，东逼近南京，南扼住长江，西震慑西安，掌控着平汉、陇海这两大主要铁路枢纽，是控武汉、窥南京，控制出川咽喉的要地，是国民党攫取华东、华北乃至东北的重要障碍，同时也是夺取全国解放战争胜利的重要战略区域。

相对于当时的其他解放区而言，中原解放区属于新的解放区，战争军需费用巨大，战事紧迫，物资运输困难，也很难从别的解放区获取物资，只能自行筹措，但也存在较大的难度。因此，与其他解放区一样，中原解放区同样面临着货币流通混乱、金融市场不稳定、民生需要保障、财政需要建立体系等一系列问题。这一时期中原市场上主要流通的是法币和银元，还有部分地方货币混杂流通。为了稳定金融环境，亟须建立规范的金融机构并发行统一的货币，以稳固中原解放区的发展。1948 年 1 月 25 日，中共中原局协同中原野战军一起作出了《中原局关于发行中州农民银行钞票的决定》。1948 年 4 月，中原、华东野战军司令部和豫皖苏行署联合以军政首长的名义宣布中州农民银行正式成立。

在中州农民银行成立之前，中州币其实已经发行，但由于中原解放区条件较为艰苦、财政经济形势严峻，故前期的物资储备、印刷主要是委托冀南银行进行的，由冀南银行印刷厂帮助印刷。在中原解放区的货币斗争中，前期阶段中州币先是与银元挂钩，通过中州币与银元 200∶1 的固定比兑换，同时结合军事战斗方面的胜利扩大宣传动员，使得群众广泛接受了中州币的出现与流通，为后期货币的统一与规范奠定了群众基础；后因为国民政府发行伪钞，强制收售兑换群众的黄金和银元，为了市场的稳定与统一，中州币停止了对银元的兑换，间接阻断了银元的流通。后期阶段，为了彻底肃清法币，帮助中州币完全占领市场，中原局在 1948 年 8 月 4 日还指示所属各区域迅速印制小额地方流通券，以豫西、桐柏、皖西三区为主要流通区域，以辅助弥补中州币票面大、小票暂未印出、不便于找零等缺点；其次通过组织群众到蒋区用法币购买货物，加速消耗处理群众手中的法币，通过组织工商联合会、商会签订拒用法币的条款和公约，控制法币向内部流动；最后通过开展打击国民党伪币、假币，维护了中州币的信用。随着解放战争形势的不断发展，中州农民银行的分支机构不断增加，中州币的发行、流通范围不断扩大，解放区中各行政区也纷纷发文明确规定经费的安排、市场的交易都要以中州币为官方计价单位，进一步明确和巩固了中州币作为解放区本位币的重要地位。

五、华东解放区经济金融发展

山东是解放战争的主战场之一，也是人民解放军华东军区、华东野战军的诞生地、主要作战地和大后方。华东解放区包括山东、江苏、安徽、浙江、福建、江西、台湾 7 省和南京、上海两市，地处沿海，长江、黄河横贯其中，人口稠密，物产丰富，交通便利，经济发达，战略地位十分重要。与其他各解放区一样，由于受到抗日战争、解放战争的影响，山东解放区经济混乱、物资紧缺，不管是军队武装力量还是老百姓都面临着财政、经济方面的危机，山东解放区的经济金融建设十分迫切。为解决军民需求保障物资供给，中共山东分局设立了财政经济委员会专门负责财经工作。1938 年在中央的指示下，山东解放区北海专署为了摆脱敌伪的货币控制，稳定解放区货币市场，在掖县创办了北海银行并发行北海币。这一时期北海币发行的作用是作为法币的辅币，防止日伪掠夺法币、推行伪钞，一定程度上保持了法币的币值，稳定解放区的物价水平。1939 年春，受到敌对势力及战争的影响，北海银行一度停业，但北海币仍在胶东区流通。

1940 年 2 月 29 日，山东分局检讨了过去在财政经济建设方面的失误，对山东根据地的财经工作作出新的部署：扩大分局财委会；整理北海银行，筹办分行并发行流通券；建立统一的收支和预算制度。1940 年 10 月，山东北海银行总行成立，即鲁中北海银行，胶东及其他地区的北海银行为分行。1941 年后，随着根据地的扩大，在党中央和中共山东分局的方针政策指导下，北海银行的机构不断丰富，在胶东地区成立南海支行、东海支行、北海支行，辖属的各县市也建立起北海银行的支行和办事处，制度也逐渐完善。但与其他解放区一样，想要建立独立的经济金融体系，就必须要脱离与法币的关系，使北海币成为独立的本币体系，占领独立的解放区货币市场。1942 年后，为了应对敌伪势力对解放区的进攻，避免法币大量涌入根据地，谨防大批军民可用的物资流入敌占区，山东解放区政府决定展开解放区内全面的货币斗争，大规模地发行本币，通过采取一系列手段以限制、阻碍法币的流入，并对外宣布法币贬值从而提升本币价值，以保障物价的稳定。但是，这一年的货币斗争除了胶东地区取得胜利之外，其他地区接连惨败。

1943 年下半年起，随着世界反法西斯战争形势的好转，抗战进入反攻阶段，国民党军队退出山东，法币伪币节节败退，北海币的重要性逐渐提升，货币斗争渐渐盼到胜利的曙光。1945 年 9 月，山东解放区举办工商干部会议，会议决议通过采取购买货物、发放贷款等方式快速发行本币并逐步驱除伪钞。至 1945 年下半年，大量伪钞已基本扫除，法币也没有卷土重来，解放区已成为本币独立的稳定的市场，保证了解放区金融、货币市场的稳定，生产也逐步得到发展。1948 年 10 月，山东的北海银行币、华北的冀南银行币、晋察冀边区币以固定的比率和价位流动互通。从 1948 年 11 月 16 日开始，北海银行币与华中银行币以同等价进行流通。这一时期的北海银行币均没有署地名，以便于在山东解放区以外的地区流通。

随着解放战争的顺利进行，各解放区联系逐渐紧密，中共中央指示在华北银行、北海银行、西北农民银行三家银行合并的基础上成立中国人民银行，地址设在石家庄，由华北银行作为总行负责发行人民币等工作。1948 年 12 月 1 日，中国人民银行正式宣布成立，中国人民银行票即人民币正式开始发行，从华北解放区、华东解放区、西北解放区三区开始，逐步推动各解放区货币统一进程。1949 年底，中州农民银行并为中国人民银行中原区行，又命名为中国人民银行中南区行；华中银行并为中国人民银行华东区行；北海银行并为中国人民银行山东分行。全国统一的金融体系已逐步形成。

参考文献

[1]曲迎波. 解放战争时期中原地区红色金融实践与启示[J]. 征信，2022(3):87－92.

[2]蔡非池. 华北统一财政政策的制定与实施研究[D]. 石家庄：河北师范大学，2021.

[3]霍东升，袁喜艳，李桢. 解放战争时期边区金融发展研究——以晋冀鲁豫边区为例[J]. 河北金融，2021，08:66－70.

[4]伏天媛. 东北银行在黑龙江地区开展红色金融事业的业务实践、影响及启示[J]. 黑龙江金融，2022，11:10－13.

[5]唐致卿. 抗战时期山东解放区的对敌货币斗争[J]. 文史哲，1999，2:37－42.

延安时期的金融工作思想及实践研究

朱丽娜　韦茜妮

摘　要:陕甘宁边区银行是延安时期陕甘宁边区主要的金融机构,全方位发展的银行业务使其在紧密联系群众、推动生产发展等方面有着无可替代的积极作用,对我国的发展有着重要意义。本文分析陕甘宁边区银行对延安时期金融工作的影响、边区银行成立前的国共两党金融斗争和边区银行成立后的国共两党三次金融交锋,旨在为今后关于延安时期金融工作以及陕甘宁边区银行金融政策的研究提供有益参考与借鉴。

关键词:延安时期;金融思想;金融实践

一、边区银行对延安时期金融工作的影响

1935 年中华苏维埃共和国国家银行西北分行在陕北成立,1936 年更名为中华苏维埃人民共和国国家银行西北分行。陕甘宁边区银行是在国家银行的基础上成立的。1937 年 10 月 1 日,中华苏维埃人民共和国国家银行西北分行改称为陕甘宁边区银行[1],起初的主要职能是领取国民党政府发给的军饷,用来经营光华商店。可以说,此时的陕甘宁边区银行实际上是一个财政支付机关。

从 1937 年 10 月至 1947 年 11 月,陕甘宁边区银行贯彻执行发展经济保障供给的财经总方针,发行边区货币开展信贷业务。而光华印刷厂为边区印制了各种货币,为繁荣边区经济发挥了重要作用。边区银行金融活动主要有以下 4 个方面:第一是发行货币,主要是发行光华商店代价券,陕甘宁边区银行和贸易公司商业流通券;第二是发行建设救国公债;第三是发展信用合作社;第四是开展信贷业务,主要分为农业贷款、工商贷款、机关借款以及商业借款等。1937 年抗战爆发以后,经济秩序是非常混乱的,晋察冀边区流行起好几种货币,除法币外还有日伪军投放的伪币,各种自己的土币,还有其他好几种类型的货币。为了解决金融混乱的问题,所以就成立了晋察冀边区银行。边币就是由晋察冀边区银行自行印刷的,前前后后发行了 15 个币种。它的金融活动主要是确立边币独立自主的地位,承认它唯一合法性,肃清其他纸币。刚开始的时候接受程度不高,但随着党中央力量的壮大,边币最后一统晋察冀边区。当时的金融政策,主要考虑为发展经济保障供给,以维护金融市场的稳定。由于边区的群众大多是农民,因此,为了解决农民生产工具的缺乏和口粮的缺乏,在给农民提供贷款服务时,不论是贷款服务还是利息计算都是非常灵活的。在贷款服务上,可以贷东西,也可以贷钱,贷物还物、贷

基金项目:广西财税科学应用研究会 2021 年度课题——延安时期的金融工作思想与实践研究(项目编号:GXCK202105)。

物还钱、贷钱还物，各种方式都很灵活。在利息计算上也提供了十分优惠的方案，可根据老百姓的实际情况来确定他利息应还的金额。

陕甘宁边区银行作为党在延安时期研究边区金融活动的实践主体，其与党政发展理念相结合，在保障财政供给、支撑革命斗争等方面起到了关键作用。同时，陕甘宁边区银行作为中国人民银行的前身之一，对发扬与传承红色金融事业起到了重要的参考作用。在现阶段，研究陕甘宁边区金融史不仅能强调尊重历史，还能激励目前的金融工作。陕甘宁边区银行作为中国共产党在延安时期领导的金融机构，不仅加强了边区的经济建设，还解决了财政的供给问题，在稳固政权、发展生产等方面做出了重要贡献。陕甘宁边区银行为我国金融事业发展积累了丰富的经验，是新中国金融事业的雏形，更是中国共产党领导下的人民银行的历史见证。

二、边区银行成立前的国共两党金融斗争

谁能握住钱袋子，谁就能握住经济和革命的命脉。如果中国共产党没钱没武器，仅凭一腔热血，是难以实现革命成功的。此前，蒋介石为了剿灭中国共产党，使用了各种办法：发动战争、舆论压迫、经济封锁等等，尤其经历了前几次围剿失败，蒋介石更是下定决心，一定要锁死中国共产党，断绝所有经济来往，导致日常必需品的缺乏和昂贵，木材、茶、油等农产品不能输出，农民断绝进款。国统区占据了富裕地区，经济发展较好；而苏区则人少、地盘小，且多是地貌复杂的山区，资源少，工业也难以发展。因此苏区的盐、布、西药、煤油等，都得从国统区购买。而农民的木材、茶叶等，此前主要依靠卖给国统区挣钱。如此封锁，苏区上下苦不堪言。面对这一困境，中国共产党认为破局的关键在于食盐。自产自救是一个好办法，但以苏区当时的条件，自产食盐只能起到辅助作用，想要完全解决食盐问题，还得从国统区想办法。这时，中国共产党想到了钨矿。

钨是军事工业的特种原料，而我国当时工业基础差，对钨矿的需求量不高。但对西方列强来说，钨矿稀缺，十分抢手。当时我国钨矿最多的地方，就是中央苏区所在的赣南。于是，中国共产党联系了常年向德国倒卖钨矿的陈济棠，欲用钨矿开道，撕开敌人的封锁线。通过钨矿贸易，中国共产党换回来了急缺的食盐、药品、布匹等，还因此解决了财政问题。不得不说，中国共产党能撑过那么艰难的岁月，钨矿的出现功不可没。起初，中国共产党想用钨矿换取食盐、药品等物资，所以用的是以物换物的交易方式。但随着生意越做越大，物资的需求量也逐渐减小，于是货币随即进入了贸易活动中。但用哪种货币呢？首先排除的自然是国统区货币，信誉差不说，用起来还不方便。而用金条、银元的话，不利于使中国共产党的利益最大化。因此，金融家们想到了应该鼓励使用苏区币结算。但对需要购买钨矿的军阀来说，最好的方式还是先以物换钱，再用钱买钨矿。于是乎，各大军阀纷纷在苏区开店，曾经给中国共产党准备的盐、布、药品等，最后都卖给了苏区百姓，再用换来的苏区币购买钨矿。苏区曾经萧条的经济，就这么盘活了。

三、边区银行成立后的国共两党三次金融交锋

在西安事变(1936 年 12 月 12 日)后的国共二次合作的大背景下，金融的斗争却暗潮汹涌。1937 年 10 月，边区银行成立。国共两党三次的金融交锋，就此拉开了序幕，暗战迭起。这三次金融交锋，产生了三种货币：从灵活创新的“光华券”，到独立自主的边币，再到偷梁换柱

的贸易公司商业流通券。看上去是货币的更替,其实是顺应形势变化进行斗争的做法。

(一)第一场交锋:同流,维护法币的信誉

第一场交锋开始于 1938 年。当时,正值国共两党第二次合作。1938 年,随着战局的不断扩大、战线不断延长和长期的作战消耗,在这种情况下对日本侵略者的作战方针也随着发生了变化。因此国共两党进入相持阶段,南京国民政府占据了西南、西北等大片国土。

根据国共二次合作协议,边区政府不得设立银行,更不能发行货币,八路军的军饷由国民政府以法币的形式支付。为了迎合全民抗战的需要,党中央决定将法币作为流通货币进行使用。为了控制边区市场的流通,国民政府发放的军饷大多是五元、十元等大面额的货币,而平时边区居民所进行的日常交易大多用到一角、两角,甚至一分、两分的交易。国民政府的这一行为,其实就是为了限制边区经济发展。几个月后,边区居民的经济与发展都受到了影响。

1939 年 1 月,国民党反动派在政治上提出“溶共”“防共”“限共”“反共”等口号,秘密颁发了“限制异党活动办法”等反动文件;在经济上,不仅停发了八路军的薪饷、枪弹、药品和棉服棉被等物资,而且动用军队将陕甘宁边区封锁起来,禁止粮食、棉铁、布匹等必需品进行贸易,到处扣押、处罚进行交易、运货的商人,使得军队的作战资源和生活资源极为短缺,并且把其包围在陕甘宁边区内使其行动范围缩小。边区一时间遭遇到了前所未有的困难,已经到了“几乎没有衣穿,没有米吃,没有被盖”的地步。生活在陕甘宁边区的人民百姓处于水深火热之中,困苦不堪,饱受折磨。

在此之后,党中央为了挣脱国民政府对西北地区的经济“枷锁”,从全民族的利益出发,及时纠正由于“左”倾错误倾向导致的问题,积极开展反封锁斗争,将人民拯救于苦难之中。在延安举行的生产会上,毛泽东提出“自己动手、丰衣足食、克服困难”的号召,这也成为之后党的指导方针。党中央方针强调,一切机关单位需要自行种粮养殖,要想摆脱困境,就必须走上生产自救的道路。

既要解决问题,又不能违反协议,当时,陕甘宁边区政府便想到了光华商店。为应对上述问题,陕甘宁边区银行以延安光华商店的名义印发了小额的代价券。光华商店代价券的应运而生,可以说是满足了老百姓还有市场上找零的需要。光华商店成立于 1938 年 4 月。由于当时延安边区物资困乏,需要利用银行的资金成立光华商店,靠光华商店从国统区组织百货、副食等各种商品来供应边区,所以光华商店的规模在当时是相当大的。虽然光华商店在成立之初,边区银行只提供了 4 万元的资金支持,但光华商店发展迅速,在 1941 年时,光华商店的资产已达数百万元。

光华券的实际发行人是边区银行,但当时是以光华商店的名义发行,并以光华商店的物资作为保证。它虽不是货币,但却具有货币的功能。延安光华商店代价券解决了当时延安边区市场货币流通不畅的问题,不仅化解了找不开零钱的矛盾,还独创了七角五分的特殊面额,该面额的货币成了边区银行乃至全中国货币史上的一个亮点。法币能买到的东西,光华券都能买到。

对此,国民政府极为不满,他们认为边区政府此举破坏了国共两党合作协议和国家金融统一,要求边区政府收回光华商店代价券。但代价券的发行单位毕竟不是银行,算不得真正意义上的货币,此事也就不了了之。因此,光华券以辅币的名义出现,解决了主币的不足。既体现了党中央维护统一战线的政策,又解决了边区货币流通的困难。

第一次的金融交锋可谓是在夹缝当中求得生存。法币控制着金融的主动脉，而光华券却可以将金融的血液输送到关乎革命队伍和老百姓民生的每一个毛细血管当中。

(二)第二场交锋:斗争,货币流通要以边币为主币

然而，在1941年的皖南事变之后，国共关系岌岌可危，连毛细血管似乎都被掐住了。而这个时候，第二场交锋的主角——边币，登上了历史的舞台。边币的发行，不仅满足了财政开支的需要，也满足了生产建设的需要。此时，国民党政府对陕甘宁边区实行经济封锁和军事包围，停发了八路军和新四军军饷，并向边区实行了多重封锁。在经历了战争和经济封锁之后，由于没有对边币进行及时的控制，物价快速增长，民众开始恐慌不安。在这种情况下商品溢价严重，边币为了与跌价形成平衡又不断进行制造发行，而这一举动又会引起物价上涨，如此循环往复就造成了沿边地区的经济衰退。在与敌伪封锁的斗争中，中国共产党深刻认识到要打破敌伪封锁，必须发展生产、建设经济，稳定陕甘宁边区的金融；也明白了如果缺少了金融、贸易等重要环节，会给民众的生活带来严重的不良影响。在危难关头，党中央作出决定，由陕甘宁边区政府颁布法令，授权边区银行正式发行边区银行币。光华印刷厂是陕甘宁边区银行的一个重要组成部分，于1940年10月兴办，厂址在人称“孤魂沟”的山坡上。通常银行发行货币，需要金本位和银本位，可是边区没有金银和准备金，所以边区银行就利用物资作为基础发行，以此恢复了造血功能。

边币发行后，由于陕甘宁边区经济落后，作为当时的硬通货币——法币，依然流通，而且还一度在市场上占据了强势的地位。为了稳定边币、逐渐削弱法币，货币交换所由此应运而生，用于调节边币和法币的关系。由于边区经济落后，因此边币也处于弱势地位。因此，虽然当时边币与法币在行政上是可以1∶1等比例兑换，但是在市场上，老百姓和商人都喜欢用法币。因此，边区银行在1941年10月成立了货币交换所，允许两种货币交换。当时边区银行以延安为中心，成立了41个货币交换所，遍布边区的各个分区、各个县。在延安货币交换所，边币和法币的兑换比例是1∶3，而在口岸的交换所，交换比例则为1∶4。法币在口岸交换时价格高，而在中心地带价格低，因此，法币就更多地流向了口岸，边币在中心地带使用的范围逐渐增大，边区金融得到了稳定。

除了在兑换比例上促使法币流向口岸之外，党中央还以食盐为突破口，扩大进出口贸易，缓解通货膨胀。当时，由于国民党政府的经济封锁，导致进入边区的物资变得愈加稀少，边区内的物价暴涨，供不应求的现象在边区内宛如藤蔓般迅速蔓延。边区政府不得不采取发行大量边币的方式来满足民众需要，一时间边区内的通货膨胀极其严重。在这极度压力下，党中央急需寻求边区经济的应对之策以及发展之路。就在这种情况之下，党中央注意到陕甘宁边区盛产食盐，食盐皆以量大质优闻名，由于食盐的必需性，国民党政府无法为甘肃、陕西等地找到更加物美价廉的食盐替代品，所以没有办法对食盐这一货物进行绝对的封锁，这无疑是一个天大的漏洞。为了挣脱国民党政府的经济“枷锁”，党中央打算以出口食盐为突破口，鼓励商民用货物换取法币，扩大进口。食盐的大量出口给金融秩序混乱、通货膨胀严重的边区带来一束黎明的曙光，这不仅冲破了国民党政府的经济封锁，给党中央换取到了紧缺的军需物资，还平衡了边区的经济贸易，使得物价逐渐趋于稳定。党中央自给自足的方针政策给民众带来了生的希望，而出口的灵活应变也在突破经济封锁中发挥了重大作用。

(三)第三场交锋:法币退出市场,解放战争逐步胜利

在第二次金融斗争之后,由于战争带来的赤字和货币的超发造成了恶性的通货膨胀,为了稳定金融市场,陕甘宁边区银行于1944年利用贸易公司发行了商业流通券,逐步取代并回收边币。陕甘宁边区银行币是小额的横版货币,而商业流通券则是大额的竖版货币,面额最高达到了5 000元。贸易公司商业流通券的发行,可以说对抗战后期陕甘宁根据地的巩固和发展起到了一定的作用。在斗争的同时发展、壮大,难怪老百姓夸赞它“富强根基”。1948年12月,人民币发行之后,商业流通券退出了历史的舞台。

四、结束语

延安时期中国共产党的伟大金融实践与思想,是以马克思主义为指导,借鉴马克思经典金融思想的科学内涵,汇集了广大人民群众的建设力量,丰富和充实了毛泽东思想的经济内核,巩固了人民民主政权,促进了生产力的发展,增强了党执政的合法性。延安时期中国共产党伟大的金融思想及实践创新成果,正是坚持理论与实践相结合,在延安时期极端复杂的国际国内环境下,边区银行积极发挥着国家中央银行和商业银行的双重职能[2],为发展经济、改善人民生活、建立金融体系作出了重大贡献。

回顾边区银行成立前后的国共两党金融斗争,在抗日民族统一战线的前提下,陕甘宁边区银行坚持独立自主的货币方针,开展对敌货币斗争,维护了革命根据地货币市场的稳定与统一,它不仅继承和延续了中华苏维埃共和国国家银行的渊源关系,也使中国共产党的红色金融事业得以一线贯穿、一脉相传。

参考文献

[1]庆祝中国共产党成立100周年 回首红色金融路[J]. 金融会计,2021(06):2—10.

[2]鱼靖博. 延安时期的金融实践研究[D]. 延安:延安大学,2020.

解放战争时期解放区财政与会计制度研究

卢　欢　黎　奇

摘　要：解放战争时期，中国共产党领导的中国新民主主义革命进入从农村包围并且夺取城市的新阶段。如何建立健全一个适应中国革命实际的财政与会计制度，是党在新阶段新时期开展的经济工作中一个全新的任务。在这一时期，中国共产党对财政与会计制度的建设、研究、发展工作进行了积极有效的探索，纠正和克服了一度在经济方面实际工作中发生的"左"倾错误，制定了一系列正确的政策措施，使党领导的经济工作步入正轨。进而胜利完成了新民主主义革命，成立了中华人民共和国，并为社会主义建设打下坚实的经济基础。

关键词：解放战争；解放区；财政与会计制度

一、解放战争时期解放区财政与会计制度建设和完善的历史背景

中国共产党自1927年大革命失败后至解放战争前夕的时间内，其主要管理的经济领域仍为乡村或者相当地位的自给自足的经济组织。抗战胜利后，中国共产党率领的人民抗日武装力量相继解放了一些中小城市。在1947年7月中国共产党领导的人民解放军及其他人民武装力量转入战略进攻后，中国共产党领导下的新民主主义革命进入夺取城市阶段。随着人民解放战争的进展，中共解放和接管的城市越来越多。到1948年9月以后，人民解放军揭开了攻打敌人坚固设防的大城市的序幕。经过辽沈、淮海、平津三大战役，从北到南，相继解放了张家口、北平、长春等大城市，自此，新民主主义在中国共产党的领导下经济重心随着军事的胜利也从农村逐渐转移到城市。由于我国近代城市人口集中，人口阶级成分构成复杂，经济发展和存在形式多样，与农村经济最大的不同在于城市经济主要是工商业，所以城市经济有着自身的特点和运行规律。如何从各方面开展城市的经济工作，稳定刚刚成立的人民政权，巩固新民主主义的革命成果，这对于长期处于农村经济工作环境的中国共产党人来说，无疑是一个新的挑战。解放战争时期，党对同时期的经济工作进行了探索，在探索的实践中，及时总结经验，建立起一整套适宜当时城市实际情况的财政制度和会计制度。并通过制度和规范克服和纠正实际中出现的"左"倾错误，在科学规划财政政策的同时制定正确的工商政策，使城市经济工作步入正确轨道。城市经济工作的开展为全国革命的胜利打下了坚实的物质基础，为日后新中国成立后国民经济的迅速恢复和发展提供了必要条件。

随着解放战争中人民解放军及其他人民武装力量的不断前进，解放区经济规模逐渐得到

基金项目：广西财税科学应用研究会2021年度委托重点课题——解放战争时期解放区财政与会计制度研究（项目编号：GXCK202106）。

了恢复和扩大，解放区的农业、民营工商业和公营事业实力不断增强，财政收入规模也越来越大。由于解放区沿用的制度仍然是中华苏维埃人民共和国时期和抗日民主政权时期颁布的相应的制度，与土地革命战争时期和抗日战争时期相比，解放战争时期的财政与会计制度因为有章可循，有法可依，效率较前得到了极大提高，基本实现了解放区财政指导思想统一。但另一方面，解放区没有形成一个全国统一的行政领导指挥机构，仅仅依靠各级党组织暂时代理管理的行政力，对于专业会计制度的建立来说，政治性强而会计专业性稍弱，从这个特点来看，在当时的历史条件下没有建立起统一的国库制度。同时，会计工作最主要的缺点是每个解放区政府的收钱机关、管钱机关、用钱机关职责仍然模糊不明，各项会计科目没有统一名称，各解放区行政管理机构中还有沿袭中华苏维埃人民共和国时期设置的办公特别费、购置费、路费、巡视费、印花税、土地相关税费、收据相关税费等相关科目，还没能做到一目了然，彼此对证。同时，簿记单据没有规定的确定格式，解放区财政会计机构多用旧式簿记，中央所用的簿记单据也多仿用银行样式，没有一定格式和大小，这样不仅妨碍保藏与审查，而且容易舞弊。

二、解放战争时期解放区财政相关制度建设和完善的特点

（一）解放战争时期中国共产党财政相关制度建设和完善的战略层面特点

解放战争初期，由于国民党军具备了数量上的绝对优势，并且占领了当时中国绝大多数的大城市和土地，从经济形势看，国民党政府对我党领导下的解放区存在着经济上的绝对优势。中共领导人预计与国民党军要进行相当长时间的斗争，势必要做好旷日持久的准备。中共对此作出了一系列财政战略决策，如 1946 年 11 月 15 日《中共中央转发晋冀鲁豫中央局关于财政会议情况报告的指示》之附件《晋冀鲁豫中央局关于财政会议情况向中央的报告》就决定：“甲、关于财务财政。为适应战争之需要，平衡调剂全区人民负担，统一对外经济斗争，并照顾我区土地广大，交通不便，工作发展不平衡等，决定有关全区性的政策方针，如人民负担全区脱离生产人数，供给待遇基本标准，军费支付，对外贸易管理，银行发行统由中央局决定；属于地方性的政策方针，如解上款外之地方经费、事业费、事业支付审计各系统编制，各种生活待遇之增减、部分出入、增税变更货栈分配等，均由各区机动处理。乙、供给原则和标准。决定地方照顾军队（军队待遇比地方待遇高），后方照顾前方（前方比后方待遇高），普通区照顾作战区（较多战役地区的战争动员费由全区调剂补助），平原帮助山地。供给标准，以款先军队后地方，先上解后自己。丙、明年定预算及开支比例收入……估计要透支六十万万元。丁、为克服财政困难，加强财经领导，统一供给，工商贸易银行等业务，并减少各系统的摩擦与抵消力量，解决财政经济、军队与地方收入与支出，公营与私营等矛盾，以期步调一致、集中力量起见，决定成立中央局、区党委两级的财经委员会，对外称军政联合财经办事处。它是一个权力机关，其决定各财经系统均须遵照执行，可以审核政府财政、军队供给、收支预算账目等，亦可直接给工商贸易银行及下级财经委员会以指示。”可以看出，在当时的敌我力量对比下，解放区是采取了集中各地区、各地方部队的财政力量于中央，再由中央根据战争实际态势分配给急需使用的、效率高的地方和作战部队的总体财政政策。同时，为了保证中央的政策从战略层面得到落地和实施，成立军政联合财经办事处，尽数收回地方领导机关的财政权，保证中央的顶层财政战略得到不折不扣的实施，进一步降低了中央财政政策和财经政策落地的不确定性，从而保证了亟需财政资源的一线部队和地方人民政权的需求，使当时真正有需要的人民解放军和其他人民武

装力量得到了充分的财政资源，进而有利于粉碎国民党军的全面进攻和重点进攻。保障党领导下的解放区得到进一步巩固和扩大。

（二）解放战争时期中国共产党财政相关制度建设和完善的战术层面特点

解放战争时期，中国共产党在财政政策落实的战术层面上，则采取了狠抓相关负责干部思想的做法，进行思想上的统一，为做好旷日持久的革命战争准备，进一步落实集中体制的财政制度，同时强调了厉行节约的指导思想。1946 年 12 月 5 日，中共中央发出《中共中央关于开展节约运动给张鼎丞、邓子恢、曾山的指示》，指示中说："由于空前激烈长期内战的消耗与地区缩小，你们财粮的困难是可想见的。你们除继续尽力在苏中及其他顽占区抢运大批粮食物资外，应动员全党全军全根据地人民开展节衣缩食，艰苦奋斗，克服困难的运动。对干部的特别待遇与一切暂时可以不必要的开支，应尽量减低或取消；对部队战士及一般工作人员的生活水准与军事必要的供给，应尽量保持和照顾；对贪污浪费，以少报多，只顾小单位，不顾大公家，和不遵守财经制度的现象，应严加处罚和纠正。你们在财经困难条件下，应特别加强财粮工作的领导并事事作长期打算。你们应仿照晋冀鲁豫中央局财政会议的办法（前已转给你们），召集各地、各部队机关财经供给负责人员的会议，讨论节省开支、减低预算、建立制度等问题，务必使全党全军团结一致，实行会议决定，克服困难。"《中共中央关于开展节约运动给张鼎丞、邓子恢、曾山的指示》进一步强调了当时解放区处于国民党军高压进攻之下的严峻态势，势必要坚持节省开支、减低预算、建立制度，并且财政开支要尽可能地偏向一线作战人员，削减干部特别待遇。严厉反对并制止贪污浪费的现象，充分说明了党的财政政策对于一线作战的人民解放军和其他人民武装力量具有相当大的倾斜性。在当时全国尚未解放，解放区在解放战争前期仍然没有扩大到大中城市的历史条件下，党的财政政策向人民解放军和其他人民武装力量的倾斜是必要的。

（三）中国共产党在解放战争时期的解放区财政政策具有一定的前瞻性

中国共产党在解放战争时期的解放区财政政策上还具有一定的前瞻性。在没有完全粉碎国民党军队的重点进攻时，中国共产党在 1947 年 10 月 24 日《中共中央批准华北财经会议决议及对各地财经工作的指示》之附件《华北财政经济会议决议》中提到："……目前财政工作的首要任务，是集中一切力量，保障战争供给。只要保证了部队的必要供给（衣服、粮食、菜金、弹药、医药、通讯器材及炮兵、工兵的建设费用）及必要的生产建设费用，就算是完成了财政任务。其他工作可不办的不办，可缓办的缓办，降低生活待遇，提倡艰苦奋斗。反对'仁政'观点，也反对铺张门面，以至无限度地加重人民负担。必须拿出已有积蓄，放手使用力量，又必须作长期打算，要从发展经济中去保障战争供给。财政工作不能仅从几百万脱离生产人员的生计出发，而必须从一万万九千万人民的生计出发，民富即国富，这是我们与国民党不同之点。"说明在解放战争时期，面对帝国主义、封建主义和官僚资本主义"三座大山"的重重压迫，中国共产党人在解放战争中就孕育催生了共同富裕的思想萌芽。根据当时的国情，确定让广大人民尽快摆脱贫穷落后和解决他们的生活温饱及富裕问题的经济工作方针，把"民富"作为实现"国富"的必要条件。在军事斗争紧张的时刻中能保持在财政建设前瞻性地想到共同富裕的思维理论，在当时中国乃至世界上都是少有的。同时，中国共产党还将近现代人民财政制度和古代中国的"仁政"区分开来，古代中国的"仁政"维护的经济是封建王朝一家一姓的封建经济，而中国共产党人领导实施的财政制度是普惠全人民的财政经济制度。这在中国财政经济史上是一个伟大的创造。

(四)解放战争后期中国共产党对财政领导工作的最终确立

解放战争后期,我军取得了革命性压倒性的优势和胜利,国民党政府逐渐走向衰败,我党鉴于此形势,亟须建立一个能领导全党全国经济工作性质的相关机构。1949 年 4 月 11 日到 5 月 6 日刘少奇赴天津视察并且指出,经济的恢复与发展,迫切需要"建立中央财政经济的统帅部,其紧急不亚于军事及其他问题"。故天津视察期间,刘少奇就为中国人民革命军事委员会起草了《关于建立中央财政经济机构大纲(草案)》,分送中央部分领导征求意见。此后不久,刘少奇同朱德、陈云在中央军委召开的财经工作会议上,又具体讨论了中央财经机构的设置,对《关于建立中央财政经济机构大纲(草案)》进一步修改后,送最高领导人毛泽东主席审定。《关于建立中央财政经济机构大纲(草案)》精辟论述了建立中央财政经济委员会的目的、组织框架、职能和原则等。6 月 4 日,周恩来主持召开中共党政机关负责人和各民主党派人士会议,宣布由陈云、薄一波负责筹备组织中央财政经济委员会。刘少奇在大会上作财政经济政策问题报告,再次结合天津视察,阐述新中国财政经济政策,并突出阐释了公私兼顾和劳资两利政策的落实。为新民主主义革命的财政制度的建立健全提供了必要的经济支持,为日后新民主主义革命果实的巩固和社会主义革命的进行提供了强大的内驱力。

三、解放战争时期解放区会计制度建设和完善的特点

从世界经济史和经济学发展的角度来看,一个组织的财政政策落地质量高低与否,关键在于组织中会计制度的建立与执行。我党早在中华苏维埃人民共和国时期,于 1932 年 8 月 17 日中共中央人民委员会第 22 次常委会通过的《财政部暂行组织纲要》及《会计准则》就已经建立了红色苏维埃的财政会计制度,后来抗日战争爆发,根据我党与国民党第二次国共合作的相关协议,取消苏维埃共和国政权,改称陕甘宁边区政府,相应的财政会计领导部门也改称陕甘宁边区政府财政厅、审计处等。解放战争时期,因为新民主主义革命的全国性政权尚未成立,故而中共中央对于会计制度工作的领导仍未有一个全党性的统管机构,暂由中华苏维埃人民共和国时期承继的陕甘宁边区政府财政厅作为一般会计制度领导机构,一般解放区的会计制度建设分为两个大的方面。

(一)承继了中华苏维埃人民共和国相关机构的红色会计制度

早在中华苏维埃人民共和国时期,我党就已经通过建立收入、管理、领取、支配四种大的财务管理方面机关的模式进行运作。收方以税务机关和财政执行机关为主,只执行收款职能。收到财政款项后,转入管方;管方以各级苏维埃政府度支部门为主,管方只负责保管款项,不得私自动用库款,否则严办;各级党政机关按月做出预算,送交财政部门,财政部门指派支配执行机构发给支票,再到财政管理方面(即苏维埃政府度支部门)领用。解放区各级财政机关依据历史经验,将各级收入和开支均分别划分、自成系统。同时,还依照苏联财政管理经验设置了会计科目和预决算制度,统一了红色财政账簿和单据格式。采用当时国际通行的复式记账法,在中央机关基本废除流水账等落后的簿记形式,并逐步推行。

(二)解放战争时期解放区政权的会计制度发展——建立审计部门

经历了土地革命战争、抗日战争的洗礼,解放战争时期,我党领导下的解放区的会计制度已经日趋成熟和完善,但随着解放战争的推进,人民解放军解放了越来越多的城市,在城市工

作中势必暴露出会计监督制度存在一定的缺陷。故而解放战争时期，在审计机关的推动下，更多的解放区政府部门开始进一步加强对所属单位的经济监督，单独设置审计机构，配备专职审计人员，或者在财务等处室设置审计岗位，开展对本单位的审计监督工作，内部审计机构逐渐建立健全，工作范围覆盖更加全面，在强化内部监督管理方面发挥作用。1948 年 10 月发布的《陕甘宁晋绥边区暂行审计条例》第五条明确规定，“陕甘宁边区政府秘书处，联防军后勤部，西北局秘书处各设立一审计科。边区政府秘书处及西北局秘书处之审计科各受其秘书长领导，联防军后勤部之审计科，受后勤部长领导”。陕甘宁边区的政府部门开始广泛建立起内部审计机构。据参与工作的中央机关工作人员尤洪同志和王征同志回忆，“起初，内部审计机构只是在边区政府秘书处、西北局秘书处和联防军后勤部的下面分别设审计科。……以后，又把内部审计的主管机关扩展到盐务、税务、粮食系统和边区党政军以及行署、分区的各直属单位”。这一时期，中直机关的内部审计工作在机构设置、制度保障和工作开展等方面得到进一步加强。1945 年，中央管理局改称军委供给部后，在供给处下设审计科，同时制定审计制度，明确审计机构“参与制定生产计划、供给标准和财政管理制度”“向边区政府编报预决算和审批所属机关的预决算(包括实物部分)”“审定各机关报送的‘人员、马匹报告表’”“审核临时费及特殊开支”等任务和重点。1946 年，军委供给部供给处制定《审计、会计工作条例》，详细规定审计权限、依据、程序和方法，如每月审批经费决算时，须将边区财政厅所发经费与军委供给部补助经费分别核批；凡经边区政府批准的经费、粮秣、被服决算，审计科按月通知各主管会计部门结账等。1947 年，中直机关又对审计人员的职责和审计程序、方法进行了补充，使审计工作范围进一步扩大。1948 年 2 月晋冀鲁豫解放区的冀南银行修订发布的《冀南银行总行会计制度》还明确规定了审计人员的职责和任务，如对所有会计制度进行复审，审核账簿表单数目，进行各种预计算、损益处理、库存保管之审核和财产统计分析工作等。这些都标志着解放战争时期中国共产党领导下的解放区的会计制度已经日臻成熟，为日后新成立的中华人民共和国的会计相关制度及其法律法规提供了完善的历史参照物，也奠定了新中国会计和审计的相关学术的理论基础。

四、解放战争时期解放区财政与会计制度的分析与启示

解放战争时期解放区的财政与会计制度与中华苏维埃人民共和国时期和陕甘宁边区政府即抗日战争时期相比，呈现出非常明显的规范化、体系化的特征。中华苏维埃人民共和国时期的会计制度多参考当时苏联政府的财政与会计制度，适用范围不广，没有完全涵盖公私机构，制度落实也不够彻底。在 1934 年 8 月中央粮食人民委员部下发的关于粮食记账转账方法的通知中就指出：“过去粮食会计，没有很好建立”。其中最主要的记账与转账方法，导致有账目不合，或发生贪污的事。而且，由于第五次反“围剿”的失败，革命根据地的会计制度建设也就无法深入进行下去。到抗日战争时期，由于中共及时吸取了相关教训，根据当时国共合作相关协议与部分颁行的法令，革命根据地设立了陕甘宁边区政府财政厅，并且宣布继承中华苏维埃人民共和国的《会计准则》。解放战争时期，中共已经从多个历史时期积累了相当多的财政会计领导与管理经验，建立起了新民主主义革命胜利后成立的中华人民共和国财政会计相关制度和法律法规的雏形。

纵观全局，中国共产党人在解放战争时期制订发展的财政会计制度的优势与社会主义政

治制度具有高度的相似性，即集中所辖地方的所有财政力量于中央，再由中央财经领导机构根据战争形势需求进行财政资源的二次分配，并在分配过程中保障解放区人民经济利益的财政制度。能集中一切可以集中的力量和财政资源办最需要的事，无疑，在当时的中国革命过程中，这个制度具有极大的优越性，适应当时历史条件。

解放战争时期解放区各部门的会计制度的完善给了我们很大的启示，会计制度建设是新时代社会主义经济建设的重要方面，有利于促进各项事业规范发展。解放区会计工作者在战争环境和工作条件险恶的情况下，不断探索，勇于开拓，进行了有益的革命根据地会计探索实践，新时代社会主义的中国同样需要革新会计制度，以促进经济社会规范健康前行。同时，切实可行的会计制度是经济监控的有效手段，有助于建立内外监督制约机制。重视干部队伍和会计制度的管理监督，各级会计机构在党的领导下，用会计制度监督干部作为一件长期艰巨的任务来抓，成为经济监督当中非常重要的方面。在我国当代经济发展环境下，更需要充分运用好会计制度这个有力的经济监控手段，建立起严密有效的经济监督制约机制，保障新时代社会主义经济社会健康快速发展。

参考文献

[1] 中共中央文献研究室.建党以来重要文献选编(第二十三册)[Z].北京：中共中央党校出版社，2021.

[2] 中共中央文献研究室.建党以来重要文献选编(第二十四册)[Z].北京：中共中央党校出版社，2021.

[3]王蕙娜.中国革命根据地时期的内部审计[J].中国内部审计，2021(09)：26－29.

[4]张春英.解放战争时期中共的城市经济工作[J].中南财经政法大学学报，2004(4)：89－96.

[5]赵丽生，何其聪.山西革命根据地会计的历史成就[J].会计之友，2017(10)：24－28.

[6]曹旭梅.太行革命根据地会审计制度研究[D].太原：山西财经大学，2019.

[7]欧阳秀兰.革命根据地会计制度建设的特点与启示[J].老区建设，2013(20)17－18.

[8]宋文杰.解放战争时期我党实行的经济政策内容[J].党史研究，2019(11)：32－35.

解放战争时期解放区战时财政经济一体化管理体制研究

邓海虹

摘　要：解放战争时期，解放区根据战争形势的变化和各自实际情况不断调整财政经济管理体制，以更好应对战争需要。本文梳理了解放区战时财政经济管理一体化管理体制状况，主要包括各解放区自力更生，因地制宜发展经济；接收新解放城市，没收敌伪资产，充裕财政收入；统一财政经济工作，加强解放区之间财政物资调剂；开展货币战争，维护经济秩序；降低税率，节约开支，发展经济。在此基础上总结出了中央统一领导与因地制宜相结合，坚持独立自主和自力更生的原则，贯彻“发展经济和保障供给”的总方针，因地制宜确定税收政策，以及严格按照客观经济规律办事等宝贵经验。

关键词：解放战争；财政经济；管理体制；经验

1945年8月，历时十四年的中国抗战取得了完全胜利，但国民党军队在美帝国主义的支持下，不顾全国人民的和平愿望，继续向解放区进攻。解放区在国民党大量军队的围剿封锁下，财政经济面临着非常大的困难，而如何发展经济克服财政困难保障战争供给以战胜敌人成了解放区面临的重要任务。党根据当时战争形势变化不断调整财政经济管理体制，实行财政经济一体化管理体制，领导广大人民经过艰苦奋斗，最后取得了彻底胜利。总结这些战时财政经济一体化管理经验对于传承红色财经基因有重要的意义。

一、解放战争前解放区财政经济管理体制状况

1931年11月7日，苏区最高财政主管机关——财政人民委员部随着在江西瑞金成立的中华苏维埃共和国临时中央政府而诞生。按照临时中央精神，中央财政人民委员部内设8个机构，包括没收委、国管局、公债局、预算局和秘书局等，并在财政部内设国家银行（毛泽民任行长），其内设立总金库，同时还创办了一个印刷厂。财政部当时还是中央各部中规模最大的一个，到1934工作人员也发展到40多人。

为满足早期革命战争之需要，当时的财政经济工作主要有如下两方面。首先，发行公债支持革命战争和经济建设。于1932年分别发行了60万元和120万元的两期革命战争公债。于1933年又发行300万元的经济建设公债。其次，加强经济建设。中央苏区政府于1933年开会要求苏区人民发展农业和手工业生产，增加樟脑、香菇和烟叶等农特产的产量，并大批量销到敌占区。而发行的经济建设公债，除100万元被用于红军军费外，剩下的200万元给了粮食

基金项目：解放战争时期战时财政经济一体化管理体制研究（项目编号：GXCK202109）。

局和贸易局等机构做资本，小部分用于发展生产，大部分用于贸易以打破国军封锁，搞活解放区经济。

在日本侵略中国以后，解放区的财政集中在自力更生发展经济和保障抗战军队的供给方面。1941 年皖南事变后，国民党调集大量军队重重围住陕甘宁边区，对根据地实行经济封锁，意图把共产党军队困死。在当时非常时期，党的领袖毛泽东曾经说过："我们曾经弄到几乎没有衣穿，没有油吃，没有纸，没有菜，战士没有鞋袜，工作人员在冬天没有被盖。"[1]提出自己动手、自力更生和生产自救的方针。中共中央也提出一定要搞好解放区生产建设，在财政上要坚持统一领导和分散经营，各机关部队要用中央给的生产资金独立解决经费缺乏的问题，各解放区也要因地制宜自己动手解决自己的困难。这些在抗战时期提出的自力更生的精神，在新中国成立后仍然是指导国家财政经济工作的重要方针。

到了抗战后期，毛泽东于 1942 年 12 月总结了这些革命斗争的实践经验，并根据生产决定分配的马克思主义基本原理，在陕甘宁边区的一次会议上提出了"发展经济，保障供给"统筹财政经济工作的总方针，并指出："财政政策的好坏固然足以影响经济，但是决定财政的却是经济。未有经济无基础而可以解决财政困难的，未有经济不发展而可以使财政充裕的。"[1] 自此以后，中国财政经济工作沿着这原则方向发展，让国家取得了最后抗战的胜利，也对其后的解放战争胜利以及新中国财政经济的建设都具有深远的指导意义。

二、解放战争时期解放区财政经济一体化管理体制状况

成立于土地革命战争时期的苏维埃政府的财政经济一体化管理体制，经历了土地革命时期和抗日战争时期，以坚持自力更生、发展经济和保障供给为原则，推动了解放区根据地的发展，在解放战争时期又迎来了新的挑战。虽然各解放区都受到中央的统一管辖，必须遵守一些统一的政策，但是由于各解放区还比较分散尚未连成一片，经济财政还相对独立，所以各地也根据自己的情况开展了适合各自的财政经济工作。这一时期解放区财政经济一体化管理体制状况如下：

（一）各解放区自力更生，因地制宜发展经济

解放战争初期，解放区相对分割，经济发展落后，财政空虚，无论是中央政府还是地方政府都明确：要增加财政收入，必须自力更生发展经济，只有经济发展好了，财政规模才能扩大，才能保障战争的供给，而经济需要财政资金发展国营企业来推动，财政与经济两者是一体而不可分割。1946 年 1 月，华东局财经委员会提出："发展生产，保证供给，公私两利，军民兼顾，厉行生产节约，是当前财经工作上的总方针。"为使各地明确这一方针，山东省政府于 3 月 1 日发出命令，公布《一九四六年上半年财粮工作方针》，要求各级政府根据各地实际情况研究执行。省政府依照华东局财委会的指示提出，"目前财粮工作的方针应该是：发展农业生产，扶助工商业，调剂金融，刺激生产，增加海关、贸易、盐税、矿业之收入，力求人民负担合理，试办农业累进税，减轻人民负担，提倡机关生产节约，紧缩财政开支，严格财粮制度，彻底贯彻财粮统筹统支，保证财粮供给"[2]。

中共中央北满分局为应对东北解放区财政经济困难问题提出了如下解决对策：第一，政府储备足够粮食，以备将来之需；第二，利用征税来增加财政收入；第三，优先恢复工矿企业。[3]这些方针政策对解放区的稳定发展和保障军队战争供给有着重要的作用。

1946 年 7 月 20 日，中共中央发出指示，强调指出：为着粉碎蒋介石的进攻，必须作持久打算。必须十分节省，力戒浪费，努力生产以争取粮食棉花等必需品能完全自给；财政上必须使自卫战争的物资需要得到满足。1946 年 8 月至 10 月上旬，华东局和山东省政府召开会议，对全面内战爆发后山东政治、经济形势作了认真的分析，重新制定了财政经济工作的原则、方针和任务，坚定了准备进行长期艰苦战争的信心，确定了克服经济困难的种种措施，从而顺利地完成了从相对和平时期向战争时期的财经政策的转变。

1946 年 9 月，华东局召开了扩大的财政经济委员会会议，研究在华东战场逐渐由苏皖向山东北移的情况下，财政经济工作的基本任务和物资供给问题。会议指出：在目前伟大自卫战争阶段中，一要充分满足战时物资需要；二要改善群众经济生活。依照财经工作的方针，会议决定采取一系列具体办法，克服经济上出现的困难，扩大财政收入。第一，紧缩预算，扩大收入，确保财政收支平衡。第二，紧缩通货，稳定物价，使生产事业获得保障。第三，大力发展生产，做到自给自足。第四，厉行节约，反对浪费。第五，保护战时工商贸易。

1946 年 10 月 10 日，中共晋冀鲁豫中央局针对新形势下根据地的财经工作，提出了把大力发展经济、扶持农业和工业生产以确保供给作为财经工作的核心任务。重点放在发展生产增加财富方面，争取为开辟财源打下坚实的基础。并对全区性的财经管理工作进行统一管理，但是对地方性的局部问题，则交由地方灵活处理，目的是在统一管理基础上进行分散经营。

根据中共中央的指示精神在原晋察冀边区政府和邯郸晋冀鲁豫边区政府的基础上，华北临时人民代表大会选举产生华北人民政府。华北人民政府也是全国性联合政府——中央人民政府的前身。华北人民政府成立后，带领人民很好完成了土地改革、恢复工商业和发展生产的任务；扶植私营企业，发展国营企业，开始组织供销合作社；编制华北地区经济建设计划，以国营经济为主导，保护自由贸易，有组织、有计划地推进华北国民经济的发展。

陈云在东北解放区提出了“是时候将工作重心转移到经济建设上来了”以及“把财政经济工作置于不次于军事的重要位置”等方针；1948 年 6 月，陈云还在中共中央东北局常委会上指出：“东北根据地已具有相当大的规模，根据实际情形来看，还会继续扩大。因此，东北解放区目前的当务之急是大力发展经济，恢复生产，给全国范围内的解放战争提供人力保障、物质资源支持”[3]。

（二）接收新解放城市，没收敌伪资产，充裕财政收入

解放战争需要消耗大量的物资，攻占下的城市发展也需要大量的资金，显然后方解放区的经济难以独立支撑，急需物资和财政资金来保障军队的供给。毛泽东早在 1945 年 4 月中共七大上就曾提出“要求取缔官僚资本”要纳入中国共产党的具体纲领。1946 年 1 月有各党参加的政治协商会议也提出了要没收官僚资本的政策。此后，各解放区实施了没收官僚资本充实财政、缓解解放区军民物资缺乏的政策。例如，东北的北满各省、市和县于 1946 年开始，相继成立了很多规模不等的“敌伪资产清理委员会”，专门用来清理敌伪资产，1946 年仅在吉林省清理的敌伪物资就高达东北币 100 亿元[3]。

1945 年 10 月山东解放区共有县城 56 座及烟台、威海两市，还有港口 6 处。这些城镇为日伪政权统治多年(抗战初期即沦陷)，在日本帝国主义名为“开发”，实则掠夺之下，工商各业都比战前大为衰败，伪币充斥市面，贸易往来基本陷于停顿，被摧残的私人资本一蹶不振，城乡对立、隔绝的状态十分严重。针对这些情况，山东解放区在每一城市解放后，即宣布撤销粮食土产品禁令，奖励人民自由调剂城市所必需的粮食、柴煤、油盐等物资，并积极组织人员到城市附近地区收购粮食，以保证城市居民生活用品的供应。同时，将没收的粮食平价出售，或酌情划拨直接救济贫民，建立了良好的社会秩序。

1945 年 8 月 25 日，山东省政府、山东军区颁布《关于敌伪资财处理办法》，决定由军队、政府合组敌伪资财处理委员会，负责没收财产的处理事宜。各战略区抽调工商干部在部队的配合之下，对其辖区内新解放城市迅速接收应没收的敌伪财产并妥善加以保管。没收物资如系军事急需，即由当地资财处理委员会批准拨付，按价转账；如为城市居民急需，即拨交公私商店按照规定价格出售，保障正常的生活秩序；暂时不使用者，一律登记封存。清理敌伪物资和资产这一生财之道的政策既充实了解放区财政，缓解了当地军需民用物资匮乏的困境，又摧毁了国民政府的统治经济基础，并且灵活多样的没收政策也能稳定解放区经济秩序，对支持地方经济建设和军队供给发挥了很大的作用，有力地保证了解放战争的胜利。[4]

为稳定新解放城市的发展，中共中央于 1945 年 9 月颁布了《关于新解放城市中的工作的指示》，督促刚解放的城市尽快设立县市政权，并吸收当地的社会精英、积极分子和进步人士参加，并成立人民自卫军维持秩序。对敌伪公有财产和企业，应成立统一的接收机关进行没收；尽量使用解放区本币，减少伪币的应用；在较大城市成立粮食管理机关，保障粮食的供给；尽量争取公用事业及财经机关的原工作人员照常工作；除去税收的苛杂部分外，暂时按原来的税收政策照旧征收。[5]

（三）统一财政经济工作，加强解放区之间财政物资调剂

由于战争消耗巨大，战时相对分散的财政经济管理体制已难以适应当时形势的需要，因此，为全力支持前线战争，必须加强中央对财政经济工作的统一领导和解放区之间财政资金的调剂。1947 年 3 月至 5 月，中央委托晋冀鲁豫解放区在邯郸附近武安县冶陶镇组织了由晋察冀、晋绥、陕甘宁、山东、华东、中原、晋冀鲁豫等解放区召开的华北财经会议。会议讨论了各解放区之间相互封锁、各区币值比率、物资交流等问题，形成了《华北财经会议决议》和《华北财经会议综合报告》两个文件，目的在于要打破解放区之间各自为政和促进相互支援联合对敌的局面。

各解放区也主要在中央的领导下进行了互相支援和调剂。在华北财经会议闭幕后，各解放区党委先后召开了各自的财经会议，传达和贯彻要打破各解放区自我封闭和各自为政的华北财经会议的精神，不仅要撤除各解放区之间的关税壁垒，为跨区贸易发展提供便利，而且还要在财政供给上相互支援和调剂，财政经济统一工作开始向前发展。例如，晋察冀和晋冀鲁豫两军区支援了西北解放区折合小米 471 万斤的大量物资。1947 年 1 月召开的北满各省财经会议，也确定了实行以省为单位的财政统一和地方自给，但由较为稳定的后方的北满对处于战争状态的东满、南满实行必要的补助和调剂的政策。[6]

进入 1949 年，随着辽沈战役、淮海战役和平津战役三大战役的胜利结束，中央于 1949 年 3 月实行中央领导下的分区负责制，决定全国的财政要在分区自理基础上，首先由各解放区分工保障各路野战军的后勤供应，不足部分才由中央来调剂补足。在解放战争即将结束，中国共产党在解放区根据地财政工作经验的基础上，开始将工作重心由农村转移到城市。随着 1949 年 10 月 1 日中央人民政府的成立，主管全国财政事宜的中央人民政府财政部也终于诞生了。10 月 19 日，薄一波被任命为中央人民政府财政部部长，戎子和和王绍鏊为副部长。随后，又相继成立了财政部所属的国家税务总局、粮食总局和盐务总局以及地方各级财政税务机构,全国财政也逐渐形成了由战时财政向和平时期财政、由以农村为中心的分散财政向以城市为中心的集中统一财政、由供给财政向经济建设财政的转变。[1]

(四)开展货币战争,维护经济秩序

战争不仅要打军事仗,更要打经济仗和货币仗。货币战争不仅需要军事战争作为后盾,也需要经济基础和财力作为后盾,以确保币值的稳定。货币战争不仅可以使胜利一方能拓宽货币流通范围,保障军事后勤补给,还可以安定民心,维护良好的经济秩序。在日本帝国主义投降以后,由于政治形势和军事形势的变化,在解放区形成了三种货币市场。一是解放区的本币市场;二是新解放区的本币与伪钞混合市场;三是国统区城市的法币和伪钞混合市场。抗日战争胜利之后,伪钞币值狂跌,但法币回涨。各解放区此时也增加各自的本币发行,加强抢占货币市场。例如,党中央于 1946 年 3 月召开了"东北财经会议",决定黑龙江地区以地方为主发行本币。牡丹江市发行了"牡丹江实业银行币";嫩江省由嫩江省银行发行"嫩江券";东安地区行政专员公署发行了"东安券";黑河地区发行"黑河地方流通券"。这些解放区新本币的发行有效稳定了解放区的金融市场,促进了解放战争时期黑龙江地区贸易和经济的发展。[7]

山东解放区利用收兑伪钞机会迅速排挤伪钞,换回各种物资。例如,仅胶东区 4 个月内就排挤了超过 600 万元的伪钞,而渤海区驱逐的伪钞也在 10 亿元以上。但国民党抢占一些大城市后,为了给法币的流通创造条件,采取支持伪钞的形式与解放区本币抗衡,本币与法币、伪钞的斗争日趋激烈。早在抗战胜利前夕,山东省政委会就曾发出《关于统一本币流通的通令》,指出:"随着年来我对敌军事经济斗争的巨大胜利,现在我山东各根据地基本上已打破过去分割状态,货币斗争亦已普遍胜利",今后的主要工作是要促进全省各地区发行之本币不分地区能够统一流通。《通令》表明,在根据地市场上,法币与伪钞基本绝迹的条件下,随着区域联系的加强要使本币的流通统一起来,从而使货币发行工作统一起来,以保持物价的稳定,壮大根据地的经济实力,争取对敌大反攻的彻底胜利。

1946 年 8 月,晋冀鲁豫解放区提出了"扩大本币市场,缩小法币市场,对法币采取坚决打击"的政策,要求在民兵中选拔一些优秀分子成立一支半脱产的缉私队进行缉私,并在边沿区划分封锁线,设立检查站,以保护我解放区根据地物资不被敌人抢掠和套购。[8] 1947 年 4 月《晋冀鲁豫财政联合办事处对目前经济斗争的指示》严格规定,在旧解放区根据地严禁流通蒋币或者金银,如果被发现立刻没收,而且储藏蒋币也是违法的行为,但是新解放区可以在限定时间内去银行兑换。[4]为了开展好新解放区的货币战争,解放区贸易部门还克服困难从老区运来土特产,以及到国统区去采购物资,支持解放区的货币。因为解放区货币不是依靠金银作保证,而是依靠粮食和棉花等物资作保证,有充分的物资支持,从而获得了群众充分的信任。[9] 1948 年春,国民党统治集团开始大量发行大钞货币,货币斗争异常激烈,当时各解放区也发行了很多不同种类的货币,各种货币之间比价难统一,影响了正常的经济金融秩序。中原野战军、华东野战军和豫皖苏行署于 1948 年 4 月联合颁布公告宣布"以中州农民银行钞票为本区之本位币",进行了货币统一的战争。

各解放区根据地货币战争成功经验总结起来是:在货币竞争的初期,大部分市场还存在大量的敌方货币,这时要大力打击敌方货币,以利于本币发行。同时要加快本币发行,边打边发,尽力拓宽本币市场,才能最终扫除敌方货币,巩固和稳定本币市场。[10] 另外,也逐渐认识到战时货币战争的主要任务是“平稳物价，保护人民财富，促进生产发展”，要遵循财政金融经济的客观规律，应尽可能多地依靠人民直接负担和少依靠货币发行来保障战争供给，把货币斗争和贸易斗争相结合，才能取得货币战争的最后胜利。[11]

1948 年 12 月，随着战争向好的方向发展，中共中央决定将华北银行、西北农民银行和北海银行三家银行合并成立中国人民银行，统一全国的金融体系和货币制度，以利用货币发行筹措财政资金缓解长期战争造成的财政困难，以及各解放区之间的物资交流和贸易联系。同时，人民币的发行还逐渐清除了敌方货币和外币等扰乱市场的货币，为规范政府间财政关系、统一全国财政经济工作和恢复发展经济奠定了货币基础。

(五)降低税率，节约开支，发展经济

1945 年 12 月，毛泽东代表中共中央起草了《一九四六年解放区工作的方针》文件，其中指出：“为着应付最近时期的紧张工作而增加了的财政负担，在一九四六年，必须有计划有步骤地转到正常状态。负担过重的人民必须酌量减轻。各地脱离生产人员，必须不超过当地财力负担所许可的限度，以利持久”[12]。在每一城市解放之后，当地的民主政府一般即明令宣布取消敌伪政权所规定的一切苛捐杂税，只征收关税、盐税和烟酒税等，并加以广泛宣传，动员私营工厂、商号恢复生产和营业。例如，山东威海市取消了 68 种苛捐杂税。在接收城市过程中，民主政府按照实际情况，还将日伪统治时期被没收的私人工厂商店如数归还原主，得到了广大工商业者的拥护。

1947 年 8 月，刘邓大军挺进大别山地区，拉开了我党解放战争战略反攻的序幕。由于战争消耗太大，解放区预算支出较以前大量增加，财政难以完全负担军队的开销，财政出现了巨大赤字，豫皖苏党委开会决定：“我们必须下最大决心，面向困难，打破期待外援的心思，用本区力量及一切办法，从本区收入来解决本区开支。”严格精简各种开支和供给标准，而且要优先保证军队作战，以“一切为了人民生计，一切为了战争”的理念要求节约开支和奖励归公，对不必要的开支坚决禁止。[10]

1947 年 1 月以后，华东野战军主力集中于山东战场，向国民党军队发动了一系列战役。对于山东解放区来说，供应军粮的任务开始繁重起来。仅据 1947 年山东战场几次较大战役来看，前方军粮供应量加上部队休整、转移以及后方机关人员的食用，数量相当庞大。山东解放区的财政处于极端困难的状况之中。财政收入满足不了财政支出，出现了巨大赤字。山东解放区在增收公粮、田赋的同时，为解决财政困难，抓紧了各项工商、农副业税收工作，扩大社会负担面，并加强了烧酒和食盐等专卖工作，严格缉私工作，减少走私漏税的现象，增加财政收入。

华北人民政府为了适应解放区土地改革后的农村新形势，颁布了新的农业税则，废除了农业统一累进税，实行了在扣除免税点后再按常年应产量的比例进行征收的制度；还将原来的 52 种城市税减少为 20 种；为方便各种货物流通，将商业税与所得税合并，以及统一货物税税目和税率。为扶植工业发展，规定工业减征 10%到 40%，使工业税负比商业税负轻。为鼓励集体合作社经济发展，对合作社经营完全免税。所有这些财税措施，对解放区经济恢复和发展起到了很好的作用，为解放战争的胜利奠定了经济基础。

三、解放区财政经济一体化管理体制的成功经验

(一)中央统一领导与因地制宜相结合

虽然各解放区根据地是分区负责各自的财政经济事务,但都坚持党的统一领导,中央也会根据形势的发展在分区负责的基础上制定统一的财政经济政策,以便加强解放区的物资流通和调剂,保障战争中前线部队的需要。但是,各解放区也可以根据自身特点制定适合自己发展的政策。例如,各解放区都实施将官僚资本控制的银行企业等收归国有,由国家统一经营管理的政策,但由于解放区经济还十分落后,因此在政策上仍然保留私有经济,鼓励民族工商业发展,实行公私兼顾,劳资两利;在农村中逐步推行土地改革,没收地主土地,并将土地分配给无地或者少地的农民,实行"耕者有其田"政策,但是同时也容许农村富农经济的存在。[13]对解放区的土地改革和政府贷款等各种支持,促进了解放区工农业生产的发展,极大地调动了解放区人民支援解放战争的积极性,人民的支持保障了最后解放战争的胜利。[14]

(二)坚持独立自主、自力更生的原则

解放区一般来说都处于山陵起伏和交通阻塞的地区,还经常被敌人分割封锁,经济比较落后,工业基础非常薄弱,以农业和手工业自然经济为主,只有"依靠自己的努力,依靠全体军民的创造力"。无论是在抗日战争,还是在解放战争中,各地的中国共产党组织坚持了独立自主的原则。尽管有敌人的军事进攻和经济封锁,但是革命根据地的军民由于较好地坚持了独立自主、自力更生的方针,从而使自己立于不败之地,终于打败日本帝国主义和国民党军队,赢得了中国武装革命的胜利。自力更生的思想,是从相信群众的力量,依靠群众自己解放自己的无产阶级世界观出发的。能不能自力更生,要不要自力更生,问题的实质就是相信不相信群众力量,依靠不依靠群众的问题。因此,战时财政的主要任务就是把人民的力量动员起来争取战争的胜利。[2]

(三)贯彻"发展经济和保障供给"的总方针

解放区的经济发展为解放战争的最后胜利提供了坚实的物质基础。周恩来曾经指出:"财政经济的中心问题是生产,没有生产就不能支持战争"[15]。战时财政带有供给性质,就是要发展生产,保障战时军队的供给,满足革命战争持久战的需要。而经济又是财政的基础,只有发展经济才能增加解放区的财富,增加民主政府的财政收入,求得自给自足支援战争。因此,解放区的财政工作始终是以发展生产为中心,把发展经济作为解决财政困难的根本手段。在敌人加紧封锁,解放区遭到严重破坏的情况下,民主政府建立公营经济,放手发动群众,努力发展工农业生产和商业贸易,并领导和保护私营经济的发展,解决了部队穿衣吃饭及部分枪炮弹药问题。历史实践已经证明,"发展经济和保障供给"是唯一正确的发展财政经济的总方针。[2]

(四)因地制宜确定税收政策

无论抗日战争还是解放战争,都不仅是单纯的军事斗争,而且也是经济斗争,必须因地制宜确定税收政策。因此,解放区税收政策的制定,也必须着眼于对敌经济斗争的需要,有利于解放区经济的发展,有利于战争和群众的需要。解放区明确提出征收进出口税的目的,就是为保护物资,保护生产,完成财政任务,争取贸易出超。对重要的必需品如粮食棉花等物资出口课以重税,限制出口;对必须进口的战略物资轻税或免税,鼓励进口。在不妨碍生产和人民生活的条件下,应当照顾税收数额,尽可能地满足更多的财政需求,反对无原则地降低税率,以致

妨碍战争供给；同时也反对无原则地提高税率，从而刺激走私，或使贸易停滞，反而使税收减少。税收政策的确定，还要考虑到，在战争环境之下，战略区被分割，局势动荡复杂，封锁缉私困难。再加上农村贸易尚处在原始的集市形式，无法采取复杂完整的现代化的办法等情况，在决定税则、税率时，必须把握“政简民便”的原则，税目不宜过繁，手续力求简单。

(五)严格按照客观经济规律办事

解放区战时的财政工作，是党领导的经济相对落后的农村环境下的财政工作，这是解放区战时财政工作的出发点。解放区以此为依据，在贯彻党中央确定的自力更生、开源节流、发展经济、保障供给的财政经济工作总方针的同时，不断总结经验，探索客观经济规律，通过反复认识和实践，推动了财政工作的发展。抗战初期，财政工作主要抓了部队的吃、穿问题，不可避免地带有根据地开创时期的临时性特点。随后，严格控制财政收支，实行统收统支和争取收支平衡，财政工作逐步走上正规化制度化。其后，在继续抓好财政收支的同时，进一步发展生产和开拓财源。最后，财政经济一起抓，以发展生产为主，同时全面贯彻党的财经工作总方针。由于严格按照客观经济规律办事，很多难题逐步得到解决，党的财政经济工作越来越主动。财经工作主要沿着两条轨道前进：一是深入双减发展农业；二是加强工商管理，使生产、货币、贸易等工作相互促进，同步发展，以生产增加物资，通过掌握重要物资发展贸易，用贸易支持货币斗争，又以货币斗争来支持生产和贸易工作，整个财政工作越做越主动。[2]解放战争时期解放区的财政工作根据战争形势的变化不断发展和完善，一方面为解放军提供了坚实的物质保障从而取得了解放战争的最终胜利，另一方面也为新中国成立后的财政工作积累了宝贵的经验，其中许多地方到现在仍有参考价值。

参考文献

[1]夏祖军.新中国财政从这里走来[N].中国财经报，2011－06－28(004).

[2]朱玉湘.山东革命根据地财政史[M].北京：中国财政经济出版社，2017.

[3]王文丽.东北解放战争时期陈云经济思想研究[D].金华：浙江师范大学，2021.

[4]宋文杰.解放战争时期我党实行的经济政策内容[J].世纪桥，2019(11)：32－35.

[5]张春英.解放战争时期中共的城市经济工作[J].中南财经政法大学学报，2004(04)：89－96.

[6]刘翠微.解放战争时期的政府间财政关系及财政治理[J].财政监督，2017(19)：23－27.

[7]卜志刚.论解放战争时期黑龙江经济的恢复与发展[J].开封教育学院学报，2018，38(08)：11－12.

[8]张猛.解放战争时期中国共产党如何赢得货币战争[J].炎黄春秋，2022(01)：16－20.

[9]戴建兵.浅论解放战争时期华北解放区的货币斗争[J].河北财经学院学报，1994(06)：44－48.

[10]张昕冉.解放战争时期豫皖苏根据地的经济斗争与建设述论[J].阜阳师范大学学报(社会科学版)，2020(04)：100－106.

[11]赵入坤.解放战争时期货币斗争述论[J].军事历史研究，2017，31(03)：94－102.

[12]刘晓乾.论解放战争时期中国共产党保障农民经济利益思想[J].党史文苑，2009(06)：23－24.

[13]谈谷铮.麦利克谢托夫论解放战争时期中共经济政策——介绍《1945～1949年中国革命的胜利》一书[J].近代中国，1991(01)：169－172.

[14]王文鸾.新中国成立前关于解放战争时期中共党史的经济解释[J].观察与思考，2018(08)：85－91.

[15]周恩来.周恩来军事文选(第三卷).北京：人民出版社，1997：271，468.

陕甘革命根据地红色金融实践与启示

李林秋

摘　要:文章介绍了陕甘革命根据地红色金融的建立和职能,通过陕甘革命根据地红色金融的实践探索梳理了中国共产党在这段特殊历史时期中对政治经济发展建设的伟大革命,通过实践得出陕甘革命根据地红色金融建设的历史经验是始终坚持党的领导,以人民为中心,遵循客观规律,勇于开拓创新。这条具有中国特色的红色金融道路为新中国金融体系的建设积累了宝贵的经验。

关键词:陕甘革命根据地;红色金融;货币制度

一、陕甘革命根据地红色金融的建立和职能

中国共产党在20世纪30年代创建苏维埃政权的过程中,积极探索了一种与中国旧式金融不同的红色金融体系,并将其作为中华苏维埃革命事业的重要组成部分。

1931年11月,中华苏维埃政府建立,第一届党代会通过了《中华苏维埃共和国关于经济政策的决定》,提出了成立工农银行、在各苏维埃地区开设分行的建议,旨在实现统一的货币制度并为劳苦大众服务。

1932年2月,中华苏维埃共和国国家银行在中央根据地挂牌成立,标志着中国红色中央银行正式诞生,也有力地推进了在全国各革命根据地建设红色金融机构的进程。该银行主要工作有反对敌人经济围剿,发行货币,开展货币斗争,防止货币贬值等。

1934年2月,陕甘边革命工作委员会财政委员会建立,并且开办铸币厂,苏币随之也开始流通。同年11月,建立陕甘边区苏维埃政府银行,负担对外财政金融政策的制定、苏区政府货币的发放、兑换业务的办理等工作。

1937年9月,中国共产党在西北黄土高原上建立了陕甘宁边区政府,同年10月中华苏维埃共和国国家银行西北分行改制为陕甘宁边区银行。陕甘宁边区银行主要根据国家银行的职能发行货币,同时管理光华商店,并兼顾一般商业银行的储蓄、汇兑、信贷、代理金库、外币管理以及信用合作社的建立等。

1941年1月,陕甘宁边区银行发行边币,以此来表达对国民政府的强烈抗议,有效缓解了当时的财政困难,并推动了边区银行存款、贷款、汇款等业务的全面开展。

1944年5月,陕甘宁边区的贸易公司发行了商业流通券,流通券逐渐取代边币成为边区

基金项目:广西财税科学应用研究会2021年委托课题——陕甘革命根据地经济体制发展和红色金融机制研究(项目编号:GXCK202104)。

的主要货币。

从 1934 年到 1948 年的 15 年间，在陕甘革命根据地印刷和使用过的货币有十多种。陕甘革命根据地银行在成立之初的主要任务是为了维持法币的流通，同时满足市场上的零星开支需求，采取发行少量辅币，以促进交易便利往来。在发展过程中，陕甘革命根据地边区银行不断拓展业务范围，不断完善独立货币发行制度，制定灵活的货币政策，继续与国民党进行货币斗争，有力地促进了陕甘革命根据地的经济发展，支持了革命战争的顺利进行。

二、陕甘革命根据地红色金融的实践与探索

为了推动陕甘革命根据地的经济发展，苏区政府颁布了一系列涉及货币、金融和经济的措施，并设立了陕甘边区革命委员会财政委员会，设立了铸币厂，通过不断完善的金融货币体系，以此来打破封锁，促进地方经济繁荣。

（一）设立金融机构，建立红色金融体系

1932 年 2 月，中华苏维埃共和国国家银行成立。随后，根据《中华苏维埃共和国关于经济政策的决定》的指导意见，苏维埃临时中央政府于同年 7 月发布了《中华苏维埃共和国国家银行章程》。该章程规定，国家银行属于财政人民委员部，设有总行和分行，并可以与其他银行签订代理或汇兑协议。国家银行的设立、撤销和移设均须经管理委员会决议，并报中央财政人民委员部批准。此外，章程还规范了国家银行的各项工作和管理制度。国家银行分行陆续取代了苏区各革命根据地的银行，并在部分县设立了分行，金融服务得到了改善。国家银行在统一金融决策、建立规章制度、发展金融服务等方面发挥了至关重要的作用，为红色金融体系的建立奠定了坚实的基础。

陕甘边区苏维埃政府成立后，为满足政治经济发展的需要，成立了陕甘边区农民合作银行，主要负责发行和兑换苏币。之后发行的农民券，每十角可兑换一元银币。1935 年，陕甘边区农民合作银行更名为陕甘省苏维埃银行，并重新发行了纸质和布质的“陕甘省苏维埃金融机构银币券”以及仅有纸质形态的“陕甘省苏维埃金融机构铜币券”。后来，该银行被划入中华苏维埃共和国国家银行西北分行，改名为陕甘宁边区银行，并与其他银行联合组建成立了中国人民银行。这些银行的设立和货币的发行，为中国当时的经济建设和发展提供了重要的资金支持和保障。

（二）发行统一货币，建立独立货币制度

在国家银行设立之前，革命根据地的市场经济非常混乱，在市面上流通着各种各样的票、券、纸币、铜板和杂币，给当地人民的日常生活造成了极大的不便，也为国民党带来了扰乱苏区金融秩序的可能性。为缓解当地经济问题，《中华苏维埃共和国关于经济政策的决定》中提出了成立工农银行的方案，并可在苏维埃地区内设立多个分行。该行具有发行货币的特殊权利，并承担货币兑换，其分行也可代理税款征收。

陕甘革命根据地政府为了稳定市场，促进地方经济繁荣，向国家银行提出发行苏币，抵制法币，统一全国货币，建立独立货币制度。陕甘革命根据地政府在抵制法币的进程中，采取了一系列措施，如限制法币流通、取缔黑市和查封流入根据地的一切法币。上述措施有力地保护了根据地经济发展，维护了广大群众利益。

陕甘革命根据地政府为了发行统一货币，专门草拟了《统一苏区货币及其方法》《发放纸

币、铸造辅币的报告》等，并精心设计了一系列货币图案。陕甘革命根据地政府把打土豪，没收大地主资产所筹集到的资金作为货币发行准备金，并成立了铸币厂，以印制苏币。面额分为一元、五角、二角和一角共四种。革命根据地统一规定采用该种货币，而红军指战员和政府职员的微薄薪水也一律以苏币结算。

陕甘革命根据地流通的货币受到普遍承认，为后期国家货币稳定发行奠定了坚实的基础。建立独立的货币制度有助于我们党更好地掌控苏区的经济发展。其间，国家银行联合苏维埃临时中央有关部门共同制订了一整套金融财政法律和政策规定，以确保红色政权统一货币制度的实施，完善货币制度。

(三)设立货币兑换点，稳定金融经济秩序

当苏币首次在陕甘革命根据地流通时，大众对此持怀疑态度，不愿使用。为了让民众信任，政府工作人员在集市上特别设置了苏币兑换处，以银元为准，一元苏币可以兑换一个银元，以此来提高苏币的流通性和使用效率。

苏维埃临时中央政府发布了一项重要指令，要求银行必须按照规定兑换苏币，以确保苏币在苏区的流通和使用。随着时间的推移，苏币信誉度较高、携带方便的特点也逐渐被人们所认同，并逐渐为人们所接受，根据地的市场贸易活动也变得更加活跃起来。

由于根据地经济的特殊性，商贸和流通需要在苏币与法币之间进行相互兑换，苏币与法币之间的兑换比例为 1∶1。但在实际推广过程中，黑市上苏币和法币的兑换出现差额，导致很多地区需要使用法币才能购买货物。

为了确保各革命根据地的金融稳定，提高货币信誉度，苏区银行通过开设货币交换所，将法币作为重要的外汇进行管理。1941 年 12 月，陕甘宁边区政府成立货币交换所，同时公布货币交换的基本原则和章程。货币交换所内的货币可以公开兑换，并公开挂牌。货币交换所的设立，在为群众日常生活和商贸提供便利的同时，有效地抑制了黑市的发展，稳定了苏币和法币的比价。

苏币价值的稳定，得到了当地人民的广泛认可，其在市场中的战略地位日益巩固，法币被逐步抛弃，国民党反动派的经济封锁措施也被完全推翻。这场货币金融战的意义重大，不亚于反围剿斗争，为当地社会发展带来巨大的变革。陕甘革命根据地的领导者们凭借其出色的智慧和领导能力，成功地打赢了这场反围剿战斗，为革命根据地的经济社会发展打下了扎实的基石。

(四)发展信用合作社，便利物资买卖交流

在中国旧式金融体系下，高利贷相当于高额的地租，是对农户最沉重的剥夺，是中国封建社会土地制度的延续。红色革命根据地形成后，各级党组织和政府都将打击高利贷、消灭封建性债务，当作土地革命的一个重要目标。1931 年 11 月，中华苏维埃共和国临时中央政府发布的《有关贷款暂行管理条例的决议》撤销并废除了所有以高利贷方式的活动，同时宣布所有过去的高利贷合同全部作废。

随着高利贷金融剥削的废除，陕甘革命根据地面临着资金短缺和金融资源供需失衡的严峻局面。一方面，原有的高利贷信用体系被地主阶级和其他大户的财产转移所取代，导致市场资金供应量减少或消失。另一方面，贷款利率的下降使得农民的贷款需求不仅没有减少，反而还在不断增加。此外，贫困农民缺乏抵押物，农业经济收益率低，旧式金融机构和私人借贷者也不愿意放贷。随着贷款资金短缺日益严重，农民无法获得贷款，为了满足农民群众的资金需求，建立一个不具有剥削性质的金融中介机构显得尤为迫切。

为了解决陕甘革命根据地内广大农民的生产、生活、资金等问题，党领导广大人民群众探索并创办了合作社。苏维埃临时中央政府通过制定了《合作社暂行组织条例》，高度重视信用合作关系的开展。在陕甘革命根据地建立的合作社有力地推动了地方的经济建设，公营合作社成了城乡之间的生产物资沟通交易的主要渠道。

1939 年，陕北边区联合社大会提出了一项重要的方针，即进一步发展生产合作社，扩大消费合作社，并成立信用合作社。1943 年，合作社实行了改制，尝试开设信用贷款和人民储蓄业务，以满足当地经济发展的需求。员工参与缴纳的股金、边区其他银行的注资、人民存款的吸收等，成为抗日战争时期信用合作社最主要的资金来源。

此后，随着包括信用合作在内的合作社活动迅速发展，在解决社员购置生产资料以及其他急需商品资金不足的前提下，信用合作社可以进行短期或低息贷款，从而有效解决了帮助改善农民群众资金问题，进一步推动了革命根据地的农业生产建设。信用合作社具有广泛的群众基础，为防范高利贷再现、稳定根据地的资金供求、推动根据地农村经济恢复起到了重大作用，曾一度成为根据地的重要资金纽带。

三、陕甘革命根据地红色金融的经验与启示

金融是国民经济的基石，是控制国民经济发展的最大杠杆手段。中国共产党在革命战争时代创造的红色金融史，给现代金融带来了巨大的推动，在推进发展和开创未来的进程中具有重大意义。

(一)红色金融的核心是坚持党的领导

在革命战争时期，中国共产党领导人积极参与金融工作，亲自指导市场调研，制定金融政策文件，并且全力支持货币发行，陕甘革命根据地的经济才得以蓬勃发展。在不同的历史时期，中国共产党始终保持着对红色金融的绝对领导地位，不断深化改革，不断提升金融服务能力，抓住人民军队的“枪杆子”，做大红色金融的“钱袋子”，掌握红色金融的发展方向，按照各个变革时代的纲领，制定出符合实际的政策方针，为中国红色金融的发展提供了有力的指导。历史证明，红色金融的发展离不开党的领导，它从一无所有到蓬勃发展，从弱小到强大，最终取得了光辉的成绩，这一切都离不开党的领导。

继往开来的新时期中，我们需要更加紧密团结在以习近平同志为核心的党中央周围，坚持全党集中统一领导，不断完善和加强中国共产党领导金融事业的体制机制。根据党中央的要求，有序推动金融机构的改革建设，保证中央的金融方针政策不折不扣地执行到位。随着时代的发展，中国经济环境发生了巨大变化，但党的领导核心始终不变。腐败、渎职等问题仍然存在，而且西方发达国家的金融威胁也在不断增加，唯有坚持党的领导，才能够确保我们在金融领域的红色血脉。这也是我们战胜困难、对抗敌人的强大武器。

(二)红色金融的发展观是以人民为中心

金融工作必须坚持党的领导，坚持群众路线是党的基本工作路线。毛泽东曾说过，真正的铜墙铁壁是千百万衷心支持革命的广大群众。在陕甘革命根据地金融工作的每一组成部分，都应该是为群众服务工作，要动员群众、依托群众、争取群众的拥护。

金融是经济的血脉和核心。革命时期的金融工作是巩固社会经济基础、支援军队作战。和平时代中金融发展也是必须为实体经济服务,金融业采取了一系列措施,例如降低融资成本、推出新型金融产品、完善金融发展环境等,为实体经济的发展注入了更多活力。

在新时代背景下推动现代化金融服务发展,我们需要始终坚持普惠为民的初心,努力处理好人民群众的利益问题。我们的工作要以服务实体经济、服务人民生活为本。在信用贷款方面,我们要加强有效信贷投资,扩大贷款规模,进一步改善信贷结构,特别是向城市民生、三农、基础设施等重要领域倾斜。在政府资金扶持领域,我们要强化对民营企业融资和小微企业的优惠政策,进一步加大资金扶持力度,带动金融资源有效流动至农村扶贫、城乡振兴、新兴产业发展等关键行业和薄弱环节,以促进经济更广阔、更规范、更可持续的发展。

(三)红色金融的根本方法是遵循客观规律

中国共产党在反击压迫的武装斗争中,创立了中国红色金融,并在人民武装军队和红色政权的发展中日益壮大。然而,中国共产党从未有过主导金融工作的经历和实践,红色金融工作者必须在斗争中不断学习,在实践中反复整理借鉴,以勇于认真学习为基本准则。认真学习是一项重要的任务,它不仅需要我们把握党在不同时代的方针策略,还需要我们理解金融经济的理论知识,并能够认识客观经济规律。唯有不断汲取新思想、遵守客观市场经济法则,利用政策与市场经济方法来指导、调控和监督管理经济金融社会活动,才能使中国红色金融得以持续蓬勃发展和延续。

发展经济和金融事业,必须顺应客观规律,避免逆势而上。在建立完善金融体系时,我们党在革命根据地十分重视货币流通,实行统一货币,建立银本位制,根据当地经济发展和群众消费水平设定适当币值。为了保持货币信用,革命根据地政府采取了充足的准备金、打击假币、禁止高利贷等措施来控制风险,稳定货币币值。

当前,中国经济步入新发展时期,主要矛盾也出现了新的巨大变化。在这种情况下,我们必须走稳健的增长道路,兼顾效益、质量、生态和可持续发展等多个方面的协调发展。金融业在这个过程中发挥着至关重要的作用。

(四)红色金融的精神根源是勇于开拓创新

凭借自力更生、艰苦奋斗、勇于创新的革命精神,中国共产党领导的红色金融工作粉碎了国民党和日本帝国主义的多次军事和经济封锁,最终取得了伟大的革命胜利。

在革命根据地建立过程中逐渐形成的陕甘边区精神,已成为我国革命事业前进的主要动力来源。陕甘革命根据地的经济金融建设取得了巨大成就,这一成就源于苏区精神,即“面向大众、坚守信念、顾全大局、求真务实”,激励着陕甘革命根据地的干部群众乃至全国人民勇往直前,引领着一代代红色金融工作者们砥砺前行。

勇于创新是中国共产党人的鲜明品格和精神特质。苏区时期的金融建设为中国现代金融发展奠定了基础,实现了从旧到新、从无到有的创造性发展,攻克和化解了无数难关和隐患,也凝聚着广大中国共产党人、金融机构从业者们勇敢革新的汗水。

随着全球经济格局的变化,我国金融技术创新和金融服务变革已刻不容缓。要继续健全金融体系,加速引入国外金融机构,加快发展新型金融业服务产品,发展订制化、差异化、个性化的金融业市场。为了赋予金融市场更多生命力,在维护金融市场平稳的基础上,我们还需要创新发展基础资金市场、汇率市场、保险市场和外汇交易所等。

温故知新传薪火，述往思来启新程。研究中国红色金融史，深刻理解习近平总书记多次强调的"金融活，经济活；金融强，经济强"，理解金融实践的本质目的，是为了更好地落实党的社会主义纲领和使命，更深入地掌握新形势下中国特色社会主义经济思想中的资金核心。

因此，我们必须高度重视并预防化解金融风险，坚持不出现系统性金融风险的底线要求，回归金融服务实体经济的本源，以落实党的纲领和宗旨。通过研究中国红色金融史，汲取其中的宝贵经验教训，继承红色金融血脉，探索中国现代金融在推动经济社会高质量发展中的独特作用。

参考文献

[1]冷泠．中央苏区红色金融的实践及启示[J]．党史文苑，2020，514(08)：61－64.

[2]郑亚宁．陕甘边革命根据地经济金融建设及历史经验[J]．甘肃金融，2018，488(11)：68－70.

[3]况昕，刘锡良．红色金融"是什么""为什么行"的三重逻辑[J]．财经科学，2022，415(10)：16－30.

[4]汪志．陕甘边区早期货币的诞生[J]．红岩春秋，2022，250(10)：37－39.

[5]王文运．从群众中走出的群众领袖——《习仲勋在陕甘宁边区》简评[J]．新阅读，2021，125(05)：17－18.

中国红色财经文化的内涵及价值研究

张海帆

摘　要：中国红色财经文化是作为人类社会普遍经济行为的商业财经与作为阶级斗争形式的红色革命互相结合的产物。它区别于普通意义上的商业财经文化，具有经济性与政治性、商业性与革命性互融的特征。中国红色财经文化侧重的“红色”内涵主要包括中国红色财经创立和发展过程中体现出的艰苦创业、勇于创新、积极进取、爱岗敬业、不怕牺牲、敢于斗争、依靠群众、服务人民等精神。从多个层面深入研究中国红色财经文化的时代价值，对于继承优秀红色基因、发扬中国红色文化，建设和发展新时代中国特色红色财经体系具有重要现实意义。

关键词：中国红色财经文化；内涵；价值

以“红色财政、红色金融、红色税收、红色会计、红色工商”为内容的“红色财经”为中国共产党的发展和中国红色革命的成功提供了重要的经济支持。中国红色财经文化是中华民族伟大精神的重要组成部分，是马克思主义中国化同传统商业财经具体实践相结合的智慧结晶，是对中华优秀传统文化和世界财经文化的融合、发扬和创造，它凸显了马克思主义的革命性、实践性和真理性。中国红色财经文化是一代代中国共产党人在革命、建设、改革各个历史时期创造积累的“财经经验”“财经智慧”的结晶[1]，是我们党的优良传统和宝贵的精神财富。弘扬红色财经文化和红色革命精神时不我待、意义非凡。

一、红色财经文化概念及定义

（一）红色财经文化的概念

1. 红色财经文化中“红色”的涵义

理解和确定“红色”的涵义是研究红色财经文化的重点。红色财经文化中的“红色”是一个政治词汇，是对核心词汇“财经”的一种修饰，以表明它所划分的财经与“非红色财经”的差异。这种区别表现在三个方面。第一，是指由中国共产党领导创建，具有明确阶级属性和革命属性，其首要职能是为新民主主义革命和红色根据地建设服务，为实现民族解放、国家独立和人民幸福服务。第二，是指与国统区“白色财经”和抗战时期日伪统治区的“黄色财经”等各种“非红色财经”对立面相对比。第三，是指高于特定时期和地域环境内涵的财经。红色财经并非仅指我党在其红色政权区域内建立的财经机关和开展的财经活动，也包括在敌占区所领导和开

基金项目：广西财税科学应用研究会 2021 年度委托课题——红色财经文化的起源和内涵研究（项目编号：GXCK202101）。

展的财经活动。

2. 红色财经文化中“财经”的涵义

“财经”是红色财经文化这一概念的核心词汇，它并没有区别于一般经济学范畴的特别含义，广义地讲就是指财政和经济。作为人类社会经济发展的共同成果，财经具有普遍性，其自身没有颜色和阶级之分。但同时，这里的红色财经概念不同于和平稳定时期的国家财政和经济，其特指中国共产党在革命时期逐步建立起来的，以红色财政、红色金融、红色税收、红色会计、红色工商为内容的财政经济体系。历史证明，红色财经为中国共产党的发展和中国革命的成功提供了重要的经济支持，是共产党人用勇气和意志谱写的壮丽经济史诗。

3. 红色财经文化中“文化”的涵义

关于红色文化的内涵，一些学者将其阐述为中国共产党领导全国人民在革命、建设和改革开放时期实现民族独立和国家富强过程中凝聚的、以马克思主义中国化为核心的红色遗存和红色精神。[2]红色文化涵盖了物质层面、精神层面和制度层面。物质层面是红色文化的载体，精神层面是红色文化的核心，制度层面是红色文化的灵魂。[3]结合前人研究成果以及红色文化的形成过程与特点，本研究认为红色文化是在我党团结和领导中国各族人民夺取社会主义革命胜利以及社会主义建设过程中形成的，是以马克思主义为指导，以中华民族深厚的优秀传统文化为根基的，涵盖物质、精神、制度等多方面内容的，在不同历史条件下，内涵不断丰富、价值不断赓续，深刻影响经济、政治、文化、思政教育等多方面，具有强大生命力和先进性的文化。

(二)红色财经文化的定义

根据之前对“红色”、“财经”和“文化”涵义的阐析，结合当前有关文献材料表述，中国红色财经文化是指新中国成立之前，特别是土地革命时期和抗战时期，由中国共产党人在国家红色政权内及白色敌占区创建和领导的财经机构，生产和提供的财经产品和财经服务，展开的财经业务和财经活动，取得的财经成果及其历史进程中所形成的财经文化。总而言之，红色财经文化是中国共产党人在中国革命低潮期创造和领导的一种比较特殊的财经形态，是作为全世界共通性经济形式的财经与作为革命斗争特别形式的无产阶级革命相结合的产物。作为财政经济的一种特殊形态，中国红色财经与商业财经、官僚财经、敌伪财经、老式财经等各种“非红色财经”具有较为显著的差异和内涵区别，它是由我党创造和发展的无产阶级的财经，是为中国红色政权的巩固和革命战争的胜利而存在的，具有非常独特的组成要素和鲜明的属性特征。

二、红色财经文化的内涵

伟大的红色革命造就了伟大的红色精神，几十年的红色财经实践孕育了丰富的红色财经文化和思想，形成了“艰苦创业、勇于创新、积极进取、爱岗敬业、不怕牺牲、敢于斗争、依靠群众、服务人民”的红色财经文化内核。红色财经文化蕴含的厚重的历史文化内涵和丰富的革命精神，是中华民族伟大精神的重要组成部分。

(一)艰苦创业、勇于创新的精神

从土地革命战争时期开始，中国红色财经从无到有、从小到大、从弱到强、从局部不断发展到全国的一个重要原因就在于党的早期红色财经工作者身上的艰苦创业、勇于创新的精神。这种精神持续贯彻在中国红色财经发展全程，涵盖诸多革命根据地的红色财经组织和机构，涉及红色财经的方方面面。我党从成立之初就重视财经建设，而那时的财经制度主要是党组织本着艰苦创业的精神和意志创立起来的，后来我党确立了建立农村革命根据地的正确道路后，就创新地进入了财经制度建设这一新的历史阶段。

这一时期我党在红色财经工作方面的创新主要集中在制度、服务和工具层面。在制度层面，苏区政府在土地革命时期就从客观实际出发制定了苏区财政预算决算制度、会计审计制度、金融制度和税务制度，高瞻远瞩地奠定了中国红色财经发展的坚实基础。在服务层面，根据长征的实际情况，苏区银行转变为“扁担银行”，边长征边筹款，边战斗边服务。保障中华苏维埃政府在长征中完成了苏区货币的发行、流通和回收，也为革命保留了火种。在工具层面，井冈山“工”字银元是我国红色财经发行的第一枚金属货币。除此之外“国家银行发行公债”“红色股票”“光华商店代金券”的创新实践在我党红色财经历史上留下了不朽的功绩。

(二)积极进取、爱岗敬业的精神

中国红色财经文化形成于艰难困苦的革命早期，正是秉持积极进取、爱岗敬业的精神内核，中国红色财经事业才走出一片天地。在始建红色银行、准备发行货币、提升业务水平、升级财经服务等方面，我党红色财经工作者展现了积极进取和爱岗敬业的精神。中国红色财经创立和发展于恶劣的作战环境，财经活动区域偏僻，经济较为落后，专业人才短缺，财政资金匮乏。中国红色财经工作开展伊始，工作人员连最简单的记账都不明白。苏区政府明确要求各作战单位、供需单位，注意收集有关银行、税收、会计、审计和工厂管理等方面信息的教材、报纸、账单、报表等实物，以备借鉴和学习。当时的财经工作人员没有辜负红色政府的期望，积极进取，爱岗就业，想尽办法搜集和努力学习一切有关、有用的财经知识。伴随着财经工作人员对财经领域各种业务的掌握和技能的熟练，中国红色财经慢慢发展起来。

(三)不怕牺牲、敢于斗争的精神

中国红色财经创建伊始和发展过程中磨难不断，所取得的后续成就是敢于斗争，不怕牺牲，在国民党的军事威压和经济封锁下、在严苛的社会经济地理环境中实现的。同时，中国红色财经文化也是在与其他“非红色财经”开展货币竞争的斗争中实现的。党的早期红色财经工作者不惧艰难困苦，在全方位劣势的财经战斗中，与各方财经势力做顽强斗争，以财经为武器展开了坚决的反击，甚至牺牲了自己的生命。

毛泽民同志曾担任中华苏维埃政府国家银行首任行长，是中国红色财经工作的重要奠基者。1942 年，新疆军阀盛世才大肆捕杀共产党人，毛泽民被捕入狱。毛泽民在监狱中受尽酷刑，但仍坚定自己的信仰，坚决不背叛组织，最终英勇牺牲，时年不到 47 岁。高捷成是红军会计审计制度和冀南地区银行的创建者之一。他参加革命后，敢于斗争、不怕牺牲、清正廉洁、大公无私，替国家掌管亿万钱财的高捷成在 1943 年英勇牺牲时，留下的一封家书中还不忘嘱咐家人把借贷的款项偿还了，他把一生都献给了党的红色财经事业。

(四)依靠群众、服务人民的精神

中国红色财经的第一职能是为中国红色革命和武装政权存在服务，但归根结底是为中国人民服务。所以，中国红色财经文化在形成和发展过程中，时刻践行依靠群众、服务人民的精神，通过红色财经服务支持革命，发展工农业生产，帮助百姓安居乐业，方便革命根据地人民群众生活。

中国红色财经的重要任务之一是保障群众的利益，我党创立的第一家农民银行——衡山县柴山洲农民银行在筹备阶段就给穷苦百姓发放无息借款以发展农业，拥护无产阶级、维护百姓生活。1935 年,中华苏维埃国家银行以盐为中介,促进苏区货币的流通。这一货币深受长征沿途百姓信任,服务百姓的同时还及时补给了红军,在红军离开遵义时,政府又用银元回收了百姓手中的苏币,维护了当地百姓的利益。土地革命战争时期的红色财经政策为保证百姓增加产收,一方面严禁各种形式的高利贷危害百姓,另一方面又建立红色银行和信用社,[4]对百姓实行低利借贷,协助百姓发展生产。在战时物价飞涨情况下,红色财经工作的顺利开展提升了百姓生产的积极性,促进了农业的恢复发展,保障了红色革命的顺利进行。

三、红色财经文化的价值

古人云:"艰难困苦,玉汝于成",中国红色财经文化的形成和发展历程,是中国革命实践和历史教科书中最为深刻和生动的内容之一。历史证明,中国红色财经文化的历史功绩显著,精神内涵极具时代价值。它对于我国社会主义建设和发展、我国特色社会主义财经工作发展创新,职业道德和财经伦理教育,具有显著的鼓舞斗志、指明方向、明确信念、积蓄力量、砥砺前行的现实意义。

第一,从政治层面看,中国红色财经文化是党的财经先辈们在马克思主义伟大信仰和为国为民的理想指引下,对官僚买办势力、帝国主义经济和封建传统财经开展的具有重大意义的经济革命,他们为信仰和理想抛头颅洒热血的英雄事迹和伟大精神对于当代财经工作者具有信仰传承和榜样示范的作用。

第二,从文化层面看,中国红色财经文化历经几十年不断积淀,实现了革命文化和财经文化的和谐统一,逐步形成了理想信仰至上、为国为党理财、艰苦创业、爱岗奋斗的中国红色财经文化,具有较为明显的财经育人、文化育人的熏陶和涵养作用。

第三,从历史层面看,中国红色财经文化表现了中国共产党于苦难中创辉煌的伟大力量。中国红色财经文化从无到有、从小到大、由弱到强,不惧挫折失败而走向成功的历史,对于新时代中国特色社会主义的建设具有重大的资政镜鉴作用。

第四,从精神层面看,中国红色财经文化孕育了艰苦创业、勇于创新、积极进取、爱岗敬业、不怕牺牲、敢于斗争、依靠群众、服务人民的伟大精神,反映了早期共产党员高尚的精神风貌,充盈了中华民族伟大的精神谱系,具有激励士气、积蓄力量、加强信心的作用。

第五,从实践层面看,中国红色财经文化展现和演绎了我党财经工作者几十年来为国奋斗、为民服务、为党理财的财经实践,为中国社会主义财经事业发展提供了十分宝贵的实践参考和源源不断的经验借鉴。

第六,从教育层面看,中国红色财经文化对于高校财经类人才的培养教育有着十分重要的意义。教育工作者应持续塑造中国红色财经文化品牌,精耕细作,做深红色财经文化研究,切实把红色财经文化内涵概括好,把蕴藏的精神提炼好,教育引导广大财经工作者把红色基因融入血脉。

中国红色财经文化的发展涉及中国共产党历史、革命根据地经济史、财政税收史以及政治学、经济学、历史学等。学习中国红色财经文化有助于还原这些历史,总结宝贵经验;有助于进一步认识财经的本质,为财经行业提供了党建的重要抓手。中国红色财经文化是一个有重大历史意义和现实价值,极具挖掘潜力的学术"矿藏",中国红色财经文化研究人员要加快红色财经资料的搜集和整理,细分研究领域,加强专业研究团队建设,从而进一步推动中国红色财经文化研究不断深入。

参考文献

[1]中国金融思想政治工作研讨会. 中国红色金融史[M]. 北京：中国财政经济出版社，2022：3－7.
[2]刘培，吴健冰. 红色文化在中小学德育中的价值研究[J]. 教育观察，2020，9(15).
[3]吕新发. 红色金融的概念、内涵与当代价值研究[J]. 金融理论探索，2021(3)：3－22.
[4]曾耀辉. 中华苏维埃共和国税收史[M]. 江西：江西人民出版社，2010：18－29.
[5]王萍. 中国古代国家干预主义的全面实践[J]. 理论学刊，2013，(12)：92－25.
[6]杨再学. 缅怀红色工商历史 传承其革命精神[J]. 红色工商史，2011(07)：25－29.
[7]张泰城. 井冈山革命根据地经济建设史[M]. 江西：江西人民出版社，2007.
[8]中国人民银行. 中国共产党领导下的金融发展简史[M]. 北京：中国金融出版社，2012.
[9]贾微晓，王雅妮. 中国红色文化的起源与形成探索[J]. 浙江理工大学学报，2022，48(3)：109－122.
[10]白海军. 1927—1957 红色经济战[M]. 北京：中国青年出版社，2013.
[11]秦中艮. 红色会计研究的历史意义与现实价值[J]. 财务与会计，2021(18)：7－10.

二、思政教育

湘江战役的精神内涵与时代价值

赵素桃　胡　泊　韦　凤

摘　要：湘江战役是红军长征的壮烈一战，是决定中国革命生死存亡的重要历史事件，由此形成的“勇于胜利、勇于突破、勇于牺牲”的湘江战役精神具有深刻的内涵：勇于胜利源于对革命必定胜利的坚定信念，勇于突破在于获得军事与思想的双重突破，勇于牺牲见于红军将士的英勇无畏与视死如归。新时代背景下，湘江战役精神具有规范价值导向，感召激励价值；强化政治担当，提高政治能力；明确组织纪律，坚持统一领导的时代价值。

关键词：湘江战役；精神内涵；时代价值；信念

1934年底，几万名红军将士以血肉之躯顽强战斗，成功使中央红军主力强渡湘江。习近平总书记高度评价：“湘江战役是红军长征的壮烈一战，是决定中国革命生死存亡的重要历史事件。”湘江战役是国共双方投入兵力最多、持续时间最长、战斗最激烈、伤亡最大的第一大战，湘江战役用惨烈的教训唤醒了党内对“左”倾错误思想路线的认识，为后来遵义会议的召开，确立毛泽东在党中央和红军的领导地位，明确实事求是的思想路线，并从此开启革命新局面奠定了实践基础。此次战役彰显了中国共产党领导下的革命军队强大的组织性、纪律性、团结性和“坚定信仰、无限忠诚、钢铁纪律、敢于担当”的优秀品质，由此形成的“勇于胜利、勇于突破、勇于牺牲”的湘江战役精神在革命年代激励了一代又一代的中华儿女为实现民族独立和人民解放奉献自己的一切。新时代背景下，湘江战役精神也将激励我们为实现中华民族伟大复兴而奋斗。因此，探究湘江战役的精神内涵和时代价值具有现实指导意义。

一、湘江战役的精神内涵

（一）勇于胜利源于对革命必定胜利的坚定信念

习近平总书记指出，“革命理想高于天，理想信念之火一经点燃就会产生巨大的精神力量。红军将士视死如归、向死而生、一往无前、敢于压倒一切困难而不被任何困难所压倒的崇高精神，永远值得我们铭记和发扬”[1]。自中国共产党诞生以后，广大党员在革命实践中进一步加深了对共产主义的信仰和实现民族解放的理想信念。即便是遇到敌人的围追堵截，也依然坚信革命事业终将取得成功，这一坚定的信念鼓舞着红军将士在面对生死存亡之际沉着应战、敢于突破、勇于为革命事业牺牲。

基金项目：中共全州县委宣传部2021年度“挖掘红色资源，用好红色资源”系列委托课题重点项目——湘江战役主战场“凤凰嘴渡口、麻市渡口”红军强渡湘江、血战湘江的史料挖掘考证研究（项目编号：2021QZXC002）。

湘江战役是一场生死之战，国民党反动派投入了大量的先进武器和精锐部队用于围剿红军，面对人数和装备都占优势的敌人，面对生与死的考验，红军将士英勇无畏展开殊死搏斗，弹药用尽就拼刺刀，被俘后宁愿自戕也不愿投降，用生命来捍卫自己的理想信念，履行了为共产主义奋斗终身的诺言。最终，中央军主力强渡湘江，保存了红军主力，粉碎了以蒋介石为首的国民党反动派的阴谋。在承受着巨大牺牲强渡湘江的背后，彰显的是“革命理想高于天”的崇高信念，以及敢于突破、敢于斗争的必胜意志和一往无前的英雄气概。全军将士用实际行动证明，党的人民军队那在坚定的理想信念中滋养出来的顽强战斗力是任何反动力量也无法抵挡的。

初心厚植忠诚，忠诚践行初心。在党内受“左”倾错误思想干扰、外部遭受敌人有计谋的大规模“围剿”的双重考验之下，红军仍能强渡湘江，粉碎敌人围追堵截，并且纠正了党内长期存在的“左”的错误思想，这得益于坚定的理想信念所涵养出来的对党忠诚以及对共产主义事业的忠诚。无论是由红一、三军团负责的前线战场的三大阻击战，还是由红五军团第三十四师和红三军团第十八团等承担的后卫阻击战，红军将士们始终听党指挥，英勇无惧，与敌人展开激烈战斗，不顾一切抢占渡口或是迟滞敌军追击。之所以如此，是因为无论处于何种境况，理想信念滋养出来的忠诚让将士们始终不改初心、不移其志。

（二）勇于突破在于获得军事与思想的双重突破

湘江战役以牺牲万人为代价确保了中央红军部队渡过湘江，粉碎了国民党反动派想要消灭红军于湘江以东的计划，同时也让党内认识到“左”倾错误思想的危害，我们党获得军事与思想的双重突破。

突破国民党设置的军事重围是革命获得新生的前提和现实条件。在红军突破第三道封锁线以前，以蒋介石为首的国民党反动派就已经部署“围歼”计划，号令各路精锐部队在湘江以东对红军形成一个“铁三角”包围圈。面对如此危急险恶的战情，红军在党的指挥下竭力寻找战略突破点。首先是红一、三军团以新圩阻击战、光华铺阻击战、脚山铺阻击战为三个主战场，开辟、守卫通往湘江的通道口和渡河点，以后卫突围战掩护红军主力过江。其次是将思想政治工作作为红军的生命线，鼓舞红军奋力作战，进攻敌人薄弱地区，打乱敌人“围歼”计划，开辟西进道路。最后是贯彻我党的群众路线，红军将士坚信战胜困难、打败敌人的巨大力量蕴藏在广大人民群众中，通过制定群众政策、遵守群众纪律、关心群众生活等方式把广大人民群众团结在自己周围，广大群众冒着生命危险对红军倾力相助，为红军突破湘江、冲破封锁、保存有生力量作出了重要贡献[2]。

党的思想路线正确与否关系着党的前途命运。虽然中央红军强渡湘江成功，却也付出了惨重的代价，究其原因，是当时党内的“左”倾错误思想的指导。对于这一原因的深刻认识，经历了从红军中个别干部觉悟到广大红军指战员达成共识的过程，充分展现了红军将士勇于突破的伟大精神[3]。湘江战役前，毛泽东、周恩来、彭德怀等人都曾提出不走湘江到桂北，而是转战湘南、湘中以扭转当前战局，但博古、李德等人仍然坚持西进路线，拒绝毛泽东等人的意见。而在转移的过程中，没有根据实际情况轻装上路，而是采取“搬家式”转移，导致行军过慢，错过渡江最好时机，致使我军付出惨痛代价，红军经此一战，人数已从出发时的 8.6 万人锐减到 3.7 万人。如此种种，皆源于教条主义、“左”倾错误思想指导。在张闻天和王稼祥在行军途中听取毛泽东的意见后，对于党内的“左”倾错误思想有了一定认识，二人的认识逐渐改变，并最终脱离教条主义思想束缚。他们的转变也促使红军部分高级将领开始审视“左”的思想路线和军事路线，血战湘江付出的惨烈代价更是让他们的认识发生质的飞跃，进一步确认“左”倾思想路线的错误性，从根本上思考革命的出路问题。红军将士以勇于突破的精神全面审视“左”倾错误思想路线，为之后通道会议、黎平会议以及遵义会议的召开奠定了现实和思想基础。

(三)勇于牺牲见于红军将士的英勇无畏与视死如归

英勇无畏、视死如归是湘江战役中全体红军将士战斗到最后一刻的真实写照。接到党中央“不惜一切代价，全力坚持三天至四天”的电令后，红五师的红十四、十五团在新圩阻击战中奋战三昼夜，2 000 多人牺牲于此，完成了党中央交给的任务，粉碎了敌人分割包围红军的阴谋。光华铺阻击战中，红十团两任团长先后牺牲。脚山铺阻击战中，时任红一军团二师五团政委的易荡平负伤，面对敌人逼近，为不被俘，毅然自戕。军委电令“我们不为胜利者，即为战败者，胜负关全局，人人要奋起作战的最高勇气，不顾一切牺牲，克服疲惫现象，以坚决的突击，执行进攻与消灭敌人的任务……望高举着胜利的旗帜，向着火线上去!”极大地鼓舞了红军勇于斗争、不怕牺牲英雄气概和崇高信念，正是他们的英勇无畏，为军委纵队和后续部队打通了通向革命胜利的生命通道。

其中，红三十四师承担着后卫阻击，走在队伍后面，处境相当危险，战斗十分艰苦，结局也最为惨烈。红三十四师在迟滞国民党周浑元部队疯狂进攻中成功掩护红军主力渡过了湘江，完成阻击任务后的红三十四师赶到湘江边时却发现所有渡口皆已被敌军占领，该部队陷入了桂军、湘军、中央军及桂北民团等的重重包围之中。在中共中央知晓红三十四师还未能渡过湘江，曾发出指示，希望助其脱险，红三十四师转战数日顽强奋斗，终因寡不敌众，全师大部将士壮烈牺牲，师长陈树湘身负重伤仍然坚持战斗，后不幸落入敌手，在被敌人用担架抬着邀功请赏途中，乘敌不备，从自己的腹部伤口处掏出肠子并绞断，壮烈牺牲。

以上这些是我们能记下名字的红军将士，而更多的是无名无姓牺牲了的将士。当地群众说“三年不饮湘江水，十年不食湘江鱼”，足可见当时牺牲的红军之多。这种英勇无畏、视死如归的勇于牺牲精神仍然在感召着我们一代又一代的中华儿女，让我们明白中国今日之太平是多么来之不易。

二、湘江战役的时代价值

(一)规范价值导向和感召激励价值

“青年强则国家强”，正确的价值导向能使广大的青年树立好正确的价值观、人生观和世界观，促进青年成长成才。湘江战役精神作为红色精神的关键内容，以“勇于胜利、勇于突破、勇于牺牲”的精神内核影响着一代代中华儿女投身革命、建设、改革过程中。新时代背景下，新的历史重担交付给新时代的青年手中，作为新时代新青年，要从中国共产党百年辉煌出发，从中感悟党的初心和使命之可贵，深刻领会中国共产党人的奋斗和执着。各大高校应充分运用好思政课、党日活动等平台把湘江战役精神融入课堂学习中，引导青年人增强对中国特色社会主义的信念，坚定“四个自信”，以自觉行动肩负起新时代赋予的责任和使命，为谋求中华民族的永续发展贡献自己的一份力量。

湘江战役中的红军将士即便是危难之际也丝毫没有退缩，始终以大无畏、甘于奉献、勇于牺牲的精神应对战事。在实现中华民族伟大复兴的征途上，奉献的精神内核并未改变，而其内容则更加丰富。以湘江战役中的奉献精神感召广大青年，使青年人把无私奉献作为新时代追求，引领他们投身于社会主义事业建设当中。勇于胜利、斗争是湘江战役精神的又一重要内涵，正是这一精神激烈红军将士突出重围，强渡湘江，保存了红军主力，为后来的新民主主义革命胜利打下坚实基础。新时代的广大党员干部在面对风险挑战时，应该以坚定的斗争意志、勇于战胜一切困难的精神劲，敢于与前进道路上的各种错误思想作斗争，与各种困难作斗争，履行好新时代的历史使命。

（二）强化政治担当，提高政治能力

政治担当是中国共产党的首要责任担当。湘江战役中，在面对敌人数倍于我军的情况下，红军将士毫不畏惧，迎敌而上，以巨大的代价粉碎敌军的阴谋。进入新时代，国家安宁、人民幸福，但仍应坚守革命先辈忠于党、忠于国家、忠于人民、忠于信仰的优秀品质，并在坚守中自觉以这种品质时刻监督自身。坚定的政治担当可以使广大党员干部明确自己什么不能做、什么一定要做，增强我们党敢于直视征途中的风险与挑战、解决一切问题的决心与信心。

政治能力是一个政党得以延续和壮大的根本保证。“党员干部特别是领导干部要履行好责任，必须有很强的能力作支撑。在所有能力中，第一位的是政治能力。加强党的政治建设，关键是要提高各级各类组织和党员干部的政治能力”[4]。湘江战役的惨烈代价是党内“左”倾错误思想路线造成的，具体而言就是当时党内部分高级干部对革命形势认识不清楚，不善于具体问题具体分析，把马克思主义当作教条运用于军事战略中，不懂得把马克思主义基本原理同中国实际相结合，归根结底就是政治能力不强。进入新时代，我们踏上新征程，面临的新情况也与以前不同，这就要求党员干部加强理论学习，积极开展调研工作，提升政治能力、政治魄力、政治敏锐和政治素养，基于对基本国情和社会主要矛盾以及国家地位等基本认知，充分把握好机遇，同时还要随时应对好风险和挑战。广大党员干部应敢于与一切阻碍实现中华民族伟大复兴的错误思想错误行为作斗争，坚持群众路线，洞察一切危害国家和人民利益的政治风险，坚决维护好意识形态阵地。

（三）明确组织纪律，坚持统一领导

关于湘江战役前我党对于革命形势走向的判断，张闻天曾回忆道：“长征出发以后我和毛泽东、王稼祥住在一起，毛泽东同志开始解释中央红军在第五次反‘围剿’军事指挥错误，我和王稼祥开始接受毛泽东同志的意见，并且在政治局上开始反对李德和博古的斗争，直到遵义会议。”可见此时的张闻天、王稼祥以及其他领导人已经认识到了“左”倾给党内带来严重的危害。然而，博古、李德等人仍一意孤行，其所奉行的教条主义和“左”倾错误思想让我们党付出了惨痛的代价，给我们党的革命带来了严重的危害。进入新时代以来，政治建设作为党的建设内容被放到重要位置。明确了做到“两个维护”是加强党的政治建设的首要任务。其次是要在思想上与党中央保持高度一致，做到实事求是、解放思想，实现实践创新和理论创新的良性互动，强化党的理论创新，坚决与一切偏离实际、偏离组织的思想作斗争，纠正不正之风，促进党和国家事业顺利向前推进。最后是在实际工作中要坚决反对脱离群众、做损害党和国家以及人民群众利益的事，同时还要杜绝只做表面功夫的形式主义工作作风。

此外，坚持党的集中统一领导，是党和国家各项事业取得胜利的坚强保障。刘伯承在《回顾长征》一文中指出，第五次反“围剿”以来，红军几乎处于濒临灭绝的状态，与前几次的反“围剿”相比，“他们开始意识毛泽东正确思想路线”[5]。虽然这一时期，一些党员干部开始与李德、博古的错误思想路线有所分歧，但是在大部队转移过程中，仍然保持绝对听党指挥的原则，毫无保留执行党中央下达的各项命令，掩护中央红军西进，这种高度集中统一听党指挥的协同作战，使得红军在面对敌人猛烈追击的危险境地中仍能绝地求生，保护中央军主力强渡湘江。服从命令、听党指挥是我们人民军队的职责与纪律，也是我们党历经百年征程仍能焕发生机活力应对一切形势变化的坚强保证。

综上所述，湘江战役是国共双方投入兵力最多、持续时间最长、战斗最激烈、伤亡最大的第一大战，这段历史我们应该铭记于心，而“勇于胜利、勇于突破、勇于牺牲”的精神内涵也将在新时代的征程中发挥出其时代价值，激励着我们奔赴“第二个百年奋斗目标”，为实现中华民族伟大复兴持续奋斗！

参考文献

[1]湘江永远记得——习近平总书记到过的红色圣地之广西篇[EB/OL].(2021－05－19)[2022－10－15].http://cpc.people.com.cn/n1/2021/0519/c437534－32107995.html.

[2]张红，郑思颖.论湘江战役中长征精神的“人民情怀”[J].中共桂林市委党校学报，2022，22(02)：63－67.

[3]汤志华，吴晓云.湘江战役精神的立体透析[J].中学政治教学参考，2022(04)：76－79.

[4]不断提高党员干部的政治能力[EB/OL].(2019－03－27)[2022－10－15].http://theory.people.com.cn/n1/2019/0327/c40531－30997180.html.

[5]刘绍卫，覃月，周美华，等.湘江战役精神的时代内涵和时代价值[J].广西教育，2021(23)：40－43，62.

关于湘江战役的探讨

马宇鹏

摘　要:在1934年中央红军在长征初期发生了湘江战役,发动这一战役的根源在于当时掌握中央红军领导权的博古与李德等人采用了错误的战略方针,由于当时受到"左"倾思想的主动作战策略影响,在第五次反围剿失败的历史背景下,这场关乎党与中央红军前途命运的战役发生了。中央红军在这场战役中以8.6万人面对装备精良的20万国民党军队,最后红军经过这一战役锐减到3万人,人员伤亡与财产损失十分严重。在这次战役后,中共中央在遵义展开了会议讨论,深刻反省并吸收过往错误教训,纠正了教条主义的错误思想理念,同时也确立了毛泽东在党和中央红军中的领导地位。

关键词:湘江战役;长征;中央红军;胜利

引言

湘江战役是中央红军长征以来战斗最激烈、损失最惨重、战斗时间最长的战役。在这场战役中,中央红军强行渡过湘江,在实际的战斗过程中突破了国民党精心布置的第四道封锁线,粉碎了蒋介石想要将红军全部歼灭于湘江以东的作战计划,为当时中国革命保存了火种。本文以此为基础分析了湘江战役的背景,阐述了国民党与中央红军在湘江战役中的总体战略部署,说明了胜利渡江对今后发展前途的开辟作用,最后提出了推断湘江战役是否胜利的标准,希望能为湘江战役的探讨提供一些帮助。

一、背景分析

湘江战役是当时中央红军处于敌占区流动中没有任何后方支援的一次作战,其在历史发展的洪流中属于典型由于错误战略指导造成的失误,以至于中央红军被迫在多天同时迎战多方敌军,虽然最后中央红军与主力部队全部渡过湘江,但在实际的作战过程中造成了重大的人员损失[1]。当时的中央红军被迫殊死一搏的原因主要有以下三点。

(一)作战方针错误,被迫踏入长征路

蒋介石在1934年9月份集中五十万兵力,对中央红军的重要战略区发动致命的第五次围剿,当时的红军指挥官博古无视敌强我弱的整体兵力态势,在实际的作战过程中放弃毛泽东同志的游击战方针,施行强硬的冒险进攻战略方针,希望能以此战略将蒋介石的兵力抵挡在中央苏区以外,但就是这样的战略部署导致第五次反围剿失败。然后博古将中央红军的作战指挥权交给军事顾问李德同志,而这位李德同志没有结合中央红军以往擅长的作战经验与方式,生搬硬套外军作战方式,在实际的作战过程中命令兵力与火力都处于劣势的中央红军展开阵地

进攻战，这样的作战方针逐渐将部队内部的人员与物资逐渐消耗殆尽，并且造成了红军节节败退，损失十分严重。紧接着在1934年的9月下旬，蒋介石方军队兵分六路向中央苏区的核心地带发起猛烈攻势，而当时我军部队已经处于弹尽粮绝的绝境，第五次反围剿的失败已成定局。在当年10月中旬，中央军团总共五个分部全部将近九万人被迫展开战略性转移，也正是由此踏上了中国历史上著名的长征。

(二)战略转移指导失据，陷入重围

长征队伍从撤出当时的驻地，一直到当年的11月下旬渡过潇水，一共急行军大概1 700里，花了46天的时间，平均一天不足40里，这样的“急行军”速度实在过慢，在后来的25 000里长征中平均每天都能够走到80里地，为什么这一段距离内的行军速度不到平均速度的一半？其根本原因在于当时的指挥官博古的战略转移方向错误，将战略转移当成搬走全部家当，这种“大搬家”的战略转移思想成为拖慢行军节奏的根本原因，造成部队的移动速度十分缓慢，给国民党军队的追击留下了充分的时间，并且给其充足的时间调动各方军队围追堵截，导致中央红军身陷重围。

(三)躲避作战，助长敌方追剿攻势

蒋介石在派出六路追剿大军对中央红军腹地发起猛烈攻击的同时，其已经发现了中央红军可能会向赣西南方向发起突围攻势，与此同时蒋介石命令国民党军队在赣西南与湘南方向构筑了三道封锁线，其守备军队也十分充足。但在实际的作战过程中不如蒋介石所望，因为湘军与粤军其本身的主力军队已经投入正面战场中，在实际的防守与封锁作战中无法抽调出很多的军队展开部署，再加之其无法预料到中央红军会如此迅速且坚决地突围，故此在封锁本不严密的情况下，中央红军展开的后续突围行动十分顺利[2]。一直到11月25日，在全体红军都渡过了潇水并进入都庞岭东麓时，由于当时军队指挥官李德的教条指挥，认为在战略转移过程中不适宜与敌军展开作战纠缠，认为在实际的转移过程中需要避战，拒绝必要的作战，这样的战略方针只会助长敌方追剿攻势，在漫漫长征过程中为国民党部队追击中央红军埋下伏笔，也是后来红军陷入国民党部队重兵围追堵截境地的原因之一。

二、国民党湘江战役的总体战略部署

在1934年10月底，蒋介石才真正意识到中央红军实施战略转移突围的真正想法，其在意识到该问题的第一时间就调动重兵展开围追堵截，尤其是在中央红军突破第一道防线之后，其任命湖南国民党军队首领何健为作战总指挥官，在实际的作战过程中统一指挥湘军与中央军各部，希望能以此为基础在湘江以南的地区将中央红军全部歼灭。但蒋介石在内心深处并不认为这个部队真能在湘江以南全部歼灭中央红军，所以其之后便又下达命令，汇集湘军、桂军与黔军在湘水西部地区，协助之前的部队阻挡中央红军进入贵州或者湘西地区，希望能以此作战方针阻挡住红二与红五军团之间的会合。与此同时，广西国民党军队的首领白崇禧自从得知中央红军已经进入湘江以南的地区，希望在作战过程中不与红军展开其擅长的游击战，转而将更多的军队全部集结到恭城战略机动单位上，这种作战方针本来是有利于中央红军展开战略转移，但由于红军的行军速度过于迟缓，一直到11月20日前后，以薛岳与周浑元为代表的国民党中央军已经追到了衡阳地区，并且与此同时湘军也全部就位[3]。此时，白崇禧看到中央红军的行军速度如此缓慢，便猜测到红军在移动过程中携带太多物件，立刻下令让处在北线的何健军队由零陵南部向中央红军发起截击战，将中央红军拦截在湘江以东地区，并且命令之前收缩在恭城地区的部队协助北线部队展开作战。这样一来，南北两线总共25万国民党军队全部集结完毕，完成了依靠湘江为中心的第四道封锁线。

三、中央红军湘江战役的总体战略部署

在11月23日，中央红军情报部门截获并破译了何健的湘江战役战略部署，并且在当日就将情报通报全体作战部门，该情报在实际的作战过程中给中央红军提供了有利战略部署前提要件，为后面中央红军以少胜多顺利渡江打下了重要基础。博古与李德等人在25日收到上述情报之后才真正意识到问题的严重性，收回了以往错误的战略部署并与其他指挥官展开深入探讨，最后以当时军委主席朱德的名义立即下达具体作战命令："红一军团主力与红三、八军团作为先头进攻部队展开主动进攻，红五、九军团与红一军团第一师作为中间的转轴掩护部队。"这样的作战方针主要目的是，在率先得知敌方部队动向之后，面对即将围追堵截的敌方军队，及时抢渡湘江进入越城岭。并命令红三军团部分部队进驻新圩并且构建出朝向灌阳的防御工事，红五军团部分军队在雷口关与蒋家岭地区展开防御阵地的构筑，红一军团部分军全力赶往全州方向，以此为基础保障全州以南到咸水地段的渡江点全都处在红军的控制之下。与此同时，中共中央及红军总政治部一同发布了进行湘江战役的政治动员令，至此，中央红军在湘江战役的总体战略部署完成。

四、胜利渡江开辟了今后的发展前途

在1934年12月1日，红一、三军团收到明确指令："这场战斗关系到我军所有野战部队的生存与否，如果战役胜利完成西进，则能够开辟出日后的发展前途，若我军部队败退，则会被国民党军队层层切断。"由此可以看出湘江战役对于中央红军的重要性，若在这场战役中战败，中共中央各部则会遭受致命性打击。在这场战役正式打响前，中央红军部队分别派人进入各个连队展开战前鼓动，要求所有作战人员真正意识到这场战役的重要性与对中央红军未来发展的意义所在，在实际的战前鼓动中这样说道："这场战役的胜利与否关乎我军的全局发展，每一个人都要不顾一切全力以赴，坚决克服当前的疲惫状态，以更加坚定的信心发起突击作战，执行进攻与消灭敌人的任务，开辟出西进的道路是我军未来的发展方向"[4]。在战斗打响后的真实情况是，除了红三军团中的一个团及红五军团的第三十四师被国民党军队切断之外，其他红军各部全体完成渡江。到此为止，历时九天的湘江战役画上了句号，中央红军顺利完成了渡过湘江的任务，成功开辟出了今后的发展前途。不仅如此，事实也验证了该说法的正确与有效性，在完成西进之后红军从翻越老山界到黎平会议、遵义会议，推翻了党内错误路线且树立了正确且有效的战略规划，明确了毛泽东同志的党内领导地位，一直到长征胜利，这些事件无不一一验证了这场战役胜利的重要性与重大意义。

五、红军以少胜多确保中央与军委顺利过江

中央红军在根据地出发准备开展长征时，中央红军总兵力大约在8万余人，但是在渡过湘江之后，中央红军与中央机关人员的总数量锐减到3万余人，尤其是突破第四道封锁线的过程中，中央红军各部的伤亡十分惨重，也是长征以来最紧张激烈的一场战斗。现在看来，虽然广

大的红军指挥员都在英勇奋战，但是由于当时“左”倾领导者博古与李德等人的错误指挥，在实际的作战过程中中央红军付出了惨重的人员伤亡代价，由 8 万余人锐减到 3 万余人，其中最主要的人员伤亡来源就在于湘江战役。从长征开始到 11 月 25 日中央发出突破湘江的作战命令时，因为是大搬家式的迁移，此时中央红军的总体人数大约在 6.4 万余人左右，各个军团内部也存在许多非战斗人员保障后勤，因此，当时中央红军的全体战斗人员数量应该最多有 4.5 万人左右。以 4 万多人的战斗兵力进入蒋介石精心设计的口袋阵中，应对国民党三十万装备精良的重军部队，并且在实际的作战过程中面对人数众多国民党军队的围追堵截、前后夹击等，最后以两万人的战斗人员损失确保了中央及军委安全渡过湘江，这样的胜利从现在来看是意义巨大的，这样以少胜多且完成渡江的胜利全面激发了党与红军对未来自身发展的信心。国民党军队当时具体伤亡人数直到现在也没有一个具体的数字，但从当时国民党的一些报道来看，其伤亡也十分惨重。在敌我力量如此悬殊的险恶战斗状况下，中央红军各军团战斗人员上下一心、服从命令、不怕牺牲、敢打敢拼，在实际的作战过程中严格按照党正确的战略部署与作战方针，以少胜多并完成了渡过湘江的战斗目标。

六、推断湘江战役是否胜利的标准

在 1935 年的 12 月下旬，毛泽东同志写过一篇文章《论反对日本帝国主义的策略》，其中有一段关于长征与湘江战役胜败的论述：“若我们将整个局面中的一个方面来看，敌人得到了暂时的部分胜利，我军遭遇了部分的失败。我认为这种说法是对的，因为这是事实。但有人说中央红军失败了，我认为这话不对，因为这不是事实。”[5]不仅如此，其中还有一句话：“红军在保持原有阵地的方面来说是失败了，但在完成长征计划方面是胜利的，国民党军队在占领红军原有阵地方面是胜利的，但是在围剿与追击方面是失败的。”这样的说法才是最恰当的，因为中央红军在当时确实赢得了湘江战役的胜利，顺利完成了长征计划。按照毛泽东同志有关长征与湘江战役的论证方法，可以得出这样的结论：从战役结束之后的军事管理方面来说，湘江战役又一次实实在在地证明了“左”倾冒险主义军事路线完全不适应红军的作战风格，也是完全错误的军事路线，这是一个失败的军事管理。从湘江战役的目的与意义方面来说，中央红军的全部主力部队都已经突破了国民党的第四道封锁线，并且中央与军委指挥机关全部都渡过了湘江，这便是最大的胜利。判定一件事对与错、胜利与失败等，每一个人都有自己的标准，但对于湘江战役来说，毛泽东同志的判断标准十分理性且正确。

结束语

综上所述，在湘江战役的战斗过程中，虽然红军受到了巨大的人员伤亡，但是该战役最终打破了蒋介石企图歼灭红军于湘江以东的美梦，为党与红军未来的发展打下了坚实的基础。不仅如此，湘江战役记录了中国共产党与人民军队昨日的苦难与光辉，为我们后人弘扬艰苦奋斗与吃苦耐劳等优秀中华传统精神树立了榜样，不断激励着中华民族走向今天的崛起与复兴。湘江战役传承着先辈与先烈们对敌人血战到底视死如归的英雄气概，为我们后人树立了忠诚于党宁死不屈的抗争精神，为实现中华民族伟大复兴的中国梦做出了重要贡献。

参考文献

[1]广西区党委宣传部.红军长征过广西纪实[G].南宁:广西人民出版社,2020.

[2]李世明,田修思.生死的较量——长征战役战斗[M].北京:国防大学出版社,2020.

[3]黄启汉.红军长征过广西[J].广西壮族自治区委员会文史资料研究委员会.广西文史资料选辑,1962(12):135-136.

[4]李海文.中国工农红军长征亲历记[M].成都:四川人民出版社,2020.

[5]毛泽东选集(第一卷)[C].北京:人民出版社,1991.

湘江战役:中国革命道路转折之战

云　芸

摘　要:本文回顾了湘江战役发生的背景及经过,阐述了湘江战役对通道会议、黎平会议、猴场会议乃至遵义会议召开、党和红军命运大转折的影响,以及湘江战役精神的时代内涵与价值。

关键词:湘江战役精神;革命道路;历史意义;时代内涵

中国革命道路的选择中极其重要的一笔非湘江战役莫属。中央红军以一当百奋勇搏杀,以顽强的毅力和大无畏的牺牲精神,冲破国民党蒋介石设下的第四道封锁线,将红军歼灭于湘江以东的阴谋被彻底粉碎。此次战役面对王明的"左"倾教条主义错误,毛泽东坚持把马克思列宁主义普遍原理同中国革命具体实践相结合,不仅扭转了溃败的局势,更是为中央红军胜利过广西,为通道转兵、黎平会议、猴场会议和遵义会议做了积极准备。

一、回望湘江战役

1934年9月上旬,国民党当局持续发动进攻,加紧对中央革命根据地腹地的围剿。受到"左"倾教条主义的影响,中央红军伤亡惨重。1934年10月,中央红军不得不实施战略转移,开始长征。国民党布置了四道封锁线对红军围追堵截,动用16个师、77个团进行"追剿"。在突破敌人三道封锁线后,中央红军于同年11月下旬进入广西湘江地段,国民党当局于此设立了第四道封锁线,企图以30万大军将红军歼灭于湘江以东。面对数倍于己的敌人,中央红军保持崇高的革命理想——勇于胜利、勇于突破、勇于牺牲,艰难地突围出一条血路,彻底打破国民党军试图全歼中央红军的幻想。

(一)战役背景

1934年11月中旬,中央红军冲破第三道封锁线后,从湖南南部出发往广西北部。时任中共中央和中央革命军事委员会委员博古受军事顾问李德的影响,采取消极避战的策略,将中央红军分两路前进,再到湘西与红二、红六军团会合。其中左路红九军团24日袭占江华,右路红一军团第二师22日攻占道县,然后于道县至江华间渡沱水,而红八、红九军团则西出永明。

11月18日中央红军前锋部队在广西贺县白芒营、恭城龙虎与桂军相遇,展开战斗。11月20日,红九军团抵达江华周边地区;次日,对江华县城发动总攻并取得胜利,同时进击龙虎关。

基金项目:中共全州县委宣传部2021年度"挖掘红色资源 用好红色资源"系列委托课题——"湘江战役"对遵义会议召开、党和红军命运大转折的作用、地位、影响和意义研究(项目编号:2021QZXC001)。

随后，红五、红八和红九军团于江华、永明汇合，剑指富川、贺县、恭城三处，为冲破封锁线做准备。

蒋介石任命何键为“追剿”军总司令，派出16个师共77个团分5路“剿杀”，要求其务必将中央红军歼灭于湘江以东地区；同时派出近30万总兵力，于兴安、全州、灌阳等地令桂军5个师阻击红军，于粤湘桂边，令粤军4个师北进力阻红军南下；于湘黔边，令贵州省“剿共”总指挥王家烈强力堵截红军。如果各路“追剿军”严格按照蒋介石的命令开展“追剿”行动，那么红军强行渡过湘江的希望将彻底破灭。但是，国民党蒋、桂、湘军阀间天然存在着不可忽视的矛盾。蒋介石欲在“追剿”中央红军的同时，借机削弱各省军阀的实力，伺机吞并其地盘，达到多重目的。当时，国民党中央军薛岳、周浑元部为保存实力，远远跟在中央红军的侧后方，企图渔翁得利。然而，多重目的的复杂性也让蒋介石的如意算盘打起来并不容易。各路军阀也早已识破蒋介石的用意，他们对蒋介石的忌惮和防备不亚于红军，只要红军不深入其统治区腹地，他们也不愿与红军力战损耗自身实力。如桂军副总司令白崇禧就制定了“不拦头、不斩腰、只击尾”的策略，以红军进攻贺县、富川为借口，令其主力南移至龙虎关、恭城一线，而全州、兴安一带敌人兵力相对薄弱。而本应南下接防的湘军不断拖延，真正进入全州县城已延至11月27日，随后停止南下。一共花费了9日，直至12月1日湘桂军才汇合并占领所有湘江渡口。

于生死存亡之际，中革军委于11月25日下令将中央红军分4路纵队，加快从全州、兴安间渡湘江的步伐，全力从国民党军第四道封锁线突围，冲出至西延地区。当天，桂军的阻击被红一、红三军团打破，两红军团顺利进入桂北。11月27日，红一、红三军团听从指挥在桂北湘江两岸的新圩、脚山铺、光华铺等地区驻防，阻击国民党军的同时，保证中央、军委纵队及后续军团渡江；红二、红四师各一部率先渡江，占领了脚山铺至界首间的渡口。但由于中央和军委纵队辎重过多，导致速度缓慢，赶到渡口已错过抢渡湘江的最佳时机。

（二）战役经过

11月28日，国民党当局一声令下，湘军开始向坚守渡口的红军发起猛攻。同时，桂军回身侧击，中央军则发动后方攻击。红一、三军团为保渡河点不失手，在敌猛烈炮火和飞机轰炸下奋勇血战。11月29日，红一军团第二师五团为坚守阵地，与湘军展开肉搏战，但最终未能取胜。随后四团也被湘军分三路包围，只能一边抵御一边撤退。大战两天两夜，红一军团伤亡惨重。面对如此损失惨重的局面，李德仍不知变通，依旧以通道掩护战为主。且军团因负重过多，行军过江的速度一直很慢，除了鼓动红军官兵死守硬拼别无他法。虽然战事胶着，但广大红军官兵视死如归，拼死突围，才使大部队未被拦腰斩断。

直至11月30日深夜，中央纵队红一军团第十五师、红三军团第六师以及红五、红八、红九军团困于战事仍未渡江，仅有四个师成功到达湘江西岸。次日，国民党当局誓要重新控制湘江各大渡口，开始发动总攻。战况日趋白热化，脚山铺、新圩、光华铺到处炮火横飞，哀鸿遍野。约到午时，军委纵队艰难地从界首渡江。下午3时，桂军展开全力追击，红军只能斩断后路炸毁过江之桥，别无他法。未渡江的军团只能另寻渡口，从下游凤凰嘴渡口过江。经过五昼夜的奋战，直到12月1日傍晚，中共中央机关和红军主力才最终渡过了湘江，并进入西延地区。但在国民党军队前后夹击下，红三军团第六师第十八团和红五军团第三十四师未能顺利渡江，其余6个师虽渡过湘江但损失重大。剩余未能过江的部队更为惨烈，在后续的战斗中基本全军覆没。至此，湘江战役以红军付出惨痛的代价而落幕，部队指战员和中央机关人员由长征出发时的 8 万多人锐减至 3 万余人。

二、湘江战役前后红军长征路线的调整

(一)第五次反“围剿”失败后的战略转移路线

中央苏区在第五次反“围剿”失败后，面临被敌军侵占的极大压力，形势险恶，中央根据地只剩下瑞金、会昌、兴国、宁都等地区。为避免陷入敌人的重重包围，1934 年 10 月，中央红军从瑞金出发，战略转移拉开序幕。最初，中央红军计划向湘西进军，与红二、红六军团会师并在湘西创建新根据地。然而，蒋介石猜透红军的转移意图，并下令集中兵力再次对红军开展“围剿”。面对这一敌情，当时的党中央主要负责人博古和共产国际军事顾问李德依旧坚持执行王明的“左”倾教条主义路线，没有针对性地调整行军路线和战略方针应对敌军的部署，而是指挥中央红军拖着从根据地带出来的大量辎重钻入敌人重兵布防的“口袋”，以至于不得不与敌人硬拼硬闯，造成了中央红军的巨大损失。中央红军突破蒋介石的第三道封锁线后，博古、李德拒绝了毛泽东关于从湘南北上进军湘中的建议，固执地坚持执行西进战略：从桂北渡过湘江向湘西进军，与红二、六军团会师。经历了惨烈的湘江战役后，中央红军从长征出发时的约 8.6 万人锐减至约 3.7 万人。巨大的损失让军中开始有了一些不同意见，大家对到湘西与红二、红六军团会师的原定计划有所动摇。

(二)通道会议对行军路线的初步调整

1934 年 12 月 11 日，中央红军行军至湖南通道县城。次日，中革军委召开紧急会议讨论下一步进军路线。此时，博古、李德仍然坚持北上湘西与红二、红六军团会师开辟新根据地的计划。毛泽东则认为，红军北上湘西将面临敌人的重兵围堵，应改向敌人力量薄弱的贵州西进。会上，大多数人赞同毛泽东的意见，会议通过了向西进军贵州的主张。通道会议决定，向西进军贵州进占黎平，再沿黎平锦屏北上湘西与红二、红六军团会合。虽然通道会议改变了博古、李德原定从通道北上的行军路线，但在战略上仍然坚持寻机北上湘西与红二、红六军团会师。尽管如此，通道会议对行军路线的暂时调整，让中央红军避免了陷入敌人重重围追堵截的巨大危机，同时为黎平会议的召开，调整战略方针埋下了伏笔。

(三)黎平会议推动战略方针的调整

1934 年 12 月 15 日，中央红军到达贵州黎平进行休整。12 月 17 日，中共中央政治局在黎平召开会议研究下一步的战略方针问题。在黎平会议上，博古、李德仍主张继续坚持北上，与红二、红六军团共同建立根据地。毛泽东则指出国民党军已在湘西重兵设防，北上不利于红军，同时提出中央红军转移至敌人防备力量薄弱的遵义地区开辟新根据地的建议。会议最后接受毛泽东的建议，并通过了《中央政治局关于战略方针之决定》。该决定指出：“鉴于目前所形成之情况，政治局认为过去在湘西创立新的苏维埃根据地的决定在目前已经是不可能的，并且是不适宜的。”“政治局认为，新的根据地应该是川黔边区地区。在最初应以遵义为中心之地区，在不利的条件下，应该转移至遵义西北地区。”“我们必须用全力争取实现自己的战略决定”。[1]黎平会议以中央正式决定的形式，肯定了毛泽东同志正确的军事方针，否定了博古、李德“左”倾主义军事路线，明确了中央红军的进军方向，作出了中央红军长征初期的首次重大战略调整。随着战略目标的确立，毛泽东正确的军事路线重新被采用，博古、李德“左”倾主义领导人对红军的最高领导权和军事指挥权开始被削弱，党根据中国的实情在解决中国战略方针

上迈出了具有重要意义的一步。[2]

(四)遵义会议成为长征途中最大的转折点

1934年12月31日,中央红军来到瓮安县猴场镇,准备按照黎平会议确定的战略方针渡过乌江向贵州北部进军。但博古、李德仍然坚持与红二、红六军团会师的主张,提出先在乌江南岸开辟临时根据地,再寻机东进与红二、红六军团会合。博古、李德的主张遭到许多中央领导和中央红军将领的反对。1935年1月1日,中共中央政治局在猴场镇召开会议并通过了《中央政治局关于渡过乌江后的行动方针的决定》,明确了中央红军应以遵义为中心在黔北建立新的根据地,然后向川南发展的战略方针。此外,猴场会议还作出了对李德、博古限权的决定,要求军委在军事决策方面必须向中央政治局会议报告。1月6日,中央红军迅速渡过乌江向贵州北部进军,进占遵义。猴场会议强化了党对军事工作的领导,限制了李德等人的军事实质指挥权,为遵义会议的召开作了重要准备。党中央的组织领导和红军的军事指挥问题在遵义会议后终于得到彻底解决,毛泽东在遵义会议之后再次进入核心领导班子,成为红军长征的实际指挥者,指挥中央红军打出了四渡赤水、巧渡金沙江、强渡大渡河等经典战例,彻底摆脱了长征初期红军的被动局面。

三、湘江战役在中国革命发展历程中的历史意义

湘江战役发生于中国革命生死存亡的关键时刻,也是红军长征的首个重要转折点。红军在湘江战役中付出了巨大牺牲,异常惨烈的胜利也赋予了这场战役非同寻常的历史意义。

(一)保留了革命火种,淬炼了革命队伍

中央红军经过艰苦卓绝的战斗渡过湘江,粉碎了国民党将红军"围歼"于湘江东岸的阴谋。湘江一役,中央红军在付出了重大伤亡的代价后,终于冲出了敌人的包围圈,在岌岌可危的情况下挽救了革命队伍,为中国革命的发展保留了"星星之火"。同时,湘江战役的残酷也让革命队伍经历了非凡的革命淬炼,在烈火和鲜血中锤炼了崇高的革命信仰和坚定的理想信念,为革命队伍注入了坚强的革命意志和顽强的战斗精神。经历了湘江战役的浴火重生后,在未来的革命道路上再也没有什么困难可以压倒这支光荣伟大的队伍。在后来的长征途中,乃至抗日战争、解放战争、抗美援朝战争历史时期,在湘江战役中铸就的革命精神赋予了这支队伍无与伦比的力量,成就了一个又一个伟大的胜利。在湘江战役中保留下来的革命火种,最终在华夏大地上席卷出磅礴的燎原之势,彻底扭转了几千年来国家和民族的前途命运,为中华儿女开辟了一个崭新的时代。

(二)打破了"左"倾错误军事路线的束缚,为后续的战略方针调整提供了客观依据

湘江一役,给予中央红军几乎毁灭性的打击,对于本可避免而没能避免的这场劫难,博古、李德脱离红军实际的指挥作风负有不可推卸的主要责任[3]。虽然红军最终取得了战略上的胜利,但并不能掩盖红军遭受的巨大损失,更不能掩盖博古、李德在军事指挥上的一系列错误决策。湘江战役的巨大牺牲,对广大指战员的触动是巨大的,促进了广大指战员对"左"倾错误军事路线的深刻认识和反思。湘江战役在客观上促成了遵义会议对第五次反"围剿"以来的军事失利进行全面深入的讨论研究,对错误的战略方针进行纠偏,党中央通过组织领导和战略方针的调整,打破了"左"倾错误军事路线的束缚,为中央红军摆脱长征初期的被动局面奠定了坚实的基础。遵义会议后,毛泽东指挥中央红军在国民党的重兵围追堵截中辗转腾挪,在战略上扬

长避短、因势利导,在战术上灵活多变、出其不意,在十分艰难的困境中夺取了长征的最终胜利,开辟了中国革命的新局面和新篇章。

(三)开启了党内对军事路线乃至革命路线的反思,推动中国革命逐步走向独立自主的道路

中国共产党成立之初就与共产国际有着很深的渊源。建党之初,由于组织力量比较弱小,为了从共产国际获取经济援助维持组织运转,中国共产党作为共产国际的一个支部开展革命活动。当时,中国共产党从组织人事到路线方针都深受共产国际的影响。博古、李德等人正是在共产国际的支持下,取得了党组织的领导权和红军指挥权。湘江战役的惨痛教训打破了广大红军指战员对共产国际、对苏联经验的迷信和盲从,广大干部和指战员开始认识到,革命路线和军事战略如果不能适应中国的实际情况,只是生搬硬套外国经验是行不通的,是要付出惨痛代价的。此外,由于在湘江战役中丢失了大功率电台,中共中央直至到达陕北之前都被迫中断了与共产国际的联系,这一情况也从客观上增强了中共中央在革命事业和军事斗争中的自主性。随着遵义会议之后中国共产党在新的领导集体带领下不断开创中国革命的新局面,中国共产党也逐步成长为一个更加成熟、更强有力的革命组织,最终带领着广大革命志士和中国人民走出了一条独立自主的革命道路。

四、湘江战役精神的时代内涵

"红军不怕远征难,万水千山只等闲。五岭逶迤腾细浪,乌蒙磅礴走泥丸。金沙水拍云崖暖,大渡桥横铁索寒。更喜岷山千里雪,三军过后尽开颜。"毛泽东的这首《七律·长征》,展现了红军战士英勇无畏、共产党人意志坚定、中华民族百折不挠的伟大精神,也指引着新时代的共产党人回望历史、不忘初心、奋斗终生。2021 年 4 月 25 日,习近平总书记赴广西考察,第一站就是当年湘江战役脚山铺阻击战的战场遗址——桂林市全州县,八十多年后,这里矗立起了红军长征湘江战役纪念园。战争的硝烟早已散去,而湘江战役精神却不曾消逝,并将继续引领着我们走向中华民族的复兴之路。

(一)是传承革命先辈崇高理想和坚定信念的精神源泉

新时代,全面建设社会主义现代化国家,实现中华民族伟大复兴,是每一个中华儿女特别是广大青少年义不容辞的责任和使命。广大青少年是国家和民族的希望,他们正处于塑造灵魂、磨砺精神的关键人生阶段,特别需要在理想信念方面给予正确的价值熏陶。湘江战役精神蕴含着革命先辈的崇高理想和坚定信念,是激励和教育广大青少年的宝贵精神财富。正所谓事实胜于雄辩,革命先辈们在湘江战役中写就的一个个生动、鲜活、壮烈的英雄事迹,无疑对广大青少年具有摄人心魄的精神感召力,对于广大青少年树立正确的人生观、价值观、世界观具有强大的导向作用。在湘江战役中,面对强敌围堵之际,革命先辈们凭借浩然正气的革命气概、不怕牺牲的奉献精神、不畏艰险的顽强斗志,拯救革命队伍和革命事业于水火之中,为国家和民族保存了走向新生的希望,也必将激励新时代的广大青少年把崇高理想和坚定信念继续传承下去,成为实现中华民族伟大复兴的强大精神动力。

(二)是促进中华儿女坚定"四个自信"的精神源泉

湘江战役是一场悲壮残酷的生死之战,"敌人四面八方兵力足够有三十至四十万。空中来来去去的飞机还不停止地助威。"据红五军团第十三师政委李雪山回忆,红军"每天打掩护,走夜路,急行军,受风寒,饿肚皮,加上天空敌机的轰炸,地下敌人四面八方的攻击、迂回包围,处境是非常艰苦的"[4]。在革命事业的低谷之际，面临着敌强我弱的极端困境，如果广大红军指战员的革命意志有丝毫的动摇，就绝无可能在这场生死之战中突出重围走向新生。正是因为怀着对马克思主义、共产主义的坚定信仰，怀着对革命道路的坚定信心，怀着创造新制度新社会的坚定信念和执着追求，广大红军指战员才能在这场生死之战中迸发出强大的精神力量，哪怕献出生命也要誓死捍卫心中的理想之光，革命先辈在湘江战役中以坚定的理想信念书写了可歌可泣的英雄史诗。党的十一届三中全会后，中国进入了改革开放和社会主义现代化建设新时期，经过四十多年来的高速发展，中国特色社会主义现代化建设取得了举世瞩目的成就，在体制机制和物质条件方面为实现中华民族伟大复兴打下了坚实基础。站在新的历史条件下回望历史，从湘江战役的革命事业危难之际到新时代中国特色社会主义事业的蓬勃发展，必将引导广大中华儿女深刻认识建党百年来的历史传承脉络，为促进广大中华儿女坚定"四个自信"提供精神源泉。

（三）是强化广大党员干部忠诚担当的精神源泉

当前，世界百年未有之大变局在新冠肺炎疫情、俄乌冲突等事件的影响下加速演进，我们面临的发展环境更加错综复杂，实现中华民族伟大复兴的道路绝非一片坦途。习近平总书记反复强调，中华民族伟大复兴绝不是轻轻松松、敲锣打鼓就能实现的，我们面临着许多可以预料和难以预料的风险挑战。广大党员干部如何面对复兴之路上的风险挑战？从湘江战役精神中，我们可以寻找到答案。在面对党内分裂斗争和"左"倾思想错误行径干扰、遭受敌人重重"围剿"等考验下，红军之所以能够突破敌人设置的封锁线，顺利过江，靠的是对党的绝对忠诚，靠的是对共产主义事业无比的坚贞。[5]红军将士无论在多么困难的时刻，依然把中国革命的历史重担扛在肩上，矢志不渝为人民创造新世界新生活，哪怕付出再大的牺牲也义无反顾、勇往直前。红军将士在湘江战役中所展现的忠诚担当，不仅是中国革命事业取得来之不易胜利的坚实保障，更是在新时代实现中华民族伟大复兴的精神力量。新时代的广大党员干部应从革命先辈对信仰、对党和人民的事业的绝对忠诚中汲取精神力量，不断强化忠诚担当精神，肩负起在改革发展道路上克难攻坚、砥砺奋进的光荣使命。时代的车轮滚滚向前、不进则退，无论世界风云如何变幻，无论漫漫前程面临怎样的风险挑战，广大党员干部必须深刻把握"两个确立"的非凡意义，不断增强坚决做到"两个维护"的思想自觉、政治自觉、行动自觉，以毫无保留的忠诚担当为中国特色社会主义事业接续奋斗，在实现中华民族伟大复兴的道路上披荆斩棘、砥砺前行，直至抵达胜利的彼岸。

参考文献

[1]中共中央文件选集：第十册[M]. 北京：中共中央党校出版社，1991：445－446.

[2]杨生凤. 中央红军长征初期组织路线和军事路线调整研究[D]. 重庆：西南大学，2012.

[3]曹宽，李守超. 湘江战役的历史回顾与思考[J]. 党史博览，2017(05)：53－56.

[4]张红，郑思颖. 湘江战役与长征精神的铸就[J]. 当代广西，2021(11)：35－36.

[5]刘绍卫，覃月，周美华，等. 湘江战役精神的时代内涵和时代价值[J]. 广西教育，2021(23)：40－43＋62.

湘江战役中宣传工作的基本策略和现实启示

——基于中央红军纵队干部休养连白竹山村驻地革命宣传

黄　琳

摘　要：湘江战役是我党在长征时期发生的一场关键战役。面对数倍于己的敌人和恶劣的作战环境，中国共产党和红军充分发挥宣传工作的作用。不仅为战役奠定了良好的群众基础，还激励了红军提升了战斗力。是红军渡过湘江，突破国民党反动派第四道封锁线的重要保障。本文通过分析介绍党和红军宣传工作的策略，为新时代宣传工作提供现实启示。

关键词：湘江战役；白竹山村；中央干部休养连；宣传工作

湘江战役是在湘江上游流域发生的一场关系中央红军生死存亡的一战，也是中央红军离开苏区后最悲壮的一战。中央红军与国民党反动派苦战五昼夜，以极其惨重的代价，突破国民党反动派精心布置的第四道封锁线，为中央红军打通了一条生命通道。在此期间，虽然面对敌人的围堵、作战物质稀缺和战斗环境恶劣，广大红军仍能不怕困难，一往无前。其中红军的宣传工作起着重要作用。中国共产党历来重视宣传工作。早在 1929 年 12 月，古田会议通过的《中国共产党红军第四军第九次代表大会决议案》就规定："红军宣传工作的任务，就是扩大政治影响争取广大群众、武装群众、建立政权、消灭反动势力、促进革命高潮等红军的总任务，所以红军的宣传工作是红军第一个重大工作。"[1]这说明中国共产党早已意识到宣传工作既能激励红军提升战斗力，还能团结各民族群众的力量，为红军战胜敌人提供了力量源泉和政治保障。

一、湘江战役中宣传工作的战斗背景

宣传工作都是在特定的历史环境下进行的。宣传工作要围绕形势大局，解决实际问题。否则，宣传工作就成了无根之木，毫无意义。要研究湘江战役的宣传工作，就要先分析湘江战役的战斗背景。具体来说，湘江战役的战斗背景有：

(一)敌强我弱

1934 年 11 月，在突破国民党反动派的第三道封锁线后，中央红军从湖南向广西北部进军。蒋介石不甘心失败，为歼灭红军，他又精心设计了第四道封锁线。并"命令追剿军总司令何键指挥的西路军和薛岳、周浑元两部共 16 个师进行追剿；命令粤军陈济棠部进入粤、湘、桂边进行截击；命令桂军白崇禧以 5 个师控制灌阳、兴安、全州至黄沙河一线，进行堵截。五路

基金项目：中共全州县委宣传部 2021 年度"挖掘红色资源，用好红色资源"系列委托课题——湘江战役中央红军纵队干部休养连白竹山村驻地革命宣传红色文物史料考证研究（项目编号：2021QZXC006）。

大军总兵力近 30 万,前堵后追,在湘江东岸地域部署了一个巨大的包围圈,企图凭借优势兵力和精良装备,再加上湘江天堑,一举全歼红军。”[2] 而此时的红军实际作战人数仅有 5 万左右,武器设备也相对落后。

(二)战略失误

湘江战役前,中央红军已通过多种途径得知蒋介石企图围截红军于湘江的阴谋和其军事部署。为此,中央红军进入通县后,毛泽东和彭德怀等不少同志都在红军行军路线和作战方针上提出过正确意见,但这些正确的建议均被当时的中共中央和中央革命军事委员会领导人博古和共产国际派来的军事顾问李德压了下去。致使红军来到了被国民党反动派严密封锁的湘江边。

此外,桂军白崇禧一方面害怕红军攻取桂林,另一方面害怕蒋介石乘机将中央军布置到广西,便令桂军主力南移至龙虎关、恭城一带,致使广西的全州、兴安防御力量薄弱。然而,此时李德和博古“没有及时重视和充分利用这一信息,直到 11 月 25 日下午,中革军委才正式下达从湘南进军桂东北湘江的作战命令,指示红军各部分四路纵队从兴安、全州之间多个地段强渡湘江”[2]。

(三)国民党反动派的污蔑宣传

广西桂北地区是湘江战役的发生地,这里既是少数民族地区,也是红军宣传较为薄弱的地区。从井冈山红军时期起,以蒋介石为首的国民党反动派就在国统区不遗余力妖魔化中国共产党和红军。毛泽东曾在一篇文章里这样讲道:“共产党是一个穷党,又是被国民党广泛地无孔不入地宣传为杀人放火,奸淫掳掠,不要历史,不要文化,不要祖国,不孝父母,不敬师长,不讲道理,共产共妻,人海战术,总之是一群青面獠牙,十恶不赦的人。”

在湘江战役前,桂系的李宗仁、白崇禧就派人挨村挨户地对共产党和红军进行污蔑宣传,并要求村民在红军到来之前将家中财物带走。当时由于桂北的老百姓对中国共产党和红军十分不了解,害怕中国共产党和红军会迫害他们,于是纷纷跑到山上躲了起来。当时,广西桂林全州县白竹山村的村民就带着能携带的财物,躲在山顶石寨里面。

二、从白竹山村考察中看红军具体的宣传工作

广西桂林市全州县白竹山村地处三河镇和凤凰镇的交界处,三面环山。湘江战役时期,整个村只有十来户人家。村后,有一条“全州大道”直通石塘圩和全州县城。1934 年 11 月 28 日凌晨,中央红军干部休养连经过“全州大道” 静悄悄地来到白竹山村。整个连队由“一些德高望重、身体有病、行动不便的党政军高级领导干部编成,并安排有警卫排、担架排、饲养排和医护室负责照料,护送他(她)们”[3]。中央红军干部休养连在白竹山村一直待到 29 日晚上。通过考察中央红军干部休养连留在白竹山村的遗迹,结合文字材料,发现湘江战役中红军宣传工作具有以下特点:

(一)宣传工作与斗争紧密结合,做到有的放矢

战时宣传工作的任务是实现对外瓦解敌人,宣传战斗目的,同时激励战士的战斗精神,使战士坚定必胜信念。面对当时桂北地区复杂且恶劣的战斗环境,面对桂北地区人民群众对中国共产党和红军的歪曲认识,中央红军干部休养连利用行军休息时间在白竹山村留下这样的革命标语:

1. 揭露国民党反动派本质的标语。这类标语有:“打倒国民党反动派,打倒贪官污吏”“打倒不准人民抗日的国民党”。

2. 揭露国民党反动派的污蔑行为,重新树立红军形象。这类标语有:“红军是工农自己的军队”“工农群众不要怕,不要逃跑上山”“红军不拿群众一点东西,红军公买公卖,红军不拉伕”。

3. 激励红军战斗士气,坚定红军必胜信念。这类标语有:“全国民众总动员,为保卫中国而战”“我们要抗日,红军胜利万岁”。

(二)宣传形式灵活机动,切实可行

湘江战役中,由于战事紧张,红军接触群众的机会和时间非常有限。为此红军多采取适应行军作战的宣传方式,既有文字形式,也有绘画形式。在白竹山村的山墙上曾有题为《朱主席指引红军胜利前进》的一幅画。内容为:“朱总司令站在一块大石头上面,右手拿着望远镜,左手向行进中的红军挥手。画面气势恢宏,朱总司令高大威武,神采奕奕。”[3]这些宣传形式不仅灵活机动,切实可行,也有利于红军利用行军作战中的碎片化时间。新中国成立后,村里人为教后代认字,用粉笔把中央红军干部休养连留在墙上的《工农三字经》又重新写在堂屋的墙壁上。据考证,中央红军干部休养连的《工农三字经》内容如下:“天地间,人最灵,创造者,工农兵,男和女,都是人,一不平,大家鸣……入共党,组红军,打土豪,除劣绅,废军阀,莫容情,阶级敌,一扫清……”[3]这首三字经朗朗上口、通俗易懂,对于文化水平落后的广西桂北地区来说是非常好记忆的宣传材料。

(三)中国共产党和红军用实际行动做好宣传工作,言胜于行

中国共产党非常重视军队的纪律建设。早在1927在10月24日,毛泽东就曾正式宣布三项纪律:行动听指挥,不拿群众一个红薯,打土豪要归公。1928年,他又宣布了最早的“六项注意”:还门板,捆铺草,说话和气,买卖公平,不拉伕、请来伕子要给钱,不打人不骂人。面对国民党反动派对中国共产党和红军的污蔑,中央红军干部休养连的红军们用事实告诉百姓,红军是一支纪律严明的人民军队。由于桂系白崇禧和李宗仁对中国共产党和红军的不实宣传,当中央红军干部休养连来到白竹山村时,村里的人早都已经躲了起来。后来一位老奶奶因牵挂家中的牲畜私自下山,成了村里唯一见过红军的人。据老奶奶事后回忆说:红军和蔼可亲,红军领导一见到她就主动和她拉家常,并且主动让红军医生为老奶奶看病,扎针灸。后来红军向她买了五百斤稻谷舂米做饭和一只猪为身体虚弱和生病的红军改善伙食。红军离开时,不仅将村子打扫干净,把每家的水缸里都装满了水,还把村后水井整修一新。一位红军女首长离开村子前除了交给她六块银元和一张借据,还将自己身上的发簪也给了她。中央红军干部休养连走后,村里的人从山上回家,“在听了老奶奶的叙述,并看到村中情况后,不住地赞叹红军真是一支仁义之师”[3]。

湘江战役中,在广泛并具有特色的革命宣传下,中央红军不仅揭露了国民党反动派的污蔑宣传,还重新树立了红军的新形象,扩大了中国共产党和红军在沿途群众中的影响,使得原本闻风而逃的群众开始主动向红军伸出了援手。而且宣传工作指明了前进的方向,坚定了红军必胜信念,提升了红军的战斗精神。正是在这种视死如归战斗精神的激励下,红军终于渡过湘江,突破国民党反动派精心布置的第四道封锁线,创造了中国军事史上的一个奇迹。

三、湘江战役中宣传工作的现实启示

从本质上来说，湘江战役中的宣传工作属于战时宣传工作。虽然今天的中国已处于和平时代，战争的硝烟早已散去，但当前世界正处于大发展大变革大调整时期，全球和平与发展面临严峻形势。从历史中吸取经验，科学全面认识湘江战役的宣传工作，对新时代中国特色社会主义现代化强国建设有着重要价值。

（一）要重视人民群众宣传工作

湘江战役中，中国共产党和红军高度重视宣传工作。正是因为红军及时宣传和发动了人民群众，为红军强渡湘江提供了重要保障，才有红军突破军事重围，获得革命新生。在后来的解放战争中，解放军能一路所向披靡并最终取得革命的胜利，与红军所做宣传工作奠定的群众基础是密不可分的。

习近平总书记指出："党的根基在人民、血脉在人民、力量在人民。"无论是革命战争时期，还是和平建设时期，人民群众一直是共产党的力量源泉。那么如何调动最广大人民群众的力量呢？这就需要把群众宣传工作摆在重要位置。宣传工作者要深入人民群众中，听取他们的声音，解决他们的困难。只有这样，才能充分调动广大人民群众的力量，才能使宣传深入人心。

（二）要有针对性，做到有的放矢

湘江战役中的宣传工作之所以卓有成效，最主要原因是共产党将矛盾特殊性运用于宣传工作中，做到了具体问题具体分析。比如：依据作战环境选择宣传内容和宣传时间，依据不同对象选择宣传方式和宣传手段。正是这种有的放矢的工作方式，才使得红军在恶劣的战斗环境中出色地完成了宣传工作。

今天很多干部一提到宣传工作，就感到无从下手，宣传效果也不明显。这就需要宣传工作者要根据不同的宣传对象和内容采用不同的宣传方法，做到有的放矢。比如：宣传工作者要做到"到了什么坡，就唱什么歌"，要善于针对不同的群体有的放矢。用人民群众喜闻乐见的方式发布宣传的内容。

（三）要顺应时代潮流，不断创新宣传方法

宣传工作不是在真空中进行的，不同时代背景要求有不同的宣传方式。湘江战役期间，桂北地区农民群众受教育程度较低，识字不多，所以宣传方式除了文字宣传以外，还有绘画宣传、行动宣传等。如果时间充裕，红军还有演唱、戏剧表演等艺术宣传方式。这些宣传方式因符合人民群众的需求，使得宣传内容深入人心，极大提升了宣传效果。

随着互联网的普及，今天的宣传方法有了更多的选择。比如，抖音短视频不仅深受中国年轻人的喜欢，而且深受外国年轻人的喜欢。但是短视频的时间只有 1 分钟左右，这就要求新闻工作者善于利用新媒体，善于制造具有感染力和信服力的音像视频。当然，宣传的对象不能都是年轻人，对于不会上网和使用智能手机的老年人，宣传工作者也需要不断创新宣传方法，做到宣传全覆盖，方法有创新。

（四）中国共产党人要做到以身作则

古人云："其身正，不令而行；其身不正，虽令不从。"老一辈的共产党人一直非常重视自身的纪律建设，在革命战争时期，老一辈共产党人胸怀国家、廉洁自律、无私奉献、敢于战斗、敢于担当的精神感染了一代又一代的中国人。

作为中国特色社会主义事业的领导核心，中国共产党的一举一动都受到人民群众的关注。因此中国共产党只有以身作则，充分发挥共产党人的模范带头作用，人民群众才会信任中国共产党，听中国共产党的话，坚定跟着中国共产党走。

参考文献

[1]中共中央文献研究室. 毛泽东新闻工作文选[M]. 北京：新华出版社，2014.

[2]雷洪泽. 湘江战役的历史回顾与启示[J]. 军事历史，2014.

[3]唐俊. 长征精神永放光芒——中央红军休养连进驻白竹山村的有关情况[M]. 广西老社会科学工作者协会 2019 年年会征文集，2019.

[4]中共中央文献研究室. 毛泽东文集(第一卷)[M]. 北京：人民出版社，1993.

湘江战役红军第八军团与凤凰嘴渡口、麻子渡的历史渊源及新考证意义与启示

胡　泊　牟　艳　赵素桃　梁雪倩

摘　要：中国工农红军第八军团在红军军史上是从建立到撤编时间最短的一支军团级别的部队，也是在湘江战役中损失最惨重的红军部队之一。因此，从理清湘江战役凤凰嘴渡口以及麻子渡的关系与作用入手，辩证分析红八军团血染凤凰嘴渡口的主要原因，从红八军团血战湘江角度发掘湘江战役凸显的历史意义与现实启示。

关键词：湘江战役；第八军团；凤凰嘴渡口；麻子渡；考证

湘江战役是中国工农红军继第五次反"围剿"失败后遭遇的最大的一次生死战，在人民军队战史中是最为厚重的那几页之一，它决定了红军、中国革命的生死存亡。红八军团虽然是红军历史上存在时间最短的军团级部队，但是他们身上所体现出的听党指挥、不怕牺牲、血战到底的精神同样是湘江战役精神乃至长征精神的重要体现。

一、凤凰嘴渡口和麻子渡的关系与作用

（一）凤凰嘴渡口和麻子渡位置关系

凤凰嘴渡口位于湘江边，靠近兴安县界首；麻子渡位于湘江重要支流建江边，处于界首、凤凰嘴和石塘三角地带之中。从红军主力经过广西的行军路线方向看，麻子渡靠前，凤凰嘴渡口在后。

（二）两个渡口在湘江战役行动中的历史见证

在红军入桂前，于湖南道县集结，分为四路（后由于情况变化，分两路，均经永安关、雷口关）进军广西，红一方面军包括中央纵队的行军路线即沿着文市、石塘，经麻子渡后，直趋湘江，分三路从界首、凤凰嘴和大坪等重要渡口渡过湘江。可以说，麻子渡（即现在的凤凰镇麻市村）是湘江战役中渡过部队最多的渡口。在战役初期，麻子渡配置在红一军团战斗地域内，在此没有发生大的战斗。中央红军除了中央纵队和红三军团部分队伍在安和大塘过建江，其余几乎所有红军军团的主力包括军委纵队都是从麻子渡过建江后，向湘江行进。其中朱德、叶剑英、刘伯承、聂荣臻、林彪、罗荣桓六位元帅是从麻子渡过建江的。

而在湘江战役中，几大拉锯消耗战中，除了光华铺、脚山铺和新圩阻击战外，还必须包括抢渡凤凰嘴渡口之战——这里是湘江战役中牺牲红军最多的渡口。

基金项目：中共全州县委宣传部 2021 年度"挖掘红色资源，用好红色资源"系列委托课题重点项目——湘江战役主战场"凤凰嘴渡口、麻市渡口"红军强渡湘江、血战湘江的史料挖掘考证研究（项目编号：2021QZXC002）。

1934年11月28日下午3时，军委决定中央红军全军30日前渡过湘江。但至30日夜，除了军委纵队第一、第二纵队已渡过湘江外，全军十二个师中还有八个师未过江，战场情势极其险恶。此时，向凤凰嘴渡口急进的红八军团被桂军两个师追击，且至少有一个团的桂军还将红八军团拦腰截断，顿时红八军团陷入与桂军的混战之中，部队被完全打散，进一步延误了过江时机。战至12月1日上午，正当突围出来的红八军团官兵准备抢渡凤凰嘴渡口时，浮桥不幸被敌炸断，只能徒涉过江。无形中成为最后过江部队的红八军团，承受了敌人最后倾泻的大部火力！渡江后，红八军团从万余人锐减到了不足千人；红五军团第三十四师失去了渡江最后机会，几乎全员壮烈牺牲。在凤凰嘴渡口的硝烟散去后，江边的老百姓整整在湘江边掩埋红军英烈三天，而更多的烈士则沉入江中。沿岸百姓不忍，传谚"三年不饮湘江水，十年不食湘江鱼"。红军诗人陈靖悲怆写道："血染十里溪，三年不食湘江鱼，尸体遍江底。"其惨烈空前，悲壮绝后。

二、凤凰嘴渡口为红军牺牲之最大渡口成因

（一）部队成分新，作战经验不足

在凤凰嘴渡口牺牲之最大部队红八军团，是在第五次反"围剿"过程中，由于红军在苏区损失较大，为了充实红军力量，于1934年9月21日组建，其兵员都是紧急扩招的新兵，绝大多数根本没有战斗经验。老红军刘华连也曾回忆说，"由于战事频繁，红八军团没来得及集中起来开一个成立大会，许多战士也没来得及进行起码的军事训练便投入战斗、参加了长征。"①只要说起此事，当时年仅19岁、任红八军团第21师第62团政委，后成为开国中将的兴国籍将军温玉成不无感慨："根本就没有练过枪法，只是把子弹给他们以后，告诉他们怎么开枪就是。这还算好的，有的战士手里的枪连子弹都没真正打出去过，甚至许多人连枪也没有。"②这样的部队，特别是在极其恶劣的斗争环境中极易遭到重创。

（二）战场指挥失当

在凤凰嘴渡口牺牲最大的红八军团，作为新组建军团，经过国民党军的三道封锁线后，减员不少，当时中革军委已经做出将其压缩为一个师的决定，但是湘江战役随后发起，没有完成整编，特别是此时，中革军委仍然赋予红八军团掩护中央纵队、中央机关的重任，对于这样一支战斗经验还在不断积累中的战斗力较弱的军团，这个任务也是不得已而为之了。11月28日，军委电令红八军团于29日中午之前赶到灌阳水车地区，与红三军团第六师取得联络。但是由于敌情紧急，赶往水车又要原路返转回道县，因此，没有采取边行动边动员的方式，向官兵明确基本任务，只是匆忙搜索前进。但当赶到水车时，六师已经赶向湘江，红八军团则与担任全军后卫任务的五军团三十四师会合了。然而，时隔不到四时，军委急电红八军团不惜一切代价，于30日中午赶到全州青龙山宿营。但到达全(州)灌(阳)交界的隔壁山、古岭头时，与一部由新圩南下的桂军遭遇，幸而红五军团十三师随后赶到，八军团才冲过古岭头山区。此时八军团与十三师分兵平行向湘江前进。但十三师走的近路，而八军团却经上刘家、大源口、青龙山、麻市走了一个大大的"Z"字形路线，迟了两个小时才赶到凤凰嘴渡口。作为担负部分后卫任务的军团，选择这样的行军路线不得而知其决策意图，但是客观上足足耽误了大半天宝贵的行程

---

① 颜梅生.红八军团:存在时间最短的红军部队[J].党史文苑.2010(13):50—53.

② 颜梅生.红八军团:存在时间最短的红军部队[J].党史文苑.2010(13):50—53.

时间，让红八军团掉在除红三十四师外整个中央红军的最后面了。在红八军团赶到湘江东岸时，这凤凰嘴渡口已经成了唯一能够突破湘江的生门了。八军团无线电队政委袁光回忆12月1日下午抵达凤凰嘴渡口时说："后面枪声又响来了，敌机也偏在这时赶来凑热闹。队伍在湘江边挤成一团，简直乱了套……敌机不停地扫射、投弹，把江水激起一簇簇浪花，队伍中不断有人倒下，被湍急的江水卷走……部队在江边和敌人几次拼杀，才把敌人压了下去。军团首长都参加了战斗，部队损失很大，建制也打乱了。"①

(三)根本上是战略失策

从红八军团悲壮奋勇的战斗经历看，中央红军将士不缺斗争的勇气、胜利的渴望，而缺的是正确的战略指导。从红军突破湘江战役的战役战术指挥来看，是失误较少的，特别是在朱德、周恩来等红军领导人的指挥和坚持下，在相当大程度上，冲抵了博古、李德错误指挥带来的负面影响。但是，由于王明"左"倾错误路线近四年的影响，在红军长征出发前制定的战略思想就是一心要去湘西与红二、六军团会合，哪怕是在蒋介石已经看破红军战略企图的前提下，仍然固执坚持错误指导思想。同时，在行军途中，李德等人采取甬道式行军方式，各种辎重细软占用了大量人力物力，降低了行军速度，"山炮、造币机器，辎重细软成堆成垛，连张纸片都不肯丢。牲口又少，一门炮得百十人轮流抬着。听说全军有几千副担子，光印刷器就五、六百担。浩浩荡荡、慢慢腾腾，四十里也是一天，三十里也是一天，有时候下雨，道路泥泞，一天只走二十多里路。敌人的飞机天天都在头上盘旋、轰炸，后面又有盯着屁股的追兵，搞得我们人困马乏。"②完全丢失了红军最重要的取胜利器——双腿跑过轮子。这一切特别是第五次反"围剿"的失败，都充分证明了王明等人路线的错误，给党和红军革命力量带来了巨大的损失。

三、血染凤凰嘴渡口的历史意义

血染凤凰嘴渡口是湘江战役付出惨重代价才取得突破湘江胜利的一个悲壮缩影。凤凰嘴渡口附近的民众发出"三年不饮湘江水，十年不食湘江鱼"的悲叹，正是这一悲壮事实的写照。血战光华铺、脚山铺和新圩，血染凤凰嘴渡口等，不仅让红军先烈的流血牺牲名垂青史，而且让广大红军官兵真正进一步认清了中国革命的全局和正确道路，充分体现了湘江战役精神境界，是长征精神的重要组成部分。

(一)勇于突破，是坚持斗争、顾全大局精神的体现

从第五次反"围剿"开始，在越来越多的失败面前，广大红军官兵逐渐对博古、李德的军事指挥产生了严重怀疑和强烈的抵触情绪，越来越多的官兵开始把前四次反"围剿"的战果与第五次反"围剿"相比，逐渐觉悟到了前四次的胜利是在以毛泽东为代表的正确路线指引下获得的，而第五次反"围剿"则是贯彻了王明的"左"倾错误路线和军事思想所致。而从历史来看，红八军团的建立与撤销后果也是由这错误的"左"倾路线导致的。特别是经历了湘江战役的血的事实，深刻教育了头脑清醒的广大红军官兵，他们在极其险恶的斗争环境中，凭着政治觉悟、高度党性，以高度的大局观，积极贯彻湘江战役中朱德、周恩来、毛泽东等在危急关头提出的正确的军事斗争路线，不仅突破了几十万国民党军队的阻截、突破了湘江防线，而且突破了思想上、

---

① 袁光.烽烟滚滚的岁月——红军长征过广西[M].南宁:广西人民出版社,1986:276.

② 关西.长征中掩护中央机关抢渡湘江——红军长征过广西[M].南宁:广西人民出版社,1986:361.

错误路线上的桎梏，坚决同“左”倾错误路线展开激烈的斗争，他们也更加清醒地意识到：只有贯彻执行毛泽东同志的正确路线，党才有真正正确的核心领导，红军才能打胜仗，中国革命才有希望。

(二)勇于牺牲，是力保中心、维护全局精神的体现

湘江战役一开始，各红军军团指战员抱着“我们不为胜利者，即为失败者”的决心，誓死保卫中央纵队过江的誓死决心，在国民党大兵压境、攻势尤甚的情况下，先期渡江部队严守阵地，力战确保各个渡口无虞；担负后卫、阻击任务部队坚决完成掩护中央军委纵队和后续部队的抢渡任务，红八军团一部也是在掩护红九军团回撤渡江过程中遭到了国民党军的毁灭打击，牺牲巨大，体现了极其宝贵的大局观念。在新圩阻击战中，红军指战员始终抱着“只要有一个人，就不能让敌人到新圩”的钢铁意志，拼死战斗，把凶顽的敌人死死拦在新圩几平方公里的山头面前，不得前进！直至红军中央纵队安全渡江。李天佑将军时常感怀：“事情已经过去了许多年，仍然不能磨灭我对于这次战斗的深刻印象。我不能忘记，那些为了革命胜利而牺牲的烈士们，他们以自己的胸膛阻住敌人，保存了革命的力量。”①1983 年，曾经指挥脚山铺阻击战的聂荣臻元帅感叹道：“是先烈们用生命顽强阻击国民党军队对渡河点的进攻，才使中央军委纵队得以渡江，摆脱危境，免受更大损失。”

(三)勇于胜利，是敢打必胜、舍我其谁的精神体现

从 11 月 25 日到 12 月 1 日的 7 个昼夜，湘江战役三大阻击战和抢渡战斗分别在全州脚山铺、兴安光华铺和灌阳新圩，以及凤凰嘴、界首、大坪、屏山四大湘江渡口展开，广大红军指战员充分发挥不怕流血、不怕牺牲，敢打必胜、血战到底的革命精神，书写了一曲曲悲壮的军歌。第五军团第三十四师师长陈树湘、第三军团第五师参谋长胡震、第十四团团长黄冕昌、第四师第十团团长沈述清、继任团长杜中美、第一军团第二师第五团政委易荡平以及第三军团第五师第十五团 3 个营有 2 个营长壮烈牺牲；第一军团第二师第四团政委杨成武、第三军团第五师第十五团团长白志文、两个团政委身负重伤。师、团、营级干部的损失尚且如此，部队的伤亡更是可想而知。陆定一回忆道：“湘江封锁线的突破，全靠了红军指战员的英勇。当时一旦发生溃散，就可能招致全军覆没。但是，红军宁可整个连队牺牲决不溃散。最后终于在广西敌军的背后打开了一个口子，冲了过去。”

四、从血染凤凰嘴渡口得到的深刻启示

红八军团——作为从仅存的最后一个渡口渡江的最后一支中央红军部队，从出发时的万余人锐减到了不足千余人，这其中的不幸是，所遭遇的重创是因错误的路线造成的；幸运的是，这支新生的红军军团尚有革命火种留了下来，广大的红军指战员也在觉醒和觉悟。这其中，也为新时代走好新长征路提供了深刻的历史启迪与现实指引，即是要维护核心，敢于斗争，坚定方向，走好道路。

(一)维护核心是胜利之魂

百年大党的奋斗史告诉我们：党什么时候运用科学正确的理论指导，什么时候有成熟、坚强、正确的领导核心，党的事业就会从一个胜利走向另一个胜利；反之，党的事业就会遭到挫

① 石仲泉. 惨烈的湘江之战——红军长征之二[J]. 百年潮. 2003(07):52－59.

折，甚至是失败。红八军团就是在第五次反“围剿”失败的过程中，为了弥补红军力量缺损而匆匆成立的，而到红八军团编制撤销，仅仅过了四个月不到，这样员额编制的部队撤销原因，在人民军队的成长过程中，是不忍看到的。红八军团的命运根本上是因为没有坚强正确成熟的核心领导、没有正确的方针路线的指引导致的。核心的形成，必须经历艰苦卓绝、艰苦奋斗的革命与建设实践的历练，必须经得起历史与现实的考验。在土地革命战争时期，一个个鲜活的史实证明，只要坚持以毛泽东同志为代表提出的正确方针政策，中国革命就会走向光明；只要排斥他们的正确方针政策，贯彻执行错误路线，中国革命就会遭遇黑暗。而党的十八大以来，以习近平同志为核心的党中央团结带领全党全国各族人民解决了许多长期想解决而没有解决的难题，办成了许多事关长远的大事要事，坚决维护了国家主权和安全，防范化解了重大风险，保持了社会大局稳定，经受住了多方面多领域的风险挑战考验，完全形成了带领全国各族人民实现中华民族伟大复兴的坚强、正确、成熟的领导核心，更加凸显了坚持“两个确立”、做到“两个维护”的重大现实意义，特别是当前全体中国人民在党的带领下继续向第二个百年奋斗目标进军之时，更要做到在任何时候、任何条件、任何情况下在思想上高度信赖核心、感情上衷心爱戴核心、政治上坚决维护核心、组织上自觉服从核心、行动上始终紧跟核心，这是全党全军全国各族人民形成的高度共识，在任何时刻与以习近平同志为核心的党中央保持高度一致，确保中国梦的全部实现。

（二）坚守方向是胜利之基

习近平总书记多次讲述长征中的一个故事：“红军过草地的时候，伙夫同志一起床，不问今天有没有米煮饭，却先问向南走还是向北走。这说明在红军队伍里，即便是一名炊事员，也懂得方向问题比吃什么更重要。”红八军团在向湘江渡口行进中，虽经曲折，虽血染凤凰嘴，但最终绝处逢生、突破湘江，也正是红八军团守望湘江突破口、奋力一搏的重要结果——此时绝境，只有突破湘江，才有生的希望，才有踏上继续革命之路的希望。而我们党百年奋斗史已经雄辩地证明：正确方向、正确思想、正确路线的指引正如黑暗中的明灯一样，极其宝贵，失去了这盏明灯，就一定会失去方向、遭到失败；坚守这盏明灯，就一定会前途光明、必然胜利。经历了第五次反“围剿”失败和湘江恶战的广大红军指战员逐渐认识到：“左”倾路线给党和红军带来的极大损害，在历经通道会议、黎平会议、猴场会议，乃至挽救了党、挽救了红军、挽救了中国革命的遵义会议之后，中央红军逐步回到了正确的军事、政治斗争路线方针上来，进一步认清了中国革命的正确方向，找准了符合中国革命的斗争道路，从此开启了中国革命的新面貌。

毛泽东始终认为，“没有正确的政治观点，就等于没有灵魂”。他要求青年要把坚定正确的政治方向放在第一位，要求“每一个干部必须首先具有坚定正确的政治方向这个品质”。习近平总书记强调：“方向决定道路，道路决定命运。”从新民主主义革命胜利到社会主义改造的基本完成，从社会主义基本制度的建立到社会主义建设的初期探索，从拨乱反正到改革开放这关键一招，虽然，我们的道路也不顺利，充满着曲折，但是我们党始终坚持科学社会主义原则，始终把马克思主义基本原理与中国具体实际相结合，与中华优秀传统文化相结合，走出了中国特色社会主义道路，结出了马克思主义中国化时代化的累累硕果，展现了中国特色社会主义的强大生命力和广阔前景，这正是新时代坚持和发展中国特色社会主义的应有之义和坚定“四个自信”的历史逻辑。

(三)坚持斗争是胜利之要

敢于斗争是一种勇气,善于斗争是一种策略,争取胜利是一种信念,都是百年来党和中国人民在艰苦卓绝的革命斗争中形成的极其宝贵的重要的精神品质。红八军团作为中央红军在死境中死战到底、向死而生的缩影,充分体现了红军为了救国救民,不怕任何艰难险阻,不惜付出一切牺牲的斗争精神,也是冲破了国民党反动军队的四道封锁线,突破湘江,为红军留下了八军团的革命火种。而我们党从历史地肩负起中国近现代两大历史任务开始,从石库门到天安门、从兴业路到复兴路,我们党始终坚持从不畏惧、英勇战斗、不怕牺牲、独立自主的精神品质,取得了前人没有取得过的伟大历史成就,让世界知道"中国人民不惹事也不怕事,在任何困难和风险面前,腿肚子不会抖,腰杆子不会弯,中华民族是吓不倒、压不垮的"。当今世界并不太平,正遇百年未有之大变局,我们也将继续面对来自多个领域的不同困难和挑战。习近平总书记强调,"我们党依靠斗争走到今天,也必然要依靠斗争赢得未来","党的十八大以来,我们清醒认识到,新时代坚持和发展中国特色社会主义是一场艰巨而伟大的社会革命,各种敌对势力绝不会让我们顺顺利利实现中华民族伟大复兴。"因此,我们要以红军长征越是艰险越向前的无畏气概,全面把准新时代伟大斗争特点,充分发扬勇于胜利、勇于突破、勇于牺牲的湘江战役精神,掌握斗争方法,砥砺斗争意志,固强斗争本领,做到勇于斗争、敢于斗争、善于斗争,既要有"不管风吹浪打、胜似闲庭信步"的革命斗争情怀,又要有"与天奋斗,其乐无穷;与地奋斗,其乐无穷;与人奋斗,其乐无穷"的革命斗志,努力在重大斗争中站稳立场,踔厉奋发,闯出新路子、展现新作为、迈出新步伐、彰显新担当。

参考文献

[1]中共广西壮族自治区委员会党史研究室,广西壮族自治区档案馆.红军长征过广西[M].南宁:广西人民出版社,1986.

[2]金一南,徐海鹰等.苦难辉煌[M].北京:海峡书局,2012.

[3]石仲泉.惨烈的湘江之战——红军长征之二[J].百年潮,2003.

[4]颜梅生.红八军团:存在时间最短的红军部队[J].党史文苑,2010(13).

湘江战役大塘红三军团指挥部和麻市渡口临时野战医院史料挖掘考证研究

张海帆

摘　要：湘江战役是中央红军长征中最惨烈的战斗，也是决定红军生死存亡的关键战役。习近平总书记多次强调湘江战役对我党我军发展的重要性及发扬湘江战役战斗精神的时代意义。本着挖掘湘江战役文化遗址资料，全面梳理湘江战役历史的初衷，本研究根据军事电文、红军将领回忆、见证者口述材料等资料，整理归纳，对湘江战役大塘红三军团指挥部和麻市渡口临时野战医院史料进行挖掘和考证，得出部分湘江战役红色文化遗址亟待抢救性挖掘和科学保护的结论。

关键词：湘江战役；红三军团；野战医院；史料挖掘

湘江战役是中国共产党领导的中央红军于长征路上在桂北湘江地域突围国民党军密集封锁的艰苦战役，是关系到中央红军生死存亡的决死一战。在这一战中，中央红军在桂北的兴安、全州、灌阳三县与国民党军苦战五昼夜，历经新圩、光华铺、脚山铺三大阻击战，最终从全州、兴安之间强渡湘江，突破了国民党军的第四道封锁线，粉碎了蒋介石围歼中央红军于湘江以东的企图。但是，中央红军也为此付出极为惨重的代价。长征队伍由出发时的 8 万余人锐减至 3 万多人。

2021 年 4 月，习近平总书记在广西调研的第一站就是到全州县红军长征湘江战役纪念园，向湘江战役红军烈士敬献花篮，缅怀革命先烈。为落实习近平总书记关于湘江战役的重要指示精神，挖掘和保护湘江战役红色资源，笔者对湘江战役中大塘红三军团指挥部、麻市渡口临时野战医院两个重要遗址进行了史料挖掘和考证研究。

一、湘江战役遗址考证路径和史料挖掘对策

湘江战役遗址考证应尊重战役史实与遗址特点采取相应路径进行研究，重点考证和遗址密切相关的重大事件、人物、时间点，并进行实录和梳理。湘江战役具有战斗时间仓促、战场点面分散、战斗过程激烈、战斗伤亡巨大等特点，这让两个遗址考证的相关文字及影音记载受限且史料实证难度极大 。本研究在实地考察的基础上主要根据现存我党我军关于湘江战役的研究报告、文献资料、红军将领回忆、大事记和附录等资料进行挖掘、梳理和整合。本研究还列举了一些国民党方面的有关资料，试着多视角还原湘江战役过程，为保持史料原貌，本研究未

基金项目：中共全州县委宣传部 2021 年度“挖掘红色资源 用好红色资源”系列委托课题——湘江战役大塘红三军团指挥部、麻市渡口“五圣堂”临时野战医院史料挖掘考证研究（项目编号：2021QZXC007）。

对该部分资料改动，这些资料体现出当时国民党反动政府对红军的污蔑和恶意攻击，也凸显了我党和红军在当时舆论不利的情况下克服难关，取得战役胜利的时局艰难和伟大成就。除国共两党官方记载外，当地百姓作为战役目击者甚至参与者的口述文字也是重要史料资源，为本研究提供了重要的史料支撑和直接考证路径。

本研究在史料挖掘和整理过程中主要参考了以下著作。广西师范大学 2021 年再版的《湘江战役史料文丛》和中共党史出版社 2022 年出版的《红军长征湘江战役研究报告及史料选编》是目前国内关于湘江战役研究最为全面的成果和资料汇编，本研究较多文献资料出自于此。中共桂林地委于 1986 年组织人员编写的《红军长征过广西》是国内最早记录湘江战役百姓见证口述史料的书籍，该书难能可贵地保留了十几位现在已经去世的见证者的口述史料。桂林本地学者刘玉编写的《湘江战役的民间记忆》对于近 50 位在世见证者对于湘江战役的口述采录是具有抢救挖掘性质的，是对现有官方资料有益补充的珍贵史料。

虽然湘江战役史料考证工作已经取得了很多成绩，但诸多条件受限，对于像本研究中两处遗址这样的具有重大研究和教育意义但却淡出视线的湘江战役红色资源在全州、在桂北仍然广泛存在。本研究将尽力通过挖掘和考证，让这两处湘江战役遗址和其背后的历史为更多人所知，力求为湘江战役相关研究和长征精神的推广贡献一份力量。

二、湘江战役大塘红三军团指挥部史料挖掘考证

湘江战役三大阻击战中的新圩阻击战和光华铺阻击战都是由彭德怀和杨尚昆率领的红三军团完成的。在如此形势严峻，多线作战，随时可能被敌军突破围剿的情况下，彭、杨二人将战场指挥部安放在哪里才能保障作战指令顺利发出又不受敌军威胁是个十分重要的选择。文字史料和见证者口述证明，当时红三军团将指挥部选在了全州县安河镇大塘村。

（一）红三军团大塘村指挥部位置考证

全州县地处湖南和广西两省交界，自古代以来就是兵家必争战略要地。全州县现有 15 个镇，3 个乡，其中安和镇是在湘江战役中留下红军足迹最多的一个镇。从安和镇政府往北约 3 公里处，就是著名的大塘古村。因为大塘村附近不远处有一山岭，山脚下有池塘积水四季不涸，因此得名大塘村。该村地处越城岭和都庞岭二大山脉之间狭长平川之中，南紧而北阔，南可经四所、万板桥、界顶而达兴安，北至麻市则一马平川，而建江蜿蜒其间，滋润着此方土地。中北部有一叫龙头石山的矮岭绵延有十余里，进可攻，退可守，地势险要。大塘村距离红军渡过湘江的重要渡口麻市渡口（凤凰嘴渡口）仅 13 公里，距离光华铺阻击战阵地 31 公里。红三军团应该是看到大塘村地理优势明显，所处位置适合统筹第四、五、六师才在此扎营，将大塘村选为红三军团临时指挥部所在地。

（二）大塘红三军团指挥部电文考证

当时，彭德怀在安河镇大塘村的军团指挥部发出新圩阻击战和光华铺阻击战的战况电令。有电文原文为证（原件存中国人民解放军档案馆）：

万万火急

朱、林、聂：

（一）马渡桥之敌约一师，拂晓向新圩出击，五师伤亡颇大，两团长、政委伤，师参谋长及一政委阵亡……

（二）第四师在彭、杨赶到以前由林、聂指挥。

（三）第二纵队于卅日午前进到界首以东之月亮山附近，准备黄昏渡河。

（四）第十三团卅日八时可到渠口接替四师河东警戒，该师河东之警戒部队待该团接替后归还主力。

彭、杨

卅日一时于大塘村（1934 年 11 月 30 日 1 时）[1]

电文内容明确表明电报是在 1934 年 11 月 30 日凌晨 1 时于大塘村发出，此时正处于红三军团第五师负责新圩阻击战行将结束，主力受损迂回撤回的时候。同时第四师在光华铺全力阻击桂军第 15 军突袭激战正酣，第六师连夜奔袭准备接收第五师阵地受阻伤亡惨重。在战局激烈的情况下彭德怀于大塘村发出这份电报证明当时红三军团指挥部就在安河镇大塘村。

（三）安河镇大塘村村民口述材料考证

湘江战役见证者的口述史料虽然不及电报实证力强，但是可以作为重要的旁证。关于湘江战役红三军团指挥部的存在，大塘村还有一些当年的见证者提出了口述证明。

口述证明一（证明人唐承兴）："当年红军来俺镇大塘村是 1934 年冬天，我才 6 岁。红军先派了几十人探村里情况，其中有几人把村里村外拍了照片，特别是村里的三个公祠。我们当时好奇又害怕，但见他们很守纪律，也放心了一些，半小时后，红军大部队才进村。"[2]

口述证明二（证明人唐有桂）："红军有两口大锅，煮好后，吹哨子开饭。我爹爹问一位帮红军煮饭的炊事员是哪里人？出来多久了？炊事员说，他是湖南的，出来四年了，给姓彭的煮饭，从江西一直跟随到这里。"

口述证明三（证明人唐贵静）："我爷是村里说了算的长者，带领大伙亲自接待了部队。彭老总在村中祠堂里住了两个晚上，里面的祠堂住的是女娃娃兵，他住中堂但是几乎彻夜未眠，外面的祠堂住的是警卫连换岗的哨兵。第三天傍晚，从后山方向传来机枪声，他们立刻撤走了。"

把三个见证者口述证明相互交叉佐证，可以得出结论：当时红三军团指挥部就建立在大塘村公祠。

（四）国民党方面资料考证

国民党方面资料主要摘编自国民党统治时期出版的书刊和报纸，这些资料对我军常使用污蔑和攻击的词语，往往夸大战果，我们主要以其对战斗事件、地点和参战部队信息作为参考。

资料一：1934 年 11 月 27 日《四集团军白副总司令崇禧电》："（五）在苏江、新圩北方顽抗之匪，查系伪三军团全部。"

资料二：1934 年 11 月 28 日《四集团军总部行营通讯》："在文市、新圩、苏江之匪，已被我军侦系其为伪三军团全部，自二十八晨以来，战斗甚烈，其为伪三军团长彭德怀亲自指挥。"[3]

两份国民党电文均表明我军红三军团主力（敌污蔑称伪三军团）最晚于 11 月 27 日已经在新圩北线全州安和附近作战，并且为军团长彭德怀亲自指挥。

资料三：1934 年 12 月 3 日《桂军周师长祖晃齐电》："（二）此役系与匪军第三军团第四师接触，击毙匪团长一名，在毙匪团长身上，搜出命令一件。系伪三军团第四师师长张宗逊、政委黄克诚一日由安和大塘村所发。"

资料三表明 1934 年 12 月 1 日红三军团指挥部已撤离安和地界西进后，光华铺阻击战伤亡近半的红三军团第四师北撤路过安和大塘，仍短暂在大塘设置师级别指挥部。

三、湘江战役麻市渡口临时野战医院史料挖掘考证

(一)湘江战役前红军医院发展状况考证

我党我军历来对医院医疗问题十分重视。1922 年中共二大的决议中已明确提出要设立工人医院。[4]1927 年井冈山会师后,为改善根据地的医疗情况,党中央在井冈山上的攀龙书院旧址成立了茅坪医院——这是较早创办的红军医院。之后,各地红军还建立了为数不多的总医院,如 1931 年在苏区瑞金的红军总医院、赣东北军区后方总医院、湘鄂西红军总医院、福建革命军事委员会总医院等。在各地红军医院建立的同时,还成立了红军卫生学校以及卫生材料加工厂;创办了《红色卫生》和《健康报》,宣传卫生知识和推动卫生工作;也颁布了一些卫生法规和命令。湘江战役前我军虽然医疗环境有待加强,物资条件相对匮乏,但军队内部已经形成了一套行之有效的卫生组织和工作体系,并经受了战争的考验。

(二)湘江战役麻市渡口临时野战医院由来考证

湘江战役的麻市渡口旧称麻子渡,靠近凤凰嘴渡口(一说麻市渡口就是凤凰嘴渡口),该渡口现在位于广西全州县境内,湘江支流的建江从这里蜿蜒而过,该渡口是长征中湘江以东红军各部抢渡的最后一个渡口,也是渡江部队牺牲人数最多的渡口。据史料考证,当红军中央纵队和红一、三军团渡过湘江抵达西岸时,湘江上的屏山、大坪、界首等渡口已相继被敌军攻占,只剩麻市渡口掌握在红军手中。我军红五、八、九军团都是从麻市渡口冒险渡江,最后在该渡口渡江的作战部队是红八军团。

据史料记载,红一、红五军团的医院原址都选在江西省赣州市兴国县社富乡,红一军团、红五军团、红八军团三大主力红军共计 4 万多将士,都是经社富最后离开兴国,经过于都踏上长征路。红一军团在湘江战役期间一直作为前锋部队,是从最先突破的大坪渡口渡过湘江,应该和麻市渡口的野战医院没有隶属关系。按照各军从渡口的渡江顺序看,麻市渡口临时野战医院最有可能是由红九军团搭建,最后使用的应该是红八军团,红八军团在麻市渡口渡江时建制几乎被打光,麻市渡口临时野战医院建制应该也毁于这场战斗。

参加过长征的翁祥初将军的履历中明确记载,“长征过程中,翁祥初曾任红八军团野战医院政委,1935 年 12 月,翁祥初任红一军团野战医院总支部书记。”1933 年 3 月从中央红军军医学校毕业的张汝光曾记录,他曾在 1934 年任红九军团兵站医院的主治医生,遵义会议后,红九军团兵站医院撤销,他随即担任红九军团司令部卫生所所长。由此可见,在麻市渡口渡江之后,红八、红九军团的战地医院因减员过多,都被撤销了建制,红八、红九军团最有可能是麻市渡口临时野战医院的组建部队。

(三)湘江战役麻市渡口临时野战医院历史作用考证

根据《红军长征中的卫生工作——与美国纽约时报前副总编哈里森的谈话》这篇文章记载,作者涂通今在长征时期担任红九军团医生、兵站医院医生、兵团卫生所所长。他指出红军医院和卫生所在湘江战役中遇到的突出医疗卫生问题主要集中在以下两点:

第一,部队长途急行军带来的医疗卫生问题。部队行军不是湘江战役才有,但红九军团在湘江战役中主要扮演侧翼迂回的角色,需要不断穿插,急行军和夜行军的次数就非常多。[5]为此野战医院要在行军前,进行卫生教育和宣传,通常是利用部队出发前集合整队的机会,讲明行军路程可能会遇到的卫生问题。主要包括:饮食饮水卫生、掉队人员收容、宿营地区安全、山

区行军安全、夜行军安全、雨天行军卫生安全等。湘江战役过程中还有一个在后来长征中也反复出现过的问题，就是部队过大江大河时的卫生安全保障工作，湘江战役的渡河，尤其是红八、红九军团的渡河是在发生激烈战斗的情况下强渡的，有相当多战士因缺乏涉水战斗经验而伤亡，这给我军带来了重大损失。当时，寒冬的湘江水冰冷刺骨，渡江后的士兵有很多人因为没有及时预防出现了感冒症状，其中不乏最后因感冒不愈而牺牲的战士。

第二，伤员的救治和处理问题。有战斗必有伤亡。苏区有相对稳定的战地医院，对战斗伤员的救治会采用分级治疗。[6]从前线包扎到后续处理，再到后方医院治疗，有分工，有前后，治和疗具有延续性。湘江战役中没有固定医院救治，只有临时野战医院作为救治中转，抢救下来的伤员没有地方送治，不管轻伤还是重伤都是就地处理，而野战医院随队行动，不会长时间停留。临时野战医院硬件太落后，药物匮乏，只能做一些小手术，如止血、缝合、取子弹和骨片，截肢手术已经困难重重，力不从心。因为消毒和输血技术也受到野战的限制，本来有些可以救治的伤员也未能得救。像湘江战役如此频繁战斗的情况下，救治重伤员对部队行军拖累严重，野战医院不得已只能将一些伤员寄放在附近可靠的百姓家治疗。后来，这些被成功救治的伤员有一些留在当地生活，在他们的访谈记录中也谈及湘江战役时临时野战医院的存在。

四、结论

经过史料挖掘考证证明，湘江战役大塘红三军团指挥部确系红三军团军团长彭德怀和政委杨尚昆于 1934 年 11 月 26 日至 12 月 1 日在全州县安和镇大塘村公祠设立的临时作战指挥部。新圩阻击战和光华铺阻击战处在生死存亡之际，红三军团彭德怀正是在这里冷静指挥。湘江战役麻市渡口临时野战医院系在麻市渡口（凤凰嘴渡口）渡江的红八、九军团所建，该临时野战医院在湘江战役期间，尤其是战役中后段发挥了重要作用。最后，受红八军团在渡湘江战役减员过多撤销建制影响，消失在历史的长河中。

目前，湘江战役红色文化遗址数量众多但受重视程度和影响程度不尽相同，红军长征湘江战役纪念馆和纪念园已经是全国著名的爱国主义教育展馆和长征精神研习基地，其红色文化价值已经影响深远。[7]但像湘江战役大塘红三军团指挥部和麻市渡口临时野战医院这样的红色文化遗址鲜有人知，其历史地位和文化价值还需要多方关注和共同努力才能得以实现。

参考文献

[1]中共中央党史和文献研究院第七研究部. 红军长征湘江战役研究报告及史料选编[M]. 北京：中共党史出版社，2022：129－130.

[2]刘玉. 湘江战役的民间记忆[M]. 桂林：广西师范大学出版社，2021：28，50－51，79.

[3]丁玲. 红军长征记[M]. 桂林：广西师范大学出版社，2017：198－199.

[4]马天娇. 湘江战役百姓见证者口述史料收集、整理与考订[J]. 桂林师范高等专科学校学报，2022，(07)：15－21.

[5]涂通今. 红军长征的卫生工作[J]. 军队卫生工作史料，1985(04)：3－6.

[6]隋明浩. 土地革命战争时期红军伤病员救治研究[D]. 天津：天津商业大学，2021.

[7]吴辉. 广西全州县红色旅游发展研究[D]. 桂林：桂林理工大学，2020.

[8]黄惠运. 井冈山时期的红军医疗卫生事业[J]. 求索，2019(2)：173－175.

红军事迹挖掘及传播路径研究

——以中国工农红军第三十四师为例

周献策　黄文江

摘　要：中国工农红军第三十四师（又叫“红三十四师”）号称“钢铁之师”，在湘江战役中浴血奋战、英勇无畏，拼死抵抗，孤军鏖战，弹尽粮绝，掩护中央红军主力部队成功突围，虽败犹荣。这样一支军队由于历史时间限制、幸存者少之又少等综合原因导致很多相关的革命英雄事迹的细节真相没有揭开，通过对现有文献、史料考证，对红三十四师的相关问题进行思考，并结合数字文化传播背景下如何解决相关问题进行探索。

关键词：中国工农红军第三十四师；考证

引言

“湘江战役，是中央红军战略转移开始长征以来，规模最大、战斗最激烈、损失最惨重的一次大战，也是关系到中央红军生死存亡的最关键的一仗。”红三十四师奉命断后，面对国民党的猛烈攻击，陈树湘率部拼死抵抗，为中央红军主力部队突围成功奠定基础。本文在现有研究的基础上，对红三十四师相关的问题进行思考和研究，目的一是缅怀先烈，赓续红色血脉；二是在新时代实现中国梦的征程中，面对国内外严峻挑战，革命精神是激励我们朝着中国梦的目标不断前行的精神支撑。

一、关于中国工农红军第三十四师的文献研究综述

通过在中国知网（CNKI）以“红军三十四师”和“红军34师”为关键词进行搜索，共42篇期刊论文和2篇报纸文章。而以“湘江战役”为关键词进行搜索，研究角度多样，数量相对较多，但是涉及“红三十四师”内容的部分少则一句话概括，多则一段话概括，缺少深入研究。因此，这里文献综述主要指的是以“红三十四师”和“红34师”为关键词搜索的文献内容。学者主要聚焦以下方面对红三十四师展开研究。

（一）关于红三十四师的概况

主要代表学者和代表作有：曾汉辉在《红三十四师的诞生和战斗历程》一文中明确中国工农红军第三十四师是红军中的“第三个三十四师”，描述了诞生地、成员构成、浴血奋战经历等，讴歌和缅怀这支英雄部队。黄子湘在《靖水寨暴动与中国工农红军第三十四师的建立》一文中详细提到建立中国工农红军第三十四师的经过，建立的时间是1934年，下辖4个团，人数总共1 300余人，王效亭任师长。建立以来，加强党对红军的领导，加强党组织建设，严格执行党的纪律，密切联系群众开展一些工作，并简要分析了湘江战役中红三十四师失利和失败的原因。李仲凡在《红军长征中三十四师建制考》一文中描述了红三十四师担任绝命后卫师拦截数万敌

人的追击，除了少数幸存者其余全部壮烈牺牲。通过对已有资料——丰阳发给各军团的电报内容、莫文骅《中国工农红军第一方面军长征记》以及刘伯承《回顾长征》的深入考证，李仲凡认为三十四师是属五军团的，而非八军团。

（二）关于红三十四师战斗经历

王熙兰在《红军三十四师桂北惨烈悲壮覆没纪实（上）（下）》中对红三四十师浴血奋战的过程进行详细的介绍，从对话、电报、走过的路线、奋勇杀敌的细节披露了红三十四师英勇就义的过程，为中央红军主力突围争取时间，为冲出绝境杀出通道。张新通过电视剧《绝命后卫师》对红三十四师组成的"客家军团"冲锋陷阵、英勇牺牲进行深入的时评，立足史实，联系现实，通过小人物的自我牺牲，讴歌英雄，歌颂红三十四师的精神永垂不朽，目的是进一步传承红色精神，赓续红色血脉。记者彭山、宜洪亮通过联合采访组沿红军长征湘江战役发生地进行了采访，通过访谈、交流记录了红军在新圩、光华铺、觉山铺三大阻击战战地实战的经过，而三十四师在新圩阻击战饮恨江东。除此之外，还有傅长盛《用"四力"谱写红三十四师长征壮歌》的考证研究。

（三）红三十四师红军将领个体研究

海俊亮、王姗在《红 34 师参谋长袁良惠烈士相关问题研究》一文中通过对现有资料的进一步考证，明确袁良惠是中共党员，党内职务是党务委员会书记，湘江战役期间担任第三十四师参谋长，时间跨度：1934 年 6 月－1934 年 11 月。海俊亮、王姗认为袁良惠牺牲于湘江战役的说法应该更接近事实，并通过史料的记载进行分析，确定牺牲于 1934 年 11 月 30 日的可能性更大，为后续的研究丰富了更多的史料内容和实证分析的内容。张瑞安在《陈树湘——红军长征路上的血色丰碑》一文中详细介绍了陈树湘从出生到牺牲的过程。主要阐述陈树湘的疾恶如仇、机智聪明有才干，湘江战役中，"宁断肠，不断脊梁"率部拼死掩护主力部队成功突围的经历，宁死不屈的豪迈气概，为革命流尽最后一滴血。除此之外，还有刘志新《铁血将军陈树湘》、马继善《"断肠英雄"陈树湘》的研究。

（四）红三十四师的精神

何勇在《找寻红三十四师的精神密码》中，通过重走长征路，对实物触景生情，看到实物，看到信仰和忠诚。通过对陈树湘、韩伟和两位普通士兵的人物经历描述红三十四师，从师长、团长到普通战士，虽职位不同、人生经历不同，但展现出来的品格就是我们找寻的精神密码。即："不就是共产党人、人民军队对于党、对于国、对于民、对于家的深厚情怀吗？不就是对于信仰、对于忠诚、对于初心、对于使命的生命书写吗？"还有夏远生《不负初心志 永葆底色红》。

通过对现有红三十四师的研究资料进行整理发现，大多侧重上述几方面的研究，并且不够深入，未形成理论体系。对有些史实的争议也缺乏相关的史料支撑。

二、工农红军第三十四师待深度挖掘的资源考证

通过实地考察以及史料分析发现，对红三十四师的幸存者、烈士称号以及英雄事迹传播整体研究有待进一步深入。

（一）有关幸存者的研究

关于红三十四师详细的史料也许能够从幸存者的口述中得到更多的验证，因此对幸存者的研究就非常必要。关于幸存者的研究成果并不多，大多数研究没有明确幸存者人数，只针对其中一个、三个或者幸存者的后代进行考证研究，专门针对所有幸存者的研究著作不多。通过

实地考察和现有权威史料的研究,关于红三十四师幸存者的研究是零散的。

针对一个或者几个幸存者的零散研究。对幸存者的研究主要有朱新春《湘江战役 34 师幸存的 3 位开国将军》,其中提到,作为湘江战役中的绝命后卫师,谱写最悲壮、最可歌可泣的精神战歌,最后幸存下来的"被授予将军有时任师政治部主任、代政委朱良才,第 100 团团长韩伟,第 100 团第 1 营营长侯世奎"。在 1955 年三位被授予上将、中将、少将军衔。朱良才在抗日期间积极联合一切力量,想尽办法开辟地下交通路线,为革命做出重要贡献,在新中国成立后,不顾自己病痛,坚持带病工作,向组织向国家交付满意的答卷。而杨振东 2019 年对有关中共党史研究者发表的论文统计(并非第一手史料的研究),已知有名有姓的幸存者仅为 12 人,而无名无姓的尚存者 400 余名,这些都有待考证。

最详细专门的研究是李时新历经 40 年的追踪采访、面谈、交流,把握第一手史料,而形成的巨作《重生——湘江战役失散红军记忆》,入选"2021 年度中国好书",为幸存者的研究提供了史料支撑和理论基础。在著作中以口述史的形式对在湘江战役中因伤掉队失散的 22 位红军战士进行采访,真实鲜活呈现这些红军战士战争中浴血奋战经过和他们的生活近况,从他们身上体会长征精神。用作者李时新的话来说:"信仰、信念、理想的青春印记已烙进了他们的大脑沟回,深入了他们的骨髓,身躯里始终奔涌着红色军人的热血,思想上、精神上始终都大步走在已离他们远去的红军军阵队列"。这些幸存者对红三十四师有一定了解,可以从口述史中寻找红三十四师幸存者线索。

根据史料的权威性和对史料研究的深度和花费的时间和精力来看,笔者认可和倾向李时新《重生——湘江战役失散红军记忆》以及零散研究中朱新春《湘江战役 34 师幸存的 3 位开国将军》。

(二)烈士称号问题

这是个不存在争议的问题又是有争议的话题。红三十四师在湘江战役中不屈不挠、前仆后继,用鲜血掩护革命火种,这种悲壮的事迹应该是世世代代铭记的英雄事迹。但有人发问,为什么在烈士的名单中,属于红三十四师的少之又少。对现有的史料进行分析,原因是多种的。原因之一在于红军长征的过程中,"烈士"一词并未产生。直到 1947 年,《东北解放区爱国自卫战争阵亡烈士抚恤暂行条例》才明确提出"烈士"一词,被认定是最光荣的一种称号。1950 年 11 月 25 日经政务院批准《革命工作人员伤亡褒恤暂行条例》第二条规定:"凡对敌斗争或因公光荣牺牲者,给予烈士称号"。另外,由于 1934 年后常年的战乱加上幸存者少及条件的限制等原因,对牺牲的革命烈士无法找寻到他们的姓名,从幸存者韩伟后代韩京京得知:"牺牲烈士很难确认身份,到今天只找回 1 040 个名字。"韩伟的遗愿就是在湘江畔为这 6 000 名将士立一块"无字碑"。从烈士一词的演变过程以及不同省份出台的规定和国家出台的政策来看,烈士称号的问题不应成为争议的内容。当然传播过程中,有些人对历史史实掌握不清随意发表观点。

为了找寻更多的烈士的真实姓名,也许需要更多的时间、精力、人力、财力的投入,这也是历史留给我们的难题,也是我们需要解决的问题,不让历史留下的问题留给历史。

(三)红三十四师英雄事迹逐步受到关注及传播过程

通过现有的史料和实践基地枫树脚纪念园、新圩阻击战陈列馆、新圩阻击战红军雕塑考证分析发现,湘江战役前关于红三十四师的组建和沿革的考证资料对组建的过程描述详细,中共龙岩市委党史和地方志研究室主任、副研究员苏俊才在《红三十四师的组建及沿革》明确这支军队是经过多次改编和组建,“开辟、巩固和扩大闽西苏区的战斗,同时也都是非常有战斗力的部队”,是在湘江战役中担任断后任务,奋死抵抗的英雄部队。这些考证资料对红三十四师组建和沿革而言是可靠和有价值的,但是新中国成立前的这段时间对红三十四军英雄事迹传播的关注是缺失的,当然原因是多方面的,幸存者很少并被打散,加上战乱年代。新中国成立初期百废待兴,工作的重心转移,对这段英雄事迹也缺乏足够的关注,但幸存者的各项待遇以及表现都给予肯定和认同。直到 80 年代后,学者对红三十四师在史料考证上才逐步投入了关注,通过知网以及网络上史料的查阅以及实地史料的考证发现,这些材料并不是很多,仅知网专门文献研究成果也就 40 余篇,网络上报纸文章较多。因此,红三十四师在湘江战役结束后迄今 80 余年英雄事迹传播的经过问题是缺乏系统和整体研究的。

除此之外,中国工农红军第三十四师作战过程中战略问题、行军过程的问题、战斗起止时间和兵力具体损失的问题还需要进一步的考证研究。笔者期待后续有更多的研究人员加入上面的问题研究当中来,使考证结果更接近史实真相。

三、红军新挖掘资源传播路径的思考

(一)红三十四师英雄事迹传播存在的不足

红三十四师“浴血鏖战,血染湘江”英雄事迹传播还存在一些问题:

首先,传播热度持续性不强,形成持续长效的传播机制有待加强,各方合作形成合力有待加强。例如随着 2016 年影视作品《绝命后卫师》火热播出后,2017 年持续上映《血战湘江》《绝战》影视作品,观看电视剧的观众对号称“钢铁之师”的红三十四师勇于牺牲自己,担当后卫师的英雄事迹有了细节的了解。当然影视作品在传播的同时,红三十四师战争经过的地点也成为传播事迹的重要地点,例如其中广西灌阳新圩镇枫树脚新圩阻击战陈列馆是重要的传播阵地等等。除此之外,通过学校、不同的企业合力传播革命英雄事迹,弘扬革命精神。但是传播热度随着影视作品热度下降而下降,导致对红三十四师的英雄事迹传播的间断性。

其次,传播形式较为陈旧、传播载体存在断裂。主要通过参观遗址、纪念馆、遗迹、遗物、史料来了解红三十四师的情况,也有学校通过课堂教学和课外教学进行传播,或者对出版物进行相关阅读了解的。更为便捷的是借助网络的载体进行传播。但就目前来看,传播的形式较为陈旧,传播载体存在断裂,不同地方各自为战,未形成合力态势。

(二)拓展新挖掘红色资源的传播路径

1. 借助数字化,多渠道多元化进行传播

对新时代红三十四师英雄事迹传播存在热度持续性不强的问题,需要不断加强数字化传播和传统传播相结合。“线上+线下”协同联动进行传播,学校和实践教学基地联合传播,学校和企业通力合作进行传播。传播的内容不断更新以免观众视觉听觉疲劳,传播形式多样吸引更多的观众,借助 VR、AR 等新技术使观众体验到革命场景的真实感、战争的残酷性、红三十四师英雄烈士坚强的革命信仰和信念。除此之外,还要从政府层面加强传播载体之间的合作,使不同传播渠道、阵地形成强大的合力。

2. 打造数字化传播队伍,提升数字化传播能力

红三十四师革命事迹的传播需要具备相应的知识背景,并对英雄事迹的传播具有重要的

使命感和责任感才能把传播工作干得更好干得更长久。同时，数字文化背景下红三十四师革命事迹的传播队伍需要具备一定的数字素养，包括数字文化意识、数字文化传播学习和创新以及数字传播的责任和一定的传播技术。需要专门的机构对传播队伍进行一定的技术培训，在培训中提升传播队伍的数字素养。

四、结语

历经 80 余年的时间，红三十四师革命事迹更多的细节也许还是未知数，更多的第一手史料的考证需要更多具有使命感和责任感的人投入其中，我们也期盼更多的史实呈现在眼前，还原更多当时的历史真相。我们现在能做的就是把红三十四师的革命精神不断传承和延续下去。

毛泽东同志教导我们："成千上万的先烈，为着人民的利益，在我们的前头英勇地牺牲了，让我们高举起他们的旗帜，踏着他们的血迹前进吧！"面对国内外诸多的挑战，红三十四师革命烈士"宁断肠，不断脊梁"，"为苏维埃流尽最后一滴血"，为党为国宁愿牺牲自我的精神，不断激励我们砥砺前行，奋勇争先，为实现中华民族伟大复兴的梦想而努力奋斗。

参考文献

[1]叶兴艺，楚汉杰. 关于湘江战役的文献综述与研究展望[J]. 党政干部学刊，2021(07)：4－9.
[2]海俊亮，王姗. 红 34 师参谋长袁良惠烈士相关问题研究[J]. 回族研究，2020，30(03)：44－46.
[3]李仲凡. 红军长征中三十四师建制考[J]. 湖南党史通讯，1985(07)：21.
[4]黄子湘. 靖水寨暴动与中国工农红军第三十四师的建立[J]. 合肥工业大学学报(社会科学版)，1986(02)：63－67 页＋46.
[5]王熙兰. 红军三十四师桂北惨烈悲壮覆没纪实(下)[J]. 文史春秋，1998(03)：12－17.
[6]王熙兰. 红军三十四师桂北惨烈悲壮覆没纪实(下)[J]. 文史春秋，1998(04)：51－57.
[7]张新.《绝命后卫师》新语态讲述热血传奇[J]. 广电时评，2016(14)：18－21.
[8]何勇. 找寻红三十四师的精神密码[J]. 新湘评论，2019(15)：22－23.

湘江战役红色基因融入大学生理想信念教育：研究现状、价值意蕴及实现路径

蒋成军　王　洁

摘　要：湘江战役红色资源蕴含着勇于胜利、勇于突破、勇于牺牲的红色精神因子，彰显了理想信念的强大力量，对于教育大学生铭记党的初心和使命、坚定理想信念、厚植爱国情怀具有重要作用和价值。通过研究湘江战役红色基因融入大学生理想信念教育的现状、分析其价值意蕴，提出实现湘江战役红色基因与理想信念教育互融互通的实现路径，具有十分重要的理论和实践意义。

关键词：湘江战役红色基因；大学生理想信念；价值意蕴；实现路径

一、研究现状

浴血湘江传千古，长征精神永赓续。2021年4月25日，习近平在红军长征湘江战役纪念园缅怀先烈时指出："红军将士视死如归、向死而生、一往无前、敢于压倒一切苦难而不被任何困难所压倒的崇高精神，永远值得我们铭记和发扬。"[1]红军长征，是一次置之死地而后生的伟大远征，实现了中国革命事业从低谷走向胜利高潮的决定性转折，如果说长征是震惊世界的壮举，那么湘江战役就是这壮举的巨大惊叹号。作为长征精神的重要组成部分，湘江战役所蕴含的红色基因历来被归属于长征精神，因此，对湘江战役红色基因的研究成果较少。

进入新时代，学者对湘江战役的研究掀起了热潮，其研究成果也日渐丰富，在湘江战役红色基因内涵、湘江战役红色基因传承、湘江战役的教育价值等方面取得了一定的成果。一是湘江战役红色基因的内涵研究。如中共广西区委党史研究室《湘江战役历史研究》课题组《从湘江战役的英雄事迹中汲取精神伟力》将湘江战役红色基因凝练为"坚定理想、捍卫信仰的忠诚精神，勇挑重任、顾全大局的担当精神，一往无前、无惧牺牲的献身精神"[2]；陈云认为湘江战役红色基因内涵则是对党和革命事业的无限忠诚、革命理想高于天的精神，勇于担当、身先士卒的精神，顾全大局、众志成城的精神[3]，等等。二是湘江战役红色基因传承研究。如潘健、王焕福认为，传承湘江战役红色基因，必须坚持正确方向，将其融入中国的具体实践中，在发展中传承，在实践中发扬[4]；朱章元认为传承湘江战役红色基因，必须完善教学过程、创新学习形式、用好红色资源、激发学习热情、讲好红色故事、营造良好党史教育环境[5]。三是湘江战役教育价值研究。如甘庆华、周艺认为，应该从加强教育主体的引导性、建立良好的环体、构建优质的介体等途径，来提高湘江战役红色基因对于思想政治教育的价值[6]；刘绍卫、区莹和韦鸿认为

基金项目：中共全州县委宣传部2021年度"挖掘红色资源 用好红色资源"系列委托课题——湘江战役沿途村落"民间"调查及失散红军第二代、第三代子女"红色传奇"采访研究（项目编号：2021QZXC009）。

在新时代,湘江战士的忠诚担当精神的时代价值对于加强青年理想信念、共产党人的党性修养和实现中华民族伟大复兴具有强大的推动力量[7]。

管中窥豹,综合学界的研究成果可以看出,无论从广度和深度来看,对于湘江战役红色基因的相关研究都有明显提升,对于理想信念教育研究也是明显增加,但同时鲜见将湘江战役红色基因与理想信念教育结合在一起的相关研究,尤其是以大学生为研究对象更少,对于存在现实问题的梳理剖析、成功经验的借鉴推广、实现路径的归纳研究相对缺失。因此,新形势下研究湘江战役红色基因融入大学生理想信念教育的价值意蕴,提出实现湘江战役红色基因与理想信念教育互融互通的实现路径,具有十分重要的理论和实践意义。

二、湘江战役红色基因融入大学生理想信念教育的价值意蕴

(一)湘江战役是革命理想高于天的生动诠释

红色基因是中国共产党人的精神内核,是中华民族的精神纽带。习近平总书记强调:“长征是一次理想信念的伟大远征。”[8]作为伟大长征的重要组成部分,湘江战役正是理想信念强大力量的完美诠释,湘江战役也孕育出伟大的湘江战役红色基因——“勇于胜利、勇于突破、勇于牺牲”,镌刻在湘江战役纪念馆大厅墙上的这短短 12 个字,道出了中国革命成功和红军克敌制胜的精神密码。

革命英雄气,千秋尚凛然。时至今日,湘江战役中革命先辈所表现出的革命理想高于天的顽强斗争意志,仍迸发出动人心魄的强大精神力量,跨越时空,传承至今,成为开展大学生革命理想信念教育、汲取精神食粮的宝贵财富。在国家命运与个人命运交织的今天,将湘江战役红色基因融入大学生理想信念教育,引导青年大学生坚定理想信念、厚植爱国主义情怀,方能使大学生的价值观和国家期待的主流价值观合拍共振。

(二)湘江战役红色基因内核:在生死中勇于胜利的精神为大学生把稳思想之舵

在实现中华民族伟大复兴的新征程上,精神力量和物质力量同样具有至关重要的作用,一个没有精神力量、缺乏文化自信的民族是难以自立自强的。湘江战役敌我力量对比悬殊,这不仅表现在敌我数量对比上,中央红军只有 5 个军团约 6.4 万人,而国民党的兵力则包括了中央军、湘军、桂军、粤军总兵力达 30 万人,布下天罗地网围追堵截中央红军,也体现在双方的装备上,国民党军队拥有飞机、大炮等先进武器,并在湘江沿岸修筑了数量众多的碉堡工事,而中央红军却缺乏基本的战斗武器配备和补给。面对敌强我弱的态势,若无坚定的革命信念和破釜沉舟、勇于胜利的勇气,不可能向死而生获得胜利。

在新时期复杂的国内国际环境背景下,在“乱花渐欲迷人眼”的多重价值观的冲击下,部分大学生受到各种良莠不齐的价值观的影响,容易形成思想上的偏差。湘江战役蕴含的坚定信仰、勇于胜利的精神,革命前辈在生死中为理想献身的事迹,成为把稳大学生思想之舵,开展理想信念教育最有说服力的教材,对于激励大学生坚定共产主义信念、清醒认识身负的责任和使命都具有十分重要的意义。

(三)湘江战役红色基因本质:在存亡中勇于突破的精神为大学生补足精神之钙

敢于直面困难和问题,勇于自我反思、自我革命,是中国共产党历经百年奋斗锤炼的最宝贵品质。长征途中,党内“左”倾冒险主义军事路线导致了湘江战役陷入险境,中央红军本有机会突破湘江天险,但由于博古、李德等人的错误指挥,严重地影响了中央红军的突围速度,贻误

了宝贵战机，导致湘江战役演变为悲壮的血战，中央红军由 8 万多人锐减至 3 万多人。同时，也正是由于湘江战役使得中国共产党清醒认识到“左”倾路线的严重危害，激活了面对困难勇于自我反思和自我革命、面对问题勇于突破的湘江战役红色基因，使得全党统一认识，在极度危险的境地挽救了党，挽救了革命。

新征程上，各种风险挑战交织复杂，传承面对困难、勇于突破的湘江战役红色基因，有利于提升勇于破局、善于解题的勇气和信心。尤其是当前部分大学生存在信念感缺失、价值取向错位、“精神缺钙”等问题，面对困难和挑战时缺少必要的理想信念支撑，这正如习近平总书记强调的：“没有坚定的理想信念，就会在乱云飞渡的复杂环境中迷失方向、在泰山压顶的巨大压力下退缩逃避、在糖衣炮弹的轮番轰炸下缴械投降。”[9] 以湘江战役历史为鉴，深刻感悟革命先辈面对困难、勇于突破的湘江战役红色基因本质，可以有效帮助大学生提升站位、注入能量、补足精神之钙，帮助他们从容面对各种潜在的危机和挑战，不断突破和超越自己，从而勇立潮头，努力走好新时代的长征路。

（四）湘江战役红色基因灵魂：在血火中勇于牺牲的精神为大学生扎牢信仰之根

在湘江战役惨烈焦灼的血与火中，红军将士面对的是随时牺牲的威胁，特别是担任着后卫阻击和掩护撤退任务的部队，面对有去无回、死多生少的危局，每位红军将士皆怀必死信念，胸怀大局，慨然赴难，勇于牺牲，谱写了一曲曲感天动地的不屈悲歌。湘江战役中临危受命担任断后任务的绝命红三十四师，为掩护红军主力突围过江，面对十几倍于己的国民党军队和几十架飞机的轮番轰炸，勇于牺牲，以寡敌众，李宗仁曾在电报中说：“以新圩一地，彼此肉搏数次，得而复失者再。”最终，红三十四师 6 000 人的队伍为了完成任务最后只剩下几名幸存者，而师长陈树湘在掩护途中不幸被捕，他毅然用手透过腹部伤口断肠而壮烈牺牲。红三十四师在血与火中生动诠释了顾全大局、勇于牺牲的湘江战役红色基因灵魂，为湘江战役最后胜利打下了坚实基础。

青年大学生是民族的未来，是国家的希望，加强大学生爱国主义教育是确保党的事业后继有人的政治任务。当前，多元文化背景的冲击导致大学生的信仰出现危机，各种佛系“躺平”“摆烂”思想观点甚嚣尘上，部分大学生不以为耻反以为荣。因此，将红军将士在血火中顾全大局、勇于牺牲的湘江战役红色基因融入大学生理想信念教育，是有效帮助大学生健康成长成材的现实需要，可以激励大学生将爱国情内化为报国志，积极投身于中国特色社会主义事业的伟大实践。

三、湘江战役红色基因融入大学生理想信念教育的实现路径

青年一代大学生对中国特色社会主义的信仰坚定与否，关乎实现中华民族伟大复兴梦想的希望。革命战争时期传承下来的红色精神蕴含着党的初心使命和理想信念，是最生动的教材和最好的营养剂。习近平总书记强调：“坚定理想信念，必先知之而后信之，信之而后行之。”[10] 这为湘江战役红色基因融入大学生理想信念教育提供了基本遵循。把湘江战役红色基因融入大学生理想信念教育，坚定他们对中国特色社会主义的信念，是落实立德树人根本任务的必然要求。要实现湘江战役红色基因与大学生理想信念教育的互融互进，赓续红色血脉，可从如下几方面着手：

(一)守正:挖掘红色资源“动力源”,确保大学生理想信念教育入脑入心

将湘江战役红色基因融入大学生理想信念教育,应当在深挖湘江战役红色资源、讲好湘江战役红色故事基础上,找准体现湘江战役红色基因深刻内涵的“动力源”,引导大学生感同身受地回顾湘江战役红色历史,深化对湘江战役红色基因的思考,才能确保理想信念教育入脑入心。

习近平总书记强调:“要把红色资源作为坚定理想信念的生动教材,讲好党的故事、革命的故事、根据地的故事、英雄和烈士的故事,把红色基因传承好,确保红色江山永不变色。”[11]关于湘江战役的史料、文物、遗迹、故事等红色资源,是大学生理想信念教育生动而丰富的素材,近年来,湘江战役红色书写方兴未艾,如中宣部“五个一工程”图书特别奖获得者曾平标所著的长篇报告文学《向死而生》,详细叙述了这场中国革命历史上悲壮惨烈战役的过程,还原了那些尘封已久的历史细节;又如“2021年度中国好书”获奖图书《重生:湘江战役失散红军记忆》具有较高的现实、历史意义和史料、文学价值,为传承红色基因、弘扬湘江战役提供了具体文本。红色历史波澜壮阔,革命精神代代相传。参考文学界对湘江战役红色文学的创作,高校可以考虑开展湘江战役红色故事创作、湘江战役红色文学鉴赏等活动,如高校积极组织学生参加广西壮族自治区教育工委组织的“弘扬湘江战役精神、传承红色基因”主题征文比赛,以“情境导入”的方式激发大学生的学习创作热情,在创作红色故事或文章的过程中将革命素材内化为坚定的革命理想信念。

(二)创新:夯实课堂教学“主渠道”,确保大学生理想信念教育出新出彩

湘江战役红色基因是大学生理想信念教育的宝贵资源,将湘江战役红色基因融入课堂教学“主渠道”,用红色资源擦亮思政课程的政治底色,同时挖掘整合湘江战役红色资源和各类课程的结合点,把湘江战役红色元素有机融入各式各类教学,才能确保理想信念教育出新出彩。

湘江战役红色资源蕴含着伟大的革命精神和厚重的红色文化,这些红色资源是开展大学生理想信念教育和红色教育的生动素材,将之引入融入各式各类课程教学,既有利于丰富课程教学的内容,使得大学生理想信念教育更加生动感人,也有利于对湘江战役红色基因的深刻诠释,从而达到良好的理想信念教育效果。如广西师范大学成立“湘江战役与红色文化研究中心”,深入挖掘湘江战役的红色文化资源并编写成课程讲义,丰富红色教育资源供给;广西壮族自治区党委教育工委遴选认定“从湘江战役中汲取精神的力量”等党史优秀微课,将红色资源用活打造特色精品党课;桂林电子科技大学排练舞蹈《湘江红》,多维度再现悲壮的湘江战役,讴歌革命先辈的初心和信念,切实把党史讲活讲透。

(三)增效:丰富社会实践活动“大舞台”,确保大学生理想信念教育走深走实

找准红色资源“动力源”让学生“知之”是基础,夯实课堂教学“主渠道”让学生“信之”是前提,还需要丰富社会实践活动“大舞台”让学生“行之”,即广泛开展红色研学、红色主题社会实践、志愿服务等活动,帮助大学生在历史和现实的对比中深刻体会和认识中国特色社会主义是实现中华民族伟大复兴的必然路径,如此才能促进大学生知、信、行相统一,从而确保大学生理想信念走深走实。如广西外国语学院充分利用学校四史馆、红色广西——党性教育主题室暨爱国主义教育基地等丰富的校内教学资源,开展各式各样的实践教学活动,把思政课讲出了生命力;桂林理工大学红兴桂北大学生科技团队提出“湘江战役红色资源‘红+古+绿+少’”的综合开发构想,构建数学模型对湘江战役赋能情况进行分析,形成研学实践成果“湘江战役红色资源赋能红旅产业振兴调查报告”；广西各高校到桂林市全州红军长征湘江战役纪念园等地举办“青年红色筑梦之旅”活动，将社会实践和红色文化教育深度融合；广西师范大学组建“红色记忆”青马骨干宣讲团，前往湘江战役旧址开展重走红色之路等活动，帮助大学生在学史力行中汲取奋进的力量，自觉增强“四个意识”、坚定“四个自信”、做到“两个维护”，引导大学生坚定理想信念，以青春梦托起伟大的中国梦。

参考文献

[1]革命理想高于天[N]. 人民日报. 2021－4－28.

[2]中共广西区委党史研究室《湘江战役历史研究》课题组. 从湘江战役的英雄事迹中汲取精神伟力[N]. 广西日报，2019－9－10.

[3]陈云. 湘江战役精神给新时代青年的启示[J]. 长江丛刊，2020(08)：166＋192.

[4]潘健，王焕福. 论湘江战役的历史启示[J]. 社会科学家，1996(05)：70－75.

[5]朱章元. 传承湘江战役精神 深化大学生党史教育[J]. 淮北职业技术学院学报，2022，21(02)：14－18.

[6]甘庆华，周艺. 湘江战役红色资源思想政治教育价值的实现路径探微[J]. 广西职业师范学院学报，2022，34(03)：80－86.

[7]刘绍卫，区莹，韦鸿. 论湘江战役红军将士品格的生成和当代价值[J]. 柳州职业技术学院学报，2021，21(06).

[8]习近平. 纪念红军长征胜利 80 周年重要讲话[N]. 人民日报，2016－10－21.

[9]习近平. 论中国共产党历史[M]. 中国共产党的伟大革命精神跨越时空、永不过时. 北京：中央文献出版社，2021.

[10]习近平. 在 2022 年春季学期中央党校(国家行政学院)中青年干部培训班开班式上的重要讲话[N]. 2022.

[11]习近平. 用好红色资源 传承好红色基因 把红色江山世世代代传下去[OL]. 求是网，2021－5－15.

湘江战役红色文化资源融入大学生日常思想政治教育的调查分析

——基于859名大学生的数据

邓丽艳 卢平妮

摘 要:湘江战役红色文化资源蕴含着丰富的思想政治教育元素,具有鲜明的价值属性。调查数据表明,当前湘江战役红色文化资源融入大学生日常思想政治教育具有良好的实践基础,但还存在高校阵地作用发挥不够充分、湘江战役红色文化资源育人途径有待丰富、育人实效有待提升以及大学生对湘江战役红色文化资源的认知不足等情况。为此,文章提出将湘江战役红色文化资源融入"课程思政"教学、校园环境、校园文化活动、新媒体信息平台等方式充分发挥高校阵地作用,提高融入成效;搭建良好社会实践平台,创新教育方式和实践形式,拓宽融入介体;以自我教育为关键,学习、践行和弘扬湘江战役红色精神,激发融入活力等三方面的有效路径。

关键词:湘江战役;红色文化资源;大学生;日常思想政治教育

一、研究背景

湘江战役是红军长征的壮烈一战,其中的红色文化遗产以"人、事、物、魂"的形态体现红军长征的历史进程,蕴含着深刻的思想性、厚重的文化性,具有丰富的价值意蕴。日常思想政治教育是与大学生的日常学习、生活密切关联的教育活动,对实现个人的全面发展有着"润物细无声"的作用。将湘江战役红色文化资源融入大学生日常思想政治教育,既是湘江战役红色文化传承与弘扬的基本诉求,也是大学生日常思想政治教育的现实所需。湘江战役红色文化资源所蕴含的爱国主义、理想信念、民族精神等内容与日常思想政治教育的内容高度契合,并且其历史印证、精神弘扬的教育功能与日常思想政治教育规范引领、培根铸魂的教育目标高度一致,都在于激发学生的爱党爱国爱社会主义情怀,引导学生在学思结合中坚定理想信念,在踔厉笃行中增强文化自信。融入日常生活既是湘江战役红色文化摆脱"悬浮"状态实现自身价值的内在需要,同时也是日常思想政治教育有效性实现的必然要求。湘江战役红色文化的弘扬与传承需要在大学生日常思想政治教育实践活动中才能更好地落地生根,而大学生日常思想政治教育价值彰显也需要湘江战役红色文化的精神涵养方能凝魂聚气。因此,宣传、解读好湘江战役红色文化资源具有重要的理论和现实意义,将其融入大学生日常思想政治教育,深入挖掘其中蕴含的育人价值,是高校立德树人的需要。一方面,有助于提升新时代大学生日常思想政治教育的政治高度和情感温度,深化大学生对湘江战役红色文化的认同和热爱;另一方面,也有助于推动广西本土红色文化资源活化利用,充分发挥湘江战役红色文化的历史感召力和

基金项目:中共全州县委宣传部2021年度"挖掘红色资源 用好红色资源"系列委托课题(项目编号:2021QZXC003)。

现实渗透力，提高育人针对性和实效性。

目前，我国学者以湘江战役红色文化资源作为重要的思想政治教育资源，对其蕴含的巨大思想政治教育价值以及如何推进湘江战役红色文化资源进课堂、进教材和进校园等进行了研究，但大部分学者主要是立足于学校的视角来分析，侧重其在思政课程、校园文化、学校组织的社会实践等方面的运用，将湘江战役红色文化资源融入大学生日常思想政治教育研究的深度和广度还不够，缺乏对成功经验与存在问题的系统梳理及实现路径的系统研究。因而，对这一课题进行持续深入的探究具有重要的理论意义和现实意义。本文基于 859 名大学生的调查数据，分析湘江战役红色文化资源融入大学生日常思想政治教育的成效与不足，以问题为导向，探索湘江战役红色文化资源育人价值的实现路径。

二、调查分析

中国革命历史是最好的教科书，常读常新。① 湘江战役是中国革命历史中浓墨重彩的一笔，是大学生日常思想政治教育天然的“教科书”，对增强大学生日常思想政治教育的感染力和说服力、坚定大学生的理想信念、培养大学生良好的道德情操等方面具有重要意义。为掌握当前湘江战役红色文化资源融入大学生日常思想政治教育的现实情况，本研究对广西区内高校在校大学生进行了线上问卷调查和线下访谈，主要对大学生对湘江战役红色文化资源的认知与态度、大学生日常思想政治教育的现状以及湘江战役红色文化资源融入大学生日常思想政治教育的现状等方面进行了调研。共收到有效问卷 859 份。

（一）基本情况

在 859 份问卷中，男女比例为：男生占比 28.64%，女生占比 71.36%；专业涵盖了人文社科类、理工科类和艺术类，占比分别为：46.10%、33.88%、20.02%；政治面貌包括了中共党员、共青团员、群众，占比分别为 8.73%、68.92%、22.35%；学历方面涉及了研究生、本科生、专科生等，在读博士生占比 0.70%，在读硕士生占比 23.63%，在读本科生 61.23%，在读专科生 12.57%，其他 1.87%。总体而言，样本选取较为科学、合理。

（二）现状分析

1. 取得的主要成效

在调查“你认为学校重视湘江战役红色文化资源的宣传教育吗?”选项中，选择“很重视”“重视”，占比分别为 26.78%、39.00%。在调查“学校将湘江战役红色文化资源融入大学生日常思想政治教育的情况如何?”选项中，选择“很好”“好”，占比分别为 29.10%、39.70%。在调查“学校将湘江战役红色文化资源融入大学生日常思想政治教育的效果如何?”选项中，选择“很好”“好”，占比分别为 29.10%、40.28%。从以上三个选项可以看出，大部分学生认为学校重视湘江战役红色文化资源的宣传教育，说明当前高校对湘江战役红色文化资源的宣传和教育是具有一定成效的。

（1）湘江战役红色文化资源融入党团班级活动情况较好

在调查“你认为湘江战役红色文化资源融入党团活动等活动情况如何?”选项中，选择“很好”“好”，占比分别为 33.53%，39.58%。可以看出，这一红色文化在党团班级活动中具有良

① 摘自习近平在 2021 年 2 月 18 日给上海市新四军历史研究会百岁老战士们的回信。

好的实践基础，学习和宣传湘江战役红色文化资源以党团活动、班级活动为载体，具有一定的借鉴意义。如：有的高校创新校院“青马工程”培养模式，在“青马工程”学生中开展以湘江战役为主题的党日或团日教育活动，与全州县红军长征湘江战役纪念馆、兴安红军长征突破湘江烈士纪念碑园建立校地合作的青马工程培养体系，以此做好学生的思想引领工作。还有，各高校积极组织学生参与由广西壮族自治区党委宣传部指导、广西日报传媒集团主导的电影作品《湘江 1934 · 向死而生》高校巡回放映活动，参加广西壮族自治区教工委、教育厅主办的“弘扬湘江战役精神 · 传承红色基因”主题征文比赛等。

(2)湘江战役红色文化资源融入大学生日常思想政治教育途径较多

在调查“你认为当前宣传弘扬湘江战役红色文化资源的途径是否多样?”选项中，选择“很多样”“多样”，占比分别为 27.24%、35.16%。说明湘江战役红色文化资源融入大学生日常思想政治教育途径较多样化。如：在学生实践活动开展上，广西各高校先后开展了各种形式的社会实践活动(如暑期“三下乡”活动、社会志愿活动、寒暑假社会调查等活动)增强大学生对湘江战役红色文化资源的认识和实践。组织学生到兴安、全州、灌阳等爱国主义教育基地进行实地参观调研，现场聆听解说员讲解湘江战役故事、观看红色遗物、了解湘江战役历史，并向革命烈士默哀、鞠躬、献花篮，瞻仰革命烈士，在这些仪式的感召下，更加感受革命先烈的革命意志，形成感性认知和理性认知的统一，坚定听党话、感党恩、跟党走的信念和信心。此外，有的高校让学生结合自身所学专业创作红色文化作品，如旅游专业的学生撰写湘江战役纪念馆、纪念碑园导游词或拍摄现场讲解视频，广告设计专业的同学设计湘江战役的文化创意产品，美术专业的学生到湘江战役发生地采风，音乐表演专业的学生编排相关湘江战役的舞台剧、音乐剧等等。

(3)大学生对湘江战役红色文化资源学习意愿较好

从调查大学生对学习和弘扬湘江战役红色文化资源的态度来看，认为很有意义占比 57.51%、有意义占比 33.18%；在调查“你认为湘江战役红色文化资源融入大学生日常思想政治教育的意义如何?”选项中，认为很有意义占比 53.90%、有意义占比 34.69%，可见绝大部分学生对学习和弘扬湘江战役红色文化资源持支持和赞同态度。在调查“你是否愿意参与到湘江战役红色文化资源的宣传教育活动中来?”选项中，选择“非常愿意”“愿意”，占比分别为 41.79%、42.61%，可看出大多数学生都表示愿意参与到湘江战役红色文化资源的宣传教育活动中来。并且能认识到弘扬和传承湘江战役红色文化资源的重大意义，对湘江战役红色文化资源蕴含着丰富的育人价值有较高的认同感，认为湘江战役红色文化资源具有历史印证、精神弘扬、教育宣传、文明传承等多方面价值，使湘江战役红色文化资源融入大学生日常思想政治教育具有现实依据。

2. 当前存在的问题

(1)高校日常思想政治教育的阵地作用发挥不够充分

在调查“学校将湘江战役红色文化资源融入大学生日常思想政治教育的情况如何?”“学校将湘江战役红色文化资源融入大学生日常思想政治教育的效果如何?”两个选项中，分别有 30%左右的学生认为湘江战役红色文化资源融入大学生日常思想政治教育的情况和效果不佳，育人的成效仍有待提高。可见，尽管一些高校在推进湘江战役红色文化资源融入大学生日常思想政治教育实践取得了重要进展，但仍缺乏系统推进这种融入教育的顶层设计。从当前情况看来，一是存在工作思路单一、方式方法单调、创新性不足、吸引力不强、针对性不够难以入脑入心入行等问题。二是在融入教育的过程中,较强调湘江战役红色文化资源育人的政治价值功能,缺乏文化育人的实效性,对湘江战役红色文化资源的教学和实践学习流于形式,对湘江战役红色文化资源的育人价值挖掘不够。在日常思想政治教育过程中侧重于历史事件的讲解,抽象概念的分析,没有考虑当代大学生所处的时代背景、精神需求、实际问题等特点,和大学生的实际情况结合不紧密,导致部分学生对湘江战役红色文化具有刻板印象或是对强制灌输性的湘江战役红色文化教育产生逆反心理。

(2)湘江战役红色文化资源育人途径还需拓展

在调查“你认为学校重视湘江战役红色文化资源的宣传教育吗?”选项中,还有 34.22%的学生认为学校对湘江战役红色文化资源的宣传教育不够重视。在调查“你认为当前宣传弘扬湘江战役红色文化资源的途径是否多样?”选项中,还有 37.59%的学生认为当前宣传弘扬湘江战役红色文化资源的途径有待进一步拓展,还需要进一步拓宽高校日常思想政治教育的载体,深化湘江战役红色文化资源的融入程度。如:在实践环节,主要以参观、瞻仰战役旧址、纪念馆,聆听相关场馆讲解员的讲解等方式方法对青年学生进行思想政治教育,教育过程难免出现“走马观花”,存在教育形式化的问题。此外,有的高校仅依托主题党(团)日活动开展实践活动,每次参加的人员主要是学生党员、入党积极分子等学生骨干,大部分学生参与机会有限,教育的受众面较小。

(3)大学生对湘江战役红色文化资源的认知不足

湘江战役是发生在红军长征途经广西从全州县到兴安县上百公里战线上的壮烈一战,是促成遵义会议召开的“前奏曲”,对中国革命发展道路转折产生了重要影响。作为在广西学习的大学生,深入了解湘江战役进而了解伟大长征精神具有重大的历史和现实意义。调查数据显示仅有 34.69%的学生了解湘江战役的历史,42.61%的学生知道湘江战役发生地是在广西桂林全州至兴安段,大学生普遍对湘江战役红色文化资源的了解不够深入。因为部分大学生对湘江战役的了解不是很深刻,那么对湘江战役红色文化资源的具体内涵的理解和认同自然就不是很到位。从调查数据来看,大学生对湘江战役红色文化资源的具体内涵,很了解的占比 5.59%、了解的占比 31.90%、一般了解占 41.79%、不了解 18.39%、很不了解 2.33%。由此可见,部分学生对湘江战役红色文化资源的具体内涵还存在认知模糊的问题,因此难以将湘江战役红色文化资源的具体内涵内化于心、外化于行,在日常生活中做到知行合一。特别是当前受历史虚无主义影响,一些人肆意曲解党史、新中国史,企图以此否定中国共产党的领导、否定中国特色社会主义制度,少数大学生由于对党史、新中国史、改革开放史和社会主义发展史学习不够,理解不深,容易被一些错误观点牵着鼻子走,导致一些学生不能深刻理解和把握湘江战役红色文化资源的精神内涵、文化特质和深远影响,也因此对学校开展的思想政治教育心怀抵触,对湘江战役红色文化学习兴趣不浓,对革命先辈情感不深,对湘江战役红色文化资源认同度不高。

三、建议与对策

习近平总书记指出,做好高校思想政治工作,要因事而化、因时而进、因势而新,要更加注重以文化人以文育人,广泛开展文明校园创建,开展形式多样、健康向上、格调高雅的校园文化活动，广泛开展各类社会实践。① 高校应着力将湘江战役红色文化资源融入立德树人全过程，创新思路、途径和方式方法，充分发挥湘江战役红色文化资源的思想政治教育功能。

（一）发挥高校阵地作用，提高融入成效

高校作为社会主义意识形态的主阵地，在湘江战役红色文化资源实现有机整合、创造性转化和创新性发展上具有重要的社会责任。在新时代教育背景下，各高校应积极响应习近平总书记“让红色基因、革命薪火代代传承”②的号召，探索实现湘江战役红色文化资源融入大学生日常思想政治教育的有效对策，“发挥融入式、嵌入式、渗入式的立德树人协同效应”③，为当代大学生的精神家园建设提供源源不断的精神滋养，推动高校思想政治教育立德树人、铸魂育人的长效发展。

1. 融入“课程思政”教学，让日常思想政治教育素材“富”起来

“课程思政”是充分发挥各类课程德育功能的有效载体。各高校首先要推动专业教师坚持正确的党史观，把湘江战役红色文化资源领悟好、研究透，以正面宣传教育为主，警惕夸大党史上的失误和曲折，对大学生加强思想引导和理论辨析；其次是加强培养专业教师既做“经师”又为“人师”，结合各门课程及各专业特色，运用德育的学科思维，在专业教学中有机融入湘江战役红色文化资源教育，使湘江战役红色文化资源更广泛地融入大学生的培养课程中。

2. 以校园环境为依托，让湘江战役红色文化资源“活”起来

传承红色文化，依托于校园文化建设是关键，学校应建设体现忠诚、爱国、团结、奉献等主题的红色文化校园实景，推进“一站式”学生社区建设、“红湾”建设、校内党史馆建设、“红色小屋”建设、红色文化长廊建设，多视角、全方位进行红色文化建设和对学生进行文化熏陶，让红色基因渗透到校园每一个角落，传承到每一位学生。在校园文化建设中融入湘江战役红色文化内容，在系列校园文化项目建设中融入湘江战役的元素，展示湘江战役时期的名人轶事、珍贵文物，营造红色文化氛围，让学生通过每日的所见所闻深切感悟革命先辈们为了取得革命胜利而不怕牺牲、英勇斗争的大无畏精神，从而达到情感的共鸣。

3. 以文化建设活动为抓手，让湘江战役红色文化资源“火”起来

习近平总书记提出，思政课“要坚持显性教育和隐性教育相统一”④。校园文化是隐性思政课程，影响着一批又一批学生的成长和发展，湘江战役红色文化资源的利用应当充分发挥显性课程与隐性课程的互补作用。“讲好党的故事、革命的故事、英雄的故事，设计符合青少年认知特点的教育活动”。⑤ 以大学生喜闻乐见的方式在校园系列活动中挖掘拓展湘江战役红色文化资源的育人功能，各高校应以党史学习教育常态化制度化为契机，广泛开展湘江战役红色知识宣讲、报告会、征文比赛、演讲比赛、文艺展演、专家讲座、主题党日、主题团日活动等，使大学生在各类文化活动中既加深了对湘江战役红色文化资源的理解，又丰富了精神文化生活。

---

① 习近平总书记在全国高校思想政治工作会议上强调：把思想政治工作贯穿教育教学全过程开创我国高等教育事业发展新局面[N]. 人民日报，2016-12-09(01).

② 习近平．在党史学习教育动员大会上的讲话[J]. 党建，2021(4).

③ 习近平．思政课是落实立德树人根本任务的关键课程[J]. 求是，2020(17).

④ 习近平．习近平谈治国理政(第三卷)[M]. 北京：外文出版社，2020：331.

⑤ 习近平．用好红色资源、赓续红色血脉，努力创造无愧于历史和人民的新业绩[J]. 求是，2021(19).

4. 以新媒体信息平台为载体，让湘江战役红色文化资源“亮”起来

充分利用网络新媒体传播速度快、使用率高的优势，线上线下相结合，建立红色文化微媒体，让湘江战役红色文化资源搭上时代的快车，通过微信公众号、红色 App，开设红色微博、红色移动课堂等网络平台，用好知乎、抖音、快手、哔哩哔哩等新兴宣传阵地，创建高校抖音号、快手号，定期策划湘江战役红色文化教育系列，及时更新湘江战役遗址参观指南、英雄及其后代的感人故事、优秀学术研究成果等，并开通互动交流的板块，让大学生自由分享自己的体会感悟，打造一个有吸引力、生动活泼的网络育人空间，充分发挥新媒体正向宣传教育功能。

（二）搭建社会实践平台，拓宽融入介体

“一种价值观要真正地发挥作用，必须融入社会生活，让人们在实践中感知它、领悟它”。① 打造课内课外、校内校外相结合的社会实践平台，有利于保证湘江战役红色文化资源入脑、入心、入行。

1. 创新教育方式方法

围绕实践育人主旨，避免走入“红色文化社会实践就是红色文化旅游”这一误区，高校可以湘江战役沿线革命遗址为依托，共建湘江战役爱国主义教育基地、社会实践基地、志愿服务基地，通过沉浸式、情境式、体验式等教育形式，在参观学习中嵌入志愿服务、社区服务等公共服务形式。如：合理引导有扎实党史党建知识储备的学生到相关纪念馆、博物馆进行党史展览解说服务或到社区进行湘江战役红色文化资源宣讲教育。通过多元化的实践环节，解决目前的实践教育存在形式化的问题，让学生在“看、听、思、悟、行”的过程中感受到湘江战役之激烈，红军战士之伟大革命精神，积极争当伟大红色精神的传播者和弘扬者。

2. 创新实践活动形式

以建设长征国家文化公园广西段项目为契机，组织大学生深入兴安、灌阳、全州等桂北地区采访拥军家庭、寻访抗战老兵，聆听他们的故事，寻找湘江战役的民间记忆，广泛征集散落在民间的反映湘江战役的革命文物、军民故事、红色歌谣等；开展湘江战役沿线红色文化研学活动、红色文化资源保护利用研究等各类社会调研活动，在调研过程中学生可以对有红色背景的古村落进行记录、抢修，对红色文化资源进行保护或为推进长征国家文化公园广西段建设建言献策，让大学生在社会实践中感受和领悟湘江战役红色精神的真谛，增强自身的公共参与意识和公共服务的社会责任感。

（三）以自我教育为关键，激发融入活力

大学生是湘江战役红色文化资源教育的接受者、受益者，亦是践行和弘扬湘江战役红色精神的主体，具有主观能动性、主动创造性。湘江战役红色文化资源的价值意蕴是通过受教育者的内化与外化形式表现出来的，这就需要大学生做到知信行合一。

1. 学习湘江战役红色文化，武装思想头脑

只有激发人内心自主学习的意愿，教育效果才能达到最大化。尤其是大学生正处于思维活跃、可塑性大的年龄阶段，激发内心积极参加湘江战役红色文化资源思想政治教育活动的热情，将会实现与红色教育资源的良性互动。因此大学生要主动学习和研究湘江战役、红军长征的历史，在大量真实、鲜活的革命人物、英烈事迹、革命遗址等红色故事与情境中唤起情感共

---

① 习近平．习近平谈治国理政[M]. 北京：外文出版社，2014：165.

鸣，深化对湘江战役红色文化资源的认知，进而推动湘江战役红色文化资源在心里落地生根、开花结果。

2. 讲好湘江战役红色故事，激发主体动力

正如习近平总书记所强调的："讲故事，不仅老师讲，而且要组织学生自己讲"。① 在讲红色故事的过程中，多让学生"唱主角"，注重激发大学生的主体动力。要让学生深刻认识到讲好湘江战役红色故事，是讲好中国故事、中国共产党故事、中国人民故事的重要部分和内容。作为新时代的大学生，可根据自身的专业的实际，发挥专业特长，运用文学、朗诵、雕塑、书法、绘画、舞蹈、音乐等丰富多样的形式，以情景再现的方式，通过将党史故事化，将故事形象化，展现湘江战役的伟大革命精神，讲好湘江战役红色故事，传承红色基因。

3. 践行和弘扬湘江战役红色精神，坚定文化自信

红军将士视死如归、向死而生、一往无前、敢于压倒一切困难而不被任何困难所压倒的崇高精神，永远值得我们铭记和发扬。作为新时代的青年，要弘扬红军战士在湘江战役中表现出的对党忠诚、坚定信念、视死如归、顽强拼搏等红色基因，并对自身的信仰、修养、情操等进行自我省思，用红色精神坚决抵制现实社会中的物质主义、享乐主义、利己主义、个人主义和历史虚无主义等"灰色精神"和"黑色精神"，在红色精神滋养中把爱国情、强国志、报国行融入实现中华民族伟大复兴的中国梦之中。

参考文献

[1]习近平总书记在全国高校思想政治工作会议上强调：把思想政治工作贯穿教育教学全过程开创我国高等教育事业发展新局面[N]. 人民日报，2016－12－09(01).

[2]习近平. 在党史学习教育动员大会上的讲话[J]. 党建，2021(4).

[3]习近平. 思政课是落实立德树人根本任务的关键课程[J]. 求是，2020(17).

[4]习近平. 习近平谈治国理政(第三卷)[M]. 北京：外文出版社，2020：331.

[5] 习近平. 用好红色资源、赓续红色血脉，努力创造无愧于历史和人民的新业绩[J]. 求是，2021(19).

[6]习近平. 习近平谈治国理政[M]. 北京：外文出版社，2014：165.

[7]习近平. 思政课是落实立德树人根本任务的关键课程[J]. 求是，2020(17).

① 习近平. 思政课是落实立德树人根本任务的关键课程[J]. 求是，2020(17).

党的二十大精神融入经管专业经济法课程思政的思考

杨　阳

摘　要：学习和宣传党的二十大精神是当前和今后一个时期必须完成的政治任务，经管专业经济法课程是跨学科的法学基础课，及时融入党的二十大精神是经济法课程思政的应有之义。在融入党的二十大精神时，应进一步丰富完善经济法课程思政教学目标，深入挖掘思政元素，选取适合的教学方法，提升教学效果，确保党的二十大精神与课堂有机融合，有效进入学生头脑，培养德才兼备的建设社会主义现代化的经管人才。

关键词：党的二十大精神；经济法；课程思政；思政元素

党的二十大是我国迈上全面建设社会主义现代化国家新征程、向第二个百年奋斗目标进军的关键时刻召开的会议，具有特别的里程碑意义。将党的二十大精神融入课堂教学，及时准确向大学生传达、解读党在政治上、理论上、实践上取得的一系列重大成果，是高校落实立德树人根本任务必须完成的使命。党的二十大报告突出强调了“用党的科学理论武装青年，用党的初心使命感召青年”，是党对青年思想政治工作提出的新要求。从高校思政教育的角度来看，要完成好新要求，仅仅依靠思政课程是不够的，思政课程和课程思政需要通力协作、同向同行。以党的二十大报告内容为主线，结合专业知识体系，深挖其中蕴含的思政元素，运用多种教学方法生动地讲好党的科学理论和初心使命，着力培养听党话、跟党走，有理想、敢担当、能吃苦、肯奋斗的新时代好青年。

一、融入党的二十大精神是经济法课程思政的应有之义

学习和宣传党的二十大精神，是当前和今后一个时期全党全国必须完成的政治任务[1]。高校作为培养社会主义建设者和接班人的重要阵地，必须肩负起向学生宣传讲授党的二十大精神的工作重任，积极推进党的二十大精神进教材、进课堂、进头脑[2]。这项工作不能只依靠思政课程的“显性教育”，更需要专业课课程思政的“隐性沁润”[3]。党的二十大精神意义重大、内涵丰富，包含从马克思主义理论到高质量发展、科教兴国、全面依法治国、保障人民福祉等与经济法息息相关的内容。相较思政课程，经济法作为专业课，可以结合宪法法律、国家政策、社会问题和人民生活形象生动地阐述党的二十大精神，具有非常好的说服力、吸引力和感染力，能加强学生对坚持党的领导、坚持马克思主义、坚持中国式现代化的认同感和信念感，具有其他课程不可替代的优势。

教育部《高等学校课程思政建设指导纲要》将经济学、管理学、法学类专业课程归为一类，而经济法这门课程恰好兼具了经济学、管理学和法学三重属性。我国经济法的历史和发展，与

社会主义市场经济发展和法治中国建设紧密相关，其教学强调理论联系实际，通过“马克思主义理论—宪法和法律—政策规章—社会现象—执法和司法实践”的教学过程，系统性培养学生的思想政治素养和专业知识能力，具有“立德树人”的先天优势。

二、融入党的二十大精神的经管专业经济法学课程思政教学特点

（一）经济法课程要承担普法教育的作用

党的二十大报告提出，要“深入开展法治宣传教育，增强全民法治观念”。经济法课程不论从学情还是课程定位来看，都应当发挥高校学生普法教育、法学“启蒙”的作用。经济法作为专业基础（核心）课一般开设在本科大二以前，如中央财经大学有 36 个经管类专业在第 1—3 学期开设“经济法通论”课程，广东财经大学有 8 个管理类专业将经济法开设在第 3 学期。① 本科前两年主要学习工具性知识（数学、外语、计算机）和专业基础知识，在经济法课程之前，学生专门进行法学学习的课程只有大一必修的“思想道德与法治”。由此引发两方面的问题：一是经济法课程是经管专业学生接触的第一门法学专业课。大学低年级学生缺乏社会实践和人生经历，有法治大概念，而没有具体的法律知识，部分学生不关心政治和法治，甚至对此毫无兴趣，学生法学基础薄弱[4]。二是要落实党的二十大精神，经济法课程就需要承担两方面的教育责任，一方面讲授法学专业知识，另一方面贯彻思政进课堂，培养学生法治思维和法律素养，让学生有意识地主动尊法学法、知法用法、守法护法。

（二）经济法课程是跨学科的法学基础课程

由于经管专业的学生，毕业后主要从事经营管理工作，在坚持全面依法治国的时代背景下，宏观经济政策、企业合法合规经营和经管人员职业操守都涉及法律知识，经济、管理和法律法规越来越密不可分，这也是大部分经管专业开设经济法课程的原因。经济法课程是法学课程，但不是法学专业的课程[5]，经管专业的学生并不需要像法学专业学生一样处理具体法律事务，因此，与法学专业开设的经济法学落脚点要有所不同。从理论角度看，经济法不少理论源于经济学、管理学的研究，比如反垄断法的理论基础就建立在产业经济学之上；从实践角度看，分析判断经济形势，确认经济业务的合法合规性或指导个人职业行为都可能会运用经济法知识，因此，经济法课程落脚点应着重在方法论和实践性。

部分学者认为当前的经济法教学内容针对性不强的问题比较突出，提出经济法课程应区分金融、税务、会计、审计不同专业制定不同内容[5]，但这并不符合大部分高校实际。一方面，极少任课老师有跨经管法三个专业的背景，很难区分不同专业的需求；另一方面，同一门课不同专业的教学内容不同，加大了教学管理难度。在经济法作为法学“启蒙”课的前提下，经济法的教学目标更多的是培养学生的法治观念和学法兴趣，让学生在日后的学习工作中，自然而然尊法学法守法用法即可。如果确实需要区分专业，可在经济法课程内增设特色专题，或开设与专业相关其他法学类选修课，比如民商法、预算法、审计法规等。

（三）经济法是紧跟时代发展的课程

中国式现代化需要坚强的法治保障[6]。经济法诞生于现代市场经济，最大的特征就是现代性，其核心就是解决市场经济中出现的市场失灵、政府失灵问题，不论是地方债风险、扩大国

---

① 根据《中央财经大学 2022 级本科生学分制培养方案》《广东财经大学 2022 级人才培养方案》整理。

内需求等宏观调控问题，还是垄断、不正当竞争等市场规制问题，经济法始终服务的都是全面建设社会主义现代化国家的宏伟目标。我国的经济法是马克思主义同中国具体实际相结合而诞生的市场经济法律部门，是坚持走中国特色社会主义法治道路，解决社会主义市场经济问题的法律集合。经济法是为时代服务的，经济法的课程也必须紧跟时代，要培养社会主义事业的接班人，法治保障有力的践行者，应当让学生从经济法这门课程中明白法治和经济的关系，法治中国和中国式现代化的关系，让学生学会紧跟党前进的步伐，从思想、行为和人生道路选择上树立远大理想，立志成为建设社会主义现代化国家所需要的优秀人才。

三、以融入党的二十大精神为契机完善经济法课程思政的教学目标

(一)经管专业经济法课程思政教学目标的现状

党的二十大报告高度重视教育工作，将教育强国摆在 2035 年国家文化软实力的首要地位，再次强调了立德树人是教育的根本任务，强调了“培养什么样的人才、怎样培养人才、为谁培养人才”是教育的根本问题。教育部对经济、管理、法学类专业课程的课程思政教学要求是“培育学生经世济民、诚信服务，德法兼修的职业素养”[7]。当前，高校经济管理专业开设“经济法”作为专业基础(核心)课已经比较普遍[8]，其最初的目的在于使学生掌握和经营管理、财务会计等相关的法律知识，培养具备一定法律素养的经管从业人员。在课程思政的大背景下，很多学校从法律学科的视角出发，结合依法治国和以德治国的要求，将经济法课程思政的教学目标定位在“立德树人、德法兼修”[9]，往往忽略了“经世济民、诚信服务”。单纯地将经济法视为法学课程，显然不符合经管类专业开设此课程的实际需求，经管专业所学的经济法其实是跨学科课程，不是纯粹的法学课，也不应将“经世济民、诚信服务、德法兼修”三种素养割裂为经济学、管理学和法学分别承担一部分，应当作为经济学、管理学和法学共同的教学目标，因此，当前经济法课程思政教学目标仍有完善的空间。

(二)融入党的二十大精神的经济法课程思政教学目标

党的二十大报告对建设社会主义现代化国家需要什么样的人才指明了方向，要求“广大青年要坚定不移听党话、跟党走，怀抱梦想又脚踏实地，敢想敢为又善作善成，立志做有理想、敢担当、能吃苦、肯奋斗的好青年”，这就是高校培养人才的目标方向。结合教育部的要求，也能从党的二十大报告中，找到对应的内容:“经世济民”是中华传统文化中知识分子的崇高理想，在建设社会主义现代化的背景下，属于青年理想信念的一部分；“诚信服务”中，“诚信”是道德品质，“服务”既可以是服务党和国家，也可以是服务人民群众，属于社会主义核心价值观的一部分；“德法兼修”是对立德树人的回应，强调青年要德才兼备，属于人才强国战略要求的一部分。

综合以上内容，经管专业经济法课程思政可以设定“四位一体”的教学目标:学生在完成经济法学习后，能自觉做到“两个维护”“四个意识”“四个自信”，即政治坚定目标；能心系天下、经世济民、志向远大，即理想信念目标；能诚信友善、奉献担当、吃苦耐劳，即职业道德目标；能尊法守法、知法用法、公平正义，即法治观念的目标。四个目标根据人的认识发展过程，由浅入深逐步推进，最终实现立德树人的根本目标(图 1)。

课程思政教学目标要体现价值塑造、知识传授和能力培养三者的统一，思政目标不能脱离知识目标，两者相辅相成，否则谈不上“德法兼修”。知识目标需要跟随课程教学逐步实现，思

政目标要配合知识目标同步进行，循序渐进，能起到“润物细无声”的效果，使学生在学习知识的同时，不知不觉对思政内容感到认同并且理解，潜移默化地影响青年的世界观、人生观和价值观，进而实现立德树人的思政目标。

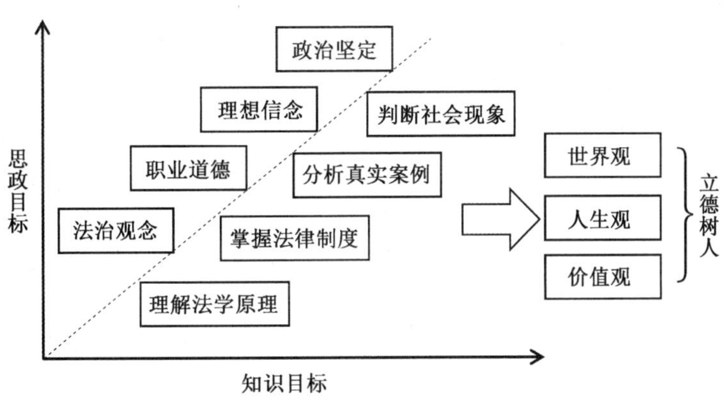

图 1　经济法“四位一体”的思政目标

三、经济法课程中体现党的二十大精神的思政元素

党的二十大报告回望了新时代十年取得的伟大成就，深刻总结了新时代发展中国特色社会主义的重大理论和实践成果，具有丰富的思政元素，蕴含极高的育人价值。围绕党的二十大报告有关内容，深挖思政元素，有助于全面拓展经济法课程思政的教学内容，进一步提升经济法课程思政教学的效果。要弄清党的二十大报告有什么可以用于经济法课程思政，必须厘清党的科学理论与经济法理论的关系，党的历史实践与经济法实践的连接点。开展经济法课程思政 6 年以来总结了丰富而繁多的思政元素，过去的思政素材不需要全盘抛弃，而是应当全面更新，特别是要注意党的二十大精神的一些新提法、新理论（表 1）。

表 1　融入党的二十大精神的经济法思政元素

元素	党的二十大精神	经济法知识点	教学目标
理论元素	坚持和发展马克思主义	经济法的学习和研究方法	政治坚定
	习近平新时代中国特色社会主义思想	经济法的基本原理、各实体法的基本原理	政治坚定、理想信念、法治观念
	中国式现代化	经济法的发展与司法实践	理想信念、法治观念
实践元素	构建新发展格局，推动高质量发展	宏观调控法律制度、市场规制法律制度	理想信念
	全面依法治国	经济法的基本原理、经济法的发展与司法实践	职业道德、法治观念
	践行社会主义核心价值观	经济法各实体法与价值观相关部分	理想信念、职业道德
	中华优秀传统法律文化	经济法的宗旨原则、各实体法基本原理	法治观念、职业道德

(一)将习近平新时代中国特色社会主义思想融入课程思政

经济法的研究和教学必须坚持以马克思主义科学理论和习近平新时代中国特色社会主义思想为指导。经济法的宗旨是“依法运用国家调制手段解决市场失灵问题,保障经济与社会中普遍公正价值的实现,维护社会公共利益,促进经济与社会的良性运行与协调发展”[10],是典型的“分配法”,解决的是分配公平、共同富裕的问题,解决的是社会效益、公平竞争的问题,解决的是政府与市场、自由与秩序的问题,突出体现了“以人民为中心”的思想。以此类知识点为基础,将“以人民为中心”的思想引入教学内容,解释为什么党要围绕新时代我国社会主要矛盾推进各项工作,从法治的角度,我们如何去实现新征程的使命目标。比如,在讲授消费者保护法的保护对象时,不仅要说明保护消费者的原因是由于其在交易中的弱势地位,还要强调保护消费者是以人民为中心思想的体现,保护消费者保护的不单是消费者的权益,更是在保护人民的获得感、幸福感和安全感。

可以进一步引入“四个自信”,正因为党坚持人民至上的理念,才能取得新时代十年来经济、社会、法治方面的伟大成就,一步步加深学生对习近平新时代中国特色社会主义思想的理解,在循序渐进的教学设计里,让学生逐渐提升对党的认同,对社会主义道路的认同,从而树立听党话、跟党走,胸怀天下、为人民谋幸福的意识。

(二)将新时代十年的伟大变革和高质量发展目标融入课程思政

党的二十大系统总结了新时代十年取得的理论和实践上的伟大成就,总结了中国式现代化的定义内涵,新时代十年的成就除了依法治国与经济法直接相关外,其余内容都可以从法律保障作用的角度与经济法相结合。同时,党的二十大报告详细阐述了如何构建新发展格局,推动高质量发展,其中不乏与经济法直接相关的表述,如“健全现代预算制度,优化税制结构……加强反垄断和反不正当竞争……”都是非常好的宏观调控法和市场规制法的思政元素。在教学时结合两类法律制度的基本原理,讲明经济法如何在国家宏观调控和市场治理中发挥作用,加入恰当的案例深入讲解,比如,我们“实现了小康这个中华民族的千年梦想”与宏观调控法律制度息息相关,正是一套完整、系统、严格的财政、税收、金融法律法规约束,我们的财税政策才能得到落实,扶贫资金才能源源不断输送到贫困地区,实现脱贫攻坚的重任;进一步可以延伸至财政税收法律法规和政策的制定,其制定都必须坚持马克思主义理论指导,遵守立法法和相关规定,这些又恰恰是这十年来我们党坚持依法治国、依宪治国、依法执政、依法行政的成果。

如此将思政内容融入经济法,有助于学生理解依法治国与经济发展的关系,形成逻辑链条和系统思维,引导学生树立“经世济民”的崇高理想,坚定大学生对共产主义的信仰、对社会主义现代化的信心、对党的信任。

(三)将全面依法治国和中国式法治现代化融入课程思政

党的二十大报告提出要“坚持全面依法治国,推进法治中国建设”。在经济法课程思政中引入全面依法治国需要考虑两个方面:一是经济法作为全面依法治国的证据,以经济法知识和司法实践为切入点,证明我国法治进步和新时代法治中国建设的成就,让学生理解全面依法治国战略的意义和重要性,对法律产生崇敬之情和浓厚兴趣。二是经济法作为落实“开展法治宣传教育,增强全民法治观念”要求的载体,以经济法基本理论、历史和发展为切入点,结合经济法讲解宪法和中国特色社会主义法治,培养学生辩证思维和法治思维;用经济法具体法律内容和案例,结合职业道德和价值判断,训练学生运用马克思主义世界观、价值观、方法论正确判断个体行为和社会问题的能力。

中国式现代化的法治篇即中国式法治现代化[11]，突出的是中国式现代法治与西方现代法治完全不同的道路。经济法的历史和发展正是体现中西差异的最好内容，一方面讲清楚中国经济法与西方经济法不同之处，另一方面要讲清楚差异存在的根本原因，即法治建设的指导思想不同、基本国情不同、服务对象不同。这十年中国特色社会主义法治体系加快建设，经济法在立法、执法、司法上都取得了许多成果，立法更加科学、执法更加规范、司法更加公正，在教学时一定要与时俱进，及时把经济法的新变化加入其中，结合中国式现代化的五大特点，说明其内在逻辑，帮助学生理解法律修正的原因、政策制定的依据，增进学生对党的信任，对依法治国的认同。

(四)将社会主义核心价值观和中华优秀传统法律文化融入课程思政

党的二十大报告指出："坚持依法治国和以德治国相结合，把社会主义核心价值观融入法治建设、融入社会发展、融入日常生活"。在法治教育中，绝不能缺少德育。社会主义核心价值观是老生常谈的内容，学生既熟悉又陌生，熟悉是因为从小到大思政课都会讲核心价值观，陌生是因为真正有意识去落实核心价值观的人并不多。许多媒体评论这一代青年是"精致的利己主义者"，要改变这种风气，必须让核心价值观走入学生生活，专业课相较于思政课的优势也在于此。经济法涉及极多执法和司法案例，有"高大上"的反垄断执法，也有"接地气"的消费者维权，善用与学生"亲近"的案例，让学生从法律视角剖析案件当事人的价值观，使学生能感同身受，受到教育，并反思自身，在进入工作岗位后，也能保持这种自省的精神，时刻用道德、法律约束自己的言行，积极践行社会主义核心价值观。

党的二十大要求，以社会主义核心价值观为引领，传承中华优秀传统文化。在经济法中融入中华优秀传统文化，可以增加经济法的人文色彩，让学生领悟古人良法善治的智慧，培养学生经世济民的精神。同时，加入传统文化元素还可以帮助学生增进对习近平法治思想的了解，激发学生的民族自豪感。如讲解垄断时，引入《孟子·公孙丑》"必求垄断而登之，以左右望而网市利，人皆以为贱，故从而征之"。说明垄断并非"舶来品"，早在 2 000 多年前，我国古人就发现了这个问题，并运用了经济法(征税)的手段治理，体现了中华传统文化对仁、善的认识。

四、融入党的二十大精神的经济法学教学方法

当前的法学课程思政教学方法主要是讲授分析法和案例教学法[12]，融入党的二十大精神，要"盐"溶于专业课之"汤"，将其有机地融入课程[13]，还要适当尝试多种形式的教学方法，比如讨论启发法、辩论教学法、情景模拟法、同伴教学法等，针对不同的思政元素采取不同的方法。

(一)能在实践中体现的内容更适合案例教学法

法条必须付诸实践才有生命，而司法判例是对法条最直观的解释，因此案例教学法在法学课程中最为常见。党的二十大精神思政元素中，体现法治观念、职业道德的部分用案例教学法比较适宜。案例除了能体现思政元素外，还要优先选择与学生"贴近"的案例，即案例要贴近学生学习生活、认知水平和专业背景，尽量能激发学生兴趣。

比如，消费者保护法中一个案例——大学生王某诉上海某游乐园禁止游客带零食入园案，经课堂实践验证其案例效果非常好，主要原因：一是大学生的身份贴近学生；二是游乐园禁止

游客自带饮食这类“不平等条约”，学生大都经历过；三是以弱对强的诉讼，最终胜利，具有戏剧性反转效果，容易让学生留下深刻印象，改进了学生对司法的认知；四是一个大学生的坚持造福了所有游客，勇于伸张正义，相信司法公正，充分体现了核心价值观。其他案例亦可依样画葫芦，以“法条—案例—从‘人’的角度解读—思政元素”选取和讲解案例，确保案例能与学生产生共鸣，将思政元素讲活讲透，提升思政教育的效果。

（二）具有哲学性和思辨性的内容更适合讨论启发法或辩论教学法

与马克思主义理论和习近平新时代中国特色社会主义思想世界观、方法论相关的内容，一般会结合经济法基本理论讲授，教学目标是坚定学生的政治立场和理想信念，这类内容极易生搬硬套，很难通过讲授知识和分析案例让学生理解，最好的方式就是激励学生自主学习，如讨论启发法或辩论教学法。操作方法：首先，围绕思政元素，提出某个社会热点问题的两面性；其次，要求学生分组查阅资料；最后，开展讨论或辩论，实现真理越辩越明、道理越讲越清的效果。比如，在讲到经济法是社会本位之法时，通过案例“快递低价竞争为什么国家要介入”，讨论明明是消费者受益的事情，为什么国家监管部门要出手干预，到底干预是不是正确的。经过课堂实践验证，大多数学生能从个人利益和社会利益的关系进行解读，学生通过自己查资料、与同学讨论，能把一件对他们而言是小事的事情，逐渐上升到社会秩序、公众利益上，从而理解国家实施经济法的意义。

五、小结

党的二十大精神是今后一段时间课程思政的重要内容，经济法作为跨学科法学基础课程有天然的课程思政优势。将党的二十大精神融入经济法课程，能丰富课程思政教学目标，丰富经济法课程思政的内容，提升经济法课程思政质量。运用适当的教学方法，使党的二十大精神能有机融入课堂，及时、有效地传达给大学生，培养大学生正确的世界观、人生观、价值观，落实“立德树人”根本任务，为党和国家输送合格的“新时代好青年”。

参考文献

[1]中共中央. 中共中央关于认真学习宣传贯彻二十大精神的决定[N]. 人民日报，2022－10－31(1).

[2]储召生，高毅哲. 深入学习宣传贯彻二十大精神 办好人民满意的教育——访教育部党组书记、部长怀进鹏[N]. 中国教育报，2022－12－13(1).

[3]高德毅，宗爱东. 从思政课程到课程思政：从战略高度构建高校思想政治教育课程体系[J]. 中国高等教育，2017(01)：43－46.

[4]王艳. 应用型本科高校经济类专业经济法课程教学改革探索[J]. 教育理论与实践，2016，36(06)：48－49.

[5]王开宇. 财经高校非法学专业经济法“课程思政”改革探析[J]. 吉林广播电视大学学报，2019(05)：147－148.

[6]汪洋. 做好中国式现代化法治保障[EB/OL]. 中国人大网，2022－11－29. http://www.npc.gov.cn/npc/kgfb/202211/5f297bcd5631447fb0dfabc34a1954b0.shtml.

[7]教育部. 高等学校课程思政建设指导纲要[EB/OL]. 中国政府网，2020－5－28. http://www.gov.cn/zhengce/zhengceku/2020－06/06/content_5517606.htm.

[8]潘斯华. 经管类专业“经济法”课程思政的思考与实践[J]. 梧州学院学报，2021，31(04)：93－97.

[9]丁克."课程思政"在《经济法》课程中的思政框架构建与教学融入[J].经济师,2022(07):186－188＋191.

[10]《经济法学》编写组.经济法学(第三版)[M].北京:高等教育出版社,2022.

[11]黄文艺.推进中国式法治现代化 构建人类法治文明新形态——对党的二十大报告的法治要义阐释[J].中国法学,2022(06):5－26.

[12]袁泉.应用型高校法学课程思政教学方法探析[J].科教文汇,2022(07):98－100.

[13]蒲清平,黄媛媛.党的二十大精神融入课程思政的价值意蕴与实践路径[J].重庆大学学报(社会科学版),2022(6).

“课程思政”在管理会计的实践探索

叶宇璐

摘　要：目前现代化市场环境对从业者的会计职业素养提出了越来越高的要求，2016 年 12 月，习近平总书记在全国高校思想政治工作会议上强调“使各类课程与思想政治理论课同向同行，形成协同效应”，指明了高校各类课程与思政理论课协同建设、协同育人的根本方向。因此，为了满足素质改革大环境背景下人才的需求，本科院校应如何突破“课程思政”与专业课程的融合瓶颈，实现真正意义上的课程思政与思政课程的“同向同行”是亟待解决的问题。本文通过“课程思政”在管理会计的实践路径探讨，将课程思政融入课堂教学案例中，以期实现专业思政，培养德才兼备大学生的目的。

关键字：管理会计；课程思政；思政教学

一、研究意义

2020 年 5 月，教育部颁布了《高等学校课程思政建设指导纲要》对课程思政的开展明确了路线。在各高校推进课程思政与思政课程的“同向同行”，素质改革大背景下，教师需要创新教学，以调动学生自主学习的积极性和能动性。专业课程和思政课程的融合教学，一方面能提升专业知识和技能培养，另一方面构造学生核心思想理念和道德感，为培养具有国家情怀，使命责任的创新人才打下坚实基础。

2014 年 10 月，财政部发布了《关于全面推进管理会计体系建设的指导意见》，开始自上而下推进管理会计在我国的标准化和职业化发展。我国管理会计体系建设的总目标是建立与我国社会主义市场经济体制相适应的管理会计体系。“管理会计”课程作为财务管理学的专业核心课程，肩负着培养职业道德素质良好、学思用贯通、知信行统一新型财经人才的重要使命。“管理会计”在思政育人方面有较大优势：一是“管理会计”从战略视角，管理思维运用多种类型管理会计工具帮助企业达成战略目标，培养学生大局观念，以全局视角为企业做出长远性谋划；二是“管理会计”课程中涉及大量项目引例，在课程中结合思政元素，以培养和提高学生在特定业务情景中分析问题、解决问题的能力，从而强化学生的职业道德素质；三是“管理会计”课程具有较强实践性，通过学习和思政元素融合，可以提升学生职业化适应能力以及提升社会责任担当的能力。

基于此，有必要构建“管理会计”课程教学模式与思政一体化，挖掘思政元素融合专业课程，进一步探索管理会计思政课程教学改革，培养高综合素质管理型会计人才。

二、管理会计课程思政教学现状与困境

(一)管理会计课程与思政课程脱节,思政时间不足

随着市场经济的深入发展和经济体制的进一步完善,企业在进行会计核算、向外界提供会计信息的同时,更加注重企业内部管理需要。管理会计作为财务管理学的核心课程之一,主要为了培养预测、决策、规划等应用型人才。学生是在大二完成思政课程、基础会计、中级财务会计、财务管理学的基础上去开启管理会计课程,课程教师认为学生们有一定的思政基础与职业素养,而且管理会计课程内容烦琐,有大量的数学模型,任课教师的教案设计大部分时间用在专业知识与技能的内容讲解与实操练习上,有"重技能,重应试"的倾向。以至于课堂上很少提及甚至忽视了管理会计人员应具备的会计处理态度、基本道德素养、职业岗位教育等内容,课程几乎没有德育元素。这就导致了课程教学与思政教学的脱节,不利于立德树人。

(二)专业课程思政元素有待凝练

目前,管理会计课程思政资源仍未形成体系,思政元素有待挖掘,处于探索阶段。虽近年通过创新教学方法比如情景案例、视频播放、平台实践等融入课堂实现互动教学,思政知识点仍处于单独输出,学生缺少共情被动接收的状态,反映出管理会计课程与思政课程大多缺乏联动性,凝练不足的问题。此外,任课教师强行安插升华学生价值观的教学连接点,使得总体效果不佳,无法顺应新时代对应用型人才的培养要求。

(三)教师思政水平参差不齐

将思政元素融入专业课程,对教师提出了更高的要求。任课教师必须端正意识形态,心中有国家,有人民,有法治,不断提升自身素养,才能引导学生树立正确的人生观、价值观。然而就目前推动水平来看,教师思政水平参差不齐,重教学轻育人的教学方式未得到突破性转变,大部分教学内容依托于课本,未能以思政连接点很好地融合教学点,引导学生将学到的知识点转变为自身的素质,管理会计课程的德育功能不能有效契合课程内容。

三、管理会计课程思政实施路径探究

(一)路径主要内容

为兼顾"就业导向"和"生涯导向",紧紧围绕中国"经济发展新常态"下高等教育和应用技能型人才培养的目标,在专业教学中更好地融合思政教学,是高校在实践教学与素质教育中亟待解决的问题。除了高校和学院的教研团队建设外,课程内容设置以及教学创新方式等内容也是管理会计课程思政实施的重要路径。

1. 教研团队建设集中探讨思政元素,定期提升教学思政意识

为推动课程思政与思政课程"同向同行",首先是学校层次的课程思政建设的积极推进,其次是学院与教研层面的安排。在教研主任带领下,管理会计教研团队应开展集中备课和对管理会计课程思政元素挖掘研讨会议,定期开展针对提升培养任课教师的思政和专业素养的讲座、座谈会等,强化教师的课堂思政意识,积极应对管理会计课程思政不足的情况。同时,定期举办开放式学习和交流会议,向更多教师展示自己的教学过程,以此收获宝贵建议,促进各任课教师自身在管理会计课程的课程思政方面教研能力的提升。

2.规范课程内容,有效融合思政元素

现阶段管理会计的长期经营决策、全面预算管理等模块与部分课程重叠,任课教师可以就管理会计课程内容进行优化规范,依据专业的教学内容合理删减,并在教学过程中对管理会计课程教学内容重置。任课教师以近期现实案例导入,引导学生理解管理会计知识点概念的同时,能够身处案例的思政背景、公司行业环境、运营现状考虑问题;再者通过分组形式,小组讨论,课堂报告,使用管理会计知识对案例存在的问题提出解决对策。最后任课教师通过思政元素的融入,将思政教育和专业知识传递给学生,在互动过程中培养学生思政能力,提升团队意识等各种综合能力。学生在案例分析中的角色代入,以全局性、战略视角对遇到的问题深入思考,也能对社会责任意识、兼顾各类利益相关者等思政要素有更直观的感受。

3. 教学方式多元创新

基于思政转向专业思政的背景,落实育人为根本要求,教师应充分发挥教学主导的作用,将德育元素润物细无声地“进专业、融课程”:第一,课程教师应打破传统讲授书面课堂,主推“项目制教学”(PBT)、“三位一体”(PBL)、“体验式”教学教育等课堂教学改革创新,构建理论教学与案例教学、慕课学习平台以及管理会计软件平台的紧密结合,打造情景式教学激发学生自主学习,教师定期检查控制的教学体系。第二,多利用手机与互联网、软件平台调动学生积极性;在管理会计实践课上,通过平台软件设置师生互动小程序,创造互相交流环境。第三,定期为学生发送管理会计学术动态以及财管类实时新闻,让学生及时了解管理会计的前沿信息和时事热点,以信息为导向,以专业为基础,引导学生在巩固专业知识同时,通过了解新闻案例,树立正确的人生观和价值观,以及社会责任感。

4. 设置考核评价

管理会计课程思政在实施过程中,除了关注学生的专业知识掌握能力、实际操作能力,也要注重思想政治、专业素养,树立正确的思想观念;更要考查教师在课程思政的教学效果。基于此,考核评价必不可少,将思政元素纳入课程考核体系,进行双向考核。从学生方面,通过调查问卷形式了解学生专业思政的满意程度,期末考核形式对学生专业知识和思政的掌握程度进行评价;将学生与任课教师课程思政网络平台互动效果、平台答疑、新闻热点思考纳入考核范围。教师方面,一可以通过教学督导听课的形式,考核教师思政点的传递方式是否有效合理,教学互动是否起到作用。二可以通过教研团队考核任课教师的教学大纲、教学教案、教学课件更新思政元素的活跃程度,调动任课教师创新教学积极性。

(二)实施改革目标

有效推进课程思政与思政课程的“同向同行”是本次实践探索的主要目的,以专业课程基本建设为基础,改革教学内容与课程体系,融入思政元素,全面提高学生能力素质,培养中国特色社会主义德才兼备大学生。根据管理会计课程内容设置不同层次思政教育,突破专业课程与思政课程脱节现象,做到春风化雨,盐溶于水的创新教学,为协同育人提供借鉴意义。

四、管理会计课程思政教学实践设计

为实现管理会计与思政课程的有机融合,贯彻习近平总书记关于“协同育人”的讲话精神,任课教师应及时更新相关法律、管理会计指引知识,通过“学习强国”App 等平台提升自身政治素养,树立“课程思政”理念。

(一)管理会计知识模块思政元素设计

管理会计是以加强企业经营管理、提高经济效益为目的,以企业经营活动为对象,通过对经营信息加工和利用,实现对经营过程的预测、决策、规划、控制、考核和评价等职能的一个会计分支。主要培养学生如何利用会计信息进行决策以实现股东利益最大化,实现企业价值。其中,思政元素在于教导学生进行决策和规划的过程中,要有社会责任意识,环境保护意识,以全局性的发展眼光为不同利益相关者做出长远性的谋略,从而达成企业的战略目标。

在管理会计思政课程教学内容中,可以根据不同的学习板块,引用本土案例和学生熟悉的品牌做出情景教学,引导学生代入企业角色,对企业所处环境做出思考。

1. 入门阶段

在讲解管理会计基本概念、职能内容、职业道德入门阶段,具体可以结合领域热点,了解国外管理会计体系的发展史,通过案例讲解引导学生理解企业管理理念和管理会计在企业决策中的关键作用,并对我国 2016 年财政部颁发的《管理会计基本指引》展开讨论,引导学生正确认知国情、国内行业发展趋势,为推动中国特色管理会计体系建设和发展做出自我价值的提升。学会用辩证思维看待事物发展规律,明确职业方向,不断提升个人技能,更好为国家和社会服务。再利用学生熟知的品牌"瑞幸咖啡",以情景教学方式嵌入"瑞幸咖啡财务造假案",由其引申出职业道德知识的教授点,强化专业职业道德,培养学生公正法治敬业诚信等社会主义核心价值观。

2. 进阶阶段

在管理会计专业知识进阶阶段——本量利、预测分析、短期经营决策、长期投资决策、全面预算管理、变动成本法与完全成本法、标准成本、绩效管理等知识模块,结合各知识点的思政元素主要体现在培养学生工匠精神,树立浪费可耻的观念,引例"上海申康聚焦成本管控";提高学生的风险意识,引例"校园快递驿站盈利点在哪? 明确创业时如何才能保本",用学生生活中出现的校园跑腿、奶茶店来巩固运营管理理论知识,提升学生学习兴趣;在全面预算管理模块引申出牢记四个意识,坚定四个自信,引例"疫情后减税降费政策对 X 公司的影响"提升成本控制的重要性以及未雨绸缪的观念;用 DCF 模型引导学生增强人与自然和谐共生的意识,保护环境,理解人类命运共同体,引例"农夫山泉临江长白山项目始末";在绩效管理中讲授 BSC 平衡计分卡,培养学生爱国主义精神,增强社会责任感和担当意识,引例"茅台捐资 13.9 亿元做公益是否侵害了股东权益?"等。在此阶段学习主要提升学生分析问题、把握全局的观念;企业运营过程中既要有风险意识,也要承担社会责任。

3. 整合阶段

在整合阶段,主要在战略管理会计板块对学生的大局观念培养,聚焦全面发展。以战略管理的视角,认清企业在发展过程中宏观环境、行业环境、竞争环境的机会和威胁,内部条件的优势和劣势,帮助学生形成完整的管理认知体系,运用专业模块中管理会计工具的使用对企业战略目标层层分解,最终匹配战略选择以完成企业最终战略目标。此阶段对学生的培养应达提升学生认清形势,谋定而后动的全局观念。如:通过小组选择案例公司,利用战略管理的 PEST、波特五力模型、价值链分析 VCA、SWOT、BCG 模型分析企业所处环境,进而用 BSC 来构建企业财务评价指标和非财务评价指标来衡量企业的业绩。培养学生主观能动性,增强团队协作能力;紧跟时代发展趋势分析机遇与挑战,利用自身的优势,避开劣势,以全局性发展眼光打开自身格局，努力进取，为社会作出贡献。

（二）成本性态分析模块思政教学设计

以下选择管理会计课程中成本性态分析章节为例进行知识点与思政元素融合，设计课程实践案例（见表1和表2）。

表1　管理会计课程思政元素融入表

相关章节	知识点	思政元素	思政教育融入点
成本性态分析	固定成本的概念	社会主义价值观：爱国理想信念社会责任感	通过案例“上汽通用五菱在疫情期间生产口罩”引出固定成本概念（利用现有厂房设备转产口罩），另一方面“人民需要什么，五菱就生产什么”体现企业社会责任。培养学生社会责任意识。 区别生活中的固定成本和变动成本，例：大学生每年学费，旷课次数增多也不会使固定成本总额下降，引导学生形成良好学风，不随意旷课。
	变动成本的概念	社会主义价值观：文明	让学生讨论商场内的设施哪些属于变动成本，对学生进行隐性文明教育。

表2　教学教案

课程	管理会计
授课章节	项目二 成本性态分析
授课重点	固定成本/变动成本的概念
思政融入点	培养学生爱国、文明社会主义价值观，增强社会责任
思政教学环节	利用“上汽通用五菱在疫情期间生产口罩”，论爱国、社会责任
授课目标	理解成本性态及其分类
教学方法	信息媒介、案例、课堂讨论、实训
教学过程	1. 成本性态知识点脉络图，教师通过讲解脉络图让学生了解成本性态分析以及成本分类（10分钟） 2. “上汽通用五菱在疫情期间生产口罩”案例分析，了解案例背景，引入成本性态知识点相关概述并请学生进行案例陈述（15分钟） 3. 学生通过课堂讨论上汽通用五菱对国家的贡献，分析企业固定成本的运用（15分钟） 4. 教师讲解企业社会责任和担当核心知识。穿插多个企业案例引导学生思考社会责任（10分钟） 5. 配合管理会计软件，学生通过软件里面的卡片分类游戏进行固定成本和变动成本以及混合成本的分类练习（15分钟） 6. 讨论商场内的变动成本和固定成本，隐性文明教育，并举例说明生活中的固定成本和变动成本（10分钟） 7. 教师总结，强调企业社会责任，增强学生社会责任意识，培养爱国、文明社会主义价值观。（5分钟）

五、结语

本文提出的“课程思政”在管理会计的实践探索，将课程思政融入专业知识，正确传递中国社会主义价值观，提出解决思政与专业脱节、专业思政时间不足的方法；利用情景教学模式引导学生角色代入，体验式教学课堂使得德育元素润物细无声“进专业，融课程”。管理会计作为财务管理学专业核心课程，只有不断针对现阶段课程教学存在的问题进行改革，积极展开课程思政教学创新，使学生在掌握专业知识的同时全面提升思想道德水平，从而为高校实现培养德才兼备、高综合素质的管理型人才打下坚实基础。

参考文献

[1]习近平. 习近平在全国高校思想政治工作会议上强调：把思想政治工作贯彻教育教学全过程开创我国高等教育事业发展新局[N]. 人民日报，2016－12－09(1).

[2]张倩. 新财经背景下高职院校课程思政的探索——以管理会计课程为例[J]. 高教论坛，2022，(07)：92－95.

[3]尹伟伟. 课程思政背景下高校《管理会计》教学改革探讨[J]. 财会学习，2022，(06)：155－157.

[4]张肖飞. “新文科”背景下财务管理类课程教学改革分析[J]. 商业会计，2020(14)：117－120.

[5]谭小芳，张伶俐. 管理会计课程思政的理论与实践[J]. 商业会计，2021，(10)：122－124.

民族图案设计课程思政的教学改革与实践探索

——以广西外国语学院为例

许晓婷

摘　要：现今大思政背景下，实现“三全育人”是各大高校教育教学改革的必然趋势，艺术设计类课程亦被视为此类改革实践的重要环节之一。本文在分析广西外国语学院艺术设计学专业民族图案设计课程性质和培养特色的基础上，提出通过“辩证统一的理论基础思政、求真务实的实地考察思政和匠人匠心的实践创作思政”三大环节进行综合思政课堂的教学改革与实践探索。从每一章节、每一课时的细节入手寻找思政教育与专业课程教学融合的切入点，以广西十二世居民族图案为主要研究内容，从理论教学到实体考察再到实践创新，分别提出相应的改革方法和教学思路，以期更有效地引导和落实艺术设计类的专业课程思政。

关键词：民族图案；民族文化；课程思政；艺术设计

一、民族图案设计课程的综合概述与思政意义

2016 年 2 月，习近平总书记在全国高校思政工作会议上指出：“要坚持把立德树人作为中心环节，把思想政治工作贯穿教育教学全过程，实现全员育人、全程育人、全方位育人，努力开创我国高等教育事业发展新局面。”这就表示，高校艺术设计专业教育教学课程亦将作为课程思政教学改革的重要环节之一。民族图案设计是艺术设计专业的特色课程，它具备文化理论知识教学和创意产品设计应用的综合特征，有着较好的思政背景和改革意义。

（一）课程性质与特点

民族图案设计课程为广西外国语学院艺术设计学专业的特色核心课，课时共 48 节，学分 3.0，开设于大三上学期。课前设置“艺术采风”和“广西民族艺术考察”等相关实践考察课程，课后衔接“包装设计”“书籍装帧设计”“广告创意设计”等综合创作实践课程，具备较好的教学条件和教学意义。在学校立足广西培养应用型人才的办学定位下，结合地方民族文化，将该课程内容定位为“广西民族图案”的相关研究与设计应用，具备较好的区域教学优势和民族专业特色，为培养适应市场经济发展需求的应用型专业设计人才服务，具备综合性、实践性和应用性的特点。

（二）课程目标与要求

课程的专业目标：通过本课程基础理论和实践训练教学，让学生较系统地了解民族图案的

基金项目：2023 年度广西高等教育本科教学改革工程项目——广西非物质文化遗产融入艺术设计学专业“课程思政”教学实践探索（项目编号：2023JGA380）；广西外国语学院 2021 年校级“课程思政”示范课程建设项目——课程名称：民族图案设计（项目编号：JW20211220SK）。

基础知识、艺术特点及构成方法，通过分析图案设计的形式语言与表达方式，掌握与完成民族图案的采集、绘制、创作与实际应用（具体包含本专业相关的视觉传达设计、室内设计和服装设计领域的图案创作与设计应用）。课程的理论内涵：促使学生了解民族图案的文化内涵、艺术风格、图案种类、构成规律及设计制作的意义，并让学生通过课程实践深入理解传统民族图案与时代生活的密切关系和审美价值。

（三）课程思政的意义与价值

文化兴则国兴，文化强则国强。党的十九大以来，习近平总书记多次提到"文化自信"。2020 年在教育部关于印发《高等学校课程思政建设指导纲要》的通知中要求各类课程应结合专业特点分类推进课程思政建设，提出"艺术学类课程，要在课程教学中教育引导学生立足时代、扎根人民、深入生活，树立正确的艺术观和创作观。要坚持以美育人、以美化人，积极弘扬中华美育精神，引导学生自觉传承和弘扬中华优秀传统文化，全面提高学生的审美和人文素养，增强文化自信"。这就具体指出了高校艺术设计类课程思政的具体目标和改革范围，民族图案设计课程亦可在教学内容和教学方法中找寻与之融合的切入点。该课程教学与思政教育本质相同、融合发展，让我们充分了解中华民族的视觉文化遗产和民俗文化内涵，在掌握民族审美历史的基础上，体会民族自古以来的热情胸怀、创造精神和文化自信。首先，在教育教学方面，通过对该课程内容的讲述及对形象资料的展示，使学生认识到中国民族艺术图形是在历史发展中各期政治、经济、文化的直观反映，认识到图形中所体现的文化特征，在认知与理解的基础上融入现代设计观念和美学法则，实现传统图形在现代生活中的活态化传承和创新，整个过程有助于积累和提升学生的综合文艺素养，树立正确的艺术观和创作观。接着，在实际就业方面，民族图案设计是配合文化产业发展、推动文化作品创作、丰富文化内涵精神的一个教育课程，它能为文化产业提供专业人才，满足行业发展需求，以服务市场和社会的方式锻炼和检验学生的专业技能，增强文化自信。同时，本课程充分发挥民族图案设计所具有的思政教育潜能，从学习中反思我们的审美文化和视觉经验，从理论和思政高度不断推动我们的认识，激发设计的想象力和创造力，有助于学生更好地传播民族美育精神。

因此，如何有效地开展课程思政教育，让教与学巧妙融合是本文探讨的实际问题。建议本课程分别通过"辩证统一的理论基础思政、求真务实的实地考察思政和匠人匠心的实践创作思政"三大环节进行综合思政课堂的教学改革与实践，具体探索如下开展。

二、辩证统一——民族图案设计课程的理论基础思政

辩证统一，指人们既要看到事物相互区别的一面，又要看到事物相互联系的一面，以全面发展的高度为前提，把二者有机统一起来，以实现两者和谐发展的目的。这一唯物观是民族图案设计课程中的重要学习依据，要求我们学习了解各类民族图案和民族文化的差异与联系，以全面发展的角度将多民族的个性与共性结合，促进各民族和谐共生。

（一）辩证而全面地认识中国民族图案与背景文化

不同学生由于个人的家庭背景、民族背景不同，对民族图案内涵有不同的理解和把握。通过将思政课程教学内容与民族图案设计专业课程的教学进行融合，引导学生从更加全面和宏观的思想认知维度对民族图案设计的意义和内涵进行理解。在教学内容中引入部分民族文化，帮助学生认识到无论是哪个民族的图案设计，都有各民族自身的特征和要求，且都是我国

传统文化非常重要的组成部分。概述和展示中国各民族的部分代表性图案及文化内涵，感受民族建筑、民族服饰、民族器皿和民族习俗中的各类图案，重点介绍广西少数民族图案内容，以民族背景解读图案特点和民俗风情，了解少数民族文化的独特性和多样性，强调整个中华民族文化的包容性和统一性。从更宏观的角度融入思政教育内容，能够让学生从思想上对专业课程的学习意义有更为全面且深入的认识，有利于培养学生形成共同的家国情怀。

（二）提升民族文化形成与发展的认同感和传播性

不同的民族服饰、工艺产品和建筑环境中体现出各类图案元素，而图形本身也包含着不同的传统文化内涵，如图腾文化、民俗习惯等。由于民族图案的多样性特征，无论是理论知识教学还是实践课程开展都具有较高的复杂性，在民族图案概论这一章节的教学过程中，融入思政课程的内容，找准切入点，转变教学方法，让学生自主研习，以自身的兴趣点和代入感去了解和挖掘不同民族图案形成和演变的历史过程，通过分享教学和研讨论证，寻找民族图案的形式规律和构成法则，不同民族图案之间的异同和联系，培养学生的民族认同感与包容性，从而传播丰富多彩的民族图案和积极正面的民族精神。

（三）体会民族文化融合的异域感和统一性

中国是一个多民族国家，不同民族之间交融共生，民族图案与民族文化也是如此。历史上中原汉文化或作为中国传统文化的主流，现今中国文化的丰富多样却承载着多民族的贡献与融合，过程中有着多异域的变通，和同种族的共生。课程中，列举大众熟悉的主题图案，展示不同时期、不同地域、不同民族的巧合与共通，让学生感受和体会到文化共性中的感染力和文化融合后的统一性，从民族文化中培养新时代青年的民族凝聚力。如中国传统吉祥寓意的“龙纹”和“凤纹”在每个朝代每个民族均已以不同的形式展现。从红山文化的玉龙到汉唐时期的龙袍，再到明清时期的瓷器盘龙，在基础造型和内涵寓意上都有所演变和升华。而龙纹也颇受壮族人民的喜爱，现今壮族织锦上仍然运用大量的龙纹和凤纹装饰，如“双龙戏珠”“四凤纹”等，这些纹样来源受到中原文化的影响，但壮族图案中的“龙凤纹”则更具地方民族特色，尤其是壮锦上的凤纹多以“鸟”和“鸡”的形态演变，体现出壮族民间习俗和群众的喜好和智慧创新。又如对大自然形态描绘的“太阳纹”，中国自古以来便有颇多相关太阳神话的传说，对太阳的形态图案和内涵寓意也有较多探索成果。远古彩陶的“十二太阳纹”、古滇系青铜器的太阳纹、白族瓦当的太阳纹、四川成都金沙遗址的“四鸟绕日”纹、广西壮族铜鼓的“太阳纹”等，都体现出多民族对太阳图案的崇尚和传承。其中广西铜鼓的太阳纹装饰艺术，以放射状的中心圆式构图置于每一铜鼓的鼓面，形态类似几何星形，千年来工匠们构思巧妙，变化精细。该图案是壮族稻作文化的体现，是壮族人民对耕种、收成、饮食、生活的祈祷，将其作为纹样装饰是壮族人民美好意识形态的视觉展示。

同学们在通过这类辩证统一的思维方法和教学研习后，对民族图案和民族文化有了直接的对比和清晰的认识，对民族智慧和民族工艺有了更多的尊重和敬畏，对中国多民族融合发展的体制也有了更深层次的理解和认同。

三、求真务实——民族图案设计课程的实地考察思政

所谓“求真”，就是实事求是，不断地认识事物的本质，把握事物的规律。所谓“务实”，则是要在这种规律性认识的指导下，去做、去实践。这就要求在民族图案设计的课堂思政教学中做

到实事求是，务实创新，因此我们可以增加实地考察这方面的教学内容。

（一）专业求真——直观感受广西少数民族图案的艺术审美

在传统教学模式中多以民族图案历史与作品赏析结合教学，让学生获得相关专业知识，现今可增设教学设计中的实践体验环节，让学生在亲身体验中学习与感悟，做到对专业知识的求真务实。教师可选用一定课时量，申请校外实践教学，带领学生寻访广西民族历史文化遗迹中的图案元素，将课堂搬至广西民族博物馆、广西区博物馆、广西美术馆等地，让学生沉浸式体验和感受广西民族传统艺术文化的魅力，收集获得最真实直接的素材资料，进而建立文化自信、民族自信。另外，也可带领学生去走访一些优秀艺术家、广西民族工艺大师和广西非遗文化传承人的工作室等地，观摩学习大师的现场操作和工艺匠心，与专家进行交流访谈，记录他们的研究和创作心得，以及他们对专业知识和文化发展的价值观念和科学规划等。这种现场所见、所闻、所感、所悟对学生思想的影响会更大，也更易被学生所接受，以此达到引导学生树立正确的世界观、人生观、价值观以及文艺观的目标。例如，在广西民族博物馆的“穿越时空的铜鼓馆”中，展示着广西出土的 300 多面大大小小的铜鼓，馆内的知识分布涵盖了铜鼓的历史发展、工艺流程、装饰艺术和功能作用等各个方面的科学而详细的介绍。尤其在铜鼓装饰图案方面，从平面展示图和实物青铜器的对比中，可感受到原始装饰和设计图案的差异，这些直观的视觉震撼和真实的环境体验，加强了学生获得专业知识的真实性、民族文化的自豪感和民族智慧的敬畏心。

（二）设计务实——分析落脚广西少数民族图案的设计切入点

实地考察中除了前期对文化知识和图案素材的认知与收集，更有后期对市场现状和设计创新的分析和切入。学生从实际情况出发，将所见所闻进行整理总结，思考自我创作的落脚点和可行性，真正做到解决实际设计问题，服务市场和社会。比如，在引导同学们对广西民族博物馆的考察中，壮族文化相关内容较为丰富，壮族图案元素也颇具特色，壮锦上大量的动物纹、几何纹、植物纹等是大部分学生选择研究的对象，壮族铜鼓装饰纹样也颇为丰富，民族风情的“羽人舞蹈纹”充满整个建筑环境，然而其他少数民族的资料文献却相对有限，这就会导致部分学生的研究选题出现倾斜、雷同，而同样的研究内容，如何做出独具创新的视觉设计则是本次实践设计难点。这一难点，也是当下设计市场的共性，面对资料丰富但设计相对成熟的壮锦图案和内容相对新颖但素材偏少的其他民族选题，无论怎么样学生都需要完成自我在某种领域的成长和突破。这种探索性思考和独立性研习能力的培养，有助于激发学生的创造性和挑战性，而这一实践的开启也是学生专业自信心增强的过程，在解决设计问题的同时更有助于培养当代大学生的社会责任心。

四、匠人匠心——民族图案设计课程的实践创作思政

“匠人”指用心做事，细微耐心的工匠人，他们虽工作平凡，但责任心强，对待每一件小事都能认真完成。“匠心”即巧妙的心思，指在技巧和艺术方面的创造性。这要求我们在民族图案设计课堂思政中引导学生，以普通“工匠人”“设计者”的身份和心态去面对任务和挑战，以“匠心”“巧思”的精神和努力去完成实践和创新。

（一）匠人设计——视觉展示广西少数民族图案的形式美感

在创作激励和竞争精神上，教师可将专业课程的设计创作内容通过组织主题实践活动和校企合作项目来实现。例如，组织举办类似文化交流艺术节、文化艺术展或者文化创意市集等

形式的活动，将民族图案设计课程的考核内容作为艺术节交流学习的一种形式或市场实践的方式布置给学生，提高学生的设计积极性和集体荣誉感。又如，作为广西外国语学院艺术学院的校企合作单位，广西民族博物馆的实体设计需求和项目也可以作为课程考核的内容，让学生真正以设计师的身份，独立接触和完成某一设计项目，过程中其该具备的专业素养和设计技能均能得到检验。在设计过程和形式完善上，正确引导学生树立积极心态，务必踏实完成每一个视觉细节的设计和调整。民族图案多以较为复杂丰富的形式呈现，这要求我们在分析传统艺术和现代审美的基础上，对图形进行取舍和再造，尝试不同的组合排版、不同的色彩搭配、不同的形式构成，时刻关注图形与其他设计元素的联系性和整体感，在精益求精的画面中实现效果丰富。

（二）匠心工艺——实体传播广西少数民族图案的文化符号

在创新思维和创意设计上，积极鼓励学生打破传统民族图案设计的束缚，充分发挥个人主观能动性，将部分积极正确的个人设计思维和价值观融入“民族图案设计”实践中，不仅能够起到锻炼学生创新思维的作用，也有利于帮助学生发挥个人想象力，提升学生独立思考的专业自信心。在前期的实体考察中，除了研究范围和选题内容的分析，更多也可体现出市场设计风格和需求的分析。例如，我们可通过观摩调研了解到广西民族博物馆相关文创产品的设计内容和市场欢迎度，以此为基础，创作更为实用和新颖的产品。在设计过程中，对图形、工艺和效果等多方面做到精益求精，传承民族工艺的匠心精神，传播民族文化的艺术魅力。通过考察我们知道，目前博物馆内的部分文创产品较为传统，部分图形图案设计较为粗糙，尤其针对壮锦图案方面，多以直接“贴图式”的排版，在构成和空间方面缺少形式美感。因此，学生可以根据自身的专业知识，对图形的拓展设计和运用进行考究，思考实物造型结构和图案形式结合的巧妙之处，同时可以考虑材料工艺美感加持，更多更好地打造相关文创产品，以此实现针对性的校企合作项目创作，在锻炼学生设计能力的同时，解决了企业的研发需求，实际意义明显。除此之外，在成果展示上，我们依旧可以通过前期的艺术活动和市场实践来弘扬民族文化、体现民族特色，学生亦通过各类文化交流活动，培养更好的民族文化意识和爱国主义情怀。

五、小结

在大的思政教育环境中，民族图案设计课程思政的改革与探索，以独特的专业课教学模式发挥着重要作用。在图案概述和历史发展方面，传达介绍中国传统民族文化辩证统一的艺术魅力，提升文化自信；在研究定位和实地考察方面，实事求是地研习广西少数民族图案的历史发展、造型结构和文化内涵，加强民族自信；在实践创新和实际应用方面，寻找匠人匠心，打造别具一格的视觉效果和文创产品，收获社会意义。这一探索是课程思政教育教学的开始，是学生了解专业责任明确社会责任的尝试，亦是学生认识民族文化坚定民族团结的信念。

参考文献

[1]班宁秋. “真善美”引领下的艺术设计课程思政育人理念探究[J]. 科教文汇，2022(08).

[2]刘龙姣. 高校艺术类专业课程思政建设路径研究[J]. 绿色包装，2022(11).

[3]马馨. 高校“艺术概论”课程思政探索与实践[J]. 山西能源学院学报，2022(06).

[4]刘春. 民族图形设计[M]. 北京：北京工艺美术出版社，2016.

课程思政背景下经管类大学生就业教育与专业教育融合策略探究

黄富国

摘　要：本文分析高校就业教育基本情况，以及高校经管类大学生对专业的了解情况及就业意向，从专业教育的角度加强就业教育、从提升职业素养角度加强思政教育两个方面阐述在课程思政背景下经管类大学生就业能力融合培养策略，以期提高大学生的职业素养。

关键词：就业教育；专业教育；课程思政

大学生就业是国家和社会关注的大事，关系到国计民生和社会稳定。据教育部的统计数据，2023 年我国高校毕业生超过 1 158 万人。2023 年招工难、就业难并存的结构性矛盾依然突出，大学生就业也成为社会讨论的焦点。面对当前大学生就业难问题，需要凝聚社会各方面的力量着力解决。从主观意识来看，目前大学生就业难与人们存在工作观念陈旧、学生缺乏职业人生规划以及艰苦奋斗精神和精益求精精神等问题有关。因此，高校要加强引导，利用思政教育的优势，将就业教育与专业教育相融合，提升大学生的就业素质和能力。笔者从思政教育角度，从主观性方面探讨开展高职学生就业教育的问题。

一、高校就业教育基本情况

高校的就业教育主要有两个方面内容。一是显性就业教育。学校开设就业课程，并把它当作学生的必修课程，让学生比较系统地学习就业创业知识。同时，学校组织学生参加各级各类创新创业比赛，使学生通过竞赛了解创新创业情况，培养创新创业意识；举办就业讲座，邀就业创业教育专家或校友现身说法，让学生更加真切地感受就业与创业的过程。学校通过这些显性教育，帮助学生了解最新的就业形势、就业规则和法律法规、职场形态以及常遇到职场问题，掌握就业的基本技能和沟通方法，从而使学生能够更好地为将来就业做好充分的思想准备。二是隐性就业教育。它主要帮助学生培养职业素养，使其具备比较高的职业素质，能够用正确的思想、观点客观地看待问题，能够用科学的方法分析和应对就业中的机遇与挑战，从而提高学生适应当前激烈竞争的就业环境的能力和应对失败的能力。从高校职业教育发展的实际情况来看，许多高校的就业教育还停留在初级层次，没有从学生和社会发展的需要出发深化就业教育。因此学校要加强就业课堂教学建设，发挥就业指导的主阵地作用。

近年来，各高校都比较重视学生就业教育，也都开设就业指导课，不过存在不少问题，就业

基金项目：广西教育科学“十四五”规划 2022 年度专项课题——基于可迁移能力视角经管类大学生就业教育与专业教育融合策略研究（项目编号：2022ZJY1552）。

教育存在理论讲述有余，实践活动不足的现象。从教师来看，讲授就业教育课的多半是负责学生管理工作的辅导员。许多教师只经历从学校到学校简单过程，他们大多知识储备不足，没有足够的就业和创业经验，因而上课时大多照本宣科，教学的内容一般为简历的制作、推荐信的写法、面试的基本常识等，有的教师甚至把就业课当作思想教育课看待，教育效果不彰。

专业技能和非专业技能是大学生就业的两种主要能力。专业能力比较容易检测，非专业能力却不易评判，因此许多用人单位选择大学生时将更多的精力放在非专业能力的考查上。非专业能力主要指个人职业素养，一般包括三观、个人品德、诚信与责任、沟通与协调能力、抗挫折能力、吃苦耐劳精神、精益求精品质、奉献精神等。但是受习惯性思维的影响，除了专业课，高校往往更注重将就业教育与思政教育融合，而忽略跟其他学科的融合，使得就业教育没有很好地发挥作用。因此就业教育要转变观念，以更开放的视野看待就业教育，使之成为综合性强、作用力更大的实践教育。

二、经管类大学生对专业的了解情况及就业意向

近年来的大学毕业生大多数是独生子女，他们中的许多人从小养尊处优，形成以我为中心的思维习惯和行为习惯，个性张扬而盲目自信，但是他们承受挫折的能力不足。当他们遇到挫折时就会消沉失望，甚至产生悲观情绪。但是职场与学校和家庭完全不同，每个人都是独立的一个分子，都要站在不同的岗位上坚守岗位工作职责，完成各自的工作任务。在职场上，没有一个人有时间和精力去等待别人的成长过程，更不会有人去关心别人的小情绪。因此许多大学毕业生一时之间无法适应职场生态，沉不下心去认真做事，更经受不住领导和同事的批评。当他们遇到不顺心的事时，就会产生消沉、失望的心理；当他们遇到挫折时就想放弃，甚至会心理崩溃，讨厌上班。这样的一群人，一进入职场社会就要求他们一夜之间从家长宠爱有加、学校百般守护的宝贝成为一个成熟、有担当、能抗压、有吃苦耐劳精神的大人，绝非易事。因此教师和家长要从学校开始对他们进行就业教育，培养准职场职员。

为了解学生对就业的了解情况，以便更好地开展就业教育，笔者针对经管类大学生做了一份调查问卷。调查对象是刚入校两个月的工商管理、人力资源管理、市场营销、酒店管理、旅游管理等经管类专业的学生，其中，有效参与问卷的男生有 28 人、女生有 72 人(该校男生偏少)。笔者设计的问题是:“(1)你是否了解国家就业政策？(2)你是否了解你的专业？(3)你是否了解人生规划?”每个问题设置五个选项，分别是“很了解”“一般了解”“基本了解”“基本不了解”“不了解”。调查结果如表 1 所示。

表 1　　大学生对就业了解情况调查表

问题选项	很了解		一般了解		基本了解		基本不了解		不了解	
	人数	比例	人数	比例	人数	比例	人数	比例	人数	比例
了解国家就业政策	2	2%	18	18%	19	19%	38	38%	23	23%
了解专业	4	4%	25	25%	22	22%	34	34%	15	15%
了解人生规划	6	6%	10	10%	15	15%	42	42%	27	27%

调查结果显示，刚入校的大学生对国家就业政策知之甚少，仅有 2%的学生认为自己很了解，有 23%的学生表示不了解，基本不了解的学生比例高达 38%。由此可见，大学新生对国家就业政策茫然无知。另外，他们对自己所学的专业，仅有 16%的学生表示基本了解或了解，相对应的是 49%的学生表示基本不了解或不了解。这表明，大学新生对专业发展缺乏认知。在关于是否了解人生规划的问题上，基本了解以上的占 31%，有 69%学生对人生规划不了解，这又反映出学校在相关教育方面的缺失。

为了进一步了解学生的就业意向，笔者对某高校应届毕业生进行问卷调查，被调查的学生有效人数 106 人，相关数据统计见表 2。

表 2　　毕业生对就业单位的选择意向调查

就业意向	党政机关	国有大中型企业	外企	乡镇企业	私营企业	科研教育	其他	总计
人数	28	36	14	3	4	8	13	106
占比	26.4%	34.0%	13.2%	2.8%	3.8%	7.5%	12.3%	100%

由表 2 可知，大学毕业生大多意向国有大中型企业，占 34%，意向到党政机关工作的占 26.4%，意向到外企工作的占 13.2%，意向到乡镇企业工作的占 2.8%，意向到私营企业工作的占 3.8%，另外 12.3%选择其他。这表明，当前大学生就业观念还是比较保守，他们更加相信国有企业和党政机关单位，认为这两者会给他们带来更大的安全感和成长空间。当然，造成当前大学生就业参与率和成功率较低的原因很多，就业观念落后只是其中重要影响因素之一。他们认为去私营企业没面子，去私营企业不叫正式工作；到国有企业和党政部门及事业单位才算是找到工作。有的大学生和家长对就业的理解也存在较大偏差，认为如果找不到与所学专业相适应的工作，找不到与自己期望的待遇相符的工作，那么大学等同于白上，四年课程等于白读。有的甚至认为创业也就是干个体户，是无奈之举，其思想意识还停留在 20 世纪 90 年代。

三、课程思政背景下经管类大学生就业能力融合培养的两种策略

(一)从专业教育的角度加强就业教育

1. 专业教师讲就业

相对于理工类专业来说，经管类专业内容显得比较泛，而且很多新生选择专业时对专业的了解不多，进校后在专业学习方面又缺乏主动性，更谈不上专业定位。要补足这些知识，单靠没有专业背景的辅导员是远远不够的，因此高校要安排经验丰富的专业教师指导大学生充分了解专业，了解行业的就业政策和经济发展形势。一方面，大学生在学习专业的同时了解专业特色、行业背景，再结合自己的性格特点，做好职业规划；另一方面，专业教师引导学生根据自己的学涯、职涯规划，有针对性地进行专业课学习，在学习过程中更能发现不足，通过专业学习提升自己的职业素养。

2. 分阶段在专业教育中传授不同的就业知识——以市场营销专业为例(表 3)

表 3　　市场营销专业分阶段在专业教育中传授不同的就业知识

阶段	就业教育目标	融合培养策略(举部分课程为例)	备注
大一	1. 认清自我,理解和运用相关理论如霍兰德人职匹配理论及测试方法。 2. 了解市场营销专业领域相关的行业发展趋势。 3. 认清职业与岗位胜任力直接的关系,如:专业知识、技能、性格特点等。	1. 开设"职业生涯与发展规划"课,安排有经验的教师授课,系统阐述职业生涯规划理论,理论结合实践。 2. 大一上学期开设的"管理学基础"可融合"职业与岗位胜任力的关系",专业教师引导学生分析岗位对职业的需求,认清自我,寻找之间的差距。 3. 大一下学期开设的"经济学基础"可融合"专业领域相关行业发展趋势",引导学生了解市场营销的最新动态。	该阶段,注重职业生涯启蒙教育。
大二 大三	1. 开阔行业职业信息视野,学会开展行业调研。 2. 拟定几个职业发展目标,通过一定的实践分析职业目标所需的职业素养,认清自身的差距。	1. 大二下学期开设的"市场调查与预测实践",专业教师可结合市场营销专业教会学生进行行业调研,开阔行业信息视野。 2. 大二上学期开设"会计学原理",专业教师可融合职业目标所需的职业素养,力图让学生深度领悟优秀的营销人应该具备的会计理论和知识。 3. 大二下学期开设的"销售管理商业模式",专业教师可通过商业模式的分析要求学生拟定职业发展目标,并认清自身知识储备与目标的差距。 4. 大二上学期开设的"创新思维能力训练",专业教师可向学生强调创新思维是现代社会核心的职业能力,结合市场营销案例培养学生在专业领域的创新思维。 5. 大三上学期开设的"创新创业团队管理与领导力",专业教师可融合职业发展目标,教育学生了解创业的同时引导学生分析自身的组织协调能力,并学会自我提高。 6. 大三开设的"客户关系管理",专业教师可向学生强调人际关系的重要性,人际关系能力是职业素养之一,引导学生认识自身在人际关系能力方面的不足,并学会自我完善。	该阶段,专业教师还应结合专业实际引导学生考证、考研、考公等。
大四	1. 评估自身发展情况,继续提升就业能力。 2. 学习求职技巧,学会心态调适,增强职场适应能力。	1. 专门开设"大学生就业与创业指导"课,系统训练学生求职技巧,指导学生学会心态调适,增强职场适应能力。 2. 大四上学期开设的"商务谈判与礼仪",专业教师可结合商务礼仪谈求职礼仪,让二者形成系统关联。"公司运营管理"专业教师可结合公司运营中出现的各种错综复杂案例引导学生学会职场适应的方法。	该阶段,可按需组织相关专题讲座,例如公务员考试辅导、事业单位考试辅导、研究生考试辅导、考证辅导、创业辅导等。

(二)从提升职业素养角度加强思政教育

1. 思政教师也谈就业

各个高校都开设有思政课且相当重视,在思政课部分教学内容从某种意义上说就是培养大学生的职业素养,所以利用思政课谈就业是顺理成章的事情。在"形势与政策"课上,思政教师可以结合国内外经济发展形势,谈大学生就业现状;结合国家政策谈大学生就业政策,目的是使学生了解当前大学生面临的就业严峻形势,同时也看到机遇与挑战,从而促使学生进行更准确的自我定位。在"中国近代史"教学中,结合中华民族百年奋斗的历史,引导学生培养家国情怀,领悟艰苦奋斗的精神。在"毛泽东思想和中国特色社会主义理论体系概论"课教学中,引导学生了解社会主义市场经济规律,学会在以后工作中适应市场经济的规则。在"思想道德修养与法律基础”课中培养学生遵纪守法、爱岗敬业的职业素质。

2. 挖掘思政元素，强化课程思政

在专业教育过程中，专业教师可以在相应的知识点中开展课程思政，培养学生的职业素养，举例如下：一是吃苦耐劳的精神，一个人如果吃不得苦，舍不得累，那么就忍耐不了一个奋斗的过程，甚至一个工作的过程。二是与人合作的精神，在现代社会，一个人要学会与人合作，具备团队精神是适应社会的基本。三是精益求精的精神，精益求精的精神是生产与制造领域成功的法宝。四是责任感意识。一个没有责任感的人，无论是在工作上还是在家庭生活中都会备受质疑。五是诚信意识，诚信是人在社会的立足之本。

针对以上思政元素，以下还是以市场营销专业为例，从课程思政的角度进行介绍，希望起到抛砖引玉之效果，见表 4。

表 4　　市场营销专业课程思政元素挖掘

序号	思政元素	课程思政办法
1	吃苦耐劳的精神	专业教师在讲到“市场营销学”关于“营销过程”时，可以植入艰苦奋斗的思政元素，引导学生明白“吃得了苦才享得了福”的人生哲学。
2	与人合作的精神	“营销战略”专业教师在教授“营销战略”时，可以植入“团队精神”的思政元素，还可以通过实践的方式进行强化，引导学生培养与人合作的精神，提升团队意识。
3	精益求精的精神	管理学教师在讲到“产品管理”时可以植入“工匠精神”的思政元素，通过介绍大国工匠的精神引导学生对自己负责的工作追求尽善尽美，使其意识到没有精益求精的精神就无法胜任所负责的工作岗位。
4	责任感意识	人力资源管理教师在讲授“人力资源规划”时，可以植入“责任感”的思政元素，通过案例引导，提升学生对责任感的理解和领悟。
5	诚信意识	专业教师在“客户关系”课中可以植入“诚信意识”的思政元素，强调诚信是人立足社会之本，客户关系的基础是诚信。

诸如此类的课程思政元素还有很多，只要专业教师具备课程思政的理念，善于思考，几乎每个知识点都可以挖掘和提炼。

四、结语

大学生就业是党和国家关注的大事，就业教育工作需要高校领导和教师齐抓共管，抓好就业教育，首要是了解学生的就业意向，帮助大学生客观地看待就业，并做好学业规划和职业生涯规划。其次是高校教师学会利用课程思政的办法，创新就业教育融合培养的思路，着力开展就业教育与专业教育融合培养工作，从而提升大学生就业的综合素质与能力。

参考文献

[1]洪冬梅. 高职思想政治理论课与大学生就业能力培养融合研究[J]. 广西教育，2019(35).

[2]胡海影. 论高校就业教育与专业教育的融合[J]. 黑龙江高教研究，2021(2).

[3]俞洪燕，罗绪强. 促进高校就业指导教育与专业教育的结合：以贵州师范学院为例[J]. 求知导刊，2022(7).

[4]艾军，邹金成，罗二平，等. 论高校思想政治教育与大学生创新创业教育的有机融合[J]. 思想理论教育导刊，2019(12).

全媒体时代广西大学生思政教育探索

王新龙　彭　洁

摘　要：在当前全媒体时代，网络成为思想政治教育的新途径。但是网络媒体的开放性也成为当前影响大学生思想观念的重要因素，非马列主义甚至反马列主义的思想，给大学生带来了很多社会心态的变化。怎样正确认识这一问题，并且积极做好大学生的思政工作，是当前高校教师所要思考的问题。本文以广西大学生的思政教育为例，分析了当前大学生社会心态的基本特征和进行社会心态培养的意义，并且分析了网络环境对大学生社会心态带来的影响。最后，提出了大学生思政教育中的几点对策，希望能够更好地让大学生在当前的网络环境中保持较好的三观意识和正确的社会心态。

关键词：网络；社会心态；思想政治教育

当前，我国正处经济社会发展的高速阶段，其中有着很多的利益格局改变下的深层矛盾。随着网络技术的兴起，这些矛盾也不断地体现在网络平台上。这给大学生造成了较大的影响，使其社会心态产生了较大的变化。大学生是推动国家发展的重要力量，做好大学生的思政教育对大学生的心理健康和社会的和谐发展，有着重要的意义。因此，本文以网络时代大学生的社会心态的变化为研究点，分析了相关的理论和问题，最后提出了几点教育的对策，希望能够更好地促进我大学生群体的思想教育水平提升，把大学生培养成为身心和谐、心智和谐的高素质人才。这也是当前我国高校大学生思政教育的重要任务。

一、大学生社会心态定义及特征

（一）大学生社会心态定义

大学生的社会心态主要指大学生在当前的社会现实生活中，对身边的环境和事物产生的自发反应和主观感受，体现了学生生活的时代环境和自身的身心发展现状。大学生的社会心态更是其态度的直接体现，是其对社会认同需求的表现。表现了大学生对信念的发展和三观的正确认知。当前，复杂多变的环境直接影响了大学生的心态，甚至对大学生的信仰等造成了较大的影响，需要高校教育者引起重视。从而更好地引导大学生心理健康发展，提升大学生对社会发展的适应性。

基金项目：中共崇左市委宣传部2021年度“新闻宣传工作高质量发展研究”系列委托课题——全媒体时代广西大学生网络社会心态的培育策略研究（项目编号：2021CZWZ008）。

（二）广西大学生社会心态基本特征

1. 具有一定的群体性

大学生的社会心态具有一定的群体性。大学生由于生活在与他人相同的环境中，有着相同的个人利益目标，从而产生了相同的心态。大学生社会心态的群体性可以表现为，部分大学生生活缺乏独立自主性，抗挫能力较差等。很多大学生被网络占用了大部分的时间，网络中的各种思想和生活等对大学生产生了较大的影响，体现出了共同的社会心态，这也是连接大学生群体精神的纽带，使大学生们具有较强的群体性特点。

2. 具有一定的非理性

社会心态在某种程度上更是一种情绪的表达和宣泄，其具有一定的非理性特点，并且很容易在学生之间相互影响和传播。在当前的网络时代的影响下，大学生的非理性社会心态主要表现为“浮躁、炫富、冷漠、喧嚣”等，特别是在网上出现了具有争议的问题时，大学生更是容易冲动非理性处理，如人肉搜索、网络黑粉、“喷子”等行为出现，很容易形成一定的群体效应。缺乏一定的理智性，更加具有冲动性。

3. 具有一定的时代性

大学生的社会心态具有一定的时代性特征。社会心态是人们对所生活的时代的认知和自发反应，如过去人们的社会心态是重视家庭、保守等特点，在当前我国的经济高速发展下，大学生的心态则发生较大的转变，特别是在当前的市场经济竞争较强的现代，大学生则部分存在着如失衡与迷惘的社会心态、浮躁与盲从的社会心态等特点，甚至有的大学生很难适应当前社会急剧变化的环境。

4. 具有一定的发散性

大学生生活在价值多元化的当前，在趋同和盲从的心态影响下，大学生很容易相信并且传播消极的信息，从而产生更加多元的心态，如仇富心态、仇官心态、不确定心态、相对剥夺感增强等这些对大学生的思想产生了较差的影响。当前我国网络信息传递较快，并且缺乏一定的规范性，一些负面的舆论和信息传递出来，很容易引起大学生的共鸣，加大了大学生的社会心理压力感，引发很多的发散性心态产生，使大学生的心态产生了复杂性特点。

5. 具有一定的自发性

大学生的社会心态还有着一定的自发性特点。大学生们在当前的网络信息中，喜欢去发表自己的想法和看法，偏激的言论使其更容易与正向的舆论和思想产生冲击。大学生容易发生与社会主流心态背道而驰的现象，形成了一定的矛盾性。大学生的自发性心态的产生与其生活的环境、接受教育程度以及个人经历有着重要的关系。特别是在当前网络信息发展的时代下，社会主流的声音常常被淹没弱化，非主流的舆论充斥网络，导致大学生产生了不良的自发性社会心态，如质疑心态、宣泄心态等。网络也为这样的心态提供了生长的平台，更是加剧了大学生的不良情绪产生。

二、大学生思政教育中培养良好社会心态的意义

（一）促进大学生完成社会角色转变

在当前的社会发展中，每个人都有多种生活角色，并且这些身份的变化是随着地位的改变而不断地转变着，随之而来的是个人的情绪和思想的转变，大学生很容易受到网络环境的影

响，发生个人角色转变认识的延迟性问题。而对大学生进行思政教育，可以帮助大学生更好地完成社会角色的转变，让其能够客观地认识到自身的能力和角色定位，不断地把握自己的发展方向，避免大学生出现个人角色的冲突问题，培养大学生养成良好的积极向上的心态，提升大学生的综合素养。

（二）促进大学生建设良好心理素质

良好的心理素质是大学生在当前网络时代的重要基础，使大学生在当前的人才激烈竞争下，更好地保持积极的心态去面对生活。对其进行思政教育可以促进大学生产生正确的认知态度和积极向上的乐观性格，提升大学生的思想意识品质，还能有效培养大学生良好的心理承受能力和抗挫能力，让其养成完整的人格。这对其今后在生活中面对各种挑战和可能存在的不公平现象时，能够积极进行自我调节，用更强的心理素质来面对生活中的问题。大学生在思政的学习中，可以更加科学地制定生活的目标，适度地调节情绪和控制情绪，为其培养人际关系和积极的社会心态提供有效的引导，促进大学生心理素质更好地发展。

（三）促进大学生培养良好道德品质

大学生的道德品质的培养，是促进其良好的社会心态养成的重要方式，也是学生们认同社会发展的基础。对学生进行思政教育，可以帮助学生形成正确的人生观、价值观，让其在当前的网络环境下和身边生活的环境中，正确辨识好坏，客观地对事物进行评价，潜移默化地影响大学生的内在修养和外在品质，让其拥有正确且积极向上的社会心态，从而更好地培养大学生的道德素质，为其今后的发展和社会交往等发挥不可替代的作用。

（四）促进大学生形成个体自由发展

对学生进行思政教育，可以更好地促进学生的个性自由发展，使其根据个人的意愿来进行自由表现和发挥创造能力，促进大学生内部的心理系统的完善和协调。大学在思政教育中个人的综合能力可以得到和谐的发展，正确处理人际关系，自我个性更好地自由发展。积极的社会心态是健康心理素质的重要表现，它可以从内心深处修正错误的思想观念、抵制社会不良文化渗透的侵扰，还可以帮助其正确地认识国情，更加理性、客观地看待我国转型期的各类社会问题，更可以增强大学生的认知意识。

三、大学生思政教育中培养社会心态的对策

（一）加强网络环境建设

全媒体时代下，大学生的思政教育首先要从大环境出发，通过加强社会对全媒体领域的制度建设，为学生提供一个优良的媒体环境，从而培养学生形成良好的心态。当前，学生所处的网络环境仍然存在很多的不良诱惑，网络诈骗、网上信贷、网络恶意营销都给学生的心理带来严重的负担，这些不良手段不仅干扰了网络秩序，也容易让大学生形成不良思想，产生报复社会的心理。由此，我们不难发现，加强网络环境的建设已经成为对大学生思想政治教育中培养积极的社会心态的首要任务。加强网络环境建设，一方面可以通过有效的网络监管，及时扫清不良网站；另一方面需要教师对学生的及时引导，结合当前的微博、微信、QQ 等各类平台，引导学生正确使用网络，积极投入社会生活中，并且能够利用网络媒体的信息储备量大、高效便捷、易沟通等特点，更好地进行学习生活，不断发挥现代化教育理念以及网络平台对于学生的培养作用。

（二）加强学生责任意识

思想政治教育是当前教育的中坚力量，对学生的思想有着至关重要的引导作用。在加强思想政治教育中，培养学生的社会心态不能只是说说，应从实际角度出发，加强学生的社会责任。学校层面，首先要对学生进行正面的思想引导，通过讲红色故事、走红色路线、演绎红色经典等方式，让学生在参与其中时，能够对历史、对革命先辈的付出有所触动，通过红色教育联想到现在生活，产生对社会发展、社会进步做出贡献的责任感。学校在鼓励学生积极参与的同时，可以结合新媒体，开展积极的宣传活动。在校内网站、校内公众号，对开展的活动进行正面宣传，对优秀的、突出的作品进行校内表扬、校外推荐，用积极的做法让学生们真正想融入其中，进而能够通过自身的想法，做出积极的行为；能够通过自身的努力，做出积极的转变；能够通过自身的力量，影响带动身边人，充分了解自身价值，不断促进思想政治教育带给学生的全面的、积极的发展，促进学生的学习能力和学习素养的全面提升。

（三）加强社会实践培养

社会实践培养是对学生的思想进行转变的行之有效的重要途径。通过加强社会实践培养，学生能够正确认识社会，提前到社会中体验生活的同时，也能明确自身的需求，对自己进行准确的定位。在实际思政建设中，学校可以为教师和学生搭建社会实践的平台，通过校企合作等方式，为学生联系适合的岗位，并且要求教师通过运用新媒体平台，为学生提供适宜的岗位信息，让学生们能够有更多的机会参加社会实践。在实践前，教师可以为学生提供岗位锻炼与实习的课题，学生带着课题任务，有目标、有针对性地进行岗位体验，总结和探索课题内容，同时也能深刻认识到社会实践的积极意义，在岗位活动中积极表现自己。通过新媒体平台，教师定期与学生们及时沟通，有效交流分享。在教师层面，可以鼓励学生们通过网络平台将成熟的经验、好的做法与其他学生进行分享，相互间提供思路，激发灵感，也让学生们相互间有积极的竞争思想，为帮助学生准确把握价值观形成的时机提供有力助推，提升学生的媒体素养和能力，让学生能够形成正确的社会实践观。

（四）加强网络文化建设

加强网络文化建设目的是通过丰富而有内涵的文化内容来加强网络对学生的思想政治教育，从而实现对学生社会心态的强化。加强网络文化建设，主要涵盖两个层面：一是校园内部网络文化建设；二是校外的社会网络文化建设。前者为主，后者为辅。加强校园内部的网络文化建设，首先要明确以学生为主体，其次要通过对高品质内容的严格筛选，再结合聚焦整合优势资源，建构网络文化建设长效模式，从根本上陶冶学生的情操，强化学生的思想政治建设。加强社会网络文化建设，就要通过展现现代化发展建设、本地特色文化、传统文化等方式，引导、启发、帮助大学生在科学判断的基础上作出正确的选择，用习近平新时代中国特色社会主义思想来武装学生的思想头脑，及时有效满足学生的情感需求，启迪思想的深层作用，积极培育大学生积极的社会心态。

（五）建立有效心理疏导

对学生开展的积极有效的心理疏导，是帮助学生做出正确判断的有效手段，也是及时帮助学生建立积极心态的有力保障。纵观当前的大学生心理状态，尤其是近几年的网络暴力、网络诱惑、大量散播的反动文化等，都是对大学生心理造成不良影响的行为。面对现在的形式和学生的心理需求，及时建立有效的心理疏导显得尤为重要。通过网络宣传，积极有效地实施心理干预，保护个人隐私的前提下，帮助学生剖析当前状态，让学生学会透过现象看本质的方法，面对困难和问题时，能够冷静思考，勇敢面对，在错误面前，能够勇于承担责任，形成正确的责任观。积极有效的心理疏导，能够帮助学生正确思考，用正面的网络能量，逐渐产生积极有效的心理。在这个过程中，更要让学生自己能够掌握自我疏导、自我调节、自我保护的方式方法，让学生真正树立正确的事业观、婚姻观、家庭观、爱情观以及择业观，让心理疏导在大学生的思政教育中发挥更大的作用，贡献更大的力量。

四、结束语

综上所述，在网络信息技术迅猛发展的当下，经济社会转型期的社会发展不均衡的一些消极的信息传递，对大学生的心态具有较大的影响。学生们对自己的未来产生了较大的疑惑和不安，社会心理状态发生了较大的变化。大学生的社会心态建设非常重要，高校大学生思政教育的目标就是要培养出一批成熟自信、求真务实、积极向上的年轻人。让其具有正确的人生观、世界观、价值观，从而更好地投入社会的建设中去，为建设社会主义发挥力量。

参考文献

[1]张岩.试论大学生和谐心态的培育[J].黑龙江社会科学，2008，(04).
[2]胡红生.重视培育构建和谐社会心态[J].特区实践与理论，2007，(02).
[3]杨宜音.个体与宏观社会的心理关系——社会心态概念的界定[J].社会学研究，2006，(04).

广西大学生健康社会心态的培育路径研究

卢珊珊　彭　洁

摘　要:新时代背景下,当代大学生的自身素质和修养不单单会影响其未来,更会影响我国社会主义事业的未来发展,俗语道"少年强则国强",当代大学生是祖国的未来和希望。所以,注重当代大学生的社会心态,努力培养当代大学生积极健康、阳光向上的社会心态,将其培养成合格的社会主义接班人是高等教育的义务和不可推卸的社会责任。本文以培养广西大学生健康社会心态为研究课题,希望可以借此了解和掌握广西大学生目前的社会心态现状,并总结出广西大学生社会心态存在的问题,然后提出相应的解决措施,为培养大学生健康的社会心态奠定基础。

关键词:大学生;健康社会心态;思想政治教育

青年一代是国家的未来,青年一代有理想、有担当,国家才能繁荣发展,民族才能有希望。从党中央对青年一代社会心态的重视程度便可以看出,青年一代的社会心态培养对于国家和民族的发展来说是至关重要的。当代大学生身为社会主义的接班人及建设者,其社会心态不单单会影响他们自己的未来发展,更会影响到国家的未来发展,正所谓"青年兴而国家兴,青年强则国家强"[1]。

当代大学生作为社会主义的接班人和建设者,其社会心态会直接影响整个民族复兴事业能否成功,所以他们所承受的社会压力也是非常大的。虽然大多数大学生的社会心态都是阳光向上、积极健康的,这部分人可以乐观地看待学习压力、生活压力以及人际交往的压力,可是仍然有一小部分大学生存在着社会心态问题,这一小部分人也是教育工作者需要重点培养和关心的对象。因此,当代大学生的社会心态培养问题,不但关乎他们自己,还关乎国家。所以,把当代大学生培养成合格的接班人及建设者是教育工作者的责任。

一、相关概念界定

(一)大学生健康社会心态的内涵

作为社会主义的接班人及建设者,当代大学生社会心态的培养应该基于社会发展的实际情况[2]。目前,我国社会发展的实际状况主要包括:市场经济方面、社会竞争方面、社会信息方面等,在多重形势的影响下,如何建立正确的社会主义观、社会认知观,塑造健康的品质和修养

基金项目:中共崇左市委宣传部 2021 年度"新闻宣传工作高质量发展研究"系列委托课题——全媒体时代广西大学生网络社会心态的培育策略研究(项目编号:2021CZWZ008)。

就变得至关重要了，而这些也是当代大学生培养社会心态必不可少的重要组成部分。

（二）当代大学生健康社会心态的特征

第一，时代性。每个事物要想始终保持生命力，就必须与时代发展的进程相一致，不然就会被时代所舍弃。故而要想判断当代大学生社会心态是否健康，就要看其社会心态和时代发展的要求是否相一致。

第二，普遍性。当代大学生不单单是指某个人，它是由多个单体组成的整体。因为每个单体都是不一样的，他们都有各自的特点，所以当代大学生的社会心态也会存在健康和不健康的区别。不过该群体也是有其共通性的，那就是必须通过自己的努力去完善和丰富自己，在教育工作者的帮助和指导下塑造自己，树立健康的、向上的社会心态。

第三，标志性。大学生社会心态的标志性是指：一种是本文所提到的判断大学生社会心态是否健康的标志；另一种是判断高校对当代大学生健康社会心态是否培养成功的标志。

二、广西大学生社会心态存在问题的主要表现

（一）学生处理义利关系不当

通过调查可知，有一些学生是可以正确处理义利关系的，可是有一小部分学生却存在见利忘义、损人利己的情况。这部分学生非常看重个人的得与失，无法正确处理义利关系，在义利关系上不能正确把握自己，其社会义利观还有待进一步提高和完善。社会义利观是当代大学生培养健康社会心态的一部分，在当前社会经济形势的影响下，培养大学生正确的社会义利观是保证他们成才的基本条件，同时也为大学生培养其他社会心态奠定了良好的基础。

（二）学生社会认知存在偏差

通过调查可知，有一部分大学生在对待社会问题上是可以保持理性的，可是有一些大学生却存在认知偏差、态度消极等情况。这些大学生觉得目前社会中存在的诸多问题都是由不公平对待引起的，而且这一系列的社会问题是无法找到解决办法的，所以整个人都比较消极，对社会发展更是不看好。

（三）学生缺乏开放包容的品质

目前，大部分大学生在面对新鲜事物或是不同意见时，都会用开放、包容的心态去接受、接纳，他们可以包容不同的优秀文化，还可以正确处理好人际关系。不过，有一小部分学生还是存在保守闭塞、充耳不闻的情况，这部分人不接纳不同的意见和声音，发生事情也不会和他人去沟通与商量，在目前日渐开放的社会形势下，这部分学生就会慢慢地和社会脱轨。由此可见，开放、包容的品质也是当代大学生培养健康社会心态过程中必不可少的一个环节。

（四）学生有较强的从众心理

尽管很多大学生在面对外部不同意见时，还是会以自己的判断为主，外部意见为参考，不会对外部意见完全听从，可是仍有一小部分学生会盲目听从外部意见，遇事没有主见，没有判断能力和批判精神。批判精神是大学生独立性的主要表现，是每位大学生都应该具备和拥有的处事态度[3]。所以说，批判精神的培养对于大学生社会心态的培养来说也是不可缺少的。

三、广西大学生社会心态存在问题的原因分析

(一)大学生的义利观出现错位

受目前社会经济形势的影响,高校、父母以及社会在培养大学生社会心态方面无法做到全面发展。广西大学生的义利观出现错位主要表现在以下几个方面:

一是高校和父母严重忽视学生义利观的培养。无论是高校还是父母,都是将学习专业知识和技能放在第一位,采用各种途径全力提高学生的能力,从而忽略了他们自身修养的培育,久而久之,大学生也就把利益放在了第一位。

二是在当前社会经济的影响下,很多社会组织或个人会将违法经济活动的广告传入大学校园内,大学生正值义利观培养的关键期,所以违法经济活动的广告宣传会给其正确义利观培养造成非常恶劣的影响。

三是高校内或社会上社会主义核心价值观的宣传工作还需要进一步完善和推进。社会主义核心价值观这一概念提出已久,但是大部分都是在电视、网络等渠道进行宣传和推广,可以让大学生参加的实践活动少之又少,所以当大学生看到这方面的宣传标语或宣传内容时,也仅仅是一目而过,还有很多学生会对那些宣传内容选择视而不见,宣传也就起不到它的真正作用了。

(二)大学生社会认知出现偏差

随着改革开放逐渐深入,很多社会问题都开始浮现出来,浮现的这些社会问题或多或少都会对大学生理性社会认知的培养造成一定的影响[4]。而广西大学生社会认知出现偏差主要表现在以下几个方面:对个别事业单位工作人员以及国家公务人员的认知偏差;对政府工作的认知偏差;对当前社会腐败问题的认知偏差。大学生的社会认知出现偏差,不仅是他们主观意识造成的,也离不开当前社会发展形势的影响,主要来自高校、社会以及政府当中依然存在很多不公平对待的情况;学生家长没有起到正确的引导作用;由于特殊的历史原因让那些不公平思想深深在人们的内心扎根。

(三)大学生缺乏开放包容的品质

在世界多元化发展的趋势下,许多外来文化逐渐深入国内,虽然大学生接受新鲜事物的能力很强,可是仍然有一小部分学生对外来文化存有抵触,不接受新鲜事物,就活在自己的小天地中,不与外界沟通、交流。分析其原因可以总结为以下几点:一是受家庭环境的影响,单一的家庭环境让大学生的个性不能完全发展;二是受生活环境的影响,闭塞的生活环境让大学生缺少和外界社会接触的机会;三是受教育方式及教育内容的影响,狭隘的教育方式及内容让大学生的包容思维受到限制。

(四)同质化使大学生缺乏批判精神

造成广西大学生批判精神严重缺失的主要原因可以总结为以下三点:一是单一、传统的高校教育方式,让大学生没有向权威挑战的勇气;二是传统的考试机制和评价机制阻碍了大学生批判思维的发展;三是对优秀传统文化的忽视,让优秀传统文化没有继续传承下去。三者之间相互作用、相互影响,才造就了如今的教育环境,当前的教育环境严重阻碍了大学生批判思维的培养和发展。

四、培育广西大学生健康社会心态的有效路径

(一)树立正确的大学生义利观

(1)加大优秀传统文化的宣传力度,为培养大学生正确的义利观打造一个良好的环境和氛围。我国的传统文化涵盖了思想观念、人文精神以及道德规范多个方面,可以帮助大学生树立正确的义利观,为其打造和谐人际关系、分辨是非提供帮助。比如:儒家文化提倡的君子人格概念,就涵盖了很多义利观培养的相关内容。

(2)大力宣传社会主义核心价值观,给大学生培养正确的义利观打造一个适应的氛围和环境。从时代发展的角度出发,将社会热点问题与大学生的实际情况相结合,制定出行之有效的培养计划。除此之外,宣扬社会主义核心价值观还可以帮助大学生找到人生的方向,在面对复杂的社会状况时也能冷静、理性地面对。

(3)家庭环境也是影响大学生树立正确义利观的主要因素,所以必须重视家风的建设问题,为其打造一个和谐、健康的家庭环境。此外,父母也应该具有健康的正确的社会义利观,这样才能帮助子女正确处理义利问题,给孩子起到表率作用。例如:父母通过自己的努力和勤劳来改变经济状况,教育孩子要尊重别人、热爱生活、勤劳努力,不能有不劳而获、损人利己的行为。

(二)提高大学生的社会认知能力

(1)当代大学生的反思能力还需要进一步提高,个人意志也需要继续磨炼。在参加工作过程中,应该对目前的社会形势、时政热点以及时代特点充分掌握,并全面认识自己,理性地、客观地评价自己,这样才能不断提高自己的社会认知能力[5]。此外,当代大学生的个人意志也需要进一步磨炼,不管是学业方面还是为人处世方面,都应该不断锻炼自己,俗话说“活到老学到老”,内省和学习都是一个长期的过程,要做好相应的心理准备。

(2)高校辅导员以及思想政治教师都应该对大学生进行正确的社会认知指导,在课堂上思想政治教师要将相关的理论知识细致地讲明讲清,将世界观教育设定为重点教学内容,帮助大学生建立正确的社会认知,当大学生提出疑问时,鼓励其发表个人看法和建议,由此可以了解到他们的社会认知程度。在日常生活中,辅导员要仔细观察每一位学生的特点,掌握他们的思想状态,主动和学生沟通、交流,消除他们的心理防线,鼓励他们多反思,用理性的角度去客观评价身边的人和事,将培养大学生社会认知能力提上工作日程。

(3)社会各部门之间要互相监督,要想提高政府的公信力,就应该从加强政府对社会部门的监督力度开始。倾听群众的心声,尽量满足群众的需求,掌握好社会心态的平衡,群众对政府和社会的信任就会提高;提倡社会诚信行为,营造一个和谐的社会环境和氛围;提高社会心理疏导和信贷服务质量,把好网络通道关,严禁社会不良信息在网络上肆意传播。

(三)塑造大学生开放包容的优良品质

(1)要想塑造大学生开放、包容的品质,首先应该丰富他们的交流渠道,教会他们忍耐和宽容。松下电器的创始人——松下幸之助先生曾说过:人和人是相互依靠而存活的,可是要想适应这个社会只有学会忍耐和宽容。所以大学生要想丰富自己的交流渠道,可以多多参与一些集体活动,接触不同的交际圈子,这样才可以开阔视野,拓宽自己的格局,塑造开放和包容的品质。

(2)高校应该多为大学生提供锻炼其社交能力的机会。比如:定期举办一些校内以及校外的社交类活动,鼓励大学生积极参与,在参与过程中互相之间可以多交流、多沟通;同时,还可以多举办一些心理讲座、主题班会、艺术节等活动,引导大学生踊跃参加。

(3)引导大学生尊重民族文化。面对多种多样的民族文化,当代大学生应该保持包容、宽容的心态,理性地看待多种多样的民族文化,这样不但可以促进民族之间的团结,还能帮助当代大学生开拓视野,塑造开放、包容的社会心态,客观、理性地去评价优秀事物,让大学生拥有健康的、积极的社会心态。

(四)培养大学生的批判精神

(1)高校应该注重学生批判性思维的培养工作。基于目前大学生批判精神的现状,高校应该反思自己的教育方式及内容,创新教育模式和内容,把培养大学生的批判精神、反思能力列为课堂重点教学内容,或者单独设立批判思维教育课程,鼓励学生提出自己的观点和意见,客观评价问题,独立寻找问题的解决办法。

(2)身为大学生思想教育的教育者,思想政治教师应该打破传统的教育方法,鼓励大学生提出不同意见,发挥出载体育人的作用,将教学内容和学生的日常生活相结合,采取理论实践相结合的教育模式,将思想政治教育主导作用发挥出来,根据实际情况将批判性思维融入教学内容当中,既达到了思想政治教育的目的又培养了大学生的批判性思维,如此一来,大学生不但拥有了批判性思维,其社会心态也朝着积极、健康的方向发展。

(3)大学生还应经常自我反省,客观评价自己。高校除了要维护大学生的主体地位,还应该让大学生保持清醒,经常反思自己。

五、结语

作为社会主义的接班人和建设者,当代大学生的社会心态直接关系着我国人才培养的质量和国家的未来发展,当代大学生的社会心态问题是完成现代化建设中必须解决的问题。当代大学生的社会心态培养工作并不是一朝一夕就能完成的,它是一个缓慢的,由浅入深的过程,当代大学生社会心态的培养问题不是某个单位或个人就能解决的,它需要各个单位、政府部门及个人的配合,各因素相辅相成,共同前行才能完成的。

参考文献

[1]董晓绒,曾令辉.论新时代大学生健康社会心态的培育[J].学校党建与思想教育,2021(03):25—28.

[2]安晋军,尹梦娇.近十年来我国大学生社会心态研究述评[J].学理论,2019(04):75—78.

[3]王洪秋,吕平,姜莉.新时代大学生健康社会心态培育路径的转换[J].黑龙江高教研究,2019,37(05):129—133.

[4]李琼,周勇军.新媒体时代大学生社会心态及培育研究[J].人才资源开发,2017(10):127—129.

[5]林宁.新时期大学生良好社会心态培育路径研究[J].太原城市职业技术学院学报,2016(09):67—68.

基于微信公众平台的大学生思想政治教育实效性研究

陈卓蔓

摘　要：微信公众平台在大学生的学习和生活中得到了普遍应用，高校在开展思想政治教育活动过程中，如何增强微信公众平台思想政治教育的实效性，不仅关系到教育对象自身的发展，而且还会影响新时代全体大学生思想品德水平的提高。本文以大学生接受微信公众平台的思想政治教育的态度为切入点，主要针对学生基于微信公众平台的思想政治教育的认知度、微信公众平台下学习思想政治教育的态度以及进行微信公众平台的思想政治教育学习后学生的道德意识和行为表现的变化开展调查，分析问题，得出相应策略。

关键词：微信公众平台；思想政治教育；大学生；实效性

微信公众平台作为当今大众传播媒介的重要载体，在向大学生传播信息和娱乐的同时，也为网络思想政治教育的顺利开展提供了有利条件。当前基于微信公众平台对大学生进行思想政治教育，虽然在高校应用广泛，但整体上实行的现状和效果并不理想，如何更有效地充分发挥微信公众平台对大学生思想政治教育的实效性仍需探索。本文通过研究微信公众平台在大学生思想政治教育中的实效性，找出其中存在的问题并分析原因，提出相应的加强改进措施，有利于进一步丰富新时代利用微信等新媒体公众平台进行大学生思想政治教育的相关理论研究。

一、当前基于微信公众平台的大学生思想政治教育实效性弱的主要表现

本文主要研究基于微信公众平台对大学生进行思想政治教育的实效性，找出其中存在的问题，问卷主要针对实效性展开设计。实效性主要是指实施计划的可行性和实施效果的目的性，实施计划的可行性主要是指在通过微信公众平台对大学生进行思想政治教育过程中操作的可行性，而实施效果则是在通过微信公众平台对大学生进行思想政治教育后，大学生自身的思想道德水平到达的程度。本次“基于微信公众平台对大学生的思想政治教育实效性调查问卷”一共设置 12 个问题，每个问题设置 3 个选项，均为单选。针对大学生接受微信平台的思想政治教育后的效果，即大学生在思想品德方面的心理认知、大学生接受微信公众平台的相关教育后的思想道德意识、大学生基于微信公众平台进行思想政治教育后对社会产生的行为表现三方面开展调查，分析当前基于微信公众平台的大学生思想政治教育实效性弱的主要表现及其原因，得出应对策略。本次问卷的调查对象为广西部分高校在校生，共对 140 人进行问卷调查，发放问卷 140 份，实际收回问卷 136 份，回收率 97%。

在调查过程中，发现大学生对于微信公众平台的思想政治教育的认识不够全面，态度消极

化，多数大学生仅仅是出于学校和社会要求例行公事地学习思想政治教育的相关知识，缺少将学习到的有关思想方面的信息内化为自身的品德观念，并将其外化在日常的行为习惯和行为表现当中。在调查中发现基于微信公众平台开展的对大学生的思想政治教育实效性不强主要表现在以下三方面：

(一)部分学生对基于微信平台的思想政治教育关注度低

通过表1数据可知，对于利用微信公众平台接受到的思想政治教育程度，一半以上大学生认为一般，只有少部分大学生认为能够通过微信公众平台接受到良好的思想政治教育；大学生在利用微信公众平台接受到思想政治教育之后，仍有部分大学生对树立正确的思想观念不予重视，可见大学生没有形成对通过微信公众平台进行的思想政治教育活动的正确认识，态度不够端正；在主动性方面，超过三分之二的大学生对于登录微信公众平台学习思想政治教育相关信息都不太主动，可见大学生并没有将利用微信平台进行思想政治相关学习纳入提高自身思想品德素质的习惯；多数大学生在通过微信公众平台进行思想道德方面学习后，对产生的疑问与思政教师探讨较少，一方面是大学生自身缺乏思想品德认知，另一方面，是由于学校思想政治教育影响力度不够，导致大学生思想品德意识薄弱，对微信公众平台的思想政治教育重视程度不够。

表1　基于微信公众平台开展思想政治教育活动的效果

题　目	选　项	人　数	百分比
你认为能够在微信公众平台上接受到思想政治教育的程度	很多	54	39.71%
	一般	73	53.68%
	很少	9	6.62%
你在接受微信公众平台的思想政治教育后，注重树立正确的思想观念的程度	很高	63	43.32%
	一般	62	45.59%
	很低	11	8.09%
你登录微信公众平台并接受思想政治教育的主动性	很主动	46	33.82%
	一般	69	50.74%
	不太主动	21	15.44%
你平时遇到的思想观念方面的问题，会通过微信公众平台与教师探讨	很多	44	32.35%
	偶尔	69	50.74%
	很少	23	16.91%

通过以上数据可以反映出，在通过微信公众平台进行思想政治教育的过程中，大学生对微信公众平台的思想政治教育重视程度不够，一半以上的大学生群体把思想政治教育当作一项任务来完成，缺乏主动性，思想品德意识薄弱。所以，在开展基于微信公众平台的思想政治教育活动时，要充分考虑到大学生对其所参与活动的认知程度，可以从社会热点问题入手，激发大学生积极参与的热情，这样才能初步保证微信公众平台思想政治教育的实效性。

(二)部分大学生没有将思想政治教育内容内化于心

通过表2数据可知，超过一半大学生认为通过微信公众平台的思想政治教育作用一般，可见大学生对利用微信公众平台学习思想理论方面相关知识的认同度较低；也有一半以上的大学生反映自己不会主动将一些思想观念教育方面的内容分享到微信公众平台，可见大学生在接受思想政治教育后，没有充分认同和理解，缺少将接收到的有关思想政治教育方面的知识，内化为自身的思想品德意识的能力；在开展基于微信公众平台的思想政治教育活动后，一半大学生认为自己的思想观念和整体素质得到提升，但也有一半大学生认为自己的思想观念和整体素质的提升程度一般或者很小，可见高校通过微信公众平台对大学生进行思想政治教育效果一般。

表 2　　基于微信公众平台开展思想政治教育活动的效果

题　目	选　项	人　数	百分比
通过微信公众平台，对你的思想观念是否有提升	有	61	44.85%
	一般	66	48.53%
	很少	9	6.62%
是否会主动将一些思想观念方面内容分享到微信公众平台	很积极	53	38.97%
	一般	66	48.53%
	不积极	17	12.5%
你认为通过微信公众平台对大学生进行思想政治教育作用大小	很大	50	36.76%
	一般	77	56.62%
	很少	9	6.62%
通过微信公众平台对大学生进行思想政治教育后，整体的素质提高程度	很大	51	37.5%
	一般	74	54.41%
	很少	11	8.09%

通过上述数据反映出，大学生对建立微信公众平台进行思想政治教育相关学习的热情不高，对学习方式的改变漠不关心，导致教育效果没有达到理想目标。可见，现阶段微信公众平台的思想政治教育的实施存在阻力，部分大学生认为微信公众平台的思想政治教育这一新型教育方式与老师讲课、学生听讲这一传统教育方式之间没有区别，存在应付性地完成学习任务等情况。所以，在通过微信公众平台对大学生开展思想政治教育活动时，一方面需要各微信公众平台宣传教育，提高大学生的认同度；另一方面也需要大学生有效地将接收到的有关思想政治方面的信息内化为自身的思想道德意识，这样才能进一步保证微信平台对大学生思想政治教育的实效性。

（三）部分大学生没有将思想政治教育内容外化于行

由表 3 可知，高校大学生对于学校设立专门的微信公众平台开展思想政治教育的支持度一般，多数大学生表现漠不关心，可见，大学生并没有将微信公众平台的思想政治教育纳入自己的生活学习之中；只有三分之一的大学生表示会主动地关注微信公众平台上思想政治教育相关的内容信息；另外，微信公众平台开展对大学生的思想政治教育活动中，大学生缺少将学习到的思想品德内化为自身的品德意识并在社会生活中表现出来的能力。可见，大学生在社会实践活动中缺少行动力。

表 3　　基于微信平台开展思想政治教育活动的效果

题　目	选　项	人　数	百分比
学校建立专门的微信公众平台对学生进行思想政治教育你的支持力度	很支持	64	47.06%
	一般	70	51.47%
	不关注	2	1.47%
现阶段关注微信公众平台上思想政治教育内容信息的动态	很积极	48	35.29%
	一般	72	52.94%
	不积极	16	11.76%
是否会将自己学习到的思想品德方面的知识内化为自身的思想品德	经常	21	15.44%
	偶尔	69	50.74%
	不经常	46	33.82%
是否会将微信公众平台中接受到的思想品德转化为实际行动	经常	14	10.29%
	偶尔	48	35.29%
	不经常	74	54.41%

通过问卷数据分析得出，在开展基于微信公众平台的思想政治教育活动过程中，大学生的主动性并不强，通过微信公众平台的理念、认识等方面教育之后，大学生仍没有认识到树立正确的态度和价值观念对从事实践活动时自身行为的重要影响。总之，大学生在利用微信公众平台学习思想道德相关知识时，要树立正确认识，与思政教师及时沟通，实现对接收到的思想信息的内化和外化，这样才能最终保证微信平台思想政治教育的实效性。

二、基于微信公众平台大学生思想政治教育实效性不强的主要原因

(一)大学生的思想尚不成熟

大学生在接受微信公众平台的思想政治相关知识学习时，一方面，由于大学生思想尚处于“孕穗期”，高校利用微信公众平台对大学生进行德育工作，在大学生心目中的影响小，大学生的支持力度不高。另一方面，由于部分大学生自身的态度消极、不端正，对微信公众平台传导的思想信息的认识和理解有限，对大学生的思想认识和行为表现的影响效果不佳，不能完全保证对大学生思想观念的正面影响。除此之外，还存在个别大学生内心并不真正认同微信公众平台的教育要求，仅出于学校和教师的强制规定而被动地完成思想政治教育学习任务。

基于微信公众平台的思想政治教育是否有效，最重要的是看思想政治教育所传导的思想、观念、规范能否为教育对象所真正接受，即内化为他们的思想和态度，并通过相应的行为表现出来。由于大学生自身对微信平台的思想政治教育重视程度不高，通过微信公众平台学习后，没有社会和高校相应的宣传和教育，大学生不能完整准确地理解和把握思想政治教育相关知识和理论原则。大学生缺少将思想观念内化为自身道德意识并在日常学习生活中表现出来的能力。因此，在基于微信公众平台对大学生开展思想政治教育的实效性方面，难以取得良好的

教育效果。

(二)微信平台的思想政治教育内容缺乏吸引力

在通过微信公众平台对大学生进行思想政治教育活动时,一些教育内容缺乏吸引力。一方面,微信公众平台推送的一些思想政治教育相关内容和理论趋于程序化,过于呆板生硬,而现阶段大学生的思想比较新颖,这就使得微信平台的一些思想政治教育内容与现阶段大学生的思想需求不一致,因而部分大学生会出现为了完成学习任务而被动学习的情况,使微信公众平台的思想政治教育效果差,这就偏离了微信公众平台思想政治教育的初衷;另一方面,由于高校对通过微信公众平台开展的思想政治教育不够重视,缺乏专门的运营团队,如互联网媒介、大学生社会群体等;除此之外,通过微信公众平台对大学生进行思想政治教育活动时,微信公众平台的一些功能得不到充分发挥,难以取得良好教育效果。

总之,在通过微信公众平台开展思想政治教育时由于一些教育内容缺乏吸引力,使得基于微信公众平台的思想政治教育活动的有效性无法真正发挥。大学生虽然都用过微信公众平台,但对微信公众平台开展的思想政治教育活动,一些大学生在理解方面存在个体偏差。可见,高校在开展思想政治教育活动时,不仅要合理有效地利用好微信公众平台对学生进行思想政治教育这一教育方式,还要注重教育内容的灵活性和吸引力。

(三)微信公众平台的思想政治教育形式比较单一

为顺应时代发展,对当前大学生的教育也要有创造性,不断发展。传统的思想政治理论课教学模式在新媒体时代背景下略显逊色,随着大数据时代的到来,社会热点话题、时事政治信息等更新换代速度快,大学生群体接收相关信息主要通过网络渠道,微信公众平台的出现,为大学生接收更多正能量信息提供可能。但在微信公众平台开展对大学生的思想政治教育活动过程中,一方面,微信公众平台中有关思想政治教育方面的信息,大多仍沿用传统的教育形式,如老师视频讲课、学生听讲打卡等,缺少互动、缺乏创新,使大学生产生厌烦情绪,不符合当代大学生的心理特点;另一方面,微信公众平台建立后,没有以更为大学生所认可的方式呈现社会热点事件、国家出台的相关思想政治政策文件等,而是直接将相关信息转移到微信公众平台上供大学生参考,由于大学生个体思想认知差异,长此以往,导致微信公众平台的思想政治教育趋于形式主义。

总之,虽然微信公众平台的建立使思想政治教育内容和教育形式不再受限制,大学生可以自由支配学习时间,但由于高校的微信公众平台机构缺少灵活性和创新性,导致思想政治教育形式过于沉闷单一,使得思想政治教育较难融入大学生的学习中。所以,丰富微信平台的思想政治教育活动形式,使得大学生能够形成良好的思想品德规范,并将其自身形成的思想品德规范表现在日常的行为习惯中,才能提高微信公众平台对大学生进行思想政治教育的实效性。

三、增强基于微信公众平台的大学生思想政治教育的实效性的措施建议

就目前建立的微信公众平台对大学生开展的思想政治教育活动情况来看,教育效果并不理想。因此,高校需要以微信公众平台为教育载体,着眼于提高大学生的思想道德认知,把大学生放在主体地位,宣传引导大学生对微信公众平台思想政治教育的关注力度。提高基于微信公众平台的大学生思想政治教育的实效性,主要有以下三方面措施建议:

(一)宣传引导大学生对微信公众平台思想政治教育的关注力度

当今,我们已经进入了互联网新时代,为了紧跟时代的潮流,高校开展的思想政治教育活动和各种课程教育都需要应用互联网现代化与新型化的教育形式。高校在推动思想政治教育工作展开的同时,要注重引导大学生对微信平台思想政治教育的重视。

首先,制度方面,积极宣传学习微信公众平台思想政治教育的重要性,提高大学生的认知程度;其次,经费方面,可以投入一定资金,邀请思想政治教育方面的专家教授,对大学生进行每月一次的思想政治教育知识讲座,提高大学生的思想意识,提高学生对思想政治教育知识在社会生活中的运用;最后,高校可以针对思想政治教育专项内容建立专门的微信公众号或微信平台专业网页,为学生提供学习思想政治教育相关信息的平台,对于建立的校园微信公众平台,由于大学生尚处于思想“孕穗期”,自身还没有形成完整正确的三观,因此需要高校微信公众平台的正确舆论引导。总体来看,提高对微信公众平台的关注力度,要以大学生为中心,通过宣传引导,提高大学生相关知识能力,才能确保微信公众平台思想政治教育的实效性。

(二)增强微信公众平台思想政治教育内容的吸引力

高校在进一步提高大学生对微信公众平台思想政治教育的关注度时,也要注重增强微信公众平台思想政治教育内容的吸引力,完善并丰富微信公众平台的运营内容。

首先,要善于运用思想政治教育本身所具有的特殊功用,利用好社会热点话题,正如我们在应对新型冠状病毒这类突发事件面前,相关部门通过微信公众平台向大学生开展疫情防控思政课,不仅引导大学生树立大局观念,冷静面对、正确处理疫情预防工作,而且通过宣传教育,提高了大学生对此次事件关注力度,具有积极意义;其次,加强新时代高等学校思想政治理论课教师队伍建设,落实立德树人的根本任务,注重发布的微信公众平台思想政治教育内容能够更加贴近大学生的学习和生活,熟练定位大学生的心理特点,激发大学生的学习能动性;最后,学校可以聘请微信技术专员,组建专业的技术团队,与思想政治教育师资团队相互合作,开发一些微信公众平台与思想政治教育相关的文字游戏、影音视频,为大学生提供更有意义、多元化的教育内容,增强微信公众平台思想政治教育内容的吸引力,激发大学生的学习兴趣,从而更好地提高微信公众平台对大学生思想政治教育的实效性。

(三)丰富微信公众平台思想政治教育的形式

为了极大程度提高实效性,高校不仅要增强大学生对微信公众平台思想政治教育的重视程度、开展多元的教育内容吸引大学生的学习兴趣,还要完善微信公众平台思想政治教育的形式。

首先,高校在开展微信公众平台的思想政治教育工作过程中,要注重把新媒体教育与传统教育相结合,确保思想政治教育相关指导老师配备全面,可以开展思想政治教育相关老师线上答疑,为大学生提供完备的解疑途径;其次,建立奖励机制,以大学生为活动主体,把微信公众平台的思想政治教育活动与第二学分课堂紧密结合,对积极学习微信公众平台相关信息并参与微信公众平台的思想政治教育建设活动的大学生以奖励措施;除此之外,还可以开展微信公众平台的社会实践活动、校园文化建设等,把微信公众平台的思想政治教育活动与大学生的社会生活相联系,促使微信公众平台融入大学生的学习生活中。丰富微信公众平台的思想政治教育形式,使大学生更好地了解微信公众平台的思想政治教育活动从而更积极地参与进来,确保微信公众平台的思想政治教育实效性得以提高。

参考文献

[1]胡凯.思想政治教育生活化研究[D].上海:复旦大学,2007.

[2]全永丽.以微信为载体加强大学生思想政治教育研究[D].长春:吉林大学,2015.

[3]郑昌保.校园微信平台下的大学生思想政治教育实效性研究[D].南昌:江西科技师范大学,2016.

[4]张科浦.高校微信公众平台思想政治教育实效性研究[D].西安:陕西师范大学,2017.

[5]宋政儒.微信平台在高校思想政治教育应用中的问题及对策研究[D].大连:辽宁师范大学,2019.

[6]李梁成.微信背景下大学生思政教育实效性的研究现状综述与反思[J].科教导刊(中旬刊),2016(06):71—73.

[7]林楠,杨晓岑.高校思想政治教育微信平台建设研究[J].信息化建设,2016(03):183.

[8]殷科,唐文静.基于微信平台提升大学生思想政治教育实效性的途径探析[J].学校党建与思想教育,2017(02):68—69.

[9]刘阳.新型社交媒体视域下的高校思想政治教育创新——以高校学生工作微信公众平台为例[J].东南传播,2019(01):136—139.

新时代高校思政课教师核心素养的内容研究
——基于访谈的视角

李婷婷　盘　璇　王　洋　韦　凤　云　芸

摘　要：高校思政课教师是思想政治课教学的重要实施者，更是在校大学生健康成长的重要引路人。对高校思政课教师的核心素养内容的研究，不仅有利于思政课教师的发展和完善，有利于优化高校的教学质量和教学效果，更有利于助推大学生的成长成才。本文在对5所不同高校共13位思政课教师进行访谈的基础上，对高校思政课教师核心素养的内容进行了详细分析，得出新时代高校思政课教师的核心素养主要包含政治信仰、情怀素养、教学能力和科研能力等四个方面。

关键词：新时代；高校思政课教师；核心素养；内容；访谈

在新时代的征程中，我国对人才的需求呈现上升的趋势。思政课教师是高校立德树人目标的重要实施者，具有无比重大的责任。习近平总书记站在新时代发展需要高素质、专业化的思政教师队伍的立场，在理论方面进行了详细的阐述。如在2016年，习近平总书记对从事思政课教学的大、中、小学思政课教师提出了“四个相统一”的要求[1]；在2018年，习近平总书记又对广大思政课教师提出了“坚定理想信念、厚植爱国情怀、加强品德修养”等要求[2]；在2019年，习近平总书记提出要从“必须具备‘六要求’”发挥思政课教师的作用[3]；在2021年，习近平总书记强调思政课教师在教学过程中不能“没有生命，干巴巴的照本宣科”、“必须跟现实相结合”[4]；在2022年，习近平总书记提到思政课教师“用心教”、“在立德树人中发挥应有的作用”[5]。由此可见，对高校思政课教师核心素养内容的探索显得尤为重要，这不仅有利于提升思政课的教学质量、完善高校思政课教师自身的发展，还有利于助推大学生积极投身到新征程中实现自身价值的最大化。据此，本文通过对高校思政课教师进行访谈，对高校思政课教师的核心素养内容进行了详实的分析。

一、访谈对象

以13位高校思政课教师作为访谈对象（均长期从事思想政治教育教学研究），其中2名教授、3名副教授、8名讲师（基本信息见表1）。

表 1　　访谈对象基本信息表

编号	性别	年龄/岁	职称
A1	女	49	教授
A2	男	38	副教授
A3	男	33	讲师
A4	男	53	教授
A5	女	36	讲师
A6	女	35	讲师
A7	女	37	副教授
A8	女	35	讲师
A9	男	35	讲师
A10	女	34	讲师
A11	男	36	讲师
A12	男	33	讲师
A13	女	39	副教授

二、访谈提纲

访谈主要以“高校思政课教师的核心素养”为内容进行编制。访谈提纲主要包含 1 个主题，即高校思政课教师核心素养的内容，共 7 个问题(见表 2)。

表 2　　访谈提纲

高校思政课教师核心素养的内容	
S1	您认为哪些素养是思政课教师应该具备的？
S2	作为一名高校思政课教师，您认为教学和科研是什么样的关系？
S3	您认为政治信仰对于思政课教师重要吗？请说明原因，或举出相关的例子。
S4	您认为在教学中如何提升思政课教师的教学能力？
S5	作为一名高校思政课教师，您觉得您的职业责任感是什么？
S6	对于马克思主义经典作家的原著，您是否经常阅读？对您有什么作用？
S7	您平时主要采用哪些方式提高自己的素养？

三、访谈过程

在访谈开始前，提前准备好纸质访谈提纲、笔和录音设备。访谈开始时向被访谈对象告知访谈目的、受访者的权利和义务等。访谈时间为 30 分钟。受距离及现实情况影响，采用线上访谈的方式，但双方地点均处于较为安静且不受外界因素干扰的场所。所有访谈均录音。在访谈结束之后，对录音材料进行文本转换，严格还原当时访谈的讲述内容，并对转换的文本进行具体的分析。

四、访谈结果

(一)新时代高校思政课教师应具备坚定的政治信仰

高校思政课教师从事教学工作最基本的要求就是必须坚定政治信仰。从思政课课程本身的性质来看,思政课具有较强的政治性、时效性、意识形态性,同时教师最重要的使命和责任就是"立德树人",这就要求思政课教师应具备过硬的政治信仰。[6]

"关于政治信仰这方面,我觉得对于一名从事思政课教学工作的教师来说是非常重要的。因为我们最重要的任务就是向学生传达一些具有较强时效性的信息、思想、精神,当然,还有我们国家的发展方向等问题,我们需要将这些东西传达给学生。如果作为教育者的我们在教育过程中没有坚定自己的政治信仰,那么我们自己在理解国家的发展动态上就可能出现偏差,同时因为自己理解错了,那么很可能就会在向学生传达的时候出现信息传达不准确、不完整,甚至是出现传达错误的情况,所以,我们必须要明晰自己的站位。政治信仰代表着一个思政课教师的价值立场,而这也体现出他的价值观是什么样的。我们常说作为一名马院人,要常'言马''信马',要教授思政课程,首先就得相信它,吃透、理解透,才能更好地向学生传递党和国家正确的声音。"(来自 A2 教师的访谈记录)

坚定的政治信仰是思政课教师应具备的最基本的、最核心的素养。思政课是一门极具鲜明的政治性、价值性导向的课程,如果思政课不讲政治,那么思想政治教育这一活动就没有了灵魂。因此,高校思政课教师作为一名思政教育的"播种者",首先要做到的就是在政治信仰中了解和洞悉"政治""立场",在教育之路上要坚定自己的信仰。

"我们现在说坚定的政治信仰,其实就是我们思政课教师必须要有的一个坚定的政治立场。思政课老师要搞清楚我们教育的目标是什么、怎么做的问题,思政教育的目标就是为党和国家育人育才。这个党,就是中国共产党,我们说政治方向必须准确。教师本身对学生就有一种潜移默化的影响,如果作为一名思政教师,政治立场都不坚定,那就说明你不是从内心里去热爱我们的党、我们的国家,那我们又怎么去培养学生热爱党和国家?"(来自 A1 教师的访谈记录)

"我觉得作为一名思政课教师,坚定的政治信仰就是要坚定政治方向。习近平总书记曾经说过,方向决定道路,也就是说方向其实就是一面旗帜。如果我们为党和国家培育人才的方向错了,那他就不会为我们的国家发展做出相应的贡献,甚至还会出现'倒打一耙'的行为,那这样的'人才'就不是我们期望的目标。"(来自 A13 教师的访谈记录)

从上面几位教师的访谈结果来看,新时代高校思政课教师核心素养首先要具备坚定的政治信仰。作为一名思政课教师,面对当前非常严峻复杂的国内国外政治形势,如果思政课教师自己没有坚定的政治信仰,那么在课堂上也讲不出信仰对于人生发展的重要性,更容易迷失在各种政治思潮的"噪声"和"杂音"中,在错误的方向里迷失自我,进而就在很大程度上影响到当代青年大学生的价值取向。

(二)新时代高校思政课教师应具备深厚的情怀素养

教学是教师与学生"双向互动"的过程,教师在此过程中不仅仅是向学生"传播"知识与教授技能的过程,更重要的是在与学生互动的过程中激发他们潜在的情感、活跃课堂的氛围,使得教学活动到达预期的目的。高校思政教师应该具备深厚的情怀素养[7]，特别是家国情怀和教学情感。

“我认为思政课教师要有家国情怀，心里装着国家和民族，在党和人民的伟大实践中关注时代、关注社会，汲取养分，才能不断地充实和丰富自己的思想。其实，家国情怀作为一种高尚的道德，不仅是思政课教师自己对祖国高度认同的表现，更是自己作为国家一分子的重要职责。家国情怀中最重要的就是要爱国、爱家。”（来自 A4 教师的访谈记录）

爱国主义不仅表现为一种情感，是对国家、对民族特有的一种归属感和认同感、荣誉感的集中体现，还表现为具体的爱国行为（如为实现“中国梦”而贡献自己的一份力量）。思政教师作为与大学生接触的一线教师，应以自身的人格魅力和学识去引导大学生，激发其内在的爱国主义情感。

“我认为，高校思政教师自身具有了深厚的家国情怀之后，能够在很大程度上促使其在教学过程中投入更多的教学情感，进而带动学生的情感挥发，使得学生能够更加深刻地认识到自身作为新时代的青年所肩负的伟大使命。”（来自 A3 教师的访谈记录）

“思政课教师有了深厚的家国情怀，在讲课中才能有亲和力、凝聚力，才能使学生更加地去热爱自己的祖国，才能使学生更加清晰地认识到他们身上肩负着实现‘中国梦’的历史使命。”（来自 A7 教师的访谈记录）

对于教师来说，真挚的教学情感是促使教育不断向前发展的动力源。习近平总书记曾经说过：“好老师要用爱培育爱、激发爱、传播爱，通过真情、真心、真诚拉近同学生的距离，滋润学生的心田，使自己成为学生的好朋友和贴心人。”[3]

“我觉得教学情感应该分为两方面，一方面是对教师自己所教课程的情感，另一方面是教师对学生的情感。对所教课程的情感会督促你积极、主动地去完善课程内容、教学，对于思政课教师来说，就需要主动去看一些与时政相关的新闻内容。对学生的情感，就是教师会主动关心学生的发展，你不会只将自己看成是国家声音的‘信鸽’，而是有目的地希望他们可以明确作为一名大学生的使命和责任，知道自己在现阶段需要做什么，同时还要关注自己所生活的社会是什么样子的，这才是对学生的关切，不是一味地要求学生不加以任何的实践把书‘吃光光’。”（来自 A8 教师的访谈记录）

“教学，其实就是一种具有目的性、不断处于进行时的活动。但不论是什么形式的教学，我们需要明确的是，教学就是一种针对学生的‘载体’，所以说，教学情感对于教师与学生之间的交流具有重要的作用。”（来自 A6 教师的访谈记录）

从上面几位教师的访谈中，我们可以看到，作为一名高校思政课教师，不仅需要拥有深厚的家国情怀，还需要拥有真挚的教学情感，这样一来，教师就会自觉提升自身对思政课教学的认同感，拉近自己与学生之间的距离，同时还会将自身的发展与国家的发展紧密联系起来，进而树立为国家的教育事业献身的坚定理想信念。

（三）新时代高校思政课教师应具备扎实的教学能力素养

教学能力是教师核心素养的重要组成部分[8]，主要指的是教师在教学过程中使用已具备的、扎实的知识水平和实践能力去完成教学任务的一种能力。在教学过程中，思政课教师要将自己的所学所识及道德情操等“传递”给学生，在很大程度上取决于思政课教师自身所具备的教学能力水平的高低。

“教学能力素养是思政课教师核心素养非常重要的一个部分。举个例子来说，比如我和学生相比有较高的学识、较为丰富的阅历，但是我要怎么去做，才能让学生从我这里获得他们想要的理论和实践层面上的知识呢？我觉得，怎么去做的问题就是要在教师与学生之间架设一条‘相互接纳的桥梁’，这也要求我们思政课教师必须具备较高的教学能力。”（来自A7教师的访谈记录）

“关于教学能力素养，我举一个例子。比如，我们坚持群众路线。学生们如果问为什么说要坚持人民群众的路线，那你要怎么回答？你不能回答说因为人民群众多了，所以就坚持人民群众路线。这是绝对不可能的。如果你不知道，你就只能干巴巴地给学生说，人民群众是历史的创造者。这样的讲授根本吸引不了学生的注意力。所以对于这些问题的答案都需要回到它的源头，需要从原著里面去寻找，做到有理有据。这个看似简单的例子，就反映出一点，思政课教师必须具备较高的教学能力，包括提升自己的理论功底，这样我们才能在上课的时候做到心不慌，有底气。”（来自A12教师的访谈记录）

在教育过程中，思政课教师不能直接“搬”教材，要学会处理好这门学科的理论性较强、课程内容较多、上课时间较短三者之间的问题，同时还要解决“教什么”的问题。

“思政课是一门理论性、科学性较强的学科，现在很多思政课教师在教学过程中，没有很好地吃透书本，以至于在讲课过程中出现了‘照本宣科’‘念PPT’‘空洞乏味’等现象，学生在思政课上的兴趣不高，而且大多数思政课教师上课的活动范围仅限于讲台，与学生之间的心理距离过大。所以，我觉得思政课教师必须提升自己的教学能力，不当教材的‘搬运工’‘复读机’，要学会转换话语。”（来自A9教师的访谈记录）

学生都是独一无二的，教师应该根据不同专业背景的学生设计相应的教学内容，这样才能在实际上提升自己的教学能力，同时还能加强学生对上思政课的兴趣。

“我觉得，没有哪一门课程是抽象的，同样的，也没有哪位学生是‘抽象’的，课程和学生都具有其内在的特性。作为教师，就是‘打通’连接这两者之间的‘媒介’。教师应该具备对课程的理解能力，也就是我们通常说的‘教学能力’，同时要明确‘教学’实际上是包含了两个方面——学生的学、教师的教，所以教师在有了‘教’的能力之后，还要根据学生的具体身心发展情况、专业背景等因素来设计教学内容，以在思政课上提升他们对这门课程的兴趣。这也是思政课教师教学能力的重要彰显。”（来自A11教师的访谈记录）

综上，我们可以看到，作为一名高校思政课教师，其所具有的教学能力不仅侧重于教师如何将自己的知识传授给学生，还要注意培养和激发学生在教育过程中对上思政课的兴趣，进而让学生明白思政课知识之于个人、社会以及国家发展的价值和深远意义。

（四）新时代高校思政课教师应具备深厚的科研能力素养

科研能力，是思政课教师应具备的核心素养之一。真“懂”、真“理解”之后才能真“信”，但真“懂”和“理解”的前提是进行真“研究”，这种研究不仅仅是对政策性文件在字面上的解读，更重要的是要理解其背后的理论逻辑，要克服从“碎片化”的信息中进行研究。要想真的吃透国家的政策、社会热点问题、马克思主义及其最新的理论成果[9]，都需要进行科学、深入的研究。

“思政课教学从来都不是一个闭门造车的过程，思政课教师必须练就‘眼观六路、耳听八方’的能力，不断地对原著、社会热点问题等进行深入的研究，才能不断地向学术领域的前沿靠近，才能吃透理论，进而使得学生‘真信’‘真懂’。”（来自A10教师的访谈记录）

2018年教育部发布的《新时代高校思想政治理论课教学工作基本要求》中就明确提出高校思政课教师应该要进行科研，且对科研方面做了具体的要求，如要围绕“马克思主义理论”进行研究、要研究课程教学中遇到的关键问题和难点问题等。科研是一种促进教师自身不断发展的重要方式。

“思政课教师承担着全校学生的思政课教学工作，由此可见其压力是非常大的。再加上思政课是一门兼具思想、实践、逻辑等特点较丰富的学科，因此要想上好这门课绝非易事。思政课教师要怎样将理论讲得生动有趣、有理有据，怎么让大学生信服？这些问题都要去解决，那就需要不断地提升教师自身的知识储备，也就是要不断地进行科研。因为进行科研之时，也即是在不断地将知识填充到自己身上。”（来自A5老师的访谈记录）

综上，我们可知，科研能力素养对于高校思政课教师来说也是必不可少的。思政课教师面对的是一群专业背景不同、知识储备不同的学生群体。在快速发展的大数据时代，学生的知识储备来源以及价值选择更加多元化、理性思维更加发展，对于知识的渴望更加强烈。面对这样的大学生群体，思政课教师必须持续开展科研工作，如了解学生发展现状以及了解他们最想解决的问题等，这样才能更好地融入学生这一群体，与学生打成一片，从而提升学生对思政课的兴趣、完成教学任务、完善思政课教师的发展。

参考文献

[1]习近平在全国高校思想政治工作会议上的讲话[N]. 人民日报，2016－12－7.

[2]习近平在北京大学师生座谈会上的讲话[N]. 人民日报，2018－5－3.

[3]习近平主持召开学校思想政治理论课教师座谈会强调：用新时代中国特色社会主义思想铸魂育人 贯彻党的教育方针落实立德树人根本任务[N]. 人民日报，2019－03－19.

[4]习近平在看望参加全国政协会议的医药卫生界、教育界委员时强调：用思政课扣好青年第一粒扣子[N]. 人民日报，2021－3－10.

[5]习近平在中国人民大学考察时强调：坚持党的领导传承红色基因扎根中国大地走出一条建设中国特色世界一流大学新路[N]. 人民日报，2022－04－26.

[6]钟丹丹，黄家周. 新时代高校思政课教师核心素养及其生成逻辑[J]. 中学政治教学参考，2021(07)：81－84.

[7]朱宝林，李霖钰. 新时代高校思政课教师核心素养的内涵及培育路径[J]. 湖北经济学院学报(人文社会科学版)，2020(05)：112－114.

[8]王晨曦. 浅析新时代高校思政课教师的核心素养[J]. 辽宁广播电视大学学报，2021(01)：13－16.

[9]熊晓琳，孙希芳. 高校思政课教师的核心素养及提升路径[J]. 思想理论教育导刊，2022(07)：88－95.

三、文学与教育

宋徽宗诗歌的画意研究

黄秀莲

摘　要：诗中有画，以画入诗是宋徽宗诗歌的一大艺术特色。其诗色彩美、构图美，在诗歌意境营造上富有创造力，画面感十足。

关键词：宋徽宗诗歌；色彩美；构图美

苏轼《书摩诘蓝田烟雨图》曰："味摩诘之诗，诗中有画。"[1]王维诗中有画，以画入诗的特点历来为人称道。我们说王维的诗中有画，一般是说他诗的线条美，如"大漠孤烟直，长河落日圆"[2]；色彩美；构图美，比如山水搭配"隔水问樵夫"[3]151，虚实结合、远近结合、动静结合等。宋徽宗是画家，其诗作善于营造意境，在写景方面极富画面感，立体可感，读之余味悠长。有单纯写景的，此类作品意境清幽深远。亦有景物中有人为活动的，此类诗歌极富情趣。徽宗诗歌画意十足，主要体现在色彩美和构图美两个方面。

一、色彩美

徽宗很多诗作读之有极大的视觉享受，这主要得益于诗中多用颜色词，整个画面呈现的色彩明丽且丰富。在其宫词、道教诗、题画诗中均有体现。现选取其代表作分述之。

徽宗宫词大多记录其宫中闲情雅致的生活，其中在对宫中景致的描写和女性形象的刻画上色彩鲜明，尤见徽宗画家笔法。如《宫词一组》其二十三："绿揽兰芽绕径隅，日融花气暖萦纡。秋千伴侣时相约，画板缯绳翠袖扶。"[4]17045 兰绽绿芽，红花暖日，画板秋千，翠裙少女。一幅少女荡秋千的春日图景。画面中色彩纷呈，有红、绿、翠等，颜色明丽。又如《宫词一组》其六十一："杏梢梅蕊遍飘香，藻荇萦纡满碧塘。娇怯画舡推俯岸，闲看风力蹙波光。"[4]17047 红梅、绿藻、碧波、美人，有声有色。此春日闲游美景图如在目前。此类颜色鲜丽的诗作很多，如《宫词一组》其七十八："花洞连延一架平，文鸳双砌接珍亭。明晖北望垂杨岸，满目烟波上下青。"[4]17048 百花盛开，艳丽纷呈，垂杨翠绿，青烟满目。此春景美如画，春色盎然。又如《宫词一组》其九十四："粉杏夭桃出苑墙，堤边杨柳拂波光。棱门耸插彤云里，风引花球丝缕长。"[4]17049 粉桃夭夭，绿柳飞扬，彤云万里，花球吐丝。粉、绿、红、白各色相融于一幅春景里。与之类似的诗句如："杏绿桃绯一片春，后庭花卉尽坤珍。"[4]17048"花枝连属胜丹青，叠嶂层峰立翠屏。"[4]17050"诘曲回廊入小庭，绿窗朱户照花明。"[4]17051"春池苹藻绿盘跚，群鸭相呼戏碧湍。"[4]17051"杏褪残花点碧轻"[4]17057"惊起流莺花里去，纷纷如雨落残红。"[4]17057 等，不胜枚举。徽宗宫词喜用红、绿、翠、朱、碧、粉、青、彤等颜色词，色彩均明丽鲜艳。

道教诗中大部分作品是徽宗对仙境的描述，喜用金、玉、紫等颜色词。《散花词》中如："绿渟并紫奈，焕丽不知名。”[4]17067“浅浅黄金萼，匀匀白玉英。”[4]17067“碧绿相差次，红黄迭浅深。”[4]17067 绿、紫、黄、白、红等颜色词较常见。在《白鹤词》中红、白、金、玉四色最常见。如：“雪毛丹顶两相鲜”[4]17067“白毛鲜洁映霜华，丹顶分明夺绛纱。”[4]17068 写丹顶鹤之外形。“玉楼金殿晓风轻”[4]17067 写白鹤飞降之处。

徽宗题画诗中颜色词尤多。读徽宗题画诗，虽画作不在眼前，但通过诗句便可有一饱眼福之感。如《修竹仕女图》：“莫向东风倚修竹，翠衫经得几多寒。”[4]17075 闲倚修竹，翠衫与翠竹相融，清新之色，观之如沐春风。又如《荷花仕女图》：“消受南薰一味凉，藕丝新织舞裙长。临池试展凌波步，只恐红莲妒艳妆。”[4]17075 池中红莲绽放，碧波池边美人裙角飞扬，凌波舞步，青眉弯弯，朱唇皓齿。物物着色，美人亦是明艳动人。此二首诗作中的美人如在目前。再如《香梅山白头》：“山禽矜逸态，梅粉弄轻柔。已有丹青约，千秋指白头。”[4]17077 此美景有红梅、白雪、白头翁。梅在雪中绽放，红白相间。鸟在梅梢，花鸟相宜。徽宗其余的题花鸟画诗作亦能体现色彩美，不再赘述。

其他诗作中亦能体现色彩美。如《昨日召卿等自卿私第泛舟经景龙江游撷芳园灵沼闻卿有小诗今俯同其韵赐太师 三首》其三：“锦绣烟霄碧玉山，萦纡静练照晴川。”[4]17073 余霞散入，江面粼粼，青山如玉，烟霞缕缕，此番景色怎能不令人流连忘返。《夏日》颈联：“池荷成盖闲相倚，径草铺裀色更柔。”[4]17078 此夏日景象清丽无比，池中高荷亭亭如盖，相互倚靠。小径上绿草成茵，铺满两旁。红绿相间，富有生机。

二、构图美

画家绘画，最注重构图。诗人写景状物，亦讲究各类景物的搭配和构图安排。画家作诗能更好地将构图技法运用于诗作中。徽宗诗歌在营造意境上构图精美，主要体现在以下几点：动静结合、山水映衬、远近结合、虚实相生。现选取其中代表作，分段论述。

（一）动静结合

徽宗作诗善于营造宁静悠闲的意境，又不经意间写出动感来。如《宫词一组》其六十一：“杏梢梅蕊遍飘香，藻荇萦纡满碧塘。娇怯画舡推俯岸，闲看风力蹙波光。”[4]17047 美景如画，杏红梅蕊，伴着春风，芳香阵阵。池中藻荇缠绕，春水溅溅。娇美丽人在水边将画船轻推移靠岸，忙罢便倚栏闲看春风吹皱池面，涟漪一圈又一圈。此春池美景，静谧美好，静中有动。又如《宫词一组》其七十八：“花洞连延一架平，文鸳双砌接珍亭。明晖北望垂杨岸，满目烟波上下青。”[4]17048 花香满架，亭台楼阁静立水边，倒影依稀可见。岸边杨柳轻垂，风中袅娜。放眼望去烟波满目。此诗造境高明，以写静景为主，其间有鸳鸯嬉戏之动态描写，此春景令人沉醉。徽宗宫词中写春景的最是常见，大多是优美宁静之境。又如《宫词一组》其十四：“拂堤丝柳弄春柔，盈沼沉波莹鸭头。锦绣成丛飞画楫，轻舠两两翼龙舟。”[4]17044 春风轻柔，绿柳轻拂，池中群鸭戏水，闲乘画船。有动有静，闲情无限。再如《宫词一组》其四十七：“燕馆乍凉人不寐，更听疏雨滴梧桐。”[4]17046 秋夜寂静，疏雨轻滴梧桐，以动衬静。以动衬静的诗作还有很多，如《宫词二组》其三十：“太清楼畔柳依依，阑外飘飖绿线齐。鱼钥未开铃铎静，一林鶗鶗占春啼。”[4]17051 林间鶗鶗占取春色，以鸟声之清脆来反衬太清楼的静谧。《宫词二组》其三十九：“燕馆沉沉夜雨晴，一翻景物更联荣。碧纱窗外无人到，两两三三百舌鸣。”[4]17052 一夜春雨后，晨间寂静，无人到访之春晨美景图，只听见三三两两鸟鸣声，静中有动，动静结合。《宫词二组》其十二:“瑞日融和丽玉庭,花枝密处有莺声。”[4]17050《宫词二组》其二十九:“春池苹藻绿盘跚,群鸭相呼戏碧湍。”[4]17051《宫词二组》其四十二:“垂杨堤畔彩舟横,凤沼瑶津一望平。”[4]17052《宫词三组》其六十:“小雨飞轻助燕泥,万花零落柳垂堤。”[4]17059……均是动静结合。《昨日召卿等自卿私第泛舟经景龙江游撷芳园灵沼闻卿有小诗今俯同其韵赐太师 三首》其一:“景龙江静喜安流,玉色闲看浴翅鸥。已觉西风颇无事,何妨稳泛济川舟。”[4]17073 一幅秋江晚景图浮现眼前。景龙江静静流淌,鸥鹭展翅飞翔,时而轻略水面,水波四起。西风轻柔,皇帝与臣子乘舟游玩,一派和谐之象。动景和静景搭配相宜。

(二)山水映衬

徽宗诗歌在景物安排上有层次,注重山水搭配。如《宫词二组》其八十四:“瑶洞深沈尽绮疏,丛山叠石壮仙居。栏干面面皆珍宝,玛瑙匀敷小玉渠。”[4]17054 瑶洞、丛山、叠石、玉渠,此宫中人造庭院,有山有水,山水映衬中俨然一幅春日山水图跃然纸上。又如《诗二首》其一:“欲借嵯峨万仞崇,故将工巧状层峰。数寻苍色如烟合,一片盘根似藓封。院宇接连常藉竹,池亭掩映却凭松。分明装出依岩寺,只欠清宵几韵钟。”[4]17077 此诗亦写庭院景致。人造假山,苍色如烟,藓藻青翠,修竹数杆,青松几树,池亭掩映。此庭景有山有水,有花有树,有亭有阁。一片景致在清池映照下,倒影可见,画意全出。再如《题古村图》:“深村竹树不知春,远水残霞接断津。”[4]17075 此古村图虽读者无法看到原画作,但通过徽宗此诗的描述,顿觉清晰。古树森森,修竹千竿。小村隐藏在深山老林里,与外界隔断往来,不管春夏与秋冬。远处清流蜿蜒,余霞散入,水面波光粼粼,夕阳下渡口相连。此古村图一山一水间皆是宁静祥和之境。

(三)远近结合

画家作画善于将远景与近景完美结合,徽宗作诗亦注重近景与远景的搭配。如《宫词一组》其四:“宫嫔余乐称幽闲,不喜浓妆斗媚颜。浣罢竹风蠲浊虑,一轮明月照屏山。”[4]17044 此诗写人又写景,人为活动在此诗中属于近景。尾句写山上明月是远景。将美人月下浣衣,吹沐竹风归来之悠闲自在写出。有王维的“竹喧归浣女,莲动下渔舟”[3]150 之境。又如《宫词二组》其二十七:“缓步宫花夜漏清,廓然天宇月华明。凝眸望极无纤翳,惟有银河一练横。”[4]17051 宫花、夜漏是近景,明月、银河是远景。远近的不同亦是主人公观景视角的不同。静夜中漫步,在滴滴玉漏声中,月光皎洁,有声有色,有近有远。再如《在北题壁》:“彻夜西风撼破扉,萧条孤馆一灯微。家山回首三千里,目断天南无雁飞。”[4]17075 读者读后眼前浮现这样的情景:寒风凛冽,窗扉破败不堪,萧条凄凉中,室内无多余的器具,只有微弱的一盏孤灯,在风中摇曳。徽宗茕茕孑影,满眼落魄,因饱受饥寒之苦,颤颤巍巍倚靠窗前,极目远望,满心期待能遇见一只南飞的大雁。站了许久,望了许久,终究等不来一只鸿雁,想托大雁传书,也是不能了。自此山高水远,离家万里,杳无音信。此诗环境描写,营造的意境凄凉无比,人物形象塑造饱满,读之令人久久不能回神。破扉、孤馆、微灯皆是身边之景物,心中的万里家山和南飞大雁是远景,且只在心中遥望。

(四)虚实相生

徽宗作诗,在一虚一实间营造意境,极富美感。如《宫词一组》其四十三:“珊瑚植立壮林峦,翡翠巑岏作小滩。几案自成清旷景,蓬山常对座隅看。”[4]17046 观察体味其内容,不难看出此诗所写对象应该是盆景。小小盆景,涵盖绿植、青山、小滩。潺潺流水,植被繁茂,青山如黛的山水图浮现于读者眼前。此诗意境清旷悠闲,令人神往。前三句写实,尾句是心中之象。由眼前之景联想到自己每日在蓬莱仙境中赏玩美景。在观赏盆景中神游，联想丰富又贴切所写之物。又如《题梨花图》："楼台影里和风暖，弦管声中瑞日长。从听娇鹦说来路，莫教蜂蝶损浓芳。"[4]17077 此梨花图在徽宗笔下深入人心，风暖日明，春阳映照下楼台重影，亭内管弦声起，梨花密处娇莺婉转。看画图，本是听不见禽鸟、管弦声响，但徽宗通过想象而写出，更给梨花图添彩几许，瞬时意境全出，这得益于徽宗的造境才力。楼台、梨花、娇莺是画图中实实在在的物象，但徽宗诗中联想的管弦声、风之暖、娇莺所言均是想象。虚实相生，不仅将定型的画图写活了，还引发读者惜春伤春之情。

参考文献

[1]曾枣庄，刘琳主. 全宋文[M]. 上海：上海辞书出版社，2006：406.
[2]上海辞书出版社文学鉴赏辞典编纂中心. 历代绝妙好诗[M]. 上海：上海辞书出版社，2017：139.
[3](清)蘅塘退士. 唐诗三百首[M]. (清)陈婉俊补注. 上海：上海古籍出版社，2018.
[4]北京大学古文献研究所. 全宋诗(第 26 册)[M]. 北京：北京大学出版社，1998.

宋徽宗诗歌的七绝技法研究

黄秀莲

摘　要：据《全宋诗》中宋徽宗诗歌的收录情况统计，其诗歌七绝占比85%以上，且七绝技法娴熟，主要体现在抒情性强、立意以小见大、注重起承转合的章法、注重炼字这几个方面。

关键词：宋徽宗诗歌；七绝技法

绝句，尤其是七绝，是中国古代最重要的诗体。王国维《人间词话》卷上第五十九条曰："近体诗体制，以五、七言绝句为最尊，律诗次之，排律最下。"[1]这个"绝"是"断"的意思。晋末，文人常联句作诗，一人四句，整首诗叫"连句"或"联句"。单个人的作品，则称"绝句"或"断句"。绝句每句五个字的，称五言绝句，简称五绝。每句七个字的，称七言绝句，简称七绝。按照符合格律与否，绝句又可称为古绝与律绝两种。

现在学界一般认为，绝句起源于汉魏的乐府民歌。葛晓音的《论初盛唐绝句的发展——兼论绝句的起源和形成》指出："五绝和七绝分别起源于汉代和西晋的民间歌谣。五绝律化于齐，七绝律化始于梁中叶。"[2]现在能最早见到以"绝句"命名的作品，是《玉台新咏》中收录的汉人《古绝句》四首。胡应麟《诗薮·内编》卷六说："汉诗载《古绝句》四首，当时规格草创，安得此称？盖歌谣之类，编集者冠以唐题。"又说："六朝短古，概曰歌行，至唐方曰绝句。"[3]但如上文所引材料，或在晋末就当有绝句之称。葛晓音先生说："可以推断《玉台新咏》中吴均的《杂绝句》以及汉《古绝句》之题也应是徐陵在编书时所定的。"[2]他又说："宋时'断句''绝句'混称。因此可以准确地说，到梁中叶时才普遍称'绝句'。"[2]可见至迟在南朝，绝句就已正式出现在中国诗坛。

《全宋诗》收录徽宗诗歌422首，据笔者统计七言绝句359首，占比85%以上。从数量上看，徽宗在诗歌创作上力工七绝。从质量上，这些七绝中不乏佳作。徽宗七绝技法娴熟，主要体现在：抒情性强、立意以小见大、注重起承转合的章法、注重炼字这几个方面。

一、抒情性强

七绝的本质为抒情短诗，其所蕴含的情感往往比其他诗体浓烈。如李商隐的《贾生》："宣室求贤访逐臣，贾生才调更无伦。可怜夜半虚前席，不问苍生问鬼神。"[4]这诗把贾生的怀才不遇之愁恨写得入木三分，并寄寓身世之感。又如李白的《早发白帝城》："朝辞白帝彩云间，千里江陵一日还。两岸猿声啼不尽，轻舟已过万重山。"[5]本诗把中途遇到赦免的欢快，写得淋漓尽致。再如陆游的《沈园》："城上斜阳画角哀，沈园非复旧池台。伤心桥下春波绿，曾是惊鸿照影来。"[6]更是写出了对唐婉至死不渝的痴情。

就表达方式而言，七绝应以描写、抒情为主，而不宜叙事、议论。王德宇说："五绝可以叙事，而七绝则不宜叙事。"[7]五绝叙事颇多名篇，而七绝叙事，则少有佳作。这是和七绝"抒情短歌"的文体特点分不开的。一般来说，绝句的抒情，还必须做到含而不露，不能太直接，要寓情于景，含蓄有味。

徽宗宫词中以描写为主，因其前期优越的生活环境，此类作品多是刻画美人，表自诩，写花木、庭院、建筑等。如："踏青斗草皆余事，闲集朋侪静弈棋。"[8]17045"坐中时有全娇态，才见频输特地嗔。"[8]17045"临罢黄庭无一事，日移花影上回廊。"[8]17055"瑶宫露井残红满，惆怅晴空欲暮时。"[8]17058……大多清新流丽之语，所抒发情感以闲情为主。

徽宗亡国后身世感怀诗中不乏七绝佳作，因境遇突转，此类作品情感真挚。如《汧州作四首》其四：

杳杳神京路八千，宗祊隔越几经年。衰残病渴那能久，茹苦穷荒敢怨天。[8]17074

读到此诗，顿感悲凉，家破国亡之痛，在此诗中显露无余。起句交代自己与故国远隔，回国之路一直都在，却不能回，是何等的无奈和苦楚。承句言去国已有数年之久，思念深切。转句描写自己的身体状态，自感患消渴症导致命不久矣。合句言及穷苦无边，对老天发怨，怨天怨地亦是无力改变了。此诗情感真挚，读之动人。又如《清明日作》：

革母初生忍禁烟，无家对景倍悽然。帝城春色谁为主，遥指乡关涕泪涟。[8]17074

此诗凄凉。徽宗在金国的惨状可以想象，清明日无法祭祖，只得孤身遥望故国。"无家""悽然""涕泪"这些词语直抒胸臆，感情强烈。再如《在北题壁》：

彻夜西风撼破扉，萧条孤馆一灯微。家山回首三千里，目断天南无雁飞。[8]17075

此七绝极佳，情感隐藏其间，虽无大悲字样书写，但沉郁顿挫之感于字里行间流露。环境描写触目惊心，所居之简陋，房屋破败不甘，孤馆灯微，寒风四起，不难想象房内之人可怜状况。后二句写离家万里，连飞雁也不曾见到，想托鸿雁传书也是不能了。此七绝抒情含蓄，寓情于景，耐人回味。杨万里《诚斋诗话》曰："五七字绝句最少，而最难工，虽作者亦难得四句全好者，晚唐人与介甫最工于此。"[9]虽徽宗绝句无晚唐诗家的绝句那般精工，亦达不到王安石那般笔力，但此《在北题壁》诗确实难得，与晚唐诗和介甫诗相比毫不逊色，可谓"四句全好者"。

二、立意以小见大

刘熙载在《艺概》中说："问短篇所尚，曰'咫尺应须论万里'。"[10]七绝只有二十八字，但无论写景、抒情、言志，都要做到以小见大，言近旨远，有尺幅千里之势。如杜牧《江南春绝句》："千里莺啼绿映红，水村山郭酒旗风。南朝四百八十寺，多少楼台烟雨中。"[11]此诗把江南美景写尽，写寺庙烟火繁盛，感慨历史兴亡，从南朝到唐代，时间跨度大，有尺幅千里之势。又如王冕的《墨梅》："我家洗砚池头树，朵朵花开淡墨痕。不要人夸颜色好，只留清气满乾坤。"[12]再如郑板桥的《竹》："一阵狂风倒卷来，竹枝翻回向天开。扫云扫雾真吾事，岂屑区区扫地埃。"[13]都有深远的寄托。

徽宗有不少写小事物、小事件，但寄寓深远的七绝，立意以小见大。如《宫词三组》其六十六：

三十六宫春信早，郁葱佳气艳阳天。莫将旧事论新事，尽道今年胜去年。[8]17059

宫中"春信"这一自然现象，本是小事件，但徽宗通过观看春色，将个人深思寄寓于喜春之情中。

后二句是本诗主旨所在，一句“莫将旧事论新事”把徽宗乐观直爽的心态抒发得淋漓尽致。伤春悲秋主题在中国诗歌中甚是常见，徽宗一反常态，直言“今年胜去年”。此诗后二句所展现的不畏时光飞逝，抓住当下，勇往直前的心态，给人警醒，读之催人奋进。与刘禹锡的“自古逢秋悲寂寥，我言秋日胜春朝”[14]有相通之处。又如《宫词三组》其八十六：

机杼年来入禁垣，素丝初织未成端。遍呼御府令均玩，方识农家力最难。[8]17061

通过写宫中众人不会使用织布机织布，后悟出农民生活的不容易。虽有一定的自诩成分在内，但通过一个小事件就能看透事件背后蕴含的道理，是本诗的高明之处。以小写大，推己及人，读之感人。又如《太清乐》其九：

九灵玉馆接昆仑，山隔流刚不可亲。嘱付紫兰令说与，红尘何苦弊精神。[8]17065

前二句均是徽宗道教诗中常见的联想，非本诗重点。后二句悟道，有一定的启示意义，世人均为红尘所累，苦苦烦忧。徽宗一句“红尘何苦弊精神”说得无比洒脱，若真正能有此等修为之人，必定是少了许多烦恼，想来人们的烦忧均是欲望过多，执念太深之故。读者读到此处，顿感豁然开朗，受益匪浅。又如《白鹤词》其三：

灵鹤翩翩下太清，玉楼金殿晓风轻。昂昂不与鸡为侣，时作冲天物外声。[8]17067

起句交代仙鹤来自仙境。承句写仙鹤所处环境，在玉楼金殿中，晓风轻柔，白鹤翱翔其间。转句生发本诗主旨，言仙鹤昂扬姿态不屑与底下的鸡鸭为伴，不同于世俗。合句言仙鹤所发声响冲天物外，有超然脱俗之感。此七绝首二句描写平实是为了突出后二句所引发的高远思想立意，有绿叶衬红花之法。再如《幸徐常庐》：

人生何事厌嚣尘，汎宅浮家冬复春。今日暂来猿鹤语，他年应召白云人。[8]17078

徽宗在拜访徐常庐后，暂时流露的归隐之心，与前首所咏白鹤诗一样，均有超然物外，不同流俗的思想寄托。首句一个“厌”字引发后三句，因为尘嚣令人生厌，故而暂时逃离去“幸徐常庐”，访后抒发归隐之情。这几首诗，均有徽宗一定的思想寄托，立意也算高远。宋叶梦得《石林诗话》卷上曰：“七言难于气象雄浑，句中有力，而纡徐不失言外之意。”[15]徽宗这几首七绝，虽还达不到气象雄浑，但已然句中有力，寄托言外之意，也算难得。

三、讲究起承转合的章法

黄强在《论起承转合》一文中说：“起承转合不仅是文体的章法结构，更是一种思维方式。从时间维度看，中国人习惯于把握事物发展中起承转合的逻辑过程；从空间维度看，中国人擅长于区分事物呈现的起承转合的有序形态；在整体性与阶段性统一中认识万事万物。”[16]启功在《汉语现象论丛》中说：“凡可分四截的文字，常常第一截是‘起’，第二截接住上句，或发挥，或补充，即具‘承’的作用；第三截转下，或反问，或另提问题，即具‘转’的作用；第四截收束，或作出答案，或给上边作出结论，即具‘合’的作用。这种四截的，可称之为起承转合。”[17]

绝句有四句，第一句即为起句，第二句为承句，第三句为转句，第四句为合句。同样，律诗有四联，第一联为起联，第二联为承联，第三联为转联，第四联为合联。杜甫七律《蜀相》：

丞相祠堂何处寻，锦官城外柏森森。映阶碧草自春色，隔叶黄鹂空好音。

三顾频繁天下计，两朝开济老臣心。出师未捷身先死，长使英雄泪满襟。[18]

首联为起，点明是去凭吊武侯祠。颔联为承，接首联，具体写武侯祠的景物。颈联是转，荡开笔锋，不再写行程，而概述诸葛亮一生的功业。尾联是合，“长使英雄泪满襟”一句，总写对诸葛亮一生行事的感受，亦暗寓对现实政治无奈之痛，收束全诗。

起承转合作为文章的结构方法，是古已有之，杨载的《诗法家数》和傅若金的《诗法正论》，最早写到“起承转合”这四字。按照黄强先生的说法，起承转合在中国古代诗文中，是“先有实践，后有理论”[16]。

其实，按照启功先生的“民族的语言规律”，这个“起承转合”是古已有之，如《论语》《孟子》中不少篇章结构都可以作起承转合分析，不过是名称不一样，如“起”可以说成“破”，“承”可以说是“接”等。

徽宗诗歌以七绝为主，其诗作亦讲究起承转合的章法。现选取几首代表性作品进行分析。如《宫词一组》其七十七：

戎裘殊丽学弯弓，十指纤柔力未充。多被朋侪齐谑笑，强颜无奈脸莲红。[8]17048

此写美人“学弯弓”，其形象甚是活泼可爱。纤纤素手自然是柔弱无力的，但亦有学作男儿之心，想同男儿那般弯弓射箭，自是英姿飒爽，故而穿着“戎裘”学射箭。后二句言学习射箭之后的状态，原是常被朋友嬉笑打趣。从中可知美人“学弯弓”成果自然是不如意。这也是在意料之中，因第二句已交代“十指纤柔力未充”。尾句写美人娇靥飞红，可谓匠心独运，把美人羞涩无奈之情态写得生动无比。起句交代事件，承句写美人十指无力，转句言美人遭朋友谑笑，合句写美人娇羞之态。从美人“学弯弓”这一小事件着手，细致刻画，环环相扣，章法严密。又如《宫词二组》其六十九：

窄衣偏称小腰身，近岁妆梳百样新。旧日宫娃多窃笑，想应曾占惜年春。[8]17051

起句从美人衣着和身形写起，承句紧接着写化妆样式。前句引出，后句承接继续往下写，衔接自然。转句笔锋一转，突然写到“旧日宫娃”，不免引起读者好奇，必想一探究竟窃笑之由。此诗有了转句的铺垫，合句只需对转句做出解释即可，故而点明旧日宫娃也曾经占取“昔年春”。杨载《诗法家数》曰：“绝句之法要婉曲回环，删芜就简。句绝而意不绝。多以第三句为主，而第四句发之……至如宛转变化，功夫全在第三句，若于此转变得好，则第四句如顺流之舟矣。”[15]732 此诗转句有力，留下悬念。尾句顺势荡开，同时引发深思。起承转合各有安排，章法精妙。又如《宫词三组》其七：

华景红梅两槛分，点成轻雪万枝荣。依稀昨夜东风起，已折香苞漏泄春。[8]17056

起句交代槛旁有红梅分列，引出此诗关键物象“红梅”。承句由起句承接而出，写红梅雪中绽放，红白相间，凸显红梅不惧严寒之高贵品质。转句转写昨夜东风，因一夜东风来，故合句写红梅泄露春信，水到渠成。古人作诗，结尾要求有力、余韵悠长，称之为“豹尾”。如“唯见长江天际流”[5]627“映日荷花别样红”[8]26375“一枝红杏出墙来”[8]35135，皆极具画面感，且形象鲜明。此诗后二句收束全诗，亦是以景作结，余味悠长，有异曲同工之妙。再如《宫词一组》其五十一：

玉钩红绶挂琵琶，七宝轻明拨更嘉。捍面折枝新御画，打弦惟恐损珍花。[8]17046

起句写琵琶外在精美配饰。承句写琵琶声高妙。转句引出御画是为了合句所指出的不敢拨弦，生怕琵琶声折断了画作上的花枝。画作上的花枝自然是不会折断，除非是人为将图纸撕裂。一方面言所画之花枝极度逼真，如同大自然花枝一般；另一方面是赞叹琵琶所发出的声音，极具穿透力。琵琶声可折断花枝，此联想新奇，想象夸张，但却有合乎情理。

四、注重炼字

古人在炼字方面，无不非常用力。杜甫《江上值水如海势聊短述》诗曰：“为人性僻耽佳句，语不惊人死不休。”[18]673 诗稿成篇后，自己反复朗读，读后又改，改罢重读。读和改，这就是“炼”。作诗一定要反复修改。李沂《秋星阁诗话》曰：“作诗安能落笔便好？能改，则瑕可为瑜，瓦砾可为珠玉。”[19]张问陶《论诗十二绝句》其五又曰：“跳跃诗情在眼前，聚如风雨散如烟。敢为常语谈何易，百炼功纯始自然。”[20]

炼字炼什么？炼诗眼。何谓诗眼？凡诗篇里描景状物、表意传神最关键的字词，就是诗眼。如“春风又绿江南岸”[12]358 之“绿”、“红杏枝头春意闹”[21]148 之“闹”、“身轻一鸟过”[11]205 之“过”，都是诗眼。

徽宗有不少用字极妙的七绝。如《宫词一组》其十四：“拂堤丝柳弄春柔，盈沼沉波莹鸭头。”[8]17044 一个“柔”字便把柳丝袅袅之态写出。杨柳依依，在春风中飘动，春日融融，春水新绿，水上有三三两两鸭子在嬉戏，一幅春江美景图如在目前。又如《宫词一组》其三十五：

六幕低垂晓鉴寒，帘旌风动皱翔鸾。仙姿妆早呵纤指，远黛遥分胜笔端。[8]17045

此七绝描摹的美人形象生动，且针线细密。因起句交代破晓时气温尚寒，故而转句“呵纤指”这一动作便是来得自然。一个“呵”字把美人畏寒，自然而然中对着纤纤玉手轻轻呵气的形态写活了。除“呵”字外，承句的“皱”字也用得好，把风吹帘动的场景写得很形象生动。轻风吹拂，将严整的帘旌吹皱，可谓观察细致入微。合句的“遥”字也极妙，此句写美人所画的远山眉，眉间遥隔。“遥”字除了写两眉之间有间隔外，更是说所描之眉毛颜色较浅，若隐若现，自然贴合原生眉毛的形状和颜色，侧面写出美人用心描眉，注重打扮之意。“皱”“呵”“遥”均注重炼字。又如《宫词一组》其三十六：

双陆翻腾品格新，屡赢由彩岂由人。坐中时有全娇态，才见频输特地嗔。[8]17045

“双陆”亦称“双鹿 ”是古代的一种博戏。谢肇浙《五杂俎》卷六载：“双陆，一名握槊……曰双陆者，子随骰行，若得双六则无不胜也。”[22]从中可知博戏大体与我们寻常所说的掷色子游戏相似。此诗记录赌博之乐，后二句可见笔力。“娇”“嗔”二字极妙，写美人频繁赌输，特地娇嗔之态，形象鲜明。又如《宫词一组》其十九：“斗薄只贪腰细柳，夜阑无奈峭寒何。”[8]17044 中的“贪”字将美人贪斗细腰，即使春寒料峭也要轻着薄薄罗衫以争奇斗艳的心态和形态刻画得细致。又如《宫词一组》其二十八：

玉容初起滞春慵，鬟亸秋蝉不解拢。十二宝阑闲倚处，花间应避落残红。[8]17045

一个“慵”字把美人春日慵懒之娇态写出。一个“倚”字把美人轻倚阑干的悠闲之态写出。一个“避”字便把美人爱春惜春之情显露出来。另有一首写梅花的，也较生动，即这首《宫词三组》其七：

华景红梅两槛分，点成轻雪万枝荣。依稀昨夜东风起，已拆香苞漏泄春。[8]17056

白雪纷飞，一夜东风，红梅点点，泄露春信，红梅报春之喜流露其间。此四句均有用字高妙之处。首句的“分”字，梅花成排分列两槛，亭亭玉立之态由此可观。第二句的“点”字，把花苞点点附着于枝头的待放之姿写出，花苞点点，若隐若现，亦可言白雪纷飞装点梅枝，一白一红间，甚是美观清冽。第三句的“起”字，写一夜东风忽然吹拂大地，于夜间悄悄来临，将春风刻画得神秘且无处不在。尾句的“拆”字，拟人手法，把花苞绽裂想象成如同人们着手拆开一样，将自然客观存在的现象主观化，赋予人的情感。“泄”字亦是拟人手法，具体的春天不可捉摸，但是春景皆在眼前。最常见的表现自然是花枝悄然绽放，徽宗《声声慢・梅》所写的“江梅已破南枝”[21]1162 的“破”字和此诗的“泄”字有异曲同工之妙。

再如《宫词一组》其六："春工先与上林芳，迎岁红梅破腊香。"[8]17044 的"破"字把初春时红梅悄然绽放，春信在不知不觉中传来的欣喜之情写出。《宫词二组》其十："浅拂胭脂轻傅粉，弯弯纤细黛眉长。"[8]17050 中的"浅"和"轻"字将美人化妆动作之轻柔，认真打扮的形象写得很生动。《宫词二组》其十八："却恐逢人多谑笑，暗寻香径整花钿。"[8]17051 一个"暗"字将美人暗自寻花径整理妆容的羞涩之情态写得具体可感……徽宗七绝中注重炼字的作品不胜枚举。

另外，七绝不宜对仗。尤其是七绝的末二句，更不宜对仗，须用散句，这样才有悠远不尽之味。宋徽宗七绝将这一写作规范严格实践，其七绝除两三处有对仗外，其余均用散句。如："惊起流莺花里去，纷纷如雨落残红。"[8]17057"从听娇鹦说来路，莫教蜂蝶损浓芳。"[8]17077"环碧对池临翠圃，一沟春水远相通。"[8]17058"宫娥携手临丹槛，喜看文鸳戏水心。"[8]17059 等句，均有灵动跳跃之美。

参考文献

[1]王国维. 人间词话[M]. 上海：上海古籍出版社，2013：61.
[2]葛晓音. 论初盛唐绝句的发展——兼论绝句的起源和形成[J]. 文学评论，1999(01)：76—90.
[3](明)胡应麟. 诗薮[M]. 上海：上海古籍出版社，1979：105.
[4]刘学凯，余恕诚. 李商隐诗歌集解[M]. 北京：中华书局，2004：1689.
[5](唐)李白. 李太白全集[M]. (清)王琦注. 北京：中华书局，2011：871.
[6](宋)陆游. 剑南诗稿校注[M]. 钱仲联校注. 上海：上海古籍出版社，2005：2478.
[7]王德宇. 论唐代的抒情歌词——七言绝句[J]. 文学评论，1981(02)：127—131.
[8]北京大学古文献研究所. 全宋诗[M]. 北京：北京大学出版社，1998.
[9]丁福保. 历代诗话续编[M]. 北京：中华书局，1983(2006 重印)：141.
[10](清)刘熙载. 艺概[M]. 上海：上海古籍出版社，1978：40.
[11](唐)杜牧. 杜牧诗集[M]. (清)冯集梧注；陈成校点. 上海：上海古籍出版社，2015：196.
[12]上海辞书出版社文学鉴赏辞典编纂中心. 历代绝妙好诗[M]. 上海：上海辞书出版社，2017：409.
[13](清)郑板桥. 郑板桥全集[M]. 卞孝萱编. 济南：齐鲁书社，1985：352.
[14](唐)刘禹锡. 刘禹锡集笺证[M]. 瞿蜕园笺. 上海：上海古籍出版社，1989：829.
[15](清)何文焕. 历代诗话[M]. 北京：中华书局，1981：432.
[16]黄强. 论起承转合[J]. 晋阳学刊，2010(03)：124—129.
[17]启功. 汉语现象论丛[M]. 北京：中华书局，1997：44.
[18](唐)杜甫. 杜诗详注[M]. (清)仇兆鳌注. 北京：中华书局，2015：612.
[19](清)王夫之等. 清诗话[M]. 上海：上海古籍出版社，1978.
[20]吴世常. 论诗绝句二十种辑注[M]. 西安：陕西人民出版社，1984：322.
[21]唐圭璋. 全宋词[M]. 王仲闻参订；孔凡礼补辑. 北京：中华书局，1999.
[22](明)谢肇淛. 五杂俎[M]. 郭熙途校点. 沈阳：辽宁教育出版社，2001：123.

吉本芭娜娜创作中的音乐元素分析

徐　颖

摘　要：虽然吉本芭娜娜以“治愈系”文学写作出现在大众视野并顺利被认可，但不可否认的是这种“疗伤”文学是于后现代语境中成长起来的，而这种“后现代”风格的体现之一就表现在作品中频繁出现的电影、漫画、美术和音乐等大众文化元素上。其中，音乐作为声音的一种在文本中起到传递媒介的作用，或是受到时代的感召发出属于本时代特有的呐喊，或是成为推动深化主旨的手段，抑或是受到作家本人的兴趣影响而被书写，总之不难发现音乐元素在吉本芭娜娜的不少作品中都有出现，如以歌曲名为小说名，歌手名、歌词穿插于故事当中等等。本文将从吉本芭娜娜创作中的音乐元素出发，分析音乐在其创作中的表现、影响及其成因，为深入了解吉本芭娜娜写作提供一点可行性参考。

关键词：吉本芭娜娜；音乐元素；音乐叙事；大众文化

引言

本文所研究的作家——吉本芭娜娜，是日本现代女性作家，成长于20世纪七八十年代。当时的日本时代更迭，大众社会兴起，加上受到西方文化的冲击，电影、流行音乐、漫画、广告文化等大众文化“病毒”席卷日本国内。在此时代氛围熏染下成长起来的吉本芭娜娜，其创作中也相应体现出这种时代特征，如已有学者提出的“少女漫画写作风格”“读者中心的商业化创作理念”等，除此之外，作品中存在着的流行音乐元素也是这种时代特征的重要体现。一直以来，古今中外不少作家通过对音乐的借鉴，将音乐与文学相融合，创造出优秀的跨学科文学范本。文学与音乐是两门独立艺术学科的同时，两者在某种程度上又存在着相似性，吉本芭娜娜深谙其中的共通性，在时代感召下将音乐吸纳到自己的创作中。在此之前国内已有相关学者对芭娜娜创作中的音乐元素进行一定的研究，如余幕英《吉本芭娜娜作品中的音乐元素研究》将具有音乐元素的作品简单分类为“以歌名定为作品名”和“将歌手名或歌词穿插于情节当中”，刘亚钰《浅析西方流行音乐对当代日本文学的影响——以吉本芭娜娜的小说〈N·P〉为例》以小说《N·P》为例，简单说明了西方音乐对日本当代社会的冲击，两者都没有更进一步地深入剖析音乐在吉本芭娜娜创作中的作用。本文将从吉本芭娜娜创作中音乐化的外显性和内隐性两个层面来对吉本芭娜娜作品中的音乐元素进行解析，结合吉本芭娜娜所处的社会文化语境，将其对音乐元素的引用以及通过音乐来深化主旨表达主题的写作意向相结合，深入了解小说中音乐叙事的意味。

一、外显性的音乐化

吉本芭娜娜在创作时将不少的音乐元素穿插于文本当中，如小说人物谈论的歌手、乐器、歌词等，这并非毫无意义的书写，在其中具有一定的影射意味。围绕这部分音乐元素或是丰盈了人物形象，或是作为故事契机推动情节发展，用其隐喻功能来揭示音乐共同体的心理创伤。另外，罗小平在《音乐与文学》中提出，“音乐是以有选择、有组织的声音作为物质材料的。”①因此音乐存在的前提是声音；“文学是以有选择、有组织的形象化语言作为客观媒介的。”②而语言以声音作为物质载体，以声音为媒介沟通了音乐和文学的桥梁。由此看来，文学语言天然具有音乐层面上的意义，作品中和谐的音调、语音的抑扬顿挫可使作品更具感染力。本节以《不伦与南美》《甘露》《厨房》《鸫》为例，从话语层面考察吉本芭娜娜作品中音乐对人物塑造和情节推动的作用，以及文本语言所迸发出的音乐魅力。

(一)情节的推动

《不伦与南美》是吉本芭娜娜根据阿根廷之行的所见所思而编撰成的一本具有异国情调的小说集，里面囊括了七个独立小故事，作者用充满情感的笔触描写了发生在这片浓烈南美气息土地上的人物隐秘的不伦之恋，其中有三个故事都蕴含音乐要素。《最后一天》中“我”的现任丈夫是狂热的探戈爱好者，对音乐、服装和饮食的品味贯彻着浓厚的阿根廷色彩，且与“我”之前的不伦对象都喜欢同一个阿根廷作曲家——皮亚佐拉，“我”与丈夫也是因同参与了演奏皮亚佐拉的演奏会而相识，可以说“皮亚佐拉”在这里起到承上启下的契机作用，是一个凝聚了南美风情的符号象征。而在《小小的黑暗》中音乐的象征是“古典吉他”，父亲是狂热的古典吉他爱好者，看似“我”随父亲到布宜诺斯艾利斯出差，实际上说是专为买吉他而来的也不为过。母亲在世时会耐心陪伴父亲仔细挑选吉他，虽不懂音乐却能陪父亲挑到最合适的吉他。实际上父母亲都存在着不同程度的心理创伤，父亲害怕辜负别人的期待，因此在自己是主角的场合总是不敢露面，母亲因幼时被外婆关在箱子里而对箱子产生恐惧，两人心中都不约而同地存在着“小小的黑暗”，“或许就是这一点吸引着我们走到了一起吧。伤心人对伤心人啊。”③母亲曾说。在这里，音乐打通了彼此的情感脉络，成为引起情感共鸣的催化剂。《法国梧桐》中“我”与大 25 岁的丈夫异一同去游览门多萨城，一座充满了孤寂的小城，但“我”与丈夫都感到自在。在散步的时候观赏法国梧桐，不约而同地想起一首关于梧桐的老歌，唤起以往的回忆。看似各自独立的小故事，实际上都是在“不伦”与“南美”的大背景下而展开，音乐在这其中起到了引导故事线和情感线走向的作用。以“皮亚佐拉”作为契机沟通了主人公前后两段感情经历；用古典吉他连接父亲和母亲的情感共鸣；那首老歌唤醒以往回忆，渲染淡淡的哀愁。音乐以其所蕴含的象征性含义与作者的创作意图相吻合，使之推动情节发展。

(二)人物的塑造

在文学作品中，人物形象是作者叙事策略中的重要部分，除了刻画人物外部形象外，还需要赋予人物丰富的精神世界使其形象更加立体，而音乐可以将这种抽象思维具象化并表达出

① 罗小平.音乐与文学[M].北京：人民音乐出版社，1995：3.

② 罗小平.音乐与文学[M].北京：人民音乐出版社，1995：3.

③ [日]吉本芭娜娜.不伦与南美[M].李萍译.上海：上海译文出版社，2008：59.

来。音乐可以通过反映作家想赋予人物的精神气质来对人物肖像进行描绘,以音乐为媒介向读者传递情感,使其产生联想。吉本芭娜娜在作品中塑造了音乐狂热分子的人物形象,以《甘露》为例,古清和花娘是其代表。古清是近亲结婚的结果,身上色素比一般人淡,拥有一头白发,能够预知以后发生的事情。花娘是母亲与一位萍水相逢的男人生下来的孩子,她的存在是遭到唾弃的,却拥有与灵魂交流的能力,先天的悲惨经历使人物内心充满苦痛。古清这位带有海岛气息的男子,从他的为人和穿着难以想象是一个硬摇滚乐的狂热分子,这种人物反差是巨大的,正是因为有这种反差使读者得以窥探到人物内心厚重的苦痛。"他几乎失去了家人,在塞班岛搞事业,在灵魂缠绕的商店里忙于经营,硬摇滚是激励他的心灵支柱。"①"我"从来没有见古清这么快乐过,音乐帮他找到了一个宣泄口。花娘通过歌声安抚亡灵,当花娘开始唱歌,"浓烈得像蒸汽一样的空气从我背后,从大海那边猛烈涌过来。"②顺着声音媒介架起现实和非现实两个世界。在这里,吉本芭娜娜没有正面描写花娘歌声的美妙,而是通过引出海底幽灵的出现来烘托歌声所具有的魔力,营造出一种高于美妙近乎神圣的圣音之感。以往吉本芭娜娜的创作中,"超能力者"通常作为主人公的"拯救者"出现,花娘的人物形象继承了以往的创作传统,而古清是其"情绪书写"创作理念的代表,吉本芭娜娜通过音乐元素塑造了典型人物形象。同时,音乐同样在这里起到了桥梁作用,成为古清花娘夫妻二人的情感纽带,所以吉本芭娜娜说"与一对男女相对而拥的热恋相比,我更喜欢看见两人相互依偎着朝同一个方向凝视"③,深化了其治愈主题。

虽然时代背景的原因使得吉本芭娜娜成长于一个被西方音乐充斥的环境中,实际上是音乐本身散发出的魅力将其吸引。在与河合隼雄的对谈集《原来如此的对谈》当中两人围绕长笛展开谈论,吉本芭娜娜说:"在长笛里完全暴露出来了,不光感情,所有的一切都是。难过的时候就算吹欢快的曲子也会变成难过的调子。"④肯定了音乐给人带来的抚慰功效,这与吉本芭娜娜的文学审美不谋而合,她理解的文学是:"一个人在回家途中随意走进书店,'啊,这是新刊。'于是买上一册,回家后在阅读的两三个小时或者两三天时间里,心境略有改变,或是在人生中突然发生什么事情时能倏然想起那本书的内容并由此获得慰藉。"⑤是可以慰藉读者的"治愈系"文学。所以在写作中吸纳了音乐的隐喻功能,通过音乐手段揭示音乐共同体的心理创伤。

(三)语音的渲染

从语言学角度来看,文学不仅是形象的艺术还是声音的艺术,两者共同构筑文学。文学以语言为媒介,语言是声音的载体,成功的文学范本需要和谐的语句。所以以吉本芭娜娜的两本小说《厨房》和《鸫》为例,对其中的拟声词进行分析,了解吉本芭娜娜如何运用语音来塑造文本。

日本人自古以来就能从细微的声音当中发现美,随笔和诗歌之类的文学样式中都有对细微声音的描写。受到日本传统文化的影响,作为日本作家的吉本芭娜娜同样在潜移默化中接

① [日]吉本芭娜娜.甘露[M].李重民译.上海:上海译文出版社,2008,241.

② [日]吉本芭娜娜.甘露[M].李重民译.上海:上海译文出版社,2008,211.

③ [日]吉本芭娜娜.甘露[M].李重民译.上海:上海译文出版社,2008:242.

④ [日]河合隼雄,吉本芭娜娜.原来如此的对谈[M].余梦娇译.北京:北京联合出版公司,2018:171.

⑤ [日]吉本隆明,吉本芭娜娜.吉本隆明 X 吉本芭娜娜[M].ロンキング・オン,1997:184.

受了这种审美趣味。她继承了“幽玄”的审美趣味，在作品中常有大段留白，形成一种“余韵”，使人回味无穷，如《厨房》的续篇《满月》中，开头就写“秋末，理惠子死了”。之后是大段的留白，本应有事情缘由的叙述但是却戛然而止了，引起了读者的兴趣。除了这种余韵外，语言文字带来的声音联想更能体现芭娜娜对声音的敏感度。理惠子死后，美影与雄一再次共同生活，美影陷入对理惠子的追忆时这样写道：“夜明け近く，鼻歌とヒールの音が近づいてきて，カギを開ける。お店から仕事明けで帰る彼女はいつもほろ酔いで，うるさい音をたてるので私はうっすら目を目覚ました。シャワーの音，スッリプの音，お湯をわかす音，私はとても安心してまた眠りに落ちてゆく。”[①]这里面存在着很多“声音”，“鼻歌”即哼着小曲，在日本语中一般由“拨音”这种延长型语调组成，包含有“ふん”之类的音调，以此来表现情绪的高涨或缓和，且后面还说明了理惠子是在微醺的状态下哼唱的，给读者以画面感，人物的情感更加饱满。另外，“ヒールの音”“カギを開ける”以及后面连续三个“シャワーの音，スッリプの音，お湯をわかす音”共同营造了一个立体的声音环境。在这些抽象声音背后都需要用拟声词使其具象化，如高跟鞋踩踏发出“かつ”“こつ”的声音，“がちゃ”的钥匙转动声音，拖鞋拖动发出“ぱたぱた”的声音，水沸腾的喷气声“しゅー”等等。同样的声音景象在小说《鸫》中也有很明显的体现，主人公“我”回忆童年时期在海边旅馆度过的时光是这样描绘的：“廊下を行きかう忙しい足音。調理場の活気，大きな掃除機がうなる響き，ロビーに鳴る電話のベル。いつも大勢の人が同じ家の中でざわざわしていたし，5 時や9 時には町内会から子供は家に帰りましょうという放送が町中のスピーカーから流れていた。波音，汽笛，鳥の鳴く声。”[②]包含了扫地机的声音、电话铃声、喊小孩子回家的街道喇叭声、波浪声、汽笛声、鸟叫声等等。冈山大学的竹内唯和奥忍曾以吉本芭娜娜的作品片段为例面向学生进行调查，询问一些抽象声音的背后认为应该是什么具象化的拟音词，虽答案有所出入，但也了解到了拟声词的丰富性，回答者普遍认为吉本芭娜娜借助声音使得临场感更真切。之后，他还以这部分拟音词作为素材做成图形乐谱，以此证明小说可以升华为音乐形式。暂且不谈将小说转换成乐谱的音乐性，但可以肯定的是吉本芭娜娜确实通过借助音乐元素刻画出不同的氛围以及人物的心境，使得表达的内容更加鲜明。

二、内隐性的音乐化

提到吉本芭娜娜作品中的音乐元素不能避之不谈的是《月影》和《N・P》这两部小说，首先从以歌名作为作品名这一层面上看就已经显示出非常明显的音乐性，两部作品名字都来源于英国作曲家——麦克・欧菲尔德(Mike Oldfield)的曲子“Moonlight Shadow”和“North Point”。而两部小说在情节设计或情绪表达上都与原曲有极高的重合度，本节从故事情节与情感基调来分析小说文本体现的音乐性，进一步探析作者将音乐与文学相融合的创作意图。

(一)主题音乐化

首先在情节上，小说与歌曲有一定程度的重合，歌曲“Moonlight Shadow”叙述了爱人被卷入斗争中，死亡使他们分离，主人公不断祷告他们能在天堂再重逢。而《月影》描写了少女早月沉浸在男友车祸离世的苦痛当中，借助每日的晨跑来纾解内心烦忧，基本的情节走向是一致

---

① 吉本ばなな.キッチン.福武書店，1988：86.

② 吉本ばなな.TUGUMI—つぐみ.中央公論社，1989：53.

的。在细节上也相吻合，早月晨跑的折返点是一条河，这条河是早月与男友家的分割线。“对我来说，那条河是我和阿等的国界。”[①]对应歌词中的“就在河远远的另一岸”一句；早月对男友的呼唤和祷告“阿等，我想见你，回来吧！”[②]对应着歌词“我祈求，期望能在遥远的天堂再次见到你。”等等，赋予了小说文本音乐韵律。而歌曲“North Point”表现了被关押在监狱中的囚犯们的呐喊，倾诉了他们想挣脱牢笼重获自由的愿望。《N・P》是North Point的缩写，里面描写了父女乱伦、姐弟乱伦、不伦之恋的畸形情感世界，虽然在情节上与曲子并不吻合，但是作者借用灰暗闭塞的监狱环境来表达由亲人之间的爱憎扭结成的心灵桎梏，与原曲所表达的窒息感相似。从叙事学的角度来看，通过文学叙事与其他媒介叙事的融合形成跨媒介叙事，利用音乐元素来进行叙事便属于这种跨媒介叙事范畴。尚必武认为界定叙事需要通过“序列、意义、媒介”这三个条件，序列不仅可以指事件，还可进一步扩展为情感，“一方面，可以让读者更为清晰地了解小说人物的情感变化，获得情节认知的补充信息；另一方面，也能使其在叙事者与人物的双向互动中，更为全面地认知作者的创作立场与叙述声音所隐喻的内容。”[③]吉本芭娜娜以歌曲作为文本表达的跳板，给作品预设情感并通过音乐的隐喻功能转换出来。

实际上作者并没有照搬原曲所表达的思想，而有其升华的地方。《月影》后半部分作者通过“神秘人物”的形象为主人公设置了与已逝男友阿等重逢的情境，将主人公从情绪困境中解救出来，所以小说结尾主人公说：“阿等！我不能再在这里停留了，我必须时时刻刻迈步向前。”[④]补充了歌曲的结局，而《N・P》最后以主人公箕轮萃离去并重新开始一段正常的婚姻来结束这种荒谬的人生状态。结合时代背景来看，这种窒息的情感困境象征着日本当代社会年轻人疏离的精神状态，作品的结尾暗示着作者认为可以通过对自我的超越来寻找精神解脱的突破口。20世纪七八十年代，人类历史步入后工业社会，电子信息技术泛滥，由齿轮、杠杆构成的流水线生活不仅改变了物质生活状态，也在一定程度上影响着人的精神，从某种程度上来说，人类逐渐变成工业社会中的一个齿轮而不自知，心中被巨大的荒谬感和孤独感充斥，难以寻求精神出路。所以吉本芭娜娜在《厨房》后记中说道：“只要活着，人生就毫无阻滞地滑向前，而这无疑并非一桩怎么坏的事。”[⑤]以一种积极的情绪理念引导读者走出困境，是吉本芭娜娜对这个时代问题做出的回答。

（二）环境音乐化

除了作品与原曲之间的情节和主题表达上具有重合之外，文本的情感基调和曲子表达出来的情绪也具有相似性，文本情感的表达主要通过声音环境的渲染来达成。情感是音乐感知的诱发条件，“从音乐的发生美感中比较分析，环境因素的审美诱发在于艺术情感效能的遇合契机。”[⑥]吉本芭娜娜通过对声音的渲染来与主人公的心理变化相呼应，在《月影》中体现为“水”声的营造。作品中有两个显眼的意象——“月”和“河”，“河”正如前文所述，是主人公与男友家的分割线，在更深一层的含义上，是“生”与“死”，此岸与彼岸的分界线。“河”由水聚合而

① ［日］吉本芭娜娜.厨房［M］.李萍译，上海：上海译文出版社，2014：173.
② ［日］吉本芭娜娜.厨房［M］.李萍译，上海：上海译文出版社，2014：180.
③ 王希翀.文学叙事中音乐元素及其情感序列构建——以哈代小说为例［J］.山东外语教学，2020.
④ ［日］吉本芭娜娜.厨房［M］.李萍译，上海：上海译文出版社，2014：198.
⑤ ［日］吉本芭娜娜.厨房［M］.李萍译，上海：上海译文出版社，2014：199.
⑥ 李双彦.音乐环境心理学研究［M］.兰州：甘肃人民出版社，2011：47.

成，水具有毁灭与再生的象征，后来也在神秘女子浦罗的帮助下在这条河边早月得以再次见到男友，明指男友的再生暗指早月的新生。“只剩下河水、我和天空——还有一个熟悉而亲切的声音，夹杂在风声与流水声之间在耳边响起。铃铛！没错，那是阿等的铃铛声！”①在这个场景中存在着河水声、风声和铃铛声，声音混杂交错在一起，在这种超自然环境描写中声音氛围的营造使读者身临其境，感受主人公的细致情绪变化。此场景中，视觉消失，听觉发生极大作用，汹涌的河水横亘在早月与已逝男友之间，早月激动而紧张的情绪与水声形成遇合契机，彼此诱发，情声交错。

《N·P》中的声音环境描写除了有对人物心理的映射外还添加了物理层面的隐喻意义，也就是对人物的比拟，体现在箕轮萃身上。萃处于这张“不伦之恋”关系网的中心，在她身上诱发了“父女恋”“姐弟恋”的禁忌冲突，作为核心人物的她如何塑造得立体生动是关键，所以文中关于对她的评价有这样一段描写，“汽笛声。远处的狗吠。路上的嘈杂。人声，脚步声。吹过卷帘门的风声。”②通过这些声音组合，吉本芭娜娜营造了一个声音空境，这里本是为体现夏夜氛围，但结合前后剧情，隐喻了萃。“我”喝醉后在凌晨两点遇到乙彦，两人在一个夏日的凌晨里坐在马路边喝酒，乙彦诉说了内心的苦恼，也就是关于他和同父异母的姐姐——箕轮萃之间的不伦之恋，然而吉本芭娜娜接着说夜晚像萃，她如同夜一样具有巨大和纯净的难以抗拒的力量。这似乎脱离了现在的伦理道德立场，肯定了萃身上迸发的力量，体现吉本芭娜娜站在历史现场贯彻自己情绪书写理念。其情绪书写目的是“疗愈”，萃身上天然的不幸却赋予其强大的神秘力量，在这里，作者将环境声音符号组成的文本场景对象化，与人物性格对照，通过隐喻的力量完成创作目的。

小结

本文从吉本芭娜娜文本中音乐化的内隐性和外显性两个层面来对其笔下的音乐元素进行分析，外显性体现在吉本芭娜娜通过音乐推动故事情节发展以及塑造人物形象，另外在语言上体现出由“幽玄”审美带来的余韵感，拟声词的运用使得读者临场感更强；内隐性表现在音乐化的主题和音乐环境的渲染，以《N·P》和《月影》两部小说为例，文本从情节和情绪表达上都借鉴了同名歌曲但又升华了主题，音乐化的环境渲染使读者能感受人物的情绪变化的同时发挥了其声音符号的隐喻作用。通过本文的研究分析了解到吉本芭娜娜深谙音乐与文学的共通性，利用其对声音的敏感度将声音符号巧妙地融入文本当中，通过对艺术的转换来塑造文学文本。

参考文献

[1]（日）吉本芭娜娜. 不伦与南美[M]. 李萍译. 上海：上海译文出版社.
[2]（日）吉本芭娜娜. 甘露. [M]李重民译. 上海：上海译文出版社.
[3]（日）吉本芭娜娜. 厨房[M]. 李萍译，上海：上海译文出版社.
[4]（日）吉本芭娜娜. N·P[M]. 张唯诚译，上海：上海译文出版社.
[5]（日）河合隼雄，吉本芭娜娜. 原来如此的对谈[M]. 余梦娇译. 北京联合出版公司.

① [日]吉本芭娜娜. 厨房[M]. 李萍译，上海：上海译文出版社，2014：191.
② [日]吉本芭娜娜. N·P[M]. 张唯诚译，上海：上海译文出版社，2017：126.

[6]吉本隆明. 吉本ばなな. ロンキング・オン,1997.

[7]吉本ばなな. キッチン. 福武書店,1988.

[8]吉本ばなな. TUGUMI—つぐみ. 中央公論社,1989.

[9]罗小平. 音乐与文学[M]. 北京:人民音乐出版社,1995.

[10]李双彦. 音乐环境心理学研究[M]. 兰州:甘肃人民出版社. 2011.

[11]周阅. 吉本芭娜娜的文学世界[M]. 银川:宁夏人民出版社. 2005.

[12]王希翀. 文学叙事中音乐元素及其情感序列构建——以哈代小说为例[J]. 山东外语教学,2020,41(04):91—100.

[13]竹内唯,奥忍. 吉本ばななのサウンドスケープオノマトペを中心に. 岡山大学教育実践総合センター紀要,第5卷(2005),pp. 87—pp. 98.

[14]刘春波. 吉本芭娜娜创作研究[D]. 长春:吉林大学,2018.

“海外华文文学”/“华语语系文学”视野下的马华文学

黄 歆

摘 要：目前学界对于“华文文学”有两种颇具争议的命名方式，一种以中国大陆学者为主，命名为“海外华文文学”，另一种以西方汉学界为主，命名为“华语语系文学”。通过对“海外华文文学”和“华语语系文学”两种命名的发生、概念以及意识形态的阐述，分别列举两者架构下对马华文学的研究成果，并简要比较分析两种不同文学谱系下研究的不同姿态。

关键词：海外华文文学；华语语系文学；马华文学研究

一、海外华文文学/华语语系文学的溯源

当前，关于定义中国大陆文学与海外华文文学的关系成为学术界讨论的热点话题。关于“华文文学”的研究，有两种颇具争议的学术术语：“海外华文文学”和“华语语系文学”。我们将分别探讨这两种术语的发生。

“海外华文文学”概念的提出，经历了一段时期的演变。在命名之初，将其看作是一个区别于中国大陆本土文学的对象，但中国大陆的学者并没有重视，也没有发现它的世界性和独立的学科价值，基本上都是沿用理解传统中国文学的方式进行诠释。20世纪70—80年代，中国改革开放政策实行之后，中国大陆学者开始对海外华文文学有所关注。根据饶芃子的回忆最先关注的是中国大陆以外的港台文学，海外华文文学是在台港文学“热”中引发出来的。[1] 1982年6月首届“台港文学讨论会”举办，1984年举办第二届“台湾香港文学学术讨论会”，1986年第三届讨论会，因有不少海外华文作家作品出现，所以会议更名为“台港与海外华文文学讨论会”，从此海外华文文学逐渐进入中国大陆学者的视域。在会议的命名上，考虑到台港澳文学在某个特定的历史时间段，与中国大陆文学并不同步乃至隔绝，有其各自历史发展轨迹和演进线索，在价值观念、语言意向、生活方式、家庭体式、精神世界等方面有较大的差异性与自主性，所以会议按照地域划分来命名，因此将台港文学单独划出与海外华文文学齐名命名。但将“台港文学与海外华文文学”两种性质不同的文学并列一起进行命名，放入同个命题，随之引发不少争议。“港澳台属于中国领土不可分割的一部分，其文学自然也是中国文学的组成部分，但因历史上殖民、政治分裂等因素，‘三个地区出现三种社会，分属三个政府’，因而，有必要将它们从‘中国文学’的概念中拈出，予以特别关注。”[2] 1993年8月在江西庐山召开的第六届研讨会将研讨会名称更改为“世界华文文学国际研讨会”。

目前，关于“海外华文文学”概念的表述有几种说法：

陈贤茂认为：“在中国以外的国家或地区，凡是用华文作为表达工具而创作的文学作品，都称为海外华文文学。”[3] 饶芃子和杨匡汉解释“海外华文文学，是指中国以外其他国家、地区用

汉语写作的文学,是中华文化外传以后,与世界各种民族文化相遇、交汇开出的文学奇葩"[4]。黄万华定义"海外华文文学主要指中国本土之外作家用汉语创作的文学作品(包括双语写作的华人作家用非汉语写作又被翻译成汉语的作品)"[5]。

从以上几种观点可以看出,定义强调的是区域特征与语言特征的关系。"海外"所指的是中国(包含港澳台)以外,"华文"指的是汉语言,"文学"指的是用来表情达意的方式。"海外华文文学"基本上指的是中国以外的华文文学,其中并不包含中国大陆的文学。海外华文文学的研究者认为,"海外华文文学"的主旋律是"流动性",由于流动性而产生的文学文化,换句话说也就是中国文学的海外延伸。

如若明晰了概念的范畴,"海外华文文学"命名不得不去面对从观念层面到实际操作的复杂和敏感之处。在不少海外作家看来,它预设了中心/边陲、内/外的二元对立,是对华文作家见"外","中国大陆、台湾、香港是理所当然的华文文学中心,而'海外'则永远无法改变边陲的命运。"[6]朱崇科在《华语语系:洞见与不见》中谈及"有关 20 世纪中国文学与华文文学某些术语的确定自有其权力话语的渗透,比如,早先的提法,海外华文文学实质上不包括中国大陆的华文文学命名以及类似的概念——世界华文文学等等,往往也或多或少难免大中国中心主义的弊端"[7]。至于"海外华文文学"(乃至后来的"世界华文文学")研究的性质,"不仅是'考据之学''义理之学''词章之学',也是一种'经世之学'。就是说,它有着某种意义上的显示'功用性'。"[8]陈实如是说道,"可以为我们制定外交政策和海外文化发展策略提供参考和根据,也可以对世界各地的政情、民情、社情提供咨询。"[9]基于以上说法,"海外华文文学"(包括"世界华文文学")很容易被认为是一种"大国中心主义"的学科研究。

在海外许多的作家和研究者并不赞同被收编为"中国文学的海外延伸"这一境地时,西方汉学界兴起了"华语语系文学"的概念。"华语语系文学"这个新兴概念在世界各地的华语文学圈引起了一定的波澜。在学者们不断演绎和酝酿下,这个名词有着不同的面向和解释,众说纷纭,也使得"华语语系"成为当今海内外现代文学研究的重要理论术语。

"华语语系"(Sinophone)这一概念最早来源于台湾学者陈慧桦(原名陈鹏翔)在《世界华文文学:实体还是迷思》中第一次将"Sinophone"译为"华语风"[10]。史书美的《视觉与认同:跨太平洋华语语系表述·呈现》(*Visuality and Identity:Synophone Articulations Across The Pacific*)是英语世界第一本以专书形式将华语语系形诸文字的讨论。她将"华语语系"定义为"中国之外,以及处于中国及中国性边缘的文化生产网络,数百年来改变并将中国大陆的文化在地化"[11]。谈及"中国及中国性"范畴:"包括严格意义上的中国地缘政治之外的华语群体,他们遍及世界各地,是持续几个世纪以来移民和海外拓居这一历史过程的结果;同时,它也包括中国域内的那些非汉族群体,由于汉族文化居于主导地位,面对强势汉语时,他们或吸收融合,或进行抗拒,形成了诸多不同的回应。"[12]史书美指出"离散中国人可以理解为'中华民族'(Ethnic Chinese)在全球分散的概念,它是一个普遍化的分类方法,建立在统一的民族、文化、语言以及出身之地(或曰故乡)的基础上……这个概念隐含了汉族中心主义"[13]。基于这样的认识,史书美用"华语语系(文学)"来取代"离散"、"离散中国人"和"离散文学",用以研究中国之外的华人社群以及用汉语创作的文学作品。在后来 2008 年、2011 年和 2016 年发表的论文中,史书美不断地完善其华语语系的理论建构,从"去中国中心",到"马来西亚华语语系文学",而后"大陆殖民主义、定居殖民主义"最后到"华语语系帝国"。

王德威虽然在汉语学术界大力弘扬和推广“华语语系文学”，但他的“华语语系文学”与史书美的同名概念能指相同而所指不同。他将华语语系的范围拓宽，“华语语系文学不是以往海外华文文学的翻版。它的版图始至海外，却理应扩及大陆中国文学，并由此形成对话或博弈。”[14]主张“‘华语语系’的观念不必局限在海外华人和中国境内少数民族的发音/发言位置上；为什么应该把‘华语语系’的问题意识置入到广大的中文/汉语语境里面”[15]。王德威谈及“华语语系文学”另一位研究者石静远(Jing Tsu)，提到石静远的《中国离散境遇里的声音和书写》(*Sound and Script in Chinese Diaspora*)认为不论在境内或是境外，使用中文或华语，我们其实都必须理解这一语言(语系)本身无穷无尽的合纵连横的潜力。王德威而后也指出“Sinophone Literature”的提出，就是期望以语言——华语——作为最大公约数，作为广义中国与中国境外文学研究、辩论的平台。[16]他所建构的“华语语系理论”所期望的是“华语语系文学所呈现的是个变动的网络，充满对话也充满误解，可能彼此唱和也可能毫无交集”[17]。

王德威相较于史书美的“华语语系”论述，二者最大的区别在于是否包括中国大陆的汉语文学(也就是通常所说的中国现当代文学)。首先他认为“华语语系”不能简单套用后殖民理论，其次华语语系承接的是“文化中国”的理念，海外华语文学的出现是在地居民有意无意地赓续华族文化传承的观念，华语语系文学力图从语言出发，探讨华语写作与中国主流话语合纵连横的庞杂体系。他着力强调华语语系必须同时在中国文学(和领土)以内，思考华语文学背后关联的政治文化、社会文化以及情感书写。最后就是倡导“多元文化”的思维方式，它旨在反映华文文学众声喧哗的历史与现状，反对独尊汉语书写，反对寻根、归根这样的单项运动轨道，从而强调“华语语系文学”根在海外的主体性。

史书美强调“华语语系”概念并没有为中国文学设定一个中心地位，从而有效地指向了世界各地的不同的华语文学。[18]刘俊在《“华语语系文学”的生成、发展与批判》中提到史书美借助“后殖民”理论的思路和背景，以“华语语系(文学)”对“中国(人)”和“中国性”进行“后殖民”式的“对抗/ 摆脱”，那么王德威则以他自创的“后遗民”理论，通过对全球性的“华语语系”(汉语/ 中文写作)文学现象和作家、作品的解读，对包括中国大陆文学在内的“华语语系文学”进行“解”“(大中国)中心”式的整合。[19]综合看来，华语语系研究试图打破中心的概念，重新启动不同文化、不同地区以及不同族群之间使用“华语”来进行共同对话。

二、“中国本位”：海外华文文学架构下的马华文学研究

海外华文文学研究关注的问题在于：“华族文化被传播到另一国时，会遇到异质文化，有一个播迁、冲突、认同、融摄、变化的过程，从而多少以改变的形态出现，并且浸透在作品所描写的人物和艺术形式之中，研究文学作品中的这种文化‘变异’现象，研究这种传播与接受的发生过程，如这一传播与接受是从何时开始的？发生在什么历史文化背景下？在文学中产生了怎样的‘变异’？同中国本土文学作品比较，两者的反差有多大？”[20]

海外华文文学研究者在研究初期，由于资料收集不易，最初的研究基本上处于传统印象式的批评，概括多，但是分析少，点到为止。钦鸿在综述第七届世界华文文学国际学术讨论会时提到：“有些代表则认为，海外文学发展很艰难，对他们真正意义的批评较为困难，还是应以鼓励为主，否则容易挫伤他们的积极性。”[21]这一阶段的海外华文文学研究良莠不齐的成果，引起不少海外华文文学作家的不满。中国大陆的海外华文文学研究者们对于海外作品更多地持

鼓励的态度,不免遭到尖锐的批评。但确实在海外华文文学初期的研究中存在此种弊端。

为了深化对海外华文文学的认识,饶芃子主张以"比较的方法"和"文化的视角"介入海外华文文学的理论研究。"比较的方法"即进行跨国别的比较研究,从而探讨世界各国的华文文学彼此之间的相互影响和内在联系。"文化的视角"即从文化角度出发,从跨国别、跨地区的文化视野中诠释海外华文文学独具的内涵。就海外华文文学架构下的马华文学研究成果而言,大致在以下三个方面展开:文学史的编撰,用"比较的方法"探讨中国文学文化与马华文学的关系和从"文化视角"探讨马华文学的现状以及发展趋势的研究。

一是马华文学史的编撰。《海外华文文学史初编》《海外华文文学史》《海外华文文学教程》《台港澳暨海外华文文学》《世界华文文学概要》等书分章介绍马华文学史,但介绍马华文学尚未有历史的整合,有的在历史的叙述上有较多缺漏,或缺乏史料的提炼,在作家、作品的"入史"上较粗疏,缺乏"经典化"。研究较为深入,学术价值较高的当属黄万华著的《新马百年华文小说史》,该书选取新马两地的华文文学的"内部"和"外部"作专门论述,是中国大陆第一本专门的海外华文小说史研究著作。它从文学思潮的演进角度论述新马华文小说百年发展史,"考察一下异域强势文化压力下传承民族文学薪火的历程"[22],从"经典化"方面入手,在梳理文学史脉络中,深入探讨本土性的问题,并且关注经典作品产生的跨文化语境,探讨在不同文化相遇之下所产生的文学碰撞成果,从而考察中华传统文化在海外的传承。

二是用"比较的方法"探讨中国文学文化与马华文学的关系。苏永延以新马华文新文学与中国新文学的关系为切入点,探讨华文新文学的域外传播与流向,梳理新马文学的发展历程与中国新文学之间的关系看出规律性的问题,得出一种文学想要在异域传播、发展,至少要形成的几点认识。[23]海外华文文学表现出来的跨文化意识、跨文化敏感等,使得中华文学内部的跨文化特征更为丰富、明显,也提供了文学的民族性和世界性之间关系处理的丰富经验。

三是从"文化视角"探讨马华文学的现状以及发展趋势的研究。马华文学作为一种跨文化语境中的写作,存在多重现状。比如"双重传统 "问题,王振科注意到马华文学有本土性与中国性双重传统的存在,在诗作中对传统文化的精华大加赞赏和颂扬,同时又剔除了传统文化中的陈腐和糟粕,从而保持了传统文化的纯正和健康。[24]又比如关于"文化身份"的问题,立立和小新谈及"在'内在中国'论和'人本主义本土论'两种意识形态的对抗和矛盾中,如若不能步向对话和整合,那么马华文学的属性危机依然存在。海外华文文学的价值与魅力,也很大程度体现在暧昧的身份意识和对属性的恒久追问之中。"[25]

关于马华文学发展趋势的研究,刘小新阐述"马华文学本土化进程经历了'南洋色彩''马来西亚地方性''马华文学独特性'等历史阶段,至今本土化进程并未完结,因此本土化仍将成为马华文学未来发展的一个重要路向。同样的马华文学的现代化进程也经历了 20、30 年代新文化运动,60 年代的现代主义和 80、90 年代的现代后现代思潮等阶段,但此现代化进程也没有完成,因此现代化也将成为马华文学未来发展的一种路向。"刘小新给整个马华文学研究赋予更多理论色彩,并预言"当这两种路向从平行、对峙、互动走向交叉融会时,一种真正博大的马华文学就将诞生,而马华文学进入马来西亚国家文学也就可期待"[26]。

三、"去中心":华语语系文学架构下的马华文学研究

金进结合王德威以及各家的论述,阐述华语语系的研究方向:"对中国/周边、普通话/各种

华语的关系进行更加历史化、多元化的思考。”[27]

史书美在《反离散:华语语系作为文化生产的场域》中以马华文学为例作示范操练,运用“华语语系文学”的观点,分析马华作家贺淑芳的短篇小说《别再提起》,提到文本中抢夺尸体与排放粪便的戏码作为寓言:“对国家种族主义(马来西亚国家)和中国文化本质论(中国家族的)进行了双重批判(这两种论调互相对立,然而又互相强化)”[28]。“华语语系”试图把这种混杂的场面表述为一种存在。而后,史书美发表《什么是华语语系马来西亚文学?》(*What is Sinophone Malaysian Literature*),她从美国华裔文学之外,寻找到马来西亚华文文学作为自己构筑华语语系文学的重要组成部分。

王德威通过对文学现象和作家、作品的分析,将“华语语系文学”的概念/理论具体实践于对世界性的华语(华文)文学研究。选取了中国大陆文学的代表作家鲁迅和张爱玲,对“台湾的鲁迅”(赖和、陈映真)和“南洋的张爱玲”(李天葆)进行了“华语语系”化的阐释,在中国大陆文学与台湾文学、南洋(马来西亚)文学之间的对话、错置、递嬗中,以“后遗民”的理论视野对“华语语系文学”进行了“整合”。王德威的《华夷风起:马来西亚与华语语系文学》为“华语语系文学”话题的延伸,以马华文学为论证的坐标,阐述马华文学历史以及未来的发展可能。但是史书美和王德威以及石静远等西方汉学界的学者在建构理论后,还未有比较详细的理论实践应用作品出现,这个是值得期待的。以下列举几位学者运用“华语语系”理论进行实操的例子,以窥探“华语语系文学”架构下的马华文学研究成果。

总的来说,王德威、史书美等学者更专注于华语语系的理论构建,对于马华文学的研究还需要进行更多的在地实践,而在台的马华学者张锦忠,站在马华文学的立场上谈华语语系文学,相对前面两者而言,马华文学的研究更为充分且深刻。

张锦忠的《马来西亚华语语系文学》是比较系统的在华语语系的架构下阐述马华文学的相关内容,提到在华语语系文学的脉络里,马华文学是一个“离散华文文学”,是离散在中国之外的华文文学。他认为“马华文学”可被视为“马来西亚华语语系文学”,而意义在于“写在中国文学之外,传承新兴华文文学的香火”。[29]他用文学复系统理论谈马华文学为弱势“小文学”,因为“不管是作为族裔文学还是语系文学,‘马华文学’一词其实充满了政治身份和文化认同的重重问题”。[30]张锦忠还提出在马来西亚被划分为支流文学(sectional literature)或族裔文学(sastera sukuan),对于“强势的中国文学”而言又是“词汇贫乏、修辞浅显、句法怪异,甚至充满‘异国情调’,简直是歧文异字”的“弱势东南洋华文文学”。[31]在离散马华文学的历史中,后殖民时期的离散马华文学复系统内部受到中国新文学复系统的干预,而后因为历史以及政治的因素,作者称“马来西亚华语语系文学”是一个“有国无籍的华语语系文学”,还特别提到在台的马华学者为马华文学的发展在孜孜不倦地努力着。最后谈及关于马华文学所面临的重重问题提出“尽管华语语系文学与离散文学的归类有助于思考马华文学的定位,却也突显了马华文学在马与在台的双重边缘位置的问题性,同时更涉及复杂的‘认可(歧异)政治’与学术建制”。[32]显示其对于马华文学未来的莫大关怀。

金进的《马华文学》用文本细读的方法,以重要作家作为切入点,从历史情境、文学生产场域以及作家作品三方面探索马华文学的脉络。[33]金进还关注冷战时期的新马文学与中国文学的互动关系,《冷战与华语语系文学研究》中比较系统地讨论了“冷战”背景下“南来文人”“南下影人”对新马文化艺术的影响问题,再现东南亚华文文学的创作实况与历史真实,并由此辨析

"华语语系文学"概念的粗粝讹误,取其"中国/周边""普通话/各种华语"等多元视角作为华文文学整体观的补充。[34]其对"华语语系"概念的重新阐释,体现出中华文化内置的包容性,又于纷繁复杂的文学场域中,提炼出台港及东南亚地区华文文学与中国大陆现代文学的互动关系。

结语 比较与评价

从目前看来,中国大陆学者倾向于用"海外华文文学"的说法来阐述中国域外的用中文写作的文学。但许多中国大陆以外的学者认为这个概念有"收编"的意味,如用"海外华文文学"这个概念那么世界各地的中国以外的华文文学似乎被视为中国文学的海外延伸或附庸,所以他们更倾向于用"华语语系文学"的概念,按照王德威的意思即将"中国大陆"文学纳入"华语语系文学"范畴,形成一种众声喧哗的历史化和多元化的思考。如果说"海外华文文学"注重"延伸",那么"华语语系文学"则更注重"凝聚"。我们就《新马百年华文小说史》和《马来西亚华语语系文学》两本书中探讨李永平《吉陵春秋》的例子,来感受两种理论的差异。

黄万华的《新马百年华文小说史》中,在谈论"奠基时期的现代小说"时,黄万华指出为"寻根"中的化用:

小说写得虚虚实实,吉陵镇容纳进了中国内地荒僻小镇、南洋热带雨林、台湾乡村和古典市井等迥然相异的风情。余光中为之作序称其真幻皆得、虚实逢源,恰如"十二瓣的观音莲",究其根由,恐怕正是李永平由南洋而台湾而美国的几度漂泊的心灵积累所致。对于有着李永平那样经历的作家来说,似乎再无必要汲汲探明何者为"原乡",所以也无必要坐实吉陵镇的具体地域。……《吉陵春秋》超越了作者自传式的影响,又消解了现实相思的羁绊,而以一个自乌虚有的"原乡"小镇传达出对人性漂泊中善恶的思考,以乡土层面寄寓现代主义思考,显示出了作者极富前瞻性的创作潜力。[35]

黄万华谈李永平的《吉陵春秋》,从文化视角切入谈"寻根"的问题。他指出小说容纳的中国内地、南洋、台湾等多地特色风景,再转述余光中的评论称造成此原因为作者多地漂泊的心灵积累。黄万华借用王德威的文字来指出李永平的反传统而行的做法,将小镇写成"原乡者的梦魇"是"对原乡传统的重大'贡献'",由此从"寻根"之话题延伸出实质上对人性漂泊的思考的层面。

在《马来西亚华语语系文学》中,张锦忠将马华文学定义为小文学时,试图用李永平的《吉陵春秋》谈及关于小文学语言的"畛域化"问题:

小文学作品展现了语言与想象的畛域化,从"中文大国"观点来看,简直充满异国情调,或上文所说的"歧文异字",其实也是多语主义转向。从这个角度来看,在作为"小文学"产品的《吉陵春秋》中,李永平刻意锤炼的纯正书面语文,可视为试图逆向操作去畛域化为再畛域化的案例(从《拉子妇》进入《吉陵春秋》)。这里的再畛域化,指的是小说建构了李永平自己所说的,寻求"中国文字的纯洁与尊严"。但是,这种追求何尝不是同时对所处语境与历史文化的批判,因为实现"中文大国"的重要语言的理想竟然由小文学去实现。[36]

张锦忠谈《吉陵春秋》,认为李永平利用书面语文是有意而为之,并将此操作定义为"再畛域化——寻求中国文字的纯洁与尊严",并认为李永平的去畛域化到再畛域化的做法实则是对"语境与历史文化的批判"。

以上两段文字,虽然探讨主题不同,但是同样谈及关于李永平《吉陵春秋》的"原乡传统"书写问题。黄万华运用海外华文文学的研究方法从跨国跨地的多角度视野中探讨李永平反传统的写法，可以说，将作品解析放置到了一个更广阔的层面进行讨论，也就是海外华文文学更关注的即为对作品的深层分析，在此我们不能忽视黄万华在就作品本人本身所传达的对于人性漂泊的思考层面的格局。张锦忠解析李永平的"逆向操作"，站在"畛域化"的"去"和"再"立场上谈及对"中国文字的纯洁与尊严"的寻求，离开地域的界定，从"文化中国"的层面去谈及对于语言的追求，符合华语语系文学"最大公约数"的理论建构，终究朝着"华语语系"所要形成的"文化中国"的"众声喧哗"场面汇聚，但其最后的界定实现"语言理想"的表述过于主观臆断。或许我们可以用陈思和的表述，来与张锦忠的观点进行呼应，"作为文学原乡的中国文化传统，是马华文学的文化源头，也可以说是同宗同源，但是在历史的发展中，马华文学已经形成了自身的新传统以及在地国的新关系。文化源头与文化中心是两个不一样的概念，因此，理论上把马华文学设定为中国文学在海外流布的边缘文学，是没有道理的。"[37]

从历史空间或现实构建，马华文学都有其自身的丰富性和独特性。本文无意评判"海外华文文学"和"华语语系文学"这两种理论哪种更适合用来做华文文学的研究分析，因为二者各有其自身立场。但二者都非常重视"华语"这一要素，并且执着于解释与"中国"/"中国文学"的关系。"海外华文文学"由 20 世纪 80 年代至今已有几十年的研究历程，随之构建了相对成熟的理论方法，并且也产生较多成果，"但仍然保持着中国中心主义（或大陆中心主义）视角"[38]；"华语语系文学"发生晚于前者，华语语系的学者主张"这些文学各自具有独立性和独自性，追究起来是与中国文学（或大陆文学）毫无相关的存在，或者至少是与大陆文学具有同等资格的存在"[39]。因为它的提出，得到了众多中国以外的华文文学学者的支持。"华语语系"的产生是因为离散，史书美说离散有终点，那么我们不禁会问华语语系是否会有终点呢？或许"这样的说法似乎让我们看到马华文学发展的曙光，因为作为华语语系文学家族之一员，马华文学借华语语系文学的便利找到了它和中国文学平等对话的契机，马华文学在国际上的能见度理应可以大为提升了"[40]。马华学者庄华兴的这句话给我们的疑问做了很好的回应。"各种语系的文学本身就应该是平等的乌托邦关系，就不存在什么边缘与中心。"[41]因为马华文学的独特，所以学界会对其重视。其实无论是用哪种理论方法研究马华文学，只要能挖掘马华文学的"历史"和"未来"，产生更多富有建设性的对话，那就可以让整个文学世界丰富多彩起来。

参考文献

[1][20] 饶芃子. 海外华文文学教程[M]. 广州：暨南大学出版社，2014：1－6，39.

[2]饶芃子. 比较文学与海外华文文学[M]. 上海：复旦大学出版社，2011：176.

[3]陈贤茂. 海外奇葩——海外华文文学论文集[M]. 广州：暨南大学出版社，1994：35.

[4]饶芃子，杨匡汉主编. 海外华文文学教程[M]. 广州：暨南大学出版社，2014：1.

[5]黄万华. 百年海外华文文学的整体性研究[J]. 山西大学学报（哲学社会科学版），2012，35(03)：121。

[6]黄锦树. 在世界之内的华文与世界之外的华人[J]. 文讯，1993(01)：75－76。

[7]朱崇科. "华语语系"中的洞见与不见[N]. 文艺报，2017－8－4。

[8][9]许翼心，陈实. 作为一门新学科的世界华文文学[J]. 台港与海外华文文学评论和研究，1996(02)：3－9.

[10]陈鹏翔. 世界华文文学：实体还是迷思[J]. 文讯，1993(52).

[11][13]史书美. 视觉与认同：跨太平洋华语语系表述・呈现[M]. 新北：联经出版事业股份有限公司，

2013:17,46—47.

[12][18][28]史书美,赵娟.反离散:华语语系作为文化生产的场域[J].华文文学,2011(06):5,10,12.

[14][16][17]王德威.华夷风起:华语语系文学三论[M].高雄:中山大学文学院,2015:18,4,iv.

[15]王德威.华语语系的人文视野与新加坡经验:十个关键词[J].华文文学,2014(03):12.

[19]刘俊."华语语系文学"的生成、发展与批判——以史书美、王德威为中心[J].文艺研究,2015(11):56.

[21]钦鸿.华文文学已经走向世界——第七届世界华文文学国际学术讨论会会议综述[J].台港与海外华文文学评论和研究,1995(01):23.

[22][35] 黄万华.新马百年华文小说史[M].济南:山东文艺出版社,1999:369,206.

[23]苏永延.华文新文学的域外传播与流响——新马华文新文学与中国新文学的关系[J].山东社会科学,2012(11):35—42.

[24]王振科.血浓于水(摘录)——试论新马华文诗歌的"泛中国文化倾向"[J].台港与海外华文文学评论和研究,1991(02):68.

[25]立立,小新.略谈马华文学的文化属性[J].世界华文文学论坛,1998(03):19.

[26]刘小新.近期马华的马华文学研究管窥[J].华侨大学学报(哲学社会科学版),1997(04):56.

[27][34]金进.冷战与华语语系研究[M].上海:复旦大学出版社,2019:18.

[29][30][31][32][36]张锦忠.马来西亚华语语系文学[M].吉隆坡:有人出版社,2011:14,21,24—25,125,28.

[33]金进.马华文学[M].上海:复旦大学出版社,2013.

[37]陈思和.比较文学视野下的马华文学[J].杭州师范大学学报(社会科学版),2012,34(05):53—58.

[38][39][41]金惠俊.华语语系文学,世界华文文学,华人华文文学——中国大陆学界对华语语系文学(Sinophone literature)主张的肯定与批判[J].东华汉学,2019(29):317—318.

[40]庄华兴.马华文学的疆界化与去疆界化:一个史的描述[J].中国现代文学,2012(22):102.

活态传承视域下扶绥山圩镇采茶花剧的当代发展研究

甘芳明

摘　要:扶绥县山圩镇采茶花剧作为非物质文化遗产,有着珍贵的艺术价值,具有独特的地方魅力和民族特色。本文将分析采茶花剧的生存语境,对其艺术特色、当前发展现状,对如何让其"活"起来、传下去困境问题,进行活态传承策略分析。推动其"艺术生命活化",进而为采茶花剧的可持续发展道路,提供可行的范式。

关键词:采茶花剧;活态传承;当代发展

流传于扶绥县山圩镇那派村及周边村屯的壮族采茶花剧,是广西地方戏曲剧种——采茶戏的一支。通过壮族服装、壮语方言、传统唱山歌的方式表达,将流传当地的各个经典民间故事通过歌舞的形式表现,生动形象地展现出扶绥的壮族民俗文化,是当地的一种具有浓厚民族特色的传统艺术。据文献记载,采茶戏自清道光年间传入,与当地壮族文化融合,形成富有壮族特色的采茶花剧。山圩镇采茶花剧已有 200 多年历史,初期的采茶花剧为贺喜、酬神类歌舞表演,而后在歌舞中融入了民间故事。其演出场所较为灵活,室内、晒场、草坪、村头巷尾等皆可。山圩镇采茶花剧不仅供百姓娱乐,当地各类节日庆典、人生礼俗,甚至是民间信仰活动都加入该剧,以驱邪、道吉、扮演神灵等形式存在。2014 年,扶绥县山圩镇壮族采茶花剧被列入广西第五批自治区级非物质文化遗产代表性项目名录,成为扶绥的一张璀璨的民俗文化名片。

一、山圩镇采茶花剧生存语境

任何一个民族的民俗形成,都是一定地域内的社会历史发展阶段的产物,有很深的社会、历史和地理根源。扶绥县山圩镇壮族采茶花剧这一传统戏剧也不例外,与当地的地理环境、历史背景、社会环境、经济环境等因素密不可分。

(一) 地域生境

自然界是人类的母体,是人类生存发展的前提和基础,不同的群体生活在一定的环境中,生物与环境相互影响、相互作用,所以任何文化的产生都具有地缘的因素。因此,民族风俗习惯的形成也必然受地缘因素的影响。山圩镇位于扶绥县东南部,东接南宁市江南区苏圩镇,南至防城港市上思县,西靠东门镇,北与岜盆乡接壤。属岩溶地貌,地势为南北高,中部低。南北部是高山土岭,中部多为丘陵,间有孤峰。该镇山清水秀,风景秀丽,有大栏山水风光、那派盆地恐龙发掘原址等旅游胜地。2001 年在那派盆地出土的"一窝三龙"恐龙化石,是目前世界上出土最高大、最完整的蜥脚类恐龙化石,堪称"稀奇珍宝",山圩镇被誉为"恐龙之家",颇有旅游观赏价值。良好的生态环境,造就当地独特的民族艺术。

(二) 社会生境

民俗文化是民众的生活文化，其产生与经济基础、政治制度、历史背景有密切联系，不同的社会环境会形成不同的民俗文化。山圩镇以农耕经济为主，人们生产生活自给自足，物质文化形态保存相对完整，不仅内容丰富，而且特点鲜明。系统全面完整的制度文化结构体系和相对齐全的功能，使得当地壮族精神文化体系得以完整保存。壮族是个多节日的少数民族，几乎每个月都有节日，节日也都特别热闹。其中，春节、三月三上巳节、七月十四中元节是壮族最重要的节日，另外有二月初二龙抬头、五月初五端午节、六月初六天贶节、七月初七乞巧节、八月十五中秋节、九月初九重阳节、冬至日等节日。在众多节日和民俗活动中，山圩镇壮族人民积淀了深厚的节日集会文化、古朴的习俗和淳朴的民风、浓郁的壮族风情。

(三)人文生境

人文生境包含文明、生活与宇宙观，从自然生态、民族风情与历史文化三个不同的维度进行解析。扶绥县山圩镇有着良好的自然生态、奇特的民族风情和厚重的历史文化，当地以壮族人口为主。壮族是个好客的民族，当地人民十分热情，每当有远道而来的客人，他们不仅要大碗喝酒，而且要唱歌跳舞助兴。尊老爱幼也是壮族的传统美德，山圩镇采茶花剧中有许多剧目都是表现此类思想。壮族是一个具有悠久历史和灿烂文化的民族，在漫长的历史中形成了十分浓厚的山歌文化和民族特色，山圩镇传统的民间艺术就有“春牛”“采茶”等。山圩镇采茶花剧是以左江地区的壮族方言演唱的，体现了当地的生产生活习俗，将民间歌舞与民间故事融为一体，其演出形式灵活、乡土气息浓郁，展现了当地壮族人民的生活习俗、文化心理和审美情趣。采茶花剧的形成、发展过程体现了不同民族文化之间的交流与融合，具有较高的艺术价值和学术价值。

二、山圩镇采茶花剧现状调查

山圩镇采茶花剧近年来普及较好，当地很多老人说起采茶花剧，都能哼唱上几句。每个村里都有传唱者，即使是一般的老百姓也会多多少少唱或念上几句山歌戏词。另外，祖辈、父辈演戏剧、唱山歌，大环境里耳濡目染，人民知道它、喜欢它、需要它，采茶花剧在人民之间的传播、传承有广泛的群众基础。正是山圩人对采茶花剧的热爱，慢慢地采茶花剧就成了当地村民的一种休闲娱乐和乡俗文化展现的项目，这就是采茶花剧文化能一代代传承的根本原因。现在，每年县里举行的大小活动，山圩镇采茶花剧都会以“非遗”表演的形式出现。同时，山圩镇境内有两个圩场，即山圩街和那白街，逢三日一街，乡镇文化站还会有采茶花剧的对唱、歌舞表演、齐奏表演等。当地婚丧嫁娶、祝寿贺喜、过年过节或者民俗文化节，包括党和国家政策宣传活动等，也会有采茶花剧演出。

(一) 艺术特色

1. 采茶花剧唱腔、唱词本土化

山圩镇采茶花剧的唱腔简单质朴，分有各种行当唱腔，其中男腔高亢激烈，女腔婉转悠扬。传统唱腔相对简单，经过历代民间艺人融合本地区的民族风情和生活习俗，逐步丰富完善。演唱内容大都取材于当地壮族人民生产民俗活动、农村生活中的趣闻趣事，生动、诙谐，曲调多以当地壮族民间山歌小调为主，唱词结构在整本戏多为使用山圩壮族方言行腔念白的七字句，词曲合辙押韵，如山圩镇经典剧目《外婆送背带》(三板优)唱词中的壮语方言：外婆(daiq)、中间

(cungqgyang)、伞(liengj)、风(rumz)、四季(seiq geiq)、蜜蜂(rwi)、背带(daehbeq)等。现在的采茶花剧还借用了其他剧种的曲牌音乐，使之更加戏剧化，人们更加喜闻乐见，传统剧目有10多个，如《借亲配》《卷席筒》等。

2. 山歌演唱故事的操作模式

采茶花剧与采茶花戏是两种不同的剧种，采茶花戏主要是以壮族山歌对唱为主的歌舞，采茶花剧主要通过表演故事性情节展现戏剧。采茶花剧主要有生、旦、丑三个表演行当，表演动作主要从当地的生产生活动作中凝练而成，同时借鉴、吸收了邕剧、粤剧、唱春牛等戏曲的表演动作。舞台语言由壮话和白话构成，常用的曲牌有《贺茶曲》《南音》《十送》《英台》《仙腔》等，主要从地方山歌小调、唱春牛以及师公音乐等提炼出来，可根据人物身份、情境、心理活动等灵活运用。

3. 打击乐为主的乐器伴奏模式

山圩镇采茶花剧讲究"吹拉弹唱演"，经过多年发展，逐步形成以钹、铙、镲、小鼓、手锣、木鱼、响板等打击乐为主的伴奏形式，配以二胡、扬琴等乐器伴奏，民间艺人还将这些打击乐组合成一个便携乐器架(见图1)。采茶花剧表演常用的道具是手帕和扇子，也有的用花伞等。古装戏以汉族传统服饰为主，其他则用壮族传统服饰。

图1 便携乐器架

4. 传统剧目数量丰富兼具教育意义

山圩镇采茶花剧传统剧目有《凤玉佩》《卷席筒》《松鸡米》《借亲配》等五十多种，均以人情、伦理为主，除以戏剧形式扮演故事外，还以驱邪、道吉等形式参与到当地节日庆典、人生礼俗，甚至是民间信仰活动中，使得山圩镇采茶花剧不仅充满浓郁的壮族特色，还有较强的民俗性特征。

(二) 发展状况

1934年到1964年间，是扶绥壮族采茶剧的繁荣时期，单山圩一个镇就有12个采茶队。"文革"后，扶绥壮族采茶剧得以恢复和发展，20世纪70年代末到80年代，仅山圩的村子有家庭班的就占八成。进入20世纪90年代后，家庭班纷纷解体。随着当地民俗活动愈渐减少，扶绥壮族采茶剧也面临传承和发展的危机。进入21世纪后，扶绥县山圩镇农民采茶花剧团经过不懈努力，在保留传统精华的基础上，对采茶花剧进行创新发展，让濒临失传的这一民间艺术重新焕发出生命的活力。

1. 传承人自力更生

自治区级非物质文化遗产项目“壮采茶剧”传承人——姚文，是崇左市扶绥县山圩镇壮族采茶花剧第四代传承人、山圩镇文化体育和广播电视站站长。姚文的母亲是当地的名旦，姚文自小受母亲影响，对戏曲产生了兴趣。1993年姚文到山圩镇从事文化宣传工作；1996年开始师承凌增才、韦佩彩等当地著名采茶剧艺人学艺；2004年姚文招募曾演过唱春牛和采茶花戏的农民文艺爱好者，组建了山圩镇农民采茶花剧团(即文化站业余采茶剧团)，他还自筹经费购买演出服装、乐器、音响、道具等。姚文在乡镇文化站工作近30年间，通过深入走访民间老艺人，挖掘了一大批采茶剧、唱春牛、踢伞舞、山歌等非遗作品，搜集整理了53首地方采茶剧小调、34部古装壮族采茶剧。同时结合身边好人好事和国学经典中“道、孝、义”精髓，加入现代元素，自主创作了3部现代采茶剧及一批小品、相声、山歌、舞蹈节目，他的演出和作品均受到当地观众的欢迎。因工作成绩突出，姚文先后获得全区优秀文艺骨干、全区乡镇综合文化站先进工作者、全区文化系统个人二等功、全国文化系统先进工作者、爱岗敬业道德模范、岗位学雷锋标兵等称号，2019年姚文还作为全国民族团结进步先进个人，到北京接受党中央国务院表彰。姚文自从艺至今，为壮族采茶剧培养了第五、第六、第七代传承人，其中第七代传承人姚梦妮为姚文之女(“壮采茶剧”历代传承人见表1)。目前，姚文所在的山圩镇文化站还开展民间文艺进校园活动，利用周末和暑假开设非物质文化遗产少儿培训班，培养出一批批壮族采茶剧小演员和小山歌手。

表1 “壮采茶剧”历代传承人

代别	姓名	性别	生卒年份	教育	民族	职业	传承方式
一	凌增才	男	1910—2008	私塾	壮	农民	师徒传承
二	方家佐	男	1932—	小学	壮	农民	师徒传承
三	韦配彩	男	1946—	小学	壮	农民	师徒传承
四	姚文	男	1964—	大专	壮	山圩镇文化站站长	师徒传承
五	凌映兰	女	1975—	初中	壮	农民	师徒传承
	凌照彩	女	1975—	初中	壮	农民	师徒传承
六	姚倩倩	女	2000—	高中	壮	学生	师徒传承
七	姚梦妮	女	2004—	高中	壮	学生	家族传承

2. 组建扶绥山圩镇壮族采茶剧团

1993年，姚文从扶绥县文化馆调到山圩镇文化站从事文化工作，在没有经费支持的情况下，自筹资金3万余元，建立起了一座120平方米的瓦房作为乡镇文化站以及图书馆。在文化站成立之初，姚文还组建了山圩镇第一支农民业余文艺队——山圩镇文化站业余戏剧团，文化站成为当地重要的文化宣传工作基地。2003年，在上级有关部门的大力支持下，山圩镇修建了一栋两层文化综合楼，阅览室、藏书室、培训室、棋艺室、放映室、排练室等文化活动室一应俱全，同时还配备了投影仪和各种乐器和演出器材。次年，为更好地传承和发扬民间传统文艺，姚文对采茶花剧演员进行精心培训，在文化站业余戏剧团的基础上，成立了扶绥山圩镇壮族采茶剧团。此后，姚文时常带领团员深入各个村屯社区，以老戏新唱等群众喜闻乐见的形式广泛宣传身边的文明行为、好人好事，将本土文化艺术融入农民群众的日常生活。怀着"文艺进城"的梦想，采茶剧团开始自筹资金到县里演出，凭借着精彩的演出，剧团口碑越来越好，逢年过节，剧团还应邀到宁明、江州、上思、钦州、南宁等地演出，每年累计送戏进县、市、自治区至少30多场，真正实现了戏剧"从农村榕树根天井舞台走到省城大舞台"的梦想。如今，《外婆送背带》《跪老婆》等剧目已经成为扶绥山圩镇的采茶剧耳熟能详的经典。2009年山圩镇文化站被区文化厅定为自治区综合文化示范站，且多次被评为自治区先进乡镇综合文化站。2015年文化站还被评为自治区非物质文化遗产传承基地。

3. 各部门统筹协调，提供丰富的平台资源

多年来，扶绥县重视基层特色民俗文化发展，以山圩镇文化站为中心致力于采茶剧的传承与发展，积极组织"戏曲进校园""戏曲进乡村"活动，通过"一剧团，二平台，三抓手"的方式，每年深入各村屯演出50多场，观众累计1.2万多人次，开设山圩"文化圩"小舞台，采用"三天一圩一小演，周末一集中演，重大节假日一主题演"的模式，推动基层宣传思想文化工作。各乡镇各村屯充分发挥村委文化广播室的宣传主阵地作用，播放戏曲等文艺节目，积极组织民俗乡土人才对山歌进行挖掘、整理和传承，每逢传统节日，组织歌手聚会对歌，培育采茶戏、春牛戏等剧种演员，定期组织农村戏剧队到各乡镇、村屯巡演。抓试点推广普及上，选定山圩中心小学作为"戏曲进校园活动试点学校"，开设壮语传承班，将热爱壮族文化的学生吸纳进来，更系统更专业地传授壮族传统文化；山圩镇昆仑村渠楠屯作为"戏曲进农村"试点村屯。通过"壮美山圩"微信公众号等新媒体技术平台将开展的戏剧演出活动、演出剧目信息进行发布，让广大群众通过网络平台了解壮剧，助力壮族采茶戏的宣传发展。在抓骨干队伍上，除了对草根壮族采茶歌舞剧团传承人的培养，还重点抓在壮剧上有明显天赋的学生的专业培养，截至目前，已初有成效，培养出了张燕青、凌秋婷等几位学生。同时积极组织各村文艺队进行各类文艺培训，培训人数为曲艺100人，声乐30人，戏剧小品60人，舞蹈120人，乐器20人；在抓本土特色上，重点抓本土创作。壮剧团精心创作了《丰收时节》《百善孝为先》《五子庆团圆》等一批弘扬社会主义核心价值观的戏目，利用节假日在学校、下村屯进行巡回演出，让学生、家长在家门口就能看到戏剧。

三、活态化传承几点建议

山圩镇采茶花剧在长期的发展过程中融合了外来戏剧及其他艺术形式的特点，逐渐形成了自己独特的艺术特征，被人们喜爱，并发挥着重要的民俗、娱乐和教育功能，同时也因时代更迭和社会环境的变化而经历起伏。在现实困境的问题上要追求实事求是，活态传承措施的提出要与时俱进、因地制宜。采茶花剧作为传统戏剧类非物质文化遗产，是一种舞台艺术，应在舞台上寻找突围之策，经由技艺的传承和展示，实现自身的活态传承。要深入了解活态传承方面的概念、要求及意义，为提出活态传承措施奠定理论基础。

（一）"活态传承"的概述

1. 活态传承的概念

从非物质文化遗产的定义和特点来看，文化生命力的延续和文化复制式的传承是非物质文化遗产生存的希望，非物质文化遗产的保护不局限于静态力量的延续，而是更加注重进步的

发展,活态是它必须继续生存的状态。具体体现在是以人为中心的活态流变,指传承人在技艺、精神和经验当中,处在不同的社会文化背景下,对文化的传承产生不同的传承流变想法,处在新的角度进行创新式的传承。我国保护非物质文化遗产以“保护为主、抢救第一、合理利用、传承发展”为指导方针,是两种不同的行动形式,一种是记录、封存、收藏,另一种是衍生、开发、继承。① 所谓“活态”传承,是指山圩镇采茶花剧的传承在其产生、发展中以及特定的土壤环境里来进行的传承,一般是通过传承人之间口头传授或传播,一代代口传心授下来,在历史进程中不断发展。

2. 活态传承的要求

山圩镇采茶花剧成为区级非物质文化遗产,不仅在于其本身的文化价值,也取决于采茶花剧所处的环境,比如经济、人文、历史等方面的考察。对于山圩镇采茶花剧的活态传承要求,需要站在多方面的角度去考察,去探索出一条活态道路。保护好、传承好、利用好非物质文化遗产,对于延续历史文脉、坚定文化自信、推动文明交流互鉴、建设社会主义文化强国具有重要意义。② 首先,非物质文化遗产的活态传承方式,最核心的在于在传承过程中是否具备造血功能。其次,要跟随时代发展步伐,立足于文化内涵,是否能吸收新的血液。活态传承最重要的是人这一块,对于非物质文化遗产来说,如何吸引更多的青少年去学习传统文化,如何让传统文化教育进入校园,让国家文化遗产在教育之林中占有一席之地,教育是一个突破点。不同的活态传承方式,会随着传承主体、社会环境等因素变化而变化,所以在教育的基础上,结合相关的福利待遇,吸引更多的人才加入非物质文化遗产的学习与传承的队伍中。最后,在社会生活中焕发其价值,在文化生活中让群众接受,才是其活态传承下去的意义所在。传统民俗本身就具有活态性,举行民俗活动就是一种活态延续。山圩镇采茶花剧文化内容有着不可小觑的影响力,对文化进行宣传,让非物质文化遗产的文化内涵深入人心,更好地扎根于群众中,人民群众是文化的创造者,更是最好的传承人。

(二)“活态传承”的举措

扶绥县山圩镇采茶花剧的“活态”传承途径主要有以下几个方面:

1. 线上线下传承采茶花剧,借助新媒体实现发展

新媒体传播具有速度快、受众范围广和影响力强等特点,将山圩镇采茶花剧传统的线下单一化表演与线上多元化传承结合起来,与新媒体融合的过程也要创新,才能从形式、内容、过程上实现有机融合。(1)VR 技术是目前较为流行的先进技术,在网络上利用 VR 设备创建一个科技版的戏剧舞台,增强人们对采茶花剧的静态理解,让更多的体验者,沉浸式地体验山圩镇采茶花剧的独特民族魅力。(2)拓宽采茶花剧表演市场渠道,保证其得到一定的宣传。表演市场不应该局限于传统的形式,应该创新表演市场和表演形式,打造新型的表演方式,与传统相结合,共同推进采茶花剧文化的传承保护。对采茶花剧文化内涵结合山圩镇地域文化特色,进行影视传媒创作,如原创动画片,利用可爱的民族卡通角色形象,讲述经典采茶花剧故事,宣传其文化内涵,在荧屏上扩展其表演市场。(3)山圩镇文化站表演舞台可以加入多媒体技术丰富舞台背景,让表演场所更满足观看人数及观看环境的需求,增强舞台效果。通过安装电子屏幕

---

① 引用自百度百科。

② 韩毅.活态传承,让非物质文化遗产历久弥新[N].重庆日报,2021-09-01(004).

实现唱词字幕化，帮助观众更好地理解剧情。将声、光、电等媒体技术融入采茶花剧表演，通过流行乐、彩灯、多媒体、3D动画等元素的融入，提升舞台视听效果，吸引年轻群体。(4)在以“数字化”为主流的网群文化时代，通过数字技术，实现表演、唱本、乐谱数字化，构建多元表演模式，增加采茶花剧受众面，打造传统文化资源共享新态势。(5)近两年自媒体、融媒体运营发展迅速，当地政府或主管文化站可以成立自己的短视频平台账号、公众号，联系山圩镇采茶花剧传承人，以文字结合图片展现采茶花剧魅力、定期发布有关采茶花剧表演的视频。

2. 保留经典剧目，创新时代新戏

在新时代的文化发展背景下，非遗文化要不断推陈出新，创新式的发展，才能更好地立足于当下，更好地适应发展。文化内涵的创新是山圩镇采茶花剧文化注入活力的核心点。对于采茶花剧文化内涵来说，不能直接复制式的传承，要联系社会实际的发展需求，结合时代新主题，融合时代内涵和走向，在此基础上要加强自身文化形式和内涵的创新，进行较为有效的活态传承。山圩镇采茶花剧剧目丰富，但大多还是才子佳人、将相大臣之类的传统故事，要吸引年轻受众，就要创作时代新戏、压缩剧目时长，不断迎合当代人的审美需求。首先，保留优秀经典剧目，它们可以让人们通过喜闻乐见的方式了解广西少数民族传统文化，将地域文化特色发扬光大，如《外婆送背带》(三板优)表现了壮族妇女生完小孩，娘家送背带的风俗，是母亲对子女美好祝愿的寄托，同时也展现了壮族织锦技艺的独特魅力。其次，老戏新唱，将社会主义核心价值观融入传统剧目，赋予它们全新解读，通过寓教于乐的形式，改善农村精神风貌、提升乡村文明水平，如古装采茶花剧《隔河探亲》等这些时代大戏繁荣了乡村题材文艺创作，打造出全民共建共享的文化盛宴。最后，创作新剧目，让山圩镇采茶花剧与国情、民意、时代相契合，使之成为文化普及的一种特色传播形式。

3. 依托剧团进校园，坚固传承基地

随着互联网的发展，电脑、智能手机等电子产品普及，以及剧团成员老龄化趋势越来越明显，严重制约了民间艺术文化的传承和发展。青少年群体是文化传承的主力军，更是文化传播和文化消费的主要群体。将非物质文化遗产推进课堂、融入教育工作，共同探讨学习。由当地文化站组织社会兴趣班或者学习基地，对山圩镇采茶花剧文化爱好者进行相关的培训。政府需要解决其学习后的就业工作，确保其生活得到保障，为非物质文化遗产的传承和保护工作输入专业性人才、提供动力。联合各部门，协调好工作，将学校及文化站作为文化传承的重要基地。让学生们在兴趣中学习采茶花剧等非物质文化遗产技艺，在学习过程中感受非物质文化遗产的文化魅力和价值，对非物质文化遗产的认知过程中，真正明白非物质文化遗产的地位和对国家的意义对民族的影响，从而达到对非物质文化遗产的传承与发展。

4. 树立品牌效应，打造精品文化，助力文化兴镇

做好山圩镇采茶花剧品牌工作，将采茶花剧文化内涵与时代主题结合起来，打造新颖潮流的创新品牌。相关部门做好年度主打的采茶花剧文化主题，在人民意见中集思广益，主题要呈现传统内涵与时代内涵相结合，符合国家倡导的文化精神价值追求，使采茶花剧文化内涵在新时代不断焕发光彩。制定以及优化相关的采茶花剧文化政策制度。建议文化站可以运营一个主打山圩镇采茶花剧文化的新媒体官方账号，实时更新戏剧表演活动，宣传采茶花剧文化内涵等动态。与相关部门合作出刊采茶花剧文化专题杂志和报纸，进行宣传推广，对采茶花剧进行静态和动态的文化保护传承。调整各项福利待遇，确保从事采茶花剧表演工作的民众生活水

平得到保障。在对采茶花剧宣传推广的基础上，定期举办戏剧展演活动。结合山圩镇采茶花剧创建文化特色街区。采取对房屋体进行绘画，建议征召广西高校艺术人才、高校艺术生参与对采茶花剧的文化特色街区进行创新维护，意在营造采茶花剧文化氛围。对老旧的房屋进行维修，修缮符合壮族文化的装饰，改善文化馆，让更多群众实时实地地感受采茶花剧文化的魅力。通过资源整合，建立政府搭台、产业融合、多元参与、品牌支撑的发展机制，形成集非遗项目、文物古迹、文创体验、观光农业等为一体的特色旅游商圈，努力打造跨界融合的文化特色小镇。

5. 联合高校研究团队，定期采风

舞台表演若无文化作为支撑则流于形式，空洞乏味，自然难以为继。因此，山圩镇采茶花剧的活态传承既要保护和传承精湛的表演技艺，也需强有力的文化支撑，二者互为表里，相得益彰。随着社会的发展，对采茶花剧文化和艺术价值的研究还需进一步深入，以期为其发展提供有力支撑。为了更好地拓展传承群体、优化传承渠道和突破布局困境，要对扶绥县采茶戏的赋存状态进行全面细致调研，既要深入每个村镇，加强对现有采茶戏的类型、传承人、传承现状、传承困境等现状的调研，又要发挥新媒体的优势，通过网络调研，及时掌握网民对采茶花剧的需求，通过现状与需求对接，加强对采茶花剧的传承渠道的研究，为活态传承与发展奠定坚实的基础。高校的研究团队要深入参与其中，尤其是地方高校，要服务地方经济，融入地方文化，做到真正转型发展。地方高校音乐专业的学生要组建专门团队深入田间地头采风，把采茶花剧的曲谱记录下来，并对其进行疏通、整理，形成文字或音频、视频，变成资料保存下来。同时，把传唱度较好的采茶花剧作品融入课堂教学之中，或呈现在舞台上，让采茶花剧文化“活动”起来。当地高校可以根据当地的情况，合理安排采茶花剧表演技艺和演奏技巧的相关课程。高校的研究团队应利用学科的交叉性和融合性，对采茶花剧进行教学、实践、研究、创作等方面的传承。如高校的艺术类专业可进行音乐、摄影、表演采风，文学类专业可进行民俗、文学采风，还可以作为大学生暑期三下乡、大学生创新创业大赛、互联网＋比赛等活动基地。

四、结语

通过对山圩镇采茶花剧艺术特色、发展现状方面的分析，得出作为非物质文化遗产，对其活态传承保护的改革创新，不仅立足于国家保护政策，而且要因地制宜地进行实质性的规划。让非遗文化在社会信息化时代，“活态”存续，不失本位地发展，要让非遗在新时代焕发新生机，在社会发展中找到新的价值。希望更多的人可以看到山圩镇采茶花剧的魅力所在，积极参与到文化传承保护工作的队伍中，一起为民俗文化提供自己的智慧和力量，让采茶花剧能够在非物质文化遗产的大花园中继续焕发出炫彩的生命力。

参考文献

[1]苑利. 非物质文化遗产传承人认定标准研究[J]. 原生态民族文化学刊，2019(1)：135－138.

[2]王晶晶. 乡村振兴背景下乡土文化保护研究[J]. 乡村科技，2020(32)：30－31.

[3]李晨曦. 乡村振兴战略下农村优秀传统文化传承的研究[J]. 农村・农业・农民(B版)，2020(11)：48－49.

[4]余铮. 民间音乐类非物质文化遗产的保护与传承[J]. 汉江师范学院学报，2021(1)：71－76.

[5]韩毅. 活态传承，让非物质文化遗产历久弥新[N]. 重庆日报，2021－09－01(004).

概念隐喻视角下《习近平谈治国理政》（第一至三卷）家庭隐喻翻译分析

梁敏娜

摘　要：家庭隐喻对中国特色话语的构建起到了关键性作用，对其翻译策略进行研究对中国话语对外传播具有重要借鉴意义。本文从概念隐喻的视角，运用定量和定性两种方法，探讨《习近平谈治国理政》（第一至三卷）家庭隐喻的翻译策略，研究发现：语料库定量研究发现家庭隐喻英译主要采用映射对等的策略，更倾向于忠实于原文；其次是放弃映射，进行意译或省译，放弃使用隐喻；最后是映射偏移。通过定性分析，发现映射对等注重再现原文话语风格、作者交际目的和话语权的实现；映射偏移很好地照顾了文化传播的效果，避免直译造成的语义扭曲；放弃映射则兼顾了语言文化差异和译文可读性。

关键词：《习近平谈治国理政》；家庭隐喻；概念隐喻；翻译策略

引言

隐喻不仅仅是一种修辞，还体现着认知和思维，根据 Lakoff 和 Johnson，概念隐喻是使用一种概念去建构另一种概念，即使用一个已知的、具象的、容易理解的事物来建构另一个未知的、抽象的、难以理解的事物，例如使用“战争”的各个环节来描述“争论”。前者是源域（Original Domain），后者是目标域（Target Domain），理解和体验的过程则是映射。[1]5《习近平谈治国理政》中的家庭隐喻相关概念架构起了“中华民族共同体”“人类命运共同体”“生命共同体”“中非命运共同体”等一系列理念，是中国特色话语的核心概念，研究《习近平谈治国理政》中家庭隐喻的翻译策略，对中国特色话语对外传播具有重要借鉴意义。下文将使用语料库，分别通过定量分析和定性分析，从映射对等、映射偏移和放弃映射三方面探讨《习近平谈治国理政》家庭隐喻的翻译。

一、家庭隐喻的重要性

中华民族在几千年的历史中，留下了丰富的国家制度和国家治理的思想，不少治国理政的思想是通过家庭概念隐喻进行建构的，例如《大学》中有修身、齐家、治国、平天下的论述，把治理家族的能力与治理国家的能力联系起来，孔子提倡的“君君臣臣，父父子子”就蕴含了家庭隐喻，以父子之礼对应君臣之礼，有利于建构稳定和谐的社会关系。天下大同、六合同风、四海一家和“五十六个民族是一家”等理念让各民族能够在历史的长河中不断融合，大家求同存异、团

基金项目：广西壮族自治区外事办公室 2021 年度委托课题立项项目——“讲好中国故事”背景下《习近平谈治国理政》修辞英译研究（项目编号：GXFY202108）。

结和谐地生活在一起。在国际关系中,我们秉持亲仁善邻、协和万邦的外交之道,把其他国家比作邻居,把与邻居相处的"亲善"原则应用到国与国的相处之道。

进入新时代,面对新的国内和国际形势,习近平主席提出了"人类命运共同体"的理念,习近平对该理念的解释是:"人类命运共同体,顾名思义,就是每个民族、每个国家的前途命运都紧紧联系在一起,应该风雨同舟,荣辱与共,努力把我们生于斯、长于斯的这个星球建成一个和睦的大家庭,把世界各国人民对美好生活的向往变成现实。"[2]433 人类命运共同体并不是要建立一个卢梭所提出的"政治共同体",而是在中国传统"家国同构"的隐喻基础上,使用家园的概念建构地球概念,提倡求同存异,凝聚人心,跨越不同民族、信仰、文化和地域,建设和睦的地球大家庭。之后,"人类命运共同体"理念得到进一步发展,并逐渐拓展,提出"中华民族共同体""全球健康共同体""生命共同体"等一系列理念,构成了具有中国特色的话语体系。

二、《习近平谈治国理政》家庭隐喻定量分析

本文使用上海外国语大学语料库研究院的《习近平谈治国理政》多语种数据库综合平台,以家、大家庭、家园、血脉、基因、父母、儿女、兄弟、同胞等家庭隐喻关键词对《习近平谈治国理政》第一卷到第三卷的中英对照语料进行搜索,剔除非隐喻的搜索结果,发现家庭隐喻出现频次总共为 363 次。进一步以原文隐喻为基础,整理和分析汉英对照翻译案例,发现《习近平谈治国理政》英译本主要采用映射对等、映射偏移和放弃映射三大翻译策略。具体数据见表 1。

表 1 《习近平谈治国理政》的翻译策略

翻译方法	第一卷		第二卷		第三卷		三卷总计	占三卷总比
	案例数	占比	案例数	占比	案例数	占比		
保留喻体(相同或近似)	63	42.0%	32	45.7%	46	32.2%	141	38.8%
替换喻体(新喻体)	1	0.7%	1	1.4%	2	1.4%	4	1.1%
放弃隐喻(意译和省译)	86	57.3%	37	52.9%	95	66.4%	218	60.1%

1. 映射对等

映射对等,指原文和译文隐喻中的源域向目标域发生对等映射,也就是翻译学家纽马克所提倡的首要比喻翻译策略,即在译文中再现原文意象。映射对等策略三卷占比总计 38.8%。

2. 映射偏移

映射偏移,指原文和译文隐喻中的源域向目标域发生差异映射,即译文根据语言文化差异,使用新的源域,映射相同的目标域,映射关系发生偏移。映射偏移在三卷中的占比都很低,一共 4 例,总计 1.1%。

3. 放弃映射

放弃映射,即在译文中放弃使用隐喻进行映射,进行意译,或直接省略隐喻。意译占多数,少数隐喻因上下文语法需要时进行省译,总计占比 60.1%,位居第一。

从数据上看,《习近平谈治国理政》家庭隐喻翻译意译和省译出现比例较高,但在具体的案

例中发现意译和省译多数发生在重复出现的隐喻中，例如“中华儿女”一词，如上文采用对等隐喻 Chinese sons and daughters，则在重复出现时，因英语不喜重复的行文习惯而不再重复隐喻，译为 all Chinese people，Chinese，the Chinese people 等。由此可见，译者在保留原文的语言、修辞和认知特色的同时，注意采用其他变通的翻译策略，兼顾语言文化差异，提高译文可读性。

三、《习近平谈治国理政》家庭隐喻定性分析

（一）映射对等

在政治话语中，家庭结构隐喻是有温度的语言，容易唤起情感共鸣，增强话语的说服力，达到作者的讲话意图。家庭是社会的基本组成单位，中西方与家庭相关的概念基本相通，因此许多家庭结构隐喻中的表达可以进行直译，使原文和译文取得映射关系的对等。例如：

例 1 我们的同胞无论生活在哪里，身上都有鲜明的中华文化烙印，中华文化是中华儿女共同的精神基因。[3]64

No matter where a Chinese is, he always bears the distinctive brand of the Chinese culture, which is the common heritage of all sons and daughters of China. [4]70

例 2 第一，两岸同胞一家亲，谁也不能割断我们的血脉。[3]237

First, we are one family, and no one can ever cut the veins that connect us. [4]261

例 3 这告诉了世人一个朴素的道理，那就是两岸同胞血浓于水。[3]237

It is a simple truth that blood is thicker than water. [4]261

以上 3 个案例都在译文中保留了原文的结构隐喻，sons and daughters、one family、the veins 和 blood 等，都属于家庭话题中的具体概念，分别用来映射所有中国人、两岸同属一个国家、两岸人民的同种关系和亲情，使得译文取得与原文对等的情感色彩，再现了习近平饱含深情、亲切感人的话语风格。

例 4 几千年来，和平融入了中华民族的血脉中，刻进了中国人民的基因里。[5]545

For several millennia, peace has been in the blood of us Chinese and a part of our DNA. [6]597

例 5 两岸同胞是一家人，两岸的事是两岸同胞的家里事，当然也应该由家里人商量着办。[2]406

We people on both sides of the Taiwan Straits are of one family. Issues between our two sides are domestic affairs, and it is therefore natural that they should be discussed and resolved by family members. [7]472

例 4 使用血脉和基因的隐喻来说明和平是中国人的内在追求，崇尚“以和为贵”，彰显中国维护世界和平的决心，破除“中国威胁论”。例 5“家里人”映射“包括台湾人在内的中国人”，“家里事”映射“台湾问题”，牢牢把握了两岸统一的话语权，表明不容许外部势力干涉的立场。两例都在译文中保留原文的隐喻，增强说服力，实现作者讲话意图。

例 6 人类命运共同体，顾名思义，就是每个民族、每个国家的前途命运都紧紧联系在一起，应该风雨同舟，荣辱与共，努力把我们生于斯、长于斯的这个星球建成一个和睦的大家庭，把世界各国人民对美好生活的向往变成现实。[2]433

As the term suggests, a global community of shared future means that the future of each and every nation and country is interlocked. We are in the same boat, and we should stick together, share weal and woe, endeavor to build this planet of ours into a single harmonious family, and turn people's longing for a better life into reality. [7]503

人类命运共同体已经成为深入人心的理念，是中国特色话语的重要组成部分，例6的译文使用了西方读者熟悉的community来翻译，使用single修饰family，强调各国人民是一家人，与原文取得映射对等，有利于该理念的传播和接受。

例7 对历史留给台湾同胞的伤痛，我们感同身受，因为这是中华儿女心头共同的创伤。[3]238

We identify with our compatriots in Taiwan in terms of their historical trauma, for it is a shared trauma of all sons and daughters of the Chinese nation. [4]262

此例中的胞本义指胎盘，同胞即同父母所生之人，这里喻指同一个国家的人，英语中没有隐喻喻体完全对等词汇，因此使用了相近的compatriot进行翻译，该词的词根com指共同，patr、pater指父亲，即有共同的父亲的人，与同胞的隐喻关系近似，表达了对台湾人民的浓厚感情。

(二)映射偏移

由于语言和文化差异，有时候直译原文源域很可能导致映射关系错乱，或直译所映射的目标域不符合上下文语境，造成译文逻辑和语义混乱时，译文须根据原文的目标域，兼顾目的语的表达习惯，使用新的源域进行映射。

例8 很多风俗习惯、村规民约等具有深厚的优秀传统文化基因，至今仍然发挥着重要作用。[2]260

Many customs and rules have deep cultural roots and still play an important role. [7]305

例9 中非关系的根基和血脉在人民，中非关系发展应该更多面向人民。[3]308

Our two peoples form the foundation and lifeline of China-Africa relations. Therefore, the growth of our relations should be more people-oriented. [4]339

例10 同人民风雨同舟、血脉相通、生死与共，是中国共产党和红军取得长征胜利的根本保证，也是我们战胜一切困难和风险的根本保证。[5]52

Ultimately, the Long March succeeded because the CPC and the Red Army stood together with the people, maintained a close bond with the people, and shared weal and woe with the people[6]54

根据上下文，例8中的文化基因，喻指的是文化的根源，若直接翻译为deep cultural genes，则导致译文逻辑不通，使用植物隐喻表达roots，虽然映射关系偏移，但是取得与原文对等的表现力。例9的血脉指的是人民是中非大家庭的生命力，例10的血脉喻指人民与共产党的鱼水亲情，分别使用了lifeline和bond来替代血脉的意象。

(三)放弃映射

第一种情况，在目的语中无法找到目标域相同的可替代源域，且直译的话容易导致读者无法理解译文时，译者往往选择放弃使用隐喻，把目标域直接翻译出来。

例11 光荣传统不能丢，丢了就丢了魂；红色基因不能变，变了就变了质。[5]183

We must never cast aside this tradition, which gives us our soul; neither should we change our nature as a true Communist Party. [6]200

上例中的“红色基因”喻指红军的革命传统以及共产党的优秀品质,需要代代传承,由于直译容易引发误会,且英语中没有对等的隐喻表达,译文采用了意译的方法。

第二种情况,汉语喜用重复来提升语势,而英语追求表达丰富变化,同一事物在同一篇文章中多次出现时往往用不同的词汇来表达,有时还会省略前文重复的词汇,例如:

值此新年之,我代表祖国大陆人民,向广大台湾同胞致以诚挚的问候和衷心的福!……70 年来,我们顺应两岸同胞共同愿望,推动打破两岸隔绝状态,实现全面直接双向“三通”,开启两岸同胞大交流大交往大合作局面……[2]403—404

As a new year begins, on behalf of the people on the mainland, I extend sincere greetings and best wishes to our fellow Chinese in Taiwan... Over the past 70 years, responding to the longing of people on both sides of the Taiwan Straits, we have ended the estrangement between the two sides. We have achieved overall direct two-way “three links” and have initiated substantial exchanges, communication, and cooperation between the two sides... [7]468—469

第一个同胞意译为 our fellow Chinese,第二个同胞使用 people 替换,第三个同胞应用了省译法,符合英文的写作习惯,避免重复,提高译文的可读性。

结语

《习近平谈治国理政》家庭隐喻对中国特色话语体系的建构起到了重要作用,家庭隐喻翻译研究对中国特色话语外译研究带来重要参考价值。本文通过语料库定量分析和案例定性分析相结合的方法,发现《习近平谈治国理政》在翻译家庭概念隐喻时,采用了映射对等、映射偏移和放弃映射三种翻译策略,其中,以映射对等为主,以忠实原文为首要特点,体现了“以我为主、融通中外”的基本翻译原则,为未来学者进行相关翻译实践和研究提供了有益借鉴。

参考文献

[1]Lakoff, G., Johnson, M. *Metaphors We Live By*[M]. Chicago and London: The University of Chicago Press, 2003.

[2]习近平. 习近平谈治国理政第三卷 [M]. 北京:外文出版社,2020.

[3]习近平. 习近平谈治国理政 [M]. 北京:外文出版社,2014.

[4]Xi, Jinping. *The Governance of China I*[M]. Beijing: Foreign Languages Press Co. Ltd, 2020.

[5]习近平. 习近平谈治国理政第二卷 [M]. 北京:外文出版社,2017.

[6]Xi, Jinping *The Governance of China II*[M]. Beijing: Foreign Languages Press Co. Ltd, 2020.

[7]Xi, Jinping. *The Governance of China III*[M]. Beijing: Foreign Languages Press Co. Ltd, 2020.

《博雅中文高级飞翔篇Ⅰ》近义词辨析模块在教学中的应用与处理

黄　琦

摘　要:在国际中文教育中,近义词易为学习者所混淆误用。对外中文教材作为教学的重要支撑,其近义词辨析设计的合理性、实用性对教师教学及学生学习都具有重要的影响。本文对《博雅中文高级飞翔篇Ⅰ》中近义词辨析的内容在教学中的应用情况进行分析,了解教学者对教材相关设计的处理情况,总结教学案例,以期为完善中文的中高级近义词教学积累更多经验。

关键词:博雅中文;近义词;教学;应用;处理

一、引言

近义词教学是国际中文教育中的重点和难点。随着中文学习的深入,留学生将接触到越来越多的近义词辨析内容。相关的辨析教学是否准确到位,决定着留学生能否顺利使用它们进行有效交际。教材是留学生中文学习的重要工具,教师在教学中对教材的应用及处理,也会影响学生的学习效果。本文对广西外国语学院国际教育学院教师使用《博雅中文高级飞翔篇Ⅰ》教学以来的教材应用与处理情况进行汇总分析,探究能使教材更好服务于教学并帮助学生达成交际目的的途径。

二、教材近义词辨析的设置情况

《博雅中文高级飞翔篇Ⅰ》是博雅中文系列教材第二版中的第七册书,适合具有中级中文水平的学习者使用。该书共十课内容,每课所辨析的近义词数为三至八组,每组辨析中有一词为当课生词。全册近义词辨析总数为 49 组,其中 45 组为两个近义词间的对比,4 组为三个近义词间的对比。辨析的近义词均为双音节词,除第四课的“原因/缘故”和第六课的“踌躇/犹豫”两组外,其余各组均为同素近义词间的对比分析。

该册教材的近义词辨析分为两个模块。每组辨析的第一模块“牛刀小试”由四至五道填空题构成;第二模块“答疑解惑”包括“语义辨析”及“用法”两部分内容,每部分配有文字说明及例句;另外,部分近义词在最后还有对它们的语用区别进行说明的“语体辨析”。

三、教学中对教材的应用与处理

广西外国语学院国际教育学院的教师在使用《博雅中文高级飞翔篇Ⅰ》对留学生进行近义词辨析教学时,根据教学经验及学生反馈,对其中的部分内容设计进行了调整,以下为相关应用与处理案例的汇总分析。

(一)对第一模块“牛刀小试”的处理

教材中每组辨析第一模块的“牛刀小试”填空题是供学习者在正式进行近义词辨析前试做的内容。教师在教学实践中发现,每课辨析三至八组,每组辨析四至五题,试做题量较大;而同一课中各组近义词试做题目的答题难度大小不同,遇到难度较大的词语辨析,学生的答题正确率普遍偏低,如果一组辨析中的错题比例接近或超过 50%,学生还会产生较大的畏难情绪,出现对高阶近义词学习的抵触或无力感。因此,以帮助学生调整学习情绪同时提高学习效率为目标,授课教师试对该部分练习进行了一些调整。

1. 难易分流

教师预先将每课的几组近义词按辨析难易度分流。以第一课的六组近义词为例,其中组词“得意/满意”“烦恼/苦恼”“提示/提醒”的词义差异较明显,辨析难度较低,布置学生在课前预习时自主完成;另外的“深刻/深邃”“忧郁/忧愁” “嘲笑/讥笑”辨析有一定难度,鼓励学生在预习后尝试作答,但不强制完成,可待教师授课讲解后再答题。

2. 变换形式

书中该模块的练习题量较大,内容丰富,同时课后近义词练习的题量较小,因此教师将该模块的部分习题内容改为其他练习形式,如单项选择题、连词成句题、修改病句题等,分几次在授课和复习阶段再对学生进行辨析能力考查,提高相关近义词的复现次数,通过巩固练习加强记忆。

同时,借助现代教育技术,以期给学生更直观的学习反馈和指导。以选择题为例,课前,教师将题目录入在线答题系统;课上,学生通过手机进行作答,在完成后系统实时生成答题情况的数据统计图。学生能通过图表更清晰、直观了解自己及班级同学在每组辨析中的答题正误情况,对词语辨析难度大的内容引起更多注意;教师也能根据答题数据筛选出该班学生的易错知识点,并在讲授和复习过程中更有针对性地进行解答和操练。

(二)对第二模块“答疑解惑”的处理

在使用教材该模块进行教学时,授课教师所做的教材处理包括增加近义词间的差异说明,修改部分例句的内容呈现方式等,具体调整如下。

1. 增加近义词间使用频率差异的辨析

本册教材的近义词辨析中,某些词虽具有同一释义,但在实际生活中,它们的使用频率有高低的不同。以第三课“随意/随便”为例,书中提到二者在几个语义中可以共用,并展示以下例句:

(1) 周末是去香山还是颐和园,随你的便(意)。

(2) 今天的活动很丰富,请诸位随便(随意)吧。

(3) 东西不要随意/随便乱放。

在国人的日常会话中,“随意/随便”是否同频使用,可尝试选择一个方法进行核对。因为中文语料库语料来源的特性,其中某一词条的语句数量的大小通常可以体现这一词语在日常生活中实际使用频率的高低。

例句(1)的两个近义词搭配,在北京大学中国语言学研究中心的 CCL(Center for Chinese Linguistics PKU)语料库中进行检索,“随你的便”出现的对应词条数为 100 条,“随你的意”为 11 条;在北京语言大学语言智能研究院的 BCC(Beijing Language and Culture University Chinese Corpus)中文语料库中前者的词条数为328条,后者为49条。

例句(2)中的两个近义词搭配,“诸位随意”在CCL语料库和BCC中文语料库中词条数均为0,“诸位随便”均为3。

例句(3)中“随意乱放”在CCL语料库和BCC中文语料库中词条数分别为1和13,“随便乱放”的词条数分别为8和21。另与之相关的搭配“随意摆放”的词条数分别为6和47,“随便放”的词条数分别为63和320。

通过查询,例句(1)中“随你的便”相较于“随你的意”,语句数量有较为明显的优势;例句(2)(3)中的近义词搭配的出现频率都较低。这与国际教育学院教师们作为中文母语者的语感是一致的,即普遍认为日常表达中更偏向于使用“随你的便”而非“随你的意”;“诸位”作为书面语日常搭配“随意/随便”使用的频率较低;“随便放”比“随意乱放”“随便乱放”的使用频率更高。

教师可以将相关查询结果形成统计表格向留学生呈现,如表1,帮助他们更直观地对近义词组的日常使用频率差异进行进一步的了解及区分。

表1　　教材“随意/随便”相关短语的实际使用频率

实际使用频率较高词组	随你的便	随便放	
实际使用频率较低词组	随你的意	随便乱放	随意乱放

另外,教师也可指导学生自主使用各中文语料库,输入存疑或好奇的近义词搭配,通过对各词语词条数的统计来大致了解它们实际使用频率高低。在检索后也可与中文教师或其他中国朋友核对所得词条数所反映的使用频率的准确性,以第七课的“险峻/险恶”为例,学生的统计情况如表2所示,通过自行对比以及与教师的核对,对辨析中提到的“山势险峻/险恶”的实际使用情况有了进一步的了解。

表2　　教材中“山势险峻/险恶”在CCL语料库/BCC中文语料库中的词条数量统计

搭配	山势险峻	山势险恶
词频	50/66	3/8

2. 删减使用频率较低的例句

教材中列举的部分例句在实际生活中的使用频率较低,这些句子在例句和练习题中出现,可能会增加学习者的记忆负担,影响他们在日常交际中词语的合理选用。例如:

(1) 我们队只有一个专业运动员,力量孤单,很难战胜对手。

(2) 一位老者突发疾病,情况险恶。

(3) 那位姑娘病情险恶。

(4) 我觉得他对我的感情是虚伪的。

(5) 我讨厌你们这种虚假的态度。

(6) 跟那家公司做生意有很多实惠的条件。

(7)实惠的待遇是每个找工作的人都会考虑的。

教师同样通过中文语料库的数据查询方法,带领学生了解该类句子使用频率较低的情况。

以本部分前三个例句为例，词条出现次数统计结果如表 3 所示，教师通常告知学生可删去相关例句内容，减轻理解及记忆量，避免因生僻内容而增加的学习负担。

表 3　例句(1)－(3)中划线词语搭配在 CCL 语料库/BCC 中文语料库中的词条数量统计

搭配	力量孤单	情况险恶	病情险恶
词频	1/1	2/3	2/13

3. 补充突出近义词差异的语境

教材中的部分近义词在提到某一意义“二者皆可”并给出例句时，未展示两个近义词在语义程度上的区别。以第五课的“失望/绝望”为例，辨析中的前两个例句为：

(1) 看到儿子不听劝告，一意孤行，母亲真的失望(绝望)了。

(2) 已经找了一天了，所有想到的地方都去过了，都没有找到自己丢失的东西，小王感到非常失望(绝望)。

上述两个例句未突出两个词语间的语义程度差异，教师对上述两个例句进行了补充调整，分列为四个有各自具体语境的句子，为学生呈现“失望/绝望”二者的进一步差异：

(1)看到儿子不听劝告，一意孤行，母亲很失望，很生气，她焦急地哭了起来。

(2)看到儿子不听劝告，一意孤行，母亲很绝望，她甚至想到了自杀，她觉得自己已经失去了这个儿子。

(3) 已经找了一天了，所有想到的地方都去过了，都没有找到自己丢失的新手机，小王感到非常失望。

(4) 已经找了一天了，所有想到的地方都去过了，都没有找到他为女儿治病筹集的救命钱，小王感到非常绝望。

4. 调整内容呈现次序

在教材第九课对“漂泊/漂流”的辨析中，展示了以下两个例句。

(1)由于战争的缘故，老李一家在异乡漂泊(漂流)了好多年。

(2)他们的渔船在茫茫大海上漂泊(漂流)了三天，终于得救了。

在生活中，表示例句(1)中“因生活所迫而四处奔走时”较少使用“漂流”；而“漂流”常作为“顺着江河而下的探险”的专指，对于例句(2)中处于困境等待救援的渔船，这一使用不够恰当。但课本对于二者的语义及用法的区别在后文另外三个例句时才做了说明，这样的呈现顺序容易使学习者对词语的使用产生误读或混乱。因此，教师对该部分内容进行了以下调整：预习时，先向学生指出将此节的前两个例句出现位置移动至下文对近义词语义及用法的相关说明后，引导学生在了解两个词语区别的基础上，再综合阅读五个例句对它们进行理解；同时，按上文提到的“使用频率”原则，删去句中在实际交际中极少使用的词语“异乡漂流”等搭配。

此外，关于内容呈现，课本中的两类内容还可进行“汇总”处理。

第一类是书中存在的部分互相关联的近义词辨析，它们分散在不同的课文中进行了各自辨析，如“怪异/奇怪”和“古怪/奇怪”分别在第四课和第六课进行了解读，第九课对“恐慌/惊慌”“恐慌/恐怖”也是分开的辨析。将这些分散的内容进行串联或合并，可以使学生更好地进行延伸对比和学习补充。

第二类是教材中存在部分近义词辨析的篇幅较大，或近义词解说内容在两个词语间跳转较为频繁的情况。教师可带领学生通过绘制表格的方式进行内容梳理与汇总，以第四课的“怪异/奇怪”辨析为例，两个词语间的辨析跳转较为频繁，可利用表格进行整合，将两个词语分列两队，再以词性区分二者作形容词(adj.)和名词(n.)时的不同来对二者进行对比呈现，补充相应例句，如表4所示，从而使差异更简明、直观地展现出来，易于学生查看及理解。

表3 **“怪异”“奇怪”辨析**

怪异 (书面语常用)	奇怪 (书面语、口语都常用)
1.“异乎寻常”(形容词)adj.	
·语义更重，多作定语： (1)洞里发出了怪异的声音。 (2)他的脑子里怎么会冒出这种怪异的想法？	·用法较自由，可做定语、状语等成分： (1)洞里发出了奇怪的声音。 (2)奇怪，表怎么又停了？ (3)真奇怪，他们至今还全然不知。 (4)我奇怪地问道：“他俩为什么分手了？ ·可以重叠为“奇奇怪怪”： (5)世界上存在着很多奇奇怪怪的现象。
2.“奇异反常的现象”(名词)n. ·常用搭配：怪异丛生 最近这一地区怪异丛生，大家都很紧张。	

《博雅中文》系列教材经过多年的使用与修订已较为成熟完善。处于教学一线的对外中文教师，在分析教材的基础上，通过引入中文语料库、在线答题系统等资源作为教学支持，结合教学与生活实际对其中的部分内容进行调整，希望上述对教材内容的“再加工”案例能为继续完善相关近义词辨析教学积累经验。

参考文献

[1]陈洋洋. 对外中文教材中近义词语辨析的考察[D]. 南京：南京大学，2015.
[2]甘枝燕.《登攀中级中文教程》近义词的处理考察研究[D]. 南宁：广西民族大学，2016.
[3]李立冬. 对外中文教学中的近义词辨析[D]. 石家庄：河北大学，2007.
[4]梁艳丽. 对外中文教材近义词处理考察分析[D]. 长春：吉林大学，2012.
[5]刘缙. 对外中文近义词教学漫谈[J]. 语言文字应用，1997(1).

谈新时代背景下IT资讯科技与国际汉语教学

——以香港国际学校多媒体+语言教学设计为例

李　玥

摘　要:随着新时代IT资讯科技的蓬勃发展,现代电化教学方法应运而生,其中多媒体教学因其灵活、直观的特点,被大规模应用于语言教学中。但多媒体教学很容易受到教师素养的影响,往往使其应用流于表面形式,并且依然未能解决学生语言能力的培养和即时评估反馈的难题。因此本文从教学实际出发,运用多媒体+教学模式进行教学设计,旨在为新时代网络化教学提供新思路,为一线教师的现代化教学注入新血液,为国际汉语教学的现代化发展进行有益探索。

关键词:国际汉语教学;IT资讯科技;多媒体+语言教学;教学设计

一、多媒体+教学指导下的语言教学

(一)多媒体+教学变革语言教学理念

随着时代的发展,信息化和互联网技术在教学中的应用越来越普及,这也为语言教学增加了新的议题——教学手段如何适应时代发展。传统语言教学以讲授法为核心方法,教师为主导,教材为知识框架,板书为教学手段,虽然具有对教学环境要求低、省时省事的优点,但始终使学生处于被动参与、学习的角色,不利于学生多元化发展和语言能力的增长。随着教学手段的发展,多媒体教学应运而生并逐渐取代了传统教学。多媒体语言教学指的是通过计算机将图像、声音、文本等多种媒体综合运用于语言教学的手段。与传统语言教学相比,多媒体语言教学通过图像、文字等媒体切实解决了教学内容灵活组合、直观表达的问题。但多媒体语言教学受教师素养的影响,易变成"披着多媒体外衣"的教学,实质上仍延续传统语言教学的路子[1],并且依旧未能解决教学过程中学生语言能力培养和即时诊断评估的难题,因此对于多媒体语言教学的短板,笔者提倡采取多媒体+语言教学,即在内容上将语言教学分成语音、字词、语法三个模块,根据每一个模块自身的教学特点,制定相应的解决策略。在教学过程中形成以多媒体课件为讲解内容,其他IT技术为操练、反馈的综合式教学手段。目的是形成以语言内容为核心、技术手段为导向的模式,提升课堂学习效能和变革课堂组织方式。

(二)探究式循环方法建构学习语境

此次教学设计的班级为香港国际学校汉语二语习得班,习得发生在非目的语环境中,人数共有25人。针对学生母语情况,可将成员构成分为三类:大部分是香港本地的小学生,母语以粤语为主,还有少部分以英语、法语为主的欧美小学生和以越南语、马来西亚语为主的东南亚小学生。这些儿童语言习得的相同点在于目前对汉语普通话只掌握了一些简单字词的听说读写技能,属于汉语二语习得的初级水平。该班级课程大纲基于IB PYP阶段(Primary Years

Program)的教学理念,致力于对结构化内容进行有目的的探究,使学生全程积极参与自己的学习。因此本次教学方法和设计基于该课程模式理念,利用学生先验知识探索发现,通过互动式教学及形成性动态跟踪评估,在具体实践环节中提供反思和巩固的机会,并且通过具体情境支持学生对周围世界进行概念驱动式探究及意义的建构[2],从而获得相应的知识与能力,因而选取这样的班级进行二语教学设计具有典型意义。传统语言教学以讲授法、听说法、直接法为主要教学法,忽视了学生的主体作用,忽略趣味性[3],因此针对学生特点和 PYP 阶段的学习要求,笔者借鉴"Inquiry Cycle"(探究式学习循环方法)设计教学。这种方法实质上是探究式和自主驱式教学法的综合,目的是从教师和学生两个角度出发,教师以任务的形式引导学生思考和开展实际训练,最终达到师生移情,使得共同的教学目标得以实现[4]。在操作步骤上,分六步开展:第一步,接触课程主题,教师通过问题接入主题引导学生进入课堂语境。第二步,寻找材料,学生通过合作与探究的方式共同完成教学过程。这里鼓励多种途径,譬如借助多媒体影像、图书、网络搜索等。第三步,建立模型,学生小组合作基于选题构建真实语境。第四步,应用新情境,利用构建的情景,完成任务,在此环节中教师会基于学生任务完成度进行诊断评估[5]。第五步,得出结论,学生基于教师的反馈将情景完成的任务深化成系统知识。在这五个学习步骤完成之后,得出的结论会促进学生新选题的开展,成为学生思考的新材料。笔者认为利用探究式学习循环方法可以有效实践以"教师为主导,学生为主体"的教学原则,对 PYP 阶段二语习得的教学进行有效的探索和实践。

(三)语言教学内容模块化

汉语作为二语的教学,一般将语言教学分为三个模块:语音、字词、语法。其中语音教学的最终目的就是同化非母语者的发音及腔调,使中介语的腔调不断向母语者的语音渐进发展,最终用正确的语音说话。为了达到这一目的,汉语普通话语音教学可以分为声韵调的基础性教学以及更高一层的轻重音、语调的教学。前者是保证语音能够发出,后者是为了改善二语习得者的"洋腔洋调",使语音表达更加母语化。所以在语音教学中,必须体现这两个特点。汉语音节中声母、韵母、声调在教学中突出趣味性和模仿练习,以避免学生多次练习失去兴趣的问题[6]。在汉语轻重音、语调的教学部分对一般规律进行说明。汉语的重音规律一般位置比较固定,双音节词一般是后一个字重读,前一个字稍轻,例如:教室、电脑。而三音节及以上的多音节词语或者词组一般重音会落在最后一个音节上[7],例如:多媒体、香港大学。汉语的语调有四种:升调、降调、平调、曲调,而这四种语调位于句末位置,因此可以对比声调发音教学来简化教学难度。为了满足语音教学的特点,我们使用多媒体课件+"熊猫汉语"的教学手段来对语音进行教学。多媒体课件展示分两个部分,语音部分采用"多媒体+ Chinese skill(熊猫汉语)"。Chinese skill 这款软件有发音模仿练习、语音闯关、发音检测三大功能,能够帮助学生练习发音、动态反馈语音能力。需要教师在教学时重点强调语音的轻重音和语调的规律,并通过练习进行积累和巩固。

字词教学的根本目的是讲清现代汉语字词的形音义,帮助学生认读汉字、书写汉字、学习词汇、掌握汉语的书面语;同时,学生在学习字词的过程中,也必然在接触和学习汉语文化,从这点来说,字词教学可以引起多元文化的交际,这是字词教学自然产生的一大效果,无须刻意追求。一个学生掌握汉语字词数量的多少,不但关系到学生的汉语口语水平的高低,而且是学好汉语书面语的关键。在汉字教学中应强调两点,一是汉字的笔顺教学,二是字词教学的情景化。前者是因为学习者在书写时不注意笔画顺序的先后，容易造成汉字无序书写，从而导致汉字形体的不完整，造成笔画和部件的缺损、异位以及结构的松散或者扭曲[8]，将动态的汉字书写过程变成静态的笔画书写。后者强调在字词教学过程中，汉语字词的构形结构、意义特点，将汉字的四大造字原则——象形、指事、会意、形声加以运用[9]。如会意字“休”，在教学时强调“人”和“木”的结合，表示人靠在树旁边休息。在本次教学设计中，笔者使用互动式 PPT 制作笔顺动画及汉字键接图，选取这种方式的原因在于，它不仅能够控制显示速度，便于学生观看具体笔顺书写，还可以调整笔画顺序监测学生对正确笔顺的掌握水平。

语法教学，是汉语口语和书面语表达顺序和形式结构的教学。通过语法教学可以使学生准确地理解与表达，尽量减少口头和书面中的语法毛病。对于 PYP 阶段的学生，笔者认为必须坚持趣味性和简易化的原则，使学生能够通过简单句的教授形成对汉语语法的初步认识和掌握。这里笔者推荐随机教学结合总结性教学的方式。所谓随机教学，是说在学习汉语的初级阶段，汉语语法知识最好是通过课文和练习，进行有针对性的讲授，因课本内容而随机，给予潜移默化的影响。到一定阶段有必要进行带总结性的并有一定针对性的“巩固基础语法”教学，以便让学生把从各课文所附的语法点中学到的语法知识连贯起来，使之系统化[10]。笔者认为多媒体＋语法教学应该突出多样化、趣味性，增加可操作度。因此针对语法教学的特点，推荐使用 Puzzle 电子拼图及 Zeeting 进行句型的操练。此电子拼图也可运用至句型结构的拼猜，比如将本课所学内容制成零散拆分开来的词汇碎片并输入 Puzzle 电子软件。

(四)语言、探究式学习循环、多媒体＋教学三者的关系

在教学逻辑上，语言是教学内容，也是教学依据。探究式学习循环是教学方法和环节，多媒体＋是教学手段，是联系教学方法和教学内容的过程。教学模式上先确定语言教学内容，再采取相应的多媒体应用手段展现。在二者之间通过探究式学习循环来确定教师引导和学生思考的路径体系。多媒体＋语言教学采取项目分类的方式，将语言教学的内容模块化，分为：语音、字词、语法三个部分。每一部分都采取具体的策略去完成教学任务。在教学环节中始终贯穿着探究式学习循环，引导学生完成知识积累和体系建设。三者之间的关系，可以用图 1 表示。

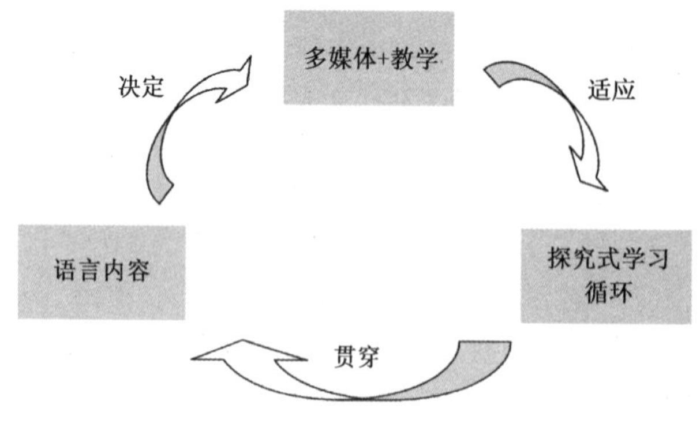

图 1　语言教学内容、方法、手段关系

二、教学设计主体框架

综合前人研究及部分学校的实际考察调研，本次教学设计将基于 PYP 阶段学生认知思维及心理特点，以国际汉语二语教材获奖作品《颜色》(现已应用至越南某国际学校)为例，设计教学内容，并以香港某国际学校二年级学生为教学对象进行教学。本次设计在实际教学中达到了预期效果，希望为一线多媒体教学提供参考。下面就教学步骤进行具体说明(见图 2)。

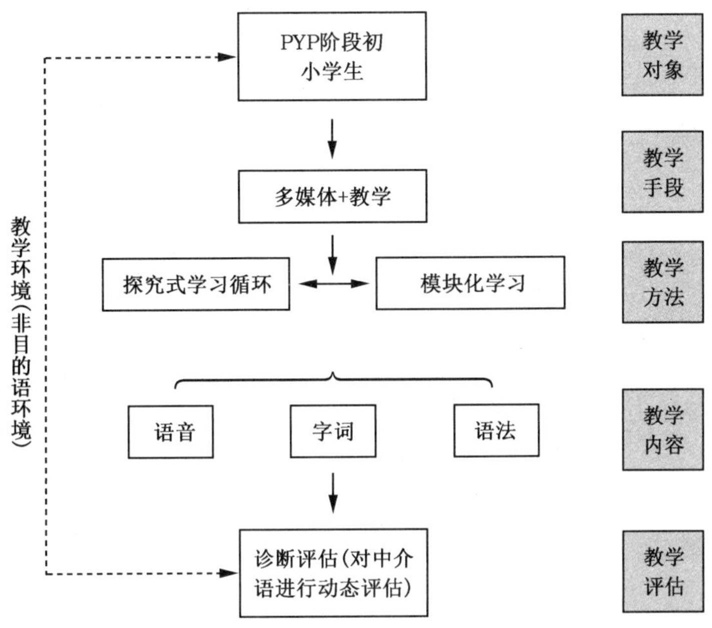

图 2　教学设计主体框架

(一)教学内容

国际汉语教学主要分为三个部分：语音、汉字 & 词汇、语法。通用工具采用常用的 PPT，加入动态元素增强教学效果，我们简称“互动式投影片”或用“Focusky(动画式 PPT)”(见图 3)进行各环节间的串联。下面对教学内容及其使用工具展开介绍。

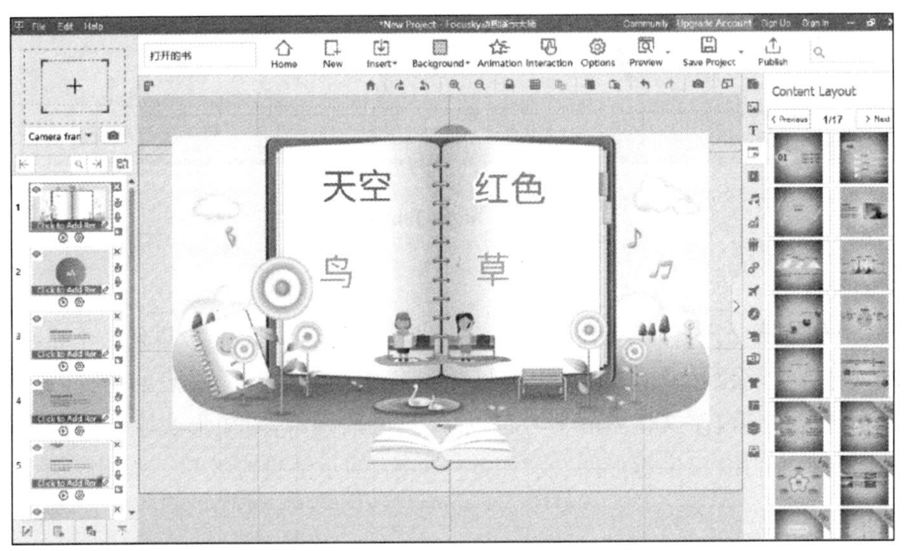

图 3　Focusky

1. 语音教学

基于语言(特别是第二语言)习得的最佳方式是提供真实语境,倡导“沉浸式”的学习环境,利用软件 Chinese skill(熊猫汉语)(见图 4)进行基本语音、声调及轻重音、语调的操练。通过童诗朗读录音、语音视频等方式带入课文,结合 Story Jumper①(见图 5)电子绘本实现图文结合,练习听说技能。

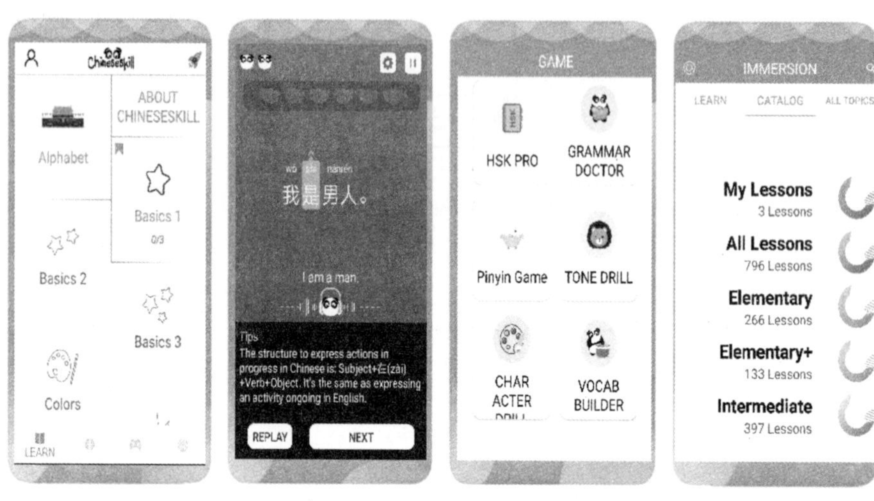

图 4　Chinese skill

图 5　Story Jumper

2. 字词教学

对于汉语作为第二语言的学习者而言,汉字书写无疑是一个难点,也是教学重点。实际教学观摩中,初小学生将汉字认为是图画,通过“画字”学习汉字的现象屡见不鲜。特别是东南亚、香港部分地区处于汉字文化圈的学习者,加入自己的理解,对象形文字习得速度较快。这点我们本次设计中利用“汉字键接图”及“图片—文字”演示法进行教学。然而汉语中绝大多数

① https://www.storyjumper.com.

的汉字并非象形，而是形声字，特别本次《颜色》的词汇教学部分，诸如“草”“红”等形声字居多，且要熟悉笔顺与结构，因而配合课前制作好的多媒体 PPT——汉字笔顺动画（见图 6）进行播放演示，让学生进行跟写认读。此外，词语教学部分利用图示（包括动态图片）法展示“彩虹”、“国旗”及“红绿灯”等事物，引导学生说出颜色名称，如附件三（红绿灯）。

图 6　汉字笔顺动画

此处考虑到各笔顺的可拆分性，没有直接运用网络文库资源中现有的笔顺动画，而是自制笔画可调整顺序与间隔速度，可同样运用至学生的课后练习中，比如判断笔顺的正误等。

习字练习部分采用香港教育大学网站纵横资讯科技语文发展中心日前提供的“纵横习字簿”①，以描红的方式进行打印，引导学生课后进行书写练习。与其他网站资源的描红本相比较，习字簿可手动生成，结合“王献之字体”可选择不同字体进行书写练习。

3. 语法句型教学

运用电子句型卡进行句型结构操练，在教学过程中贯穿以学生为中心、精讲多练的原则，分“听、说、读、写”四项技能练习句式结构及语言点，保证学生在知识学习和运用上达到较好的效果。

运用 Puzzle 电子拼图（见图 7）及 Zeeting 进行句型及图片的操练。此处电子拼图也可运用至句型结构的拼猜，比如将本课所学内容制成零散拆分开来的词汇碎片并输入 Puzzle 电子软件，进行拼贴组合，之后整句操练（见图 8）。“这是什么颜色？这是××。”“你喜欢什么颜色？我喜欢××色。”

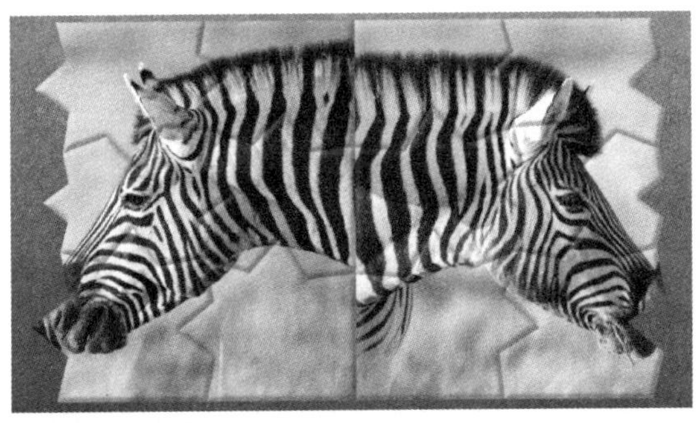

图 7　Puzzle

① https://ckc.eduhk.hk/ckccopybook/lang=sc.

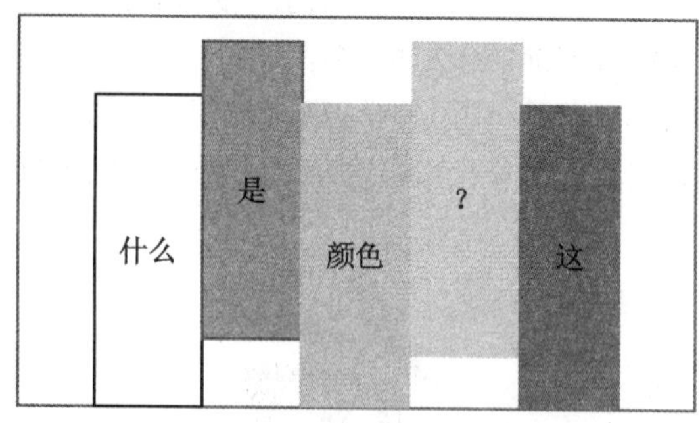

图 8 "这是什么颜色?"语序搭桥

(二)互动形式

互动是课堂教学必不可少的环节，本次设计将句型操练、抽签提问、小组活动有机结合，合理分配至语音、字词、语法三方面的教学中，以互动式投影片贯穿始终：例如 Voki(有声动画)(见图 9)、Lucky Draw(幸运转盘)(见图 10)、Story Jumper(故事图册)等。

具体环节：首先利用 Voki 软件播放卡通动画，设计动画人物"会说话的青蛙"贯穿始终，结合圣诞老人、黑白色的斑点狗复习之前所学颜色词汇，引出句子的形式结构，之后通过幸运转盘抽签，邀请同学分角色操练句型，熟悉其功能用法，衔接并导入新课，结合 Story Jumper 电子故事图册引导学生运用至典型语境。

图 9 Voli

图 10 互动式提问转盘

(三)诊断评估

教学进行阶段，利用 Kahoot[①] 工具对本课已学习的课堂知识进行游戏检测。由于学生年龄较小，应兼顾其活泼好动的特点，讲练结合，增加趣味性，教师宣布规则并引导进行答题即可。语音教学，学生朗读语言点并通过熊猫汉语录音检测自己的发音、语调的正确性，教师可以根据结论进行针对纠正。字词教学的操练部分，利用"电子打分表"进行小组汉字书写评比，检测字形书写及笔顺是否正确。组间评判，针对初小学生心理年龄特点，实行奖励机制，激发学习动机。此处由于课堂教学即时使用，因此需教师手动输入得分。如有技术可能，课后作业

① https://kahoot.it.

可开发电子工具自动录入并生成得分系统，节省人力及时间成本。

教学完成之后，基于任务布置作业，操练语法点：由于学生均为国际生，拥有不同的母语背景，此处设计让学生用所学句型描述自己国家的国旗颜色，画出本国的国旗并录制视频向听众讲解，并上传至 Dropbox 平台（见图 11）。同时配合班级电子墙 Padlet 写下想法，互动交流。该平台以“面壁”的形式，给师生、生生搭建“电子桥梁”上传文件、相互评价，在具体教学过程中，特别是作业评估方面具有很强的适用性。

图 11　Dropbox

三、设计理念与意义探究

本次设计基于探究式学习循环方法、精讲多练等教育学及心理学的理论方法，下面针对设计思路及背后蕴含的理念进行探讨与评析。

正如苏格拉底所言：“教育不是灌输而是点燃火焰。”多媒体＋语言教学为语言教学锦上添花，改灌输型的固定模式为互动式趣味教学，起到增润的效果。本次设计旨在多媒体＋教学模式下针对 PYP 阶段语言教学的特点，为一线教师的汉语教学提供教学模式及实践层面的参考，促进国际汉语教学事业的进一步发展。具体而言，有以下三方面的探索：

（一）利用 IT 科技实行现代化教学，学习材料多元性

加入童诗、聆听材料、教材绘本等，代替原有纸质绘本、图示法、单一音频等内容，丰富课堂教学内容和形式，增加趣味性。

（二）以学生为中心，提供真实教学语境

课程设计以学生为主体，教师从旁指导，发挥学习自主性。目前倡导的翻转课堂、教师—学生互动式教学即蕴含这一思想理念。语言习得的最佳方式是提供真实语境，教学设计带入情景，创设语境[8]。

（三）循序渐进，根据认知心理学要求，差异化教学

语音、字词、语法等教学内容环环相扣，以卡通人物贯穿始终，这符合初小学生生理（年龄、智力）及心理（认知风格、接受程度、性格）特点。因此，可以穿插多样化的活动（单人、双人、小组等）。

本节设计体现了汉语教学听、说、读、写四大模块的内容，分四教节完成教学。前两节以听说为主，后两节则侧重读写，并加入汉字笔顺练习。汉字部分书写较为困难，因此对学生而言显得枯燥。本节利用 Kahoot 偏旁部首搭配，利用抢答比赛形式增加汉字教学的趣味性，从形

式上转变原有的单一练习模式，将小组合作模式贯穿教学始终，课后作业上传 Dropbox 便于同学间的互评。

通过教学设计发现，教学难度适当，符合初小学习者认知思维能力，搭配生动有趣的多媒体电子课堂，使得教学内容兼顾趣味性和知识性，相比传统教学以基础概念及语言诵读为核心、教师讲解贯穿始终的思想，多媒体＋语言教学调动了师生合作，使教学形式更灵活且注重实用，更利于培养学习者的发散思维能力，提升言语及非言语技能（言语思维能力）。因课堂中通过个人输出、集体讨论及打分等形式，挖掘了学生的潜能，充分调动了学习者的主动性和创造性，教学成效也相对显著。由于国际学校的 IB 语言教学涉及多元文化和思维，教师更应鼓励学生创造性思维，建立国际视野，全方位、多角度地看待问题。

探究式学习循环及小组合作的教学思路重在引导，而非灌输，契合 IB 全面育人、培养学生创造性思维能力的目标，加入多媒体工具的目的是明确活动内容、便于引导，重在“驱动”而非枯燥地“接受”概念，因此基于以上理念，学生有自由的空间进行探究思考。语言教学的探究环节中，小组合作能够集思广益、博采众长，并尊重个体差异，不设置固定的套路，很少有一成不变的答案，这也与 IB 培养勤于思考、勇于尝试的学习者相契合。通过探究，实现概念整合、形成价值观念，这时的思维观念是学生自主形成而非教师灌输的，因而更具有价值。

此外，结合 IB 评估方式，本教学设计采取形成性评价，利用基于任务的评测手段，分阶段小组测评，其后对整个探究学习过程进行评估，促使学生“自主学习”，对学习行为和能力发展有动态的监控。从 PYP 阶段就培养学生全面思考、乐于探究的能力，鼓励多听说多练习，检测完成也实行奖励措施，更易于激发语言学习积极性。

四、结语

随着现代化教学手段的逐步发展、成熟，现代语言文字教学与传统意义上黑板白字的教学已大有不同。作为语言教师应与时俱进，推陈出新，运用现代化科技手段丰富、完善自己的教学内容。本文拟通过多媒体＋教学框架，阐释一种新的教学模式，即以多媒体＋为教学手段贯穿教学过程，形成以探究式学习循环方法、多媒体＋教学手段、语言内容同步开展的教学模式，用以更新 PYP 阶段的语言教学。在教学过程中贯彻以“教师为主导，学生为主体”的教学理念。着眼目前国际汉语教学发展趋势及大环境，形成“IT 科技素养、语言教学能力、语言教学理念”三位一体的教学体系。最后，回到本次教学设计的初衷：以 IT 科技促进中文教学及语言文化发展，多媒体使语言知识薪火相传。

参考文献

[1]孟臻. 反思多媒体外语教学[J]. 外语界，2006(06)：9－15＋45.

[2]王怡意，孙铭明. PYP 课程概念驱动教学对小学科学概念教学的启示[J]. 中小学教材教学，2017(11)：67－70.

[3]孟国. 趣味性原则在对外汉语教学中的作用和地位[J]. 语言教学与研究，2005(06)：58－64.

[4]蒋宇，尚俊杰，庄绍勇. 游戏化探究学习模式的设计与应用研究[J]. 中国电化教育，2011，292(05)：84－91.

[5]陈霞. 教学与评价一体化的课堂教学模式探析——以 PYP 的课堂教学为例[J]. 外国中小学教育，2012，229(01)：47－50＋46.

[6]杨惠元.听力训练理论研究的回顾与展望[J].世界汉语教学,1997,(02):82—85.

[7]鲁健骥.对外汉语语音教学几个基本问题的再认识[J].大理学院学报,2010,9(05):1—4.

[8]罗艳琳,王磊峰,李秀军等.笔顺与笔画数对汉字构成过程的影响[J].心理科学,2010,33(03):584—587.

[9]朱志平.汉字构形学说与对外汉字教学[J].语言教学与研究,2002(04):35—41.

[10]陆俭明."对外汉语教学"中的语法教学[J].语言教学与研究,2000(03):1—8.

[11]廖传风.语境与语境教学法[J].外语界,2000(04):33—37.

赴印尼留学生跨文化适应研究

——以广西高校印尼语专业学生为例

言银燕

摘　要:随着广西与印尼在教育间合作越来越密切,留学生在对象国的跨文化适应情况成为非常值得关注的问题。文章以广西高校赴印尼留学的学生为研究对象,通过问卷调查和访谈调查的方法进行研究,研究留学生在印尼的社会、心理、学习、文化等方面的适应情况,结果表明大部分留学生跨文化适应情况较好,但性别、留学时长、是否进行过文化体验等方面存在不少差异,分析影响跨文化适应的因素及产生差异的原因,为专业进一步完善人才培养方案提供相关建议。

关键词:跨文化适应;印尼;中国留学生

一、前言

全球化的趋势使国与国之间政治、经济、文化甚至于教育间的交流越来越密切,同时在"一带一路"倡议下,以及中国东盟自由贸易区建立下,赴东南亚留学的学生将会成为广西高等教育中一支颇具特色且越来越重要的队伍。赴东南亚留学的队伍中,赴印尼留学的学生越来越多。

留学生到印尼之后,其所处的环境、文化、生活方式、学习方式都发生很大的变化,会面临语言、文化、学习方式和生活方式等方面的差异所带来的跨文化适应的难题。而学生在异国适应的状况直接关系到留学学习效果,也关系到两个国家间的教育交流与合作,因此留学生在对象国的跨文化适应问题渐渐受到关注。

二、跨文化适应理论

"跨文化适应"最早是在1880年美国学者Powell提出"濡化"的这一概念,即两个或者两个以上不同文化体系由于持续接触和影响而造成的文化变迁。人类学家Redfield、Linton、Herkovits(1936)认为跨文化是由个体组成,具有两种不同文化的群体在连续接触的过程中所导致两种文化模式的变化,这种变化既可以是单向的变化,也可能是双向的变化。

"一个人初次进入一文化环境后出现的种种心理上、生理上的不适应,是由于失去了自己熟悉的社会交往信号或符号,对于对方的社会符号不熟悉而在心理上产生的深度焦虑,是一种具有独特征兆和医治方法的病态反应",奥伯格将这称为"文化休克",并根据跨文化适应者的生理和心理感受将跨文化适应分成蜜月期、危机期、恢复期和适应期四个阶段。科格特和辛格还提出了文化距离假说,即旅居者的文化与东道国的文化距离越大,越容易产生不理解、误解,其跨文化适应就越困难,反之亦然。

三、调查对象和研究方法

(一)调查对象

广西印尼语专业最早于2005年在广西民族大学开设,至今培养了300多名毕业生;此后广西民族大学相思湖学院、广西民族大学国际教育学院、广西外国语学院相继开设印尼语专业,至今培养了近800多名毕业生。在培养模式上均与印尼高校合作,系统培养,即"3+1"培养的模式,三年在国内学习,一年在国外学习。主要的合作学校有印尼巴查查兰大学、印尼阿赫玛达兰大学、印尼建国大学等学校。

本研究以广西高校印尼语专业赴印尼留学的学生作为研究对象,调查学生在印尼的跨文化适应情况,分析影响跨文化适应的因素。

(二)研究方法

论文采用定量研究和定性研究相结合的方法进行研究,即调查问卷和访谈相结合。问卷采取5级评分法,总结归纳留学生在印尼的社会适应、心理适应、学习适应和文化适应的情况。问卷调查可能因为被问卷者有意无意地掩盖真实的情况,单一定量研究难以反映留学生全面的情况。因此本研究对10人进行了访谈,进一步挖掘跨文化适应情况和影响因素。

四、跨文化适应情况调查结果分析

(一)调查对象的基本信息

本研究以广西高校印尼语专业赴印尼留学学生为研究对象,共发放147份问卷,其中有效问卷142份。本研究所调查对象均是在大三学年赴印尼留学,问卷的第一部分是人口统计学信息,具体包括性别、年龄、留学时长、是否去过印尼、是否参加过印尼文化体验活动、是否奖学金项目出国、生活消费等情况,数据结果显示学生年龄均在18至23岁之间,其中男生21人,女生121人。调查对象的籍贯地广西区居多,多达103人,占比72%,其余也是南方省份居多。

调查数据结果显示大部分学生的留学时长为一年和两年,经过了解出现六个月和三个月的留学时长是因为受新冠疫情影响,学生被迫中断留学。13%的学生曾通过暑期夏令营或旅游去过印尼,64%学生参加过印尼文化体验。广西部分高校如广西民族大学、广西外国语学院为了提前加强学生对印尼的了解,积极推动学生参加印尼巴查查兰暑期夏令营项目,在夏令营项目活动中可以与印尼人交流、体验印尼文化,如观看印尼留学生表演节目、品尝印尼美食等,但该项目还没有机制化。总的来说,学生在出国前对印尼文化大都没有亲身体验,这使得他们出国后遭遇跨文化障碍成为一种必然。

在出国费用方面,16%的学生获得印尼政府Darmahasiswa奖学金或合作学校奖学金。印尼政府Darmahasiswa奖学金是印尼政府面向全世界的奖学金。获得该项目奖学金的学生学费全免,每个月还有一定的生活补助,同时在印尼学习期间,学校会组织不少文化体验的活动。

(二)问卷分析

赴印尼留学生跨文化适应情况分析主要包括社会适应情况分析、心理适应情况分析、学习适应情况分析、文化适应情况分析。

1. 社会适应情况分析

社会适应量表设置了 20 个小项目，将社会文化适应的 20 个小项目按 A1－A20 排序。用 SPSS 软件分析，并以平均值按高到低排序绘制图表(详见图 1)。

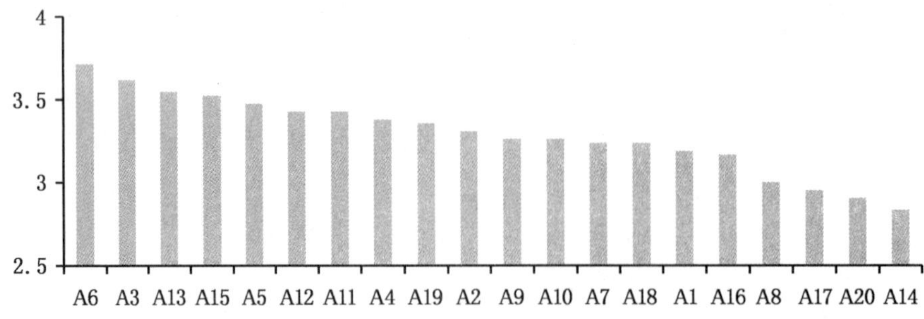

图 1 赴印尼留学生社会文化适应情况结果分析

从图 1 看出，赴印尼留学生在印尼社会文化适应总体情况良好。A1－A20 各项目的平均值均在 2.8 以上，因此学生在社会文化适应方面所遇到的困难不大，能够通过自身努力去克服。A8(对校内外处理学习、行政方面问题的适应)、A17(对校内外医院和药房服务的适应)、A20(与学校管理人员交流的适应)、A14(对当地人卫生习惯的适应)的平均值在 3 以下 2 以上，相对而言，留学生在这几个项目上的适应存在较大困难，主要是表现在合作学校部分机构的沟通适应方面。

印尼大学基本不提供宿舍供学生住宿，学生需要在学校周边租房子住，但印尼合作学校教师在通知临时调课或者其他相关事宜时比较迟缓，大多数学生已经在教室等许久，才收到通知临时取消课程，这方面与国内非常不一样；另外由于东南亚国家工作节奏较慢，有些事情处理也比较慢，甚至有时需要中国老师帮忙催促。

2. 心理适应情况分析

心理适应量表由心理健康和生活满意度两个部分的组成，下设 17 个项目，将项目按 B1－B17 排序。用 SPSS 软件分析，并以平均值按高到低排序绘制图表(图 2、图 3)。

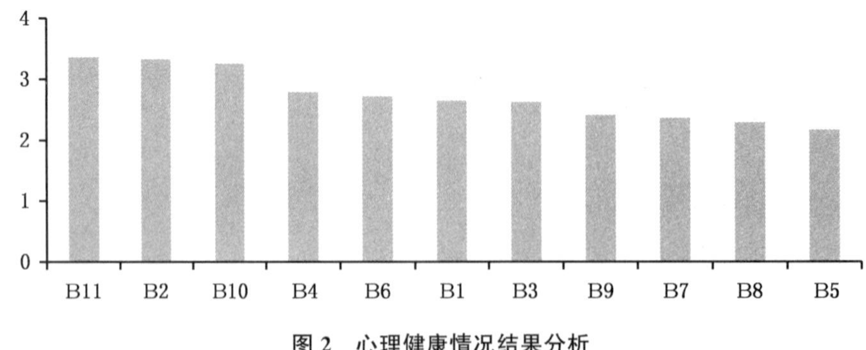

图 2 心理健康情况结果分析

心理健康状况问卷问题采取的是负面描述的方式来表达，平均值数值越高，表明心理健康状况越差，反之越好。从图 2 中表明，B11(你觉得自己没有以前自信，对未来充满忧虑)、B2(你时常为自己的健康担忧)、B10(我经常感觉到孤独，想念家人)这三项的平均值大于 3，主要

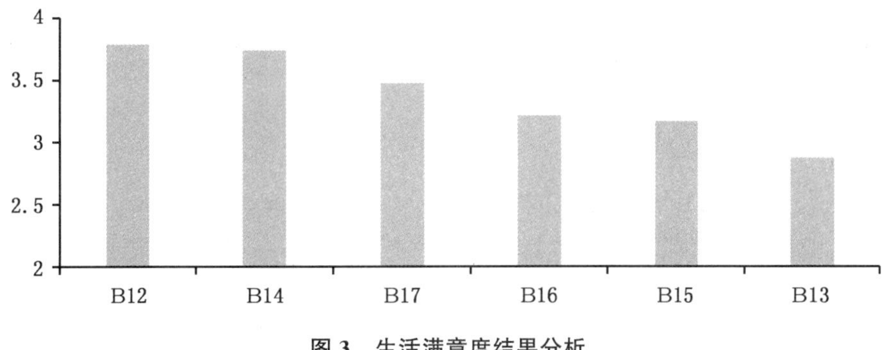

图 3 生活满意度结果分析

集中体现在对未来的忧虑和个人情绪方面的焦虑。学生在出国前进行两年的印尼语专业学习，但是部分同学专业基础不扎实，语言水平较低的同学在学习和心理方面的压力较大，个人情绪起伏较大。

生活满意度调查问卷采取的是正向描述，分值越高说明生活满意度越高。从图 3 可以看出，除了 B13“印尼的留学生活很接近你原本想象的留学生活”之外，其余 5 个项目的平均值均大于 3，表明学生对自己在印尼生活满意度总体上比较高，绝大多数人认为“待在印尼是令人开心的事情”(B14)，也考虑过“毕业后，如果有机会愿意到印尼工作”(B17)。

3. 学习适应情况分析

调查研究对象学习适应情况有 10 个项目，将项目按 C1—C10 排序。用 SPSS 软件分析，绘制如下图表(详见图 4)。

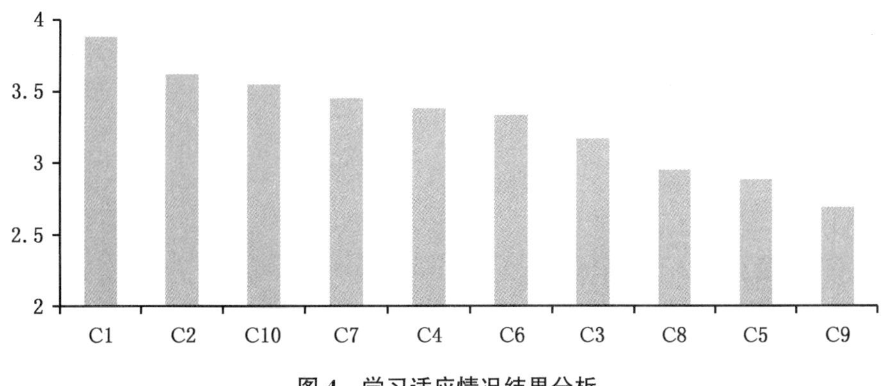

图 4 学习适应情况结果分析

学习适应情况问卷问题采取的是正向的描述方式，平均值数值越高，表明学生适应情况越好，反之越差。从图中可以看出学生学习适应情况各项目平均值均在 2.5 以上，表明学习适应情况良好。相对而言，C8(与印尼教师交流和请教问题)、C5(去图书馆)和 C9(观看印尼电视节目)这三个项目上的适应中遇到了困难。这三个项目属于学生个体对媒体、印尼教师交流方面大体倾向比较被动。结合深度访谈发现，只有少部分语言水平较高或者本身性格比较外向的同学更主动在课后与教师、印尼学生交流，从电媒上获取信息，参加学校组织的活动，对学习产生正向影响。而较被动的同学会在语言学习上进步较慢，学习压力会越来越大。

4. 文化适应情况分析

调查研究对象跨文化适应情况方面有 12 个项目，将项目按 D1—D12 排序。用 SPSS 软件分析，并以平均值按高到低排序，绘制如下图表(详见图 5)。

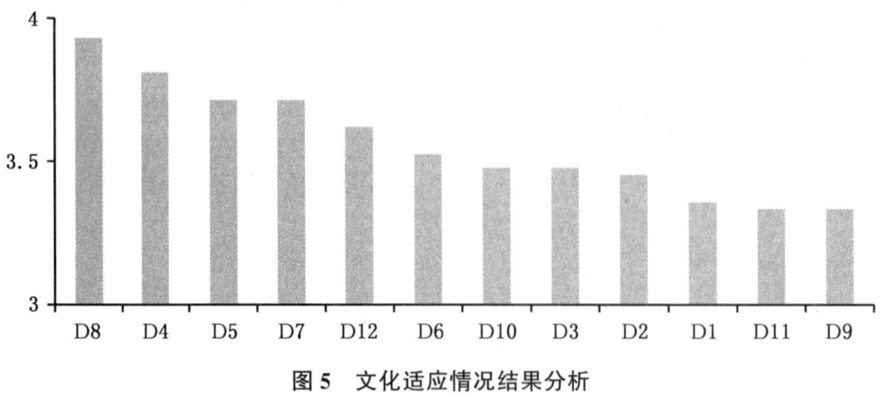

图 5　文化适应情况结果分析

文化适应情况问卷问题采取的是正向的描述方式，平均值数值越高，表明学生适应情况越好，反之越差。从图 5 看，各个项目均值均在 3.5 上下波动，表明学生在这些项目上适应情况比较好，相对而言在 D1(你积极参加印尼节日的庆祝活动)、D11(你了解印尼的宗教礼仪)、D9(你了解印尼的风俗习惯、文学和文化常识)这三个项目上稍微差一点。

(三)跨文化适应差异分析

由于赴印尼留学的学生的性别、留学时长、是否到过印尼的因素不同，在跨文化适应中也存在一定的差异。

1. 性别与学历(见图 6、图 7)

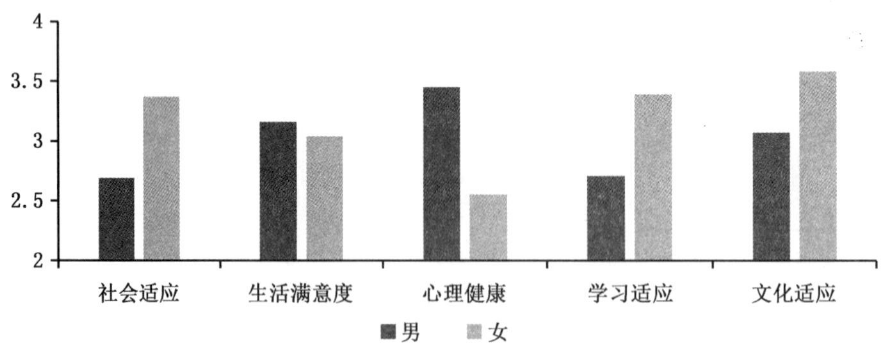

图 6　性别对跨文化差异影响

从性别方面来看，女生在社会适应、学习能力适应、文化适应方面均比男生好，而在生活满意度适应方面则比男生要差，而在心理健康方面的差异尤其显著，因为心理健康量表采取的是负向描述，数据表明女生在心理健康适应要比男生好。据访谈情况，在出国前女生语言水平普遍略高于男生，对印尼的文化知识面较为广博，到印尼之后很快就适应了印尼生活。受访的两个男生表示，印尼房东更倾向于租房给女生住，同时在问卷中的“印尼住房条件适应”这个项目上 21 个男生，有 7 个男生表示适应非常困难，2 个男生表示困难较小，12 个男生表示困难一般。

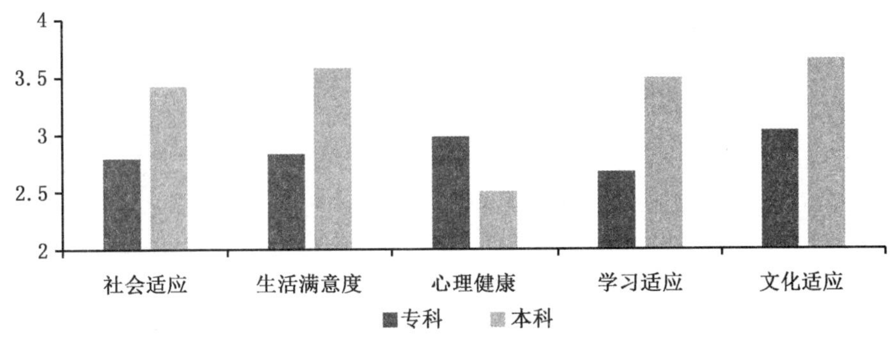

图 7　学历对跨文化差异影响

从图 7 中可以看出，专科学历和本科学历在跨文化适应上有所差异，本科生在社会适应、生活满意度、学习适应、文化适应几个项目的均值均大于 3，而专科生只在文化适应项目均值大于 3，其余均小于 3，心理健康方面专科生适应比本科生适应差一点。学历不同，跨文化适应情况也存在差异，结合本校人才培养方案和专业教育情况看，专科生主要倾向语言基础培养，相较本科而言，在文化、社会、宗教信仰、民族风俗等方面的介绍较为薄弱。

2. 留学时长

从图 8 可以看出，随着留学时长不同，学生在社会适应、生活满意度、心理健康、学习能力适应和文化适应方面情况也不同，每一个项目适应情况都有一个趋势，符合跨文化适应 U 曲线理论，在刚刚接触印尼文化初期，带着新奇和热情，跨文化适应困难较小，随着留学时长变长，经历了印尼文化生活的“蜜月期”之后，受文化障碍的影响，适应困难逐渐变大。在本次调查中一年留学期适应困难最大处于 U 形曲线的底部，两年留学期学生克服了文化障碍逐渐适应。

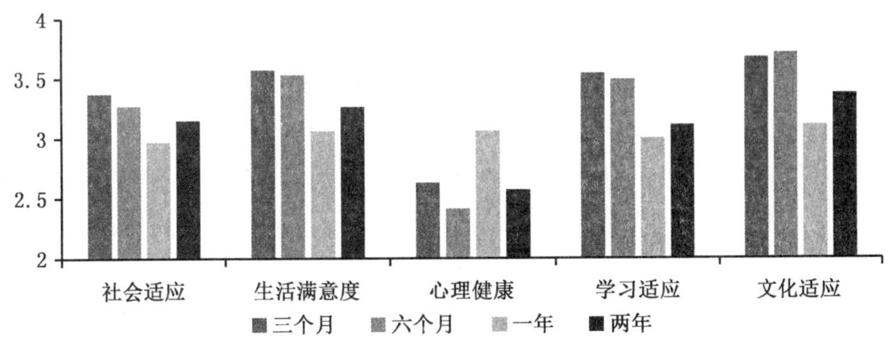

图 8　留学时长对跨文化适应的影响

3. 留学前是否去过印尼

调查对象大部分人不曾去过印尼，小部分同学通过暑期夏令营或者旅游的方式在出国之前去过印尼。这些同学和没有去过印尼的同学对比，在社会适应、生活满意度、心理健康、学习能力、文化等方面的适应情况比较好。图 9 显示能够提前进行文化体验确实在跨文化适应中有一定的优势，但印尼巴查查兰暑期夏令营项目还没有机制化。那么在学习专业培养教育中，尽量营造印尼文化氛围也是一个非常必要的教学活动。

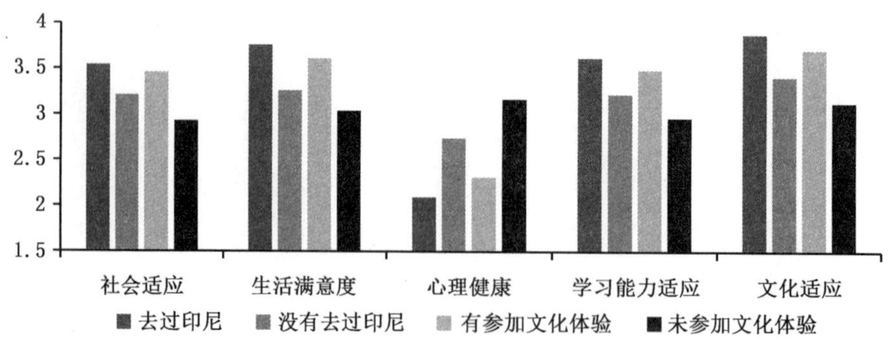

图 9 是否去过印尼或参加文化体验对跨文化适应差异

五、跨文化访谈结果分析

为了进一步了解留学生在印尼的适应情况和出现跨文化困难及差异的原因，本研究对 10 位研究对象有选择进行访谈，从而有助于更深层次地分析留学生在国外生活、学习、心理以及交际方面的跨文化适应情况。

关于社会适应方面，受访者表示由于气候、饮食方式的不同而较难适应，但一个月后几乎大部分人都能适应印尼的生活。而受访的两个男生则表示在生活方面较难适应的是印尼的住宿问题，因为房东倾向于将房子租给女生，他们较难租到合适的房子。有位女生受访者表示在印尼有些房东只愿意将房子租给女生，而且介意租客的男性朋友来访。由于曾有过被房东提示不允许下次再有男性中国朋友来访的经历，导致她在一段时间内有点害怕房东，怕不知道什么时候触犯了禁忌。

关于学习方面，大部分学生适应良好，能适应教师上课的方式，听懂课程内容，都能跟上教师的上课进度。受访者也表示若印尼语或英语语言水平较高在学习适应方面困难较小，相较于本科生，专科生在学习适应方面存在较大问题，主要是因为出国前印尼语语言水平略差，且自主学习能力也不强，导致在学习适应方面存在一定困难。

关于心理适应方面，受访者均适应良好，突出问题是男生心理适应较差，受访者表示到印尼刚开始较难适应的是住宿，语言水平较女生略差，独居在较远的地方，因此适应出现了问题。

关于文化适应方面，印尼是多民族、多宗教多元文化国家，它受到印度文化、伊斯兰文化、中国文化和西方文化的影响。相比于越南、韩国，印尼并不属于汉文化圈，印尼与中国的文化距离并不小，学生到印尼的跨文化适应困难也不小。

六、建议

随着专业的发展，今后赴印尼留学的学生会越来越多，而他们在印尼的跨文化适应也是值得关注和重视的问题。在专业教育教学上也需要结合目前跨文化适应存在的问题，调整教育教学方式，促进学生的跨文化适应能力，使他们更好地适应印尼学习生活环境。

（一）开设跨文化交际课程

在此次问卷调查中发现留学生缺乏系统的跨文化交际相关的知识。在专业课程设计方面，目前大一大二所开设的课程中，如“印尼概况”“东南亚历史与文化”等课程是有针对性地对两国的文化、社会、宗教信仰、民族风俗等方面相同地方的介绍，但在跨文化知识理论、跨文化障碍、跨文化适应的策略上的教授相对较少。因此有必要开设跨文化交际课程，系统地学习跨文化知识，提高学生对本国优秀文化的认同，增强文化自信，同时加深对印尼文化的认识、理解、包容与尊重。

如出国前没有系统性学习跨文化知识，也可以开设针对性的培训或讲座等，例如给即将要留学的学生讲解什么是跨文化、两国文化的差异性以及可能遇到的文化冲突和解决方案。同时应该建议合作学校开设跨文化交际课程介绍印尼文化习俗、宗教信仰、思维方式等方面的知识。留学前开展新老生留学交流会，已经留学回来的学生介绍所留学印尼学校概况、课程及教师教授方式、生活方式以及在异国学习生活适应的经验。

（二）鼓励学生参加文化体验活动

鼓励学生参加由印尼驻广州领事馆和印尼在华留学生组织在南宁举办的“印尼文化之夜”活动。通过参加活动与印尼人相处、交流，感受印尼文化，适应印尼的文化和思维方式等，有利于学生提前体验到印尼文化、与印尼人交流方式等，同样也有利于印尼来华留学生适应在广西的生活和学习。暑期夏令营虽然因为疫情中断，但目前也有一些线上的活动，鼓励积极参加文化体验活动，也有利于学生增进对印尼的了解。

（三）强化语言表达能力训练

一是加强印尼语口语训练，二是重视英语能力的提高以弥补印尼语低年级表达能力弱的缺憾。在访谈阶段中，大部分受访者在给学弟学妹建议这一项中表示在出国前要好好学习印尼语和英语，倘若印尼语不能表达清楚可用英语代替，这也源于印尼风景优美，接待外国游客较多，英语在印尼使用率还是较高的。同时通过问卷和访谈，语言表达能力较好的同学在学习和社会适应方面困难较小，语言水平不够就无法与老师、当地学生进行有效沟通，无法真正融入印尼的学习生活中去，因此在专业教学教育中应当注重培养英语语言表达能力。

参考文献

[1]陈国明.跨文化适应理论构建[J]学术研究，2012(1)：130－138.

[2]陈慧，车宏生.跨文化适应影响研究述评[J].心理科学进展，2003，11(6)：704－710.

[3]刘莉莎.中国海外留学生跨文化适应研究[D].辽宁：辽宁师范大学，2005.

[4]李钰梅.汉语志愿者返乡文化休克现象个案研究[J].汉字文化，2020：72－73.

[5]时秀美.文化距离对跨国公司进入模式影响的研究综述[J].跨文化管理，2015：115－120.

存在主义心理咨询视角下民办高校新生学业焦虑的成因及对策

陆源龙

摘　要：学业焦虑是大学生中普遍存在的心理问题之一。作为刚入大学的新生，面对新环境和新生活，各种原因造成的不适应难免会使人产生困惑、迷茫和无所适从的感觉。有研究表明：适当水平的焦虑可以增强学习效果，但过度焦虑会对学习起不良作用。存在主义心理咨询能够帮助人们处理无意义感和恐惧感，给人以勇气去面对不断变化的社会，使人能够真实地生活。本文将通过分析民办高校新生学业焦虑的成因，结合存在主义心理咨询的理论假设，阐述其对缓解大一新生学业焦虑的对策。

关键词：存在主义心理咨询；民办高校；学业焦虑

一、存在主义心理咨询的基本假设

存在主义心理咨询与治疗源于哲学，它产生于人类试图去理解生活和克服逆境的过程中。存在主义心理疗法，包括此在分析、意义治疗，以及美国和英国流派的存在主义疗法，每种疗法都将自己特有的思想融合到存在主义哲学和现象学中，提供了基于精神健康主流医疗模式可靠的替代疗法。存在主义心理咨询与治疗认为，每个人都面临着一些普遍条件，而人与人之间的差异就在于选择如何对这些问题作出反应。

存在主义心理咨询为咨询师和来访者提供了机会，去发现来访者选择表达他们个体性的方式。这包括澄清他们的世界观、价值观和信念，以及对世界、遇到的人和事件所选择的态度。对这些立场的阐释，可以让来访者自由地思考这种存在、思维、感受和行为方式是否真的能够帮助他们更好地活出自己的价值，活出意义，活出他们通过选择并主动参与其中的生活。

存在主义心理咨询关注到的是人们对生命和生活的看法，其最核心的理念是明确生存的意义。一个人对待生活的态度和实际采取的行动能否一致很重要。人们需要建立一个稳定的信念系统，并通过这个系统来反映生活，整合经验。

因此，存在主义心理咨询与治疗的第一个理论假设是，来访者虽然无法独立解决某些心理困惑，但敢于面对自我，愿意与咨询师分享人生体验和成长过程。其次，第二个理论假设，即适应与变通是人与生俱来的能力。个体行为会受到周围环境的影响。世界在不断地变化，能够变通并灵活应对才能适者生存。再次，第三个假设即个体不仅能决定自己人生的方向，还能根据具体情况决定采取何种应对方式。

近十年来，国内也有一些研究讨论了存在主义心理咨询技术对当代社会的启发意义以及在高校心理健康工作中的应用。吕伟红论述了存在主义治疗取向对高校心理咨询的启示，认为这种咨询辅导关系会增强来访学生的责任意识和能力。王鹤晴分析了存在的三大命题以及实务技术，并与精神分析、人本主义、行为主义等流派进行对比分析。康积勤、郭若虹论述了存在主义团体心理辅导在大学生中的应用，发现经由团体辅导，大学生的空虚感和无意义感下降了很多，团体成员的自信心有所增加，最终能主动投入学习和生活中去。李湘晖论述了存在主义心理咨询与治疗对大学生发展危机的启示，认为存在主义疗法不仅对处于发展危机的极端学生有用，而且对于任何遇到发展问题的学生都会有很大的帮助，是高校学生教育工作中值得推行的有效工作方法；此外，李湘晖还阐述了解决大学生网络成瘾的存在主义疗法。可见，存在主义心理咨询与治疗对高校心理健康工作有很大的帮助，同样也能对解决新生学业焦虑问题有所启示。

二、民办高校大一新生学业焦虑的成因

存在主义中的“生存焦虑”就指出，选择会让人产生疑虑和不确定性心理。很多学生都希望一开始就能够做出所谓“正确”的选择，如果自己的选择最终没有达成目的，那么这个选择就是“不正确”的。但是究竟怎样的选择才能让人走向“正确”的道路呢？在现实生活中，人们必须亲身经历并承担一定的风险之后，才能最终发现所谓“正确的”道路，这也是青年大学生成长成熟的必经之路。但是在寻找“正确的”道路的过程中，没有固定的规则和模式让人遵守或者参考，没有人能保证自己一定可以实现目标。人的存在本身就是不确定的。到底什么才是正确的道路，当大学生发现即使完全按照父母或老师的建议去生活和学习，仍然不能得到自己想要的东西时就会陷入迷茫和焦虑。很多大学生虽然有自己的想法，但却没有十足的把握。

英国存在主义心理咨询师德意珍指出：在现实生活中，人们之所以会焦虑不安，在很大程度上是因为对自己所处的生活境遇有不自觉的担忧，为了排解不安，人们常采用两种应对方式。一种是消极应对——这种方式常见的表现形式是自杀，或逐步疏离主流社会。第二种人们排解焦虑情绪的常见方式是接受生活。现实生活中的焦虑大多是在人们积极参与和体验生活的过程中产生的。选择和责任是一切烦恼的根源。如果人们在生活中不需要做出选择或承担任何责任，也就不会产生焦虑和不安。对大学生来说，他们所处的人生阶段要求他们需要逐步地学会选择以及承担责任，因此焦虑和不安不可避免地就会产生。

对于民办高校新生来说，他们对自己的学业之所以产生焦虑，主要是面临以下几个问题：

首先，对很多民办高校的大学生来说，不够理想的高考分数使得个人在选择学校方面产生了很大的限制，民办高校成了很多人不得已的选择。在一些人的观念中，上公办大学才是所谓的“正确的”道路。只有走“正确的”道路，未来才会多一分确定性，才能令人安心。在这样的情况下，进入民办大学的新生一开始就会或多或少地产生一定的挫败感。当认为自己无法选择能够进入公办大学，只能选择是否进入民办大学时，对于一些学生来说就会产生一种失控感。失控的人生让人焦虑。因此相对于公办学校的大学生来说，民办高校的学生更容易自我贬低，认为会因为学校的原因而被别人轻视，想要获得周围人的认可却总觉得别人不会认可自己，总是感觉受到他人的鄙夷而陷入自我贬低的状态，进而在学业方面焦虑不安，甚至自暴自弃。

其次，当认为在民办大学就读让自己处处不满意的情况下，有些学生对身边的同学可能就会有这两种看法。一是认为其他同学和自己一样都是上不了公办大学的失败者，每天都是过着自暴自弃无心学习的生活。总认为自己因为学校的缘故失去了学习的动力，别人也和自己一样。甚至认为他人的这种状态影响了自己本来想要努力奋斗的想法，所以学习不好是别人

和学校的错。二是当看到处在同样环境下的同学在经过自己的长期拼搏后也能取得优异的成绩时,在心理失衡的状态下,不愿意为自己的失败负责,把失败的原因归结为都是学校提供不了自己所需要的学习条件导致的。

不可否认的是,我国民办高校起步晚,发展时间短,和公办高校的办学水平相比确实有一定的差距。但也应该看到的是,随着民办高校自身的发展,不断提升师资水平和教学质量的努力下,很多学校也有着自己的优势和亮点。民办高校并非一无是处,也不是办学质量差的代名词。但对有些同学来说,他们无法容忍自己所在的学校各方面的条件不如公办大学,倾向于把自己的学业挫折归结为都是因为学校太差的缘故,充满了不满和愤怒以及对未来深深的担忧。这样的失控感,常常会让刚进入大学的新生无所适从,找不到排解的方式过度焦虑,进而导致学业上遭遇更大的挫败。

再次,虽然对很多民办高校大学生来说,进入民办高校似乎是一件无法选择的事情,但实际上他们仍然有一定的选择权。无论是上什么大学,人们都可以选择自己的目标或意图,可以选择如何去实现这些目标。和其他学校类似,民办学校的学生有时候学校或者专业的选择也不完全是自己的意愿,大多是家庭和社会的压力,或是录取时被高校调剂。这种情况下就会让很多同学把注意力集中在感到被迫做出选择的无力感,而忽略了进入学校后还有可能做出的其他各种选择。加之这个时期的大学生正处于身心发展的急剧变化之中,身心发育的未成熟,社会阅历的缺乏,心理承受力差,使得当他们处于挫折状态中时,容易惊慌失措,找不到应对问题和解决问题的方法。当有同学认为这一切都是社会、家庭或学校的错,自己无法承担也不愿意承受造成当下结果的责任,强烈地感受到身处不喜欢的学校念着不喜欢的专业而前途无望时,这种周围的一切都让人觉得糟糕至极的想法就会大大增加对学业的焦虑感。

三、缓解大学新生学业焦虑的对策

事实上,民办高校新生对学业产生的焦虑情绪并非完全是消极的。认识到焦虑在最初具有适应性,焦虑感其实可以起到一种提醒的作用,捕捉到并理解自身焦虑发出的信号,是开始正确认识和处理焦虑的关键。适当的焦虑不仅不需要缓解,反而在某种程度上可以激发出人们面对问题,解决问题的动力。德意珍指出就存在主义心理咨询而言,没人能阻止个体的感觉迷失和混乱状态,这个过程需要来访者自我体验,直到他们想清楚了自己到底想要什么。个体必须洞察内心,找到自己真实的想法,才可能找到行动的全部动力。

因此,民办高校的心理辅导老师可以通过以下几种方式引导新生面对并缓解自身的学业焦虑。

(一) 勇敢面对现实,勇于面对自我,明确上大学对人生的意义

面对现实,焦虑感是人们必须面对的人生经历。如果民办大学的新生们毫无疑虑、麻木地生活的话,也许就不会感受到什么焦虑情绪了;而一旦他们清楚自己的选择和可能性,就会激活内心的焦虑感。因此,作为民办高校的心理咨询老师,可以引导同学们认识到自己想要追求生活上的安全、稳定和可靠是正常的。但不论怎么努力,生活确实无法事事都能令人满意。作为大一新生,感觉到自己无法独立地解决遇到的问题,但是与咨询师分享自己人生体验和成长过程,尤其是眼前的困难与产生的焦虑,就是能够面对现实面对自我的一个良好开端。人生本没有意义,但每个人必须为自己的人生确定意义。正如上文所提到的:存在主义心理咨询与治

疗的所有理念中,最核心的理念是明确生存的意义。一个人对待生活的态度和实际采取的行动能够一致是至关重要的。所以,引导同学们意识到虽然生活中充满了各种烦恼和痛苦,充满了各种矛盾和冲突,每天自己可能会面对不同的挑战以及不如意的结果,但即便如此自己仍然有创造生命意义和生活秩序的能力。

(二) 转变认知,灵活地应对面临的问题以及所处的环境

如果没有那么多欲望,如果没有那么多欲求,人就不会有那么多负面的东西。因此针对学业焦虑的学生,可以让他们认识到之所以会焦虑,背后到底是什么引发了自己的担忧、焦虑和不安。之所以会产生这些负面情绪,说明这些同学内在是有一个希望、有一个渴望,有一个想要达到的目标。那么这个目标是什么呢?因此,可以引导学生转变认知,以自己的焦虑情绪为线索,使其看到并挖掘自己到底想要做什么,想要追求什么而产生了这样的情绪。也就是说学生即使无法独立解决某些心理困惑,比如认为自己解决不了自己面对学业的焦虑,但只要敢于面对自我,愿意与咨询师分享人生体验和成长过程,那么在这个过程中,就能逐步发现自身的能力,认识到自己能够决定自己人生的方向,还能根据具体情况决定采取何种应对方式,转变认为自己只能被动适应环境的消极认知。

(三) 找到学习的动力和自信,制定合理的目标和计划

当学生产生焦虑情绪时,许多人都会过于沉浸于反思自己的问题和消极情绪,甚至开始自暴自弃。研究发现,很多失败源自个体缺乏对成功的信念。当大学生认定自己无论怎样努力都不可能成功却又渴望成功时,焦虑也会随之加重。高校的心理辅导教师可以引导大学生了解自己内心真实的想法,帮助学生寻找可以使他们集中注意力的事物,并且开始行动。让学生意识到,即使身处一个令自己十分焦虑的环境,即使当下的专业学习令自己无所适从,注意力的改变是让生活中核心意义变化的关键,有目的的行动能令人产生活力和满足感,从事无意义的行为会令人感到厌倦和无聊。通过令自己集中注意力的事物,结合自身作为民办高校大一新生这一现实情况,在不断地尝试中获得掌控自己生活的感受,从而激发学习的动力获得自信,最终确立新的生活和学习目标后采取果断的行动。

参考文献

[1](英)苏珊·雅克维,(英)卡伦·维克赛尔·迪克逊.存在主义治疗100个关键点与技巧[M].赵然,于丹妮等译.北京:化学工业出版社,2019.

[2](英)德意珍.存在主义心理咨询[M].罗震雷,谭晨译.北京:中国轻工业出版社,2012.

[3]吕伟红.存在主义治疗取向对高校心理咨询的启示[J].学术交流,2011(7).

[4]王鹤晴.存在主义心理治疗浅析[C].北京:2019年南国博览学术研讨会论文集(五),2019.

[5]康积勤,郭若虹.存在主义团体心理辅导在大学生中的应用[J].老区建设,2013(6).

[6]李湘晖.存在主义心理治疗对大学生发展危机的启示[J].学理论·下,2015(2).

[7]李湘晖.存在主义心理学视域下大学生网络成瘾的实质与防范[J].科教导刊旬刊,2015(11).

[8](美)阿尔伯特·埃利斯.控制焦虑[M].李卫娟译.北京:机械工业出版社,2014.

广西区英语专业大学生学业浮力实证研究

——对本科大一新生和“专升本”一年级学生的定量调查

徐宁泉

摘　要：随着二语教学的“积极化转向”，越来越多的国内外学者开始关注外语专业学生学业浮力情况。学业浮力是一种包含多个维度的能力，目前国内二语教学中的学业浮力实证研究还比较少见。本文以广西区民办高校的本科大一新生和“专升本”一年级学生共233人为研究对象，调查了其在学业浮力五个维度上的总体概况及两类学生的差异情况。研究表明：(1)本科大一新生和“专升本”一年级学生在学业浮力的五个维度上，表现较好的都是学术参与维度，其后依次为师生关系、自我效能感和不确定性控制维度，克服焦虑维度最差。(2)本科大一新生和“专升本”一年级学生在自我效能感、师生关系和克服焦虑三个维度上存在统计学上的显著差异。由此提出了教学相关建议，希望对今后英语教学提供有益参考。

关键词：专升本学生；本科大一新生；学业浮力

一、引言

语言学习研究最近开始结合积极心理学的见解，探索积极的品质[1]，二语教学研究也开始“积极化转向”。包括引导学生积极应对外界挑战，培养和提升学生的学业浮力[2]。学业浮力指的是学生成功克服日常学业生活中遇到的困难和挑战的能力，其通常包括数个维度。如学业浮力这一概念提出者 Martin&Marsh(2009)认为学业浮力包含5个维度，亦称为5Cs，即信心(Confidence)、协作(Coordination)、奉献(Commitment)、沉着(Composure)以及控制(Control)[3]。而二语教学中的学业浮力指的是二语习得过程中，支持学习者应对日常语言学习的起伏，坚持不懈、克服挫折的能力[1]。Yun 等(2018)认为，学业浮力包含的维度为自我效能感(Self-Efficacy)、自我调节(Self-Regulation)、坚持(Persistence)、焦虑(Anxiety)及师生关系(Teacher-Student Relationship)。学业浮力的研究目前在国外相对更多，但以二语习得者为研究对象的，目前并不多见。在国外研究中，Yun 等(2018)首次将学业浮力的概念引入二语习得领域[2]，此后，如 Saalh & Kadhim(2020)，Heydarnejad 等(2022) 等也对二语学习者的学业浮力情况进行了实证研究。但目前在国内，还鲜有学者对英语专业学生学业浮力情况开展实证研究。本研究以广西这一少数民族地区英语专业本科大一新生及“专升本”一年级学生为研究对象，探究广西地区英语专业学生的学业浮力情况。旨在丰富该领域研究成果，为后续研究提供有益参考。

二、研究方法

(一)研究问题

研究试图回答以下两个问题:(1)英语专业本科大一新生和“专升本”一年级学生在学业浮力问卷的五个维度上总体概况如何?(2)英语专业本科大一新生和“专升本”一年级学生在学业浮力问卷的五个维度上是否存在显著差异?

(二)研究对象

本研究于 2022 年 10 月调查了广西外国语学院英语专业“专升本”一年级学生与英语专业大一新生共 242 人,回收有效问卷 233 份,有效率 96%。有效问卷中“专升本”一年级学生 118 人,本科大一新生 115 人。“专升本”学生中男生 8 人,女生 110 人;本科大一新生中男生 22 人,女生 93 人。“专升本”一年级学生平均年龄 21.36 岁,本科大一新生年龄平均 18.65 岁。本科大一新生平均学习英语 9.1 年,“专升本”学生平均学习英语 11.71 年。

(三)研究工具及数据收集

1. 调查问卷

研究采用问卷作为研究工具,采用网络问卷的形式发放。结构为“完全不同意”到“完全同意”的李克特五级量表。问卷分为两部分,第一部分调查学生的个人信息,包括年龄、性别、学习英语多少年等。第二部分调查学业浮力情况,分为五个维度,即自我效能感维度(1—10 题),不确定控制维度(11—20 题),学业参与维度(21—30 题),克服焦虑维度(31—40 题),师生关系维度(41—50 题)。问卷是根据 Tristan Piosang 于 2016 年所发布的针对会计专业学生学业浮力问卷(ABS—AS)[4]改编,而 Tristan Piosang 的学业浮力问卷中的五个维度是根据 Martin&Marsh 于 2007 年所提出的学业浮力模型得出。本问卷加入了一些适合英语专业学生的情境描述语,更符合英语专业学生的实际情况。在问卷前测(pilot study)阶段,收集了 58 名学生的答卷,问卷内部一致性信度为 0.883,因子分析 KMO=0.460,Sig. <0.05。在收回全部问卷之后,测量问卷内部一致性信度为 0.914,因子分析 KMO=0.911,Sig. <0.05。问卷质量有保证。

2. 半结构化访谈

本研究针对问卷中出现的数据分析情况,对 6 名已回答问卷的学生[3 名“专升本”一年级学生(S1—S3),三名本科大一新生(S4—S6)]采用半结构化访谈进行数据分析结果的进一步确认。

本研究采用 SPSS 26.0 作为问卷分析工具,采用描述统计、单因素方差分析等统计手段对有效问卷进行分析。

三、结果与讨论

(一)学业浮力总体情况

表 1 是本科大一新生学业浮力情况,包括总体及在五个维度上的具体情况。

表 1 大一新生学业浮力描述统计表

维度	均值	标准差	最大值	最小值	按均值排序
自我效能感	3.735 7	0.719 43	5	1.2	3
不确定性控制	2.763 5	0.874 02	5	1	4
学术参与	4.076 5	0.601 65	5	1.8	1
克服焦虑	2.263 5	0.878 23	5	1	5
师生关系	4.044 3	0.692 59	5	2.4	2
总体	3.376 7	0.525 08	4.90	1.64	

从表 1 不难看出，本科大一新生在学术参与上处于较高水平（M＝4.076 5，SD＝0.601 65），而克服焦虑的水平较低（M＝2.263 5，SD＝0.878 23）。二、三、四均值排序依次为师生关系、自我效能感及不确定性控制。表 2 是“专升本”学生学业浮力情况。

表 2 “专升本”学生学业浮力描述统计表

维度	均值	标准差	最大值	最小值	按均值排序
自我效能感	3.280 5	0.743 55	5	1.8	3
不确定性控制	2.655 9	0.747 71	4.7	1	4
学术参与	3.931 4	0.620 68	5	2.4	1
克服焦虑	2.033 1	0.827 63	3.9	1	5
师生关系	3.578 0	0.784 26	5	1.5	2
总体	3.095 8	0.456 05	4.42	1.74	

表 2 说明，“专升本”学生在学术参与上处于较高水平（M＝3.931 4，SD＝0.620 68），而克服焦虑的水平较低（M＝2.033 1，SD＝0.827 63）。二、三、四均值排序与本科大一新生相同。学术参与维度的问题大多与学生在英语学习中的学习意愿有关。如“我积极参与英语课堂上进行的协作活动。”“我愿意和小组成员一起参加英语课堂活动。”等。从调查结果中可以知道，无论是“专升本”一年级学生还是本科大一新生，都愿意在课堂上积极配合教师完成各项课堂任务，学习意愿较高。从笔者实际教学经验中，不难发现，调查结果与实际情况非常接近，由于课堂表现与学生的期末成绩挂钩，“专升本”一年级学生与本科大一新生在课堂上都基本能够做到积极配合教师完成课堂教学任务，积极踊跃发言，在小组活动中也能够发挥自己的长处。这体现出课程评价标准的合理性。

（二）两种类型学生学业浮力的差异

使用单因方差分析（One－way ANOVA）可知，本科大一新生与“专升本”一年级学生，在自我效能感（F＝22.532，P＜0.05）、师生关系（F＝23.106，P＜0.05）及克服焦虑（F＝23.106，P＜0.05）三个维度上存在统计学上显著差异（见表 3）。

表 3　　二者单因素方差分析表

	F 值	Sig.
自我效能感	22.532	0.000
不确定性控制	1.020	0.313
克服焦虑	4.250	0.040
师生关系	23.106	0.000
学术参与	3.284	0.071

对于英语学习者来说，自我效能感指学习者能否运用自己的能力或技能去完成英语学习任务的自我评价[5]。本研究自我效能感维度上题目围绕学生能否将英语作业、考试、课堂讨论、教师课堂提问等环节学生的自我效能感展开提问，如第一题："我相信如果我付出额外的努力，我能把英语作业做好。"第二题："如果我提前复习，我相信我可以在英语考试中取得好成绩。"对于本科大一新生来说，他们在接受问卷调查时，开始大学生活不到半年时间，对做过的大学英语作业，无论是数量还是难度上，低于"专升本"一年级学生。后者虽然同样是进入本科学习不到半年时间，但其在专科生涯中接触的英语作业数量较多，对英语作业难度有更全面的认识；同理，"专升本"一年级学生在英语考试的难度估计上，相对于本科大一新生，经验更丰富，这可能是二者在该维度上出现显著差异的原因。

焦虑是学习者在外语课堂产生的关于学习的自我知觉、信念、感受和行为的一种情绪[6]，是阻碍有效语言学习的主要因素[7]。本研究中，"专升本"学生和本科大一新生在外语学习中，出现了不同程度的焦虑。本研究中克服焦虑维度的题目中出现较多体现学生外语学习焦虑的描述语，如："每当英语考试来临时，我都会感到紧张""每当我在英语课堂上被提问时，我都会感到紧张""当有很多英语作业时，我很担心""当我发现英语作业困难时，我感到很担心"等。统计时，选项答案经过反向处理，可知"专升本"学生与大一新生在克服学业焦虑的表现上较差（大一新生克服焦虑维度均值为 2.26，"专升本"学生均值为 2.03，见表 1、2）。"专升本"学生在升入本科前，采用专科教学大纲，升入本科后立即纳入本科教学计划中；很多"专升本"学生在英语学习中不同程度地出现语言知识衔接方面的"断层"[8]。知识难度的骤然增加，很可能是导致其容易出现焦虑的原因。

"作业多了，预习任务重了，词汇量有限，预习的时候就会吃力。"(S1)

"难度提升这是肯定的，但也是因为'专升本'同学普遍基础没有直接本科的同学牢固影响的，作业难度也普遍提升了。"(S2)

从对"专升本"学生的访谈中，不难发现从客观来说，作业的难度和量的增加，是他们不适应的一个主要原因。从主观来说，自身单词量不足，基础不牢固，都影响到了他们的学习效率，导致他们出现了一些焦虑情况。

在笔者实际教学中，同样发现，"专升本"学生对于大学生活"前松后紧"的模式，大多感到不适应。除此之外，在他们的意识中，还出现了对于自己学习能力不自信的现象，比如认为"专升本"同学基础能力普遍没有直升本科学生牢固。自信是语言学习成功的第一要素，对英语学习缺乏自信心，会导致英语成绩较差[9]。"专升本"一年级学生受高考成绩影响，认为自身英语能力普遍比不上直升本科学生，于是陷入“恶性循环”，愈发焦虑和不自信，成绩也受到影响。因此，他们学习上的焦虑相对于本科大一新生更加明显，克服焦虑的能力也表现得越来越弱。

“作业如果和高中比起来，其实也还行，但是如果和之前预想的大学生活来比的话，就还是有点多，特别是临近期末考试，每个科目都有不同的作业要完成。”(S5)

“教学方式与高中不太一样，互动表达更多，之前没有太多的互动，加上知识也是一个新台阶，总有点不适应。”(S6)

通过对大一新生的访谈，发现他们主要的焦虑因素来自对高中与大学学习生活差异的不适应。可以看出，相比于“专升本”一年级学生来说，本科大一新生同样面临英语学习方式方法上的不适应。

师生关系会明显影响学生的成功学习进度，包括课程满意度、记忆力、学习方法和成就等因素[10]。由表1、2、3可知，“专升本”学生在面对师生关系的学业浮力相较于本科大一新生更强，并且与本科大一新生存在统计学上的显著差异。该维度上的题目围绕教师与学生在课上和课外的关系展开提问，如：“我非常尊敬我的英语老师”“我和英语老师是课外的好朋友”“我可以和英语老师谈谈我的学业问题”等。“专升本”一年级学生经历了专科三年学习，且有相当一部分有过社会实习经历，因此心理更加成熟，能够更好地处理与各科教师的关系。

“毕竟和老师友好，在学习方面，老师也会相对关注一些吧。”(S3)

“玩得好的老师就跟朋友一样，上课积极性也提高了。”(S1)

从对“专升本”两位学生的访谈中，可以看出，“专升本”学生能够意识到与教师保持良好的关系，能够帮助他们在学习上得到一些额外的支持与帮助。“专升本”学生更注重在与老师的互动中，能够从老师们那里有所得。

“当然有啦，会给予自己一种内在的动力，提高对这门学科的兴趣。”(S4)

“有帮助，如果我和一个老师关系还可以，我就会更认真学习。”(S5)

本科大一新生同样明白师生关系有助于学习，但更多的是从自己的角度出发，主要目的是提升自己对于这门课程的学习兴趣，从而上课更专注，学习兴趣更加浓厚。由此可以看出，“专升本”一年级学生在大学英语学习的经验方面，比本科大一新生丰富。

从笔者实际教学经验中，发现“专升本”学生在教师面前表现得更加开朗活泼，甚至会主动接近教师，课堂上及课后也更愿意与教师互动。而本科大一新生由于还处在大学生活适应阶段，缺乏大学生活经验，相对更加内敛，课堂上也比较“放不开”。以上分析可能是导致二者在学业浮力的师生关系维度上存在显著差异的主要原因。

四、结论与建议

综合以上研究，可得出结论：(1)无论本科大一新生还是“专升本”一年级学生，在学业浮力的五个维度上，表现较好的是学术参与维度，其后依次为师生关系、自我效能感和不确定性控制维度，克服焦虑维度最差。(2)本科大一新生和“专升本”一年级学生在自我效能感、师生关系和克服焦虑三个维度上存在统计学上的显著差异。

综合以上对于“专升本”一年级学生及本科大一新生的分析结果，笔者提出以下建议：

英语教师在平时课堂提问时，应尽量结合学生的实际水平，提出的问题不要过于困难。英语专业教师应在日常教学中营造轻松的学习氛围，降低学生的学习压力，减少学生的英语学习焦虑感。给予本科大一新生更多的关注，大一新生刚进入大学，无论学习还是生活上，都需要一段时间适应，教师无论在课堂教学还是课后作业布置上，都要做到在量上循序渐进，难度逐步提升。帮助大一新生度过艰难的大学生活适应期。关注“专升本”一年级学生的学习状态。进入本科的学习环境，会使大部分“专升本”一年级学生面临知识“断层”，加之新环境适应可能遇到的各种困难，更需要教师在学习上的更多关注与指导。除此之外，英语教师要学会妥善处理与学生的关系，在保持适当距离的情况下，给予学生适度的学习帮助。

参考文献

[1]Yun S, Hiver P, Al-Hoorie A H. Academic Buoyancy: Exploring Learners' Everyday Resilience in the Language Classroom[J]. Studies In Second Language Acquisition, 2018, 40(4): 805—830.

[2]刘宏刚. 学习者学业浮力：二语习得个体差异研究的新议题[J]. 山东外语教学，2022，43(01)：47—55

[3]Martin A J, Marsh H W. Academic Resilience and Academic Buoyancy: Multidimensional and Hierarchical Conceptual Framing of Causes, Correlates and Cognate Constructs[J]. Oxford Review of Education, 2009, 35(3): 353—370.

[4]Piosang T. The Development of Academic Buoyancy Scale for Accounting Students (ABS—AS)[J]. 2016.

[5]董红芸，巩继哲. 大学英语教学中学生自我效能影响因素探析[J]. 北京航空航天大学学报(社会科学版)，2010，23(04)：104—106+110.

[6]杜丽娉. 非英语专业少数民族大学生英语学习焦虑的实证分析[J]. 黑龙江高教研究，2013，31(02)：141—144.

[7]Oxford R L. Anxiety and the Language Learner: New Insights[J]. Affect in Language Learning, 1999, 58(3): 67—91.

[8]卢春艳. 英语学习动机与学习策略的实证研究——对非英语专业“专升本”学生的定量调查[J]. 北京航空航天大学学报(社会科学版)，2010，23(04)：107—110.

[9]王西娅. 情感因素对大学英语教学的影响[J]. 外语教学，2012，33(06)：67—70.

[10]Hagenauer G, Volet S E. Teacher-student Relationship at University: an Important yet Under-researched Field[J]. Oxford Review of Education, 2014, 40(3): 370—388.

基于职业生涯管理的民办高校外语教师教学科研对策与路径研究

唐　媛

摘　要：外语教学科研能力是民办高校外语教师职业生涯管理中的重要参考因素。当前民办高校外语教师在外语教学科研中普遍存在偏重感性、结论前置、缺少交流、方法简单的问题，需要从夯实理论基础、丰富研究方法、创新研究方向、控制研究环境等方面找寻对策，并在特色选题、信息处理和内容创新环节进行路径突破。

关键词：民办高校；外语教师；科研对策

党的二十大报告指出了全面建设社会主义现代化国家的路径，就建设教育强国作出了重要部署。高校教师是建设教育强国，保障教育高质量发展的重要人力资源，贯彻落实党的二十大精神需要打造新时代高质量教师队伍。随着我国高校教师队伍建设的有序发展，高校外语教师如何在职业生涯发展中提升自身外语教学科研水平已然成为高校外语教育界重视的研究内容。民办高校外语教师普遍存在的年纪轻、底子薄、经验少、圈子小的特点使得其在外语教学科研方面存在着偏重感性、结论前置、缺少交流、方法简单等问题。所以，民办高校外语教师需要在夯实理论基础、丰富研究方法、创新研究方向、控制研究环境等方面加大努力，并在特色选题、信息处理和内容创新环节进行路径突破。

民办高校外语教师的外语教学科研既是科研积累更是职业生涯管理。虽然教学科研的重要性日益凸显，但仍有不少教师对科研感到头疼。原因之一就是对科研方法不够了解，研究起来畏首畏尾，甚至有反感的情绪。工作忙，压力大，生活负担重等，都是可以理解的原因。但是，民办高校外语教师必须从事一定的科研，科研能够使教师们在业务上不断进步。当前国家及各省市自治区、各大学常设各类科研课题，甚至有专门为民办高校教师科研设立的专项课题。可是，在这些课题的立项中，外语教师相对其他专业立项者更少，这说明民办高校外语教师科研意识相对薄弱，方法不够系统，输在了科研起跑线上，也给自己的教师职业生涯增加了阻力。

一、民办高校外语教师教学科研的问题

（一）研究过于偏重感性认识

由于不少民办高校外语教师教学科研经历尚浅，导致撰写科研文章时常常用印象和感觉

基金项目：2022 年广西民办教育科学规划课题——广西民办学校外语教师职业生涯管理研究（项目编号：2022MBZX52）。

来展开论述，比如用“我觉得……”“笔者认为……”“多年的教学经验告诉我……”之类的语言撰写科研文章，过度的主观性导致缺乏事实和分析说理不够。我们不能否定外语教学科研中感性认识和经验的作用，但是要警惕先入为主和以偏概全的可能性，感性认识应该是科研的起点而不应是终点，也不能代替科学的结论。[1]

(二)结论前置而实证不足

民办高校外语教师普遍存在工作任务多，科研需求大，科研能力欠缺的问题，这导致部分教师为了尽快出科研成果而缩短研究周期和实证过程的情况。教学科研应该在选定题目后按照既定研究方向进行实证研究，很可能在研究过程中基于实证推翻之前的研究假设，但是一些教师在选定题目之时已经把结论确定，剩下的工作多半是拼命罗列自己结论成立的理由，而对自己前置结论具有挑战性的案例和数据都被人为忽略掉。这样的论证方法是不足以令人信服的，得出的结论也是不周严、不可靠的，偶然性大而普遍性小。也就是说，过早得出结论使得实证容易而不可靠。

(三)缺少与其他研究者的交流

很多教师的科研文章上来就讲作者研究了什么，有什么发现，得出了什么结论，不提之前研究者已经做了何种工作，也不提今后自己应该研究些什么，仿佛研究题目是凭空出现的，是“空前绝后”的，与外界没有任何联系。比如，有的教师这样行文：“我认为，外语学习有三大功能：命令功能、交流功能、指示功能。”这么重要的一个概念划分，不查找文献，不引用权威，不具体论证，直接下定义还要别人理所当然地接受，本身就是一种科研过程中的“鸵鸟行为”。以为你不说别人就会不知道真假和虚实，其实相关研究者一眼就看出你参考了哪位权威作者的论述。所以，写作之前有必要对其他研究者的相关研究做充分了解和交流。

(四)教学科研方法不够系统

民办高校外语教师的教学科研往往存在科研圈子狭小、水平不高、交流不多的问题。这导致很多外语教师的科研方法不够详细和彻底，有时还会出现一些破绽。比如，设计的调查问卷指标过于简单，抽样人数不足，统计分析不规范等。外语教学科研往往基于教学班的日常教学实践，而外语教学班级的专业课教学，尤其是小语种的外语教学常常存在不足 30 人的情况。而按科研惯例，样本数量低于 30 人是需要做 t—检验的。这说明很多教师科研经验不够，科研方法还有待丰富和提高。

(五)研究问题过于简单

由于民办高校外语教师平时教学方向相对固定，教学科研文章写出来多呈现只有单一观点、固定看法、一家一派之言的单维、平面的特征。[2]外语教学过程中遇到的问题往往是复杂的，观察问题的角度也应是多方位的，只有一个绝对正确的答案是不科学的，特别是外语习得和外语教学中的问题，往往涉及政治、经济、文化、情感、习惯等各种因素。研究者应该把相关问题的各种观点呈现出来，加以分析比较，最后综合提出自己的看法。这样的观点才是有根据、有推导、有论证的，这样的文章才是多维立体的。

二、民办高校外语教师教学科研的对策

(一) 夯实理论基础

外语学习或者第二语言的学习是一个复杂的系统学习过程。外语学习和教学的复杂性决

定了外语教学中科研的多样性。科研的多样化和复杂性必然需要厚实的理论基础支撑,所以夯实外语教学科研的理论基础是十分必要的。外语学习和教学中遇到的问题往往不属于单独的学科,而是关系到语言学、社会学、教育学、心理学等多个学科。所以,研究外语教学与学习时采用的科研方法也取自多个学科,这些方法都有着自己的研究角度和理论,需要研究者留意。退一步讲,外语教学科研首先涉及语言学理论,如果对语言的实质要素不清楚,也就论述不清楚如何教授和学习一门外语。[3]反之,如果能够把众多的目标、内容和方法加以概括和分类,提炼出共同元素,建立一个前后呼应、有章可循的理论体系,就能使民办高校外语教师较容易地找到自己科研的初始位置,明确个人研究和他人研究呈现什么关系,从而选择合适的路径和方法进行自己的教学科研。

(二)丰富研究方法

对于民办高校外语教师来讲,外语教学科研既需要形而上层面的理解,又需要形而下层面的阐释。所以,合适的方法论就成为科研理论与实践的中介。对于研究者来说,方法论主要有两方面的功能:一方面对实践作出理性总结和概括,使感性认识基于实践上升为理性认识,完成认识的第一次飞跃;另一方面,使理论具体化,积极有效地指导实践,完成认识的第二次飞跃。[4]当前民办高校外语教师的教学科研存在着有高度和广度而缺乏深度和力度的问题,这主要是其研究方法缺乏系统训练的原因。对于某一研究方法的了解或运用并不难,但要系统掌握各种方法,必须逐步反复训练,伴随职业生涯的全过程。民办高校外语教师做教学科研要在完善方法论和丰富研究方法上多下功夫,做到能看能用会用外文文献,提升对素材的挖掘和整理、对内容的理解和分析等文科科研综合能力。

(三)创新研究方向

和公办高校,尤其是知名高校相比,民办高校外语教师在教学科研方面普遍缺乏自信心和挑战权威的意识,而缺乏挑战意识也就意味着难出创新成果。科研创新是做科学研究的主要目标之一。科学史表明,科研创新多在年轻时,民办高校外语教师以青年教师为多,正在长见识、增知识、聚学识的最佳时期,本应是创意连连的阶段,但民办高校外语教师的外语教学科研普遍存在着“炒旧饭”的现象,浪费了科研出新的大好时光。信息时代的科研者一不小心就会被良莠不齐的信息吞没,这时保有创新意识、知晓创新原理和方法尤显重要。要是能提出全新的概念,推导出全新体系,就是原创;若力所不及,只是改良已有研究,就是改创。民办高校外语教师可以在教学科研中印证外语教研理论,学习新理论;可以修正国外理论,形成中外平等对话;可以针对权威理论提出特别的诠释,找到新视野,创立新体系。

(四)控制研究环境

民办高校外语教师在教学科研中往往会重推进而轻论证,对于研究环境缺乏适当的控制。外语教学科研往往会对某些研究因素进行严格的控制,如教学实验性的研究。[5]比如,想要研究外语教学过程中到底是听说法好还是交际法好,需要保证两个教学实验班符合研究要求,一个班是听说法教学,另一个班是交际法教学,要严格控制研究环境,不能混为一体研究。另外,研究范围的大小,对研究变量的控制程度,对语言形式的关注和环境控制成分的多少,直接影响到收集数据的性质、研究过程的分析以及对科研成果的解释和概括。民办高校外语教师应该把外语教学科研当一个系统来研究,研究的领域越集中,研究活动就越能够把控,研究内容和研究方向也就越发清晰,最后得出的研究结论也就越详实和科学。

三、民办高校外语教师教学科研的路径

(一) 选择外语科研特色的选题

选题能力是体现科研能力与水平的显著标志,选题不当是科研大忌,选题价值应该受到足够重视。民办高校外语教师应该选择能够突出外语教学科研特色的选题。一般情况下,国外文学研究和语言学选题更为容易,但是做出创新却不易,所以满足学科研究需要便是选题的重要价值。这主要体现在两个方面:第一是满足学科发展需要,选题突出学术价值;第二是满足社会发展需要,选题更具社会应用价值。[6]对于选择外语教学科研特色的题目,发现问题的过程和方法十分重要。研究者可以从事物之间的联系中理性概括出问题,也可以从理论与实践的矛盾中发现问题,还可以从理论的内部矛盾中引出问题,在前人理论的比较中亦可发现可以研究的问题。

选题要突出外语教学科研特色,必须先了解外语教学科研的主流,能够先入流再出众是最好的,就算不能达到从入而出的状态,也要在主流中找到自己要解决哪个问题,以此为基础,再提出有特色的新选题。在一定程度上,科研选题正确与否,是否具有一定特色,决定了整个科研的成败。首先,深专投入出特色。在研究者擅长的领域深入钻研,做少而尖的分析,这样研究的优点是集中精力中路深入,缺点是研究视野受限,科研容易走向极端。[7]其次,坚持原创出特色。站在前人理论制高点,通过引申和反思推出新思路,是重要的创新和发现之路。但由于许多民办高校外语教师科研能力有限,不能深入学问的根本,立意往往不够高远。最后,交叉融合出特色。跨学科研究是比较显而易见出新的方式,但真正交叉成功者并不多见,这依赖于自身的专业敏感度,需要实现经验的跨学科迁移,当前有特色的突破较少。

(二)提高科研信息处理的能力

民办高校外语教师若不关注之前相关研究,大概率会费力费时重复旧题。科研信息的搜集和整理是外语教学科研的前奏与基础。要进行教学科研,就需要相关信息。搜集信息的能力于教学和科研都不可或缺,研究者平时读书,应查询文献,拓宽认知面,熟悉学科前沿问题,了解研究性文章的表达思路,选择科研方法和实验方式。[8]科研信息的主要来源要重点关注教科书、著作、核心论文、会议摘要或汇编,通过这些来源了解研究领域的学术最新进展,跟踪阅读,想办法找到相关的最新论文和综述。研究者也可以通过网络检索,了解何人引用了我们自身的文献,通过了解从事自己相关研究的同行者,发现自己感兴趣的文献。

科研信息的甄别工作也十分必要。信息搜集,重在可用,这就需要甄别。民办高校外语教师以年轻教师居多,很多人还是教学科研领域的新人,在读一篇文献时,早期要讲究稳,中期要讲究准,后期要讲究狠。早期教师采用研究式阅读,按常规逐句理解,明晰细节,熟悉基本概念。最初的几十篇核心材料要精读,甚至其核心观点要烂熟于心。中期用搜索式阅读,在熟悉各种研究模式和套路的基础上,能迅速捕捉关键信息,为了提高效率没必要按照常规方式阅读。后期要批判性阅读,大量阅读之后,眼睛所到之处能一针见血,找出问题关键所在。多久能从早期的新手到后期的高手,因人而异,需要自我设计和积极实践。

信息整理是在甄别之后将烦琐的信息加以归类分析,属于认知的高级思维阶段。信息是科研立论之基,是获得新知之源。外语教学科研属于人文研究,应从搜集问题和立足实际出发,搜集与整理的信息按有用的思想理论、可取的案例实践和读后心得体会划分,可分为理论

型信息、实践型信息和心得型信息。[9]科研信息通过粗分、粗读和预测的粗加工以及精读、批注、札记的深加工，可逐步完成整理。科研工作者要创新，必然要积累最新最合适的信息，才可能做出有价值的成果。民办高校外语教师做好信息搜集和整理工作就是让自己的外语教学科研站在前人的肩膀上，站得更高，看得更远。

（三）拓展科研内容创新的途径

科研内容创新的途径主要包括理论体系创新和思维方式创新，前者能提出新观点和新视野，形成新原理和新体系；后者能提供新模式和新方法，以新的领域阐述新问题和新情况。具体创新途径的落实主要体现在以下几种方式。

第一，组合的方式。事物整体或部分的叠加可以重组成一个新个体。在科研领域，现代科研创新多发生于学科交会处。外语教学科研最核心处已经历反复探究，创新的潜能极度受限，跨学科组合成了新的生长点。

第二，综合的方式。基于科研各构成要素的基本性质的分析，综合可取部分，使综合而成整体，具有优化和创新的特点，比如中西医的结合。综合的方式可使认知从个别转化为普遍，提升原有的科研认知水平。

第三，分离的方式。分散或离散特定对象，揭示复杂现象中的主要问题，抓住主要矛盾，理清创新思路。比如镜片与眼镜架分离后产生隐形眼镜。分离原理可以帮助民办高校外语教师在复杂的研究中理清思路，推进创新点的筛选。

第四，还原的方式。由事物起点出发，追溯原点，再以原点为中心向各方散射，找寻新的创新方向。[10]科研创新有起点和原点，原点是唯一的，起点可以多样化。文科不少艺术创造也强调还原的方式，回到源头，重现初心。

第五，反向的方式。反向原理即从所想到达的目标出发，反向思考问题，更具指向性地得出解决问题的方式。数学研究领域也常采用倒推法，反向方法突出反向思考和处理，可以激活科研灵感，弥补正向思考的不足，发现解决问题的突破口。

参考文献

[1]范永庚，李劲松. 新时期高校教师队伍建设与教师职业生涯规划研究——评《教师职业生涯规划与发展》[J]. 人民长江，2022，53(11)：238.

[2]刘润清. 外语教学中的科研方法[M]. 北京：外语教学与研究出版社，2015：51－55.

[3]黄忠廉. 外语研究方法论[M]. 北京：商务印书馆，2020：198－206.

[4]范伟，祁占勇. 民办高校青年教师职业生涯现实困顿与政策支持研究[J]. 黑龙江高教研究，2021，39(09)：6－14.

[5]张帅，王军. 民办高校专业外语教学与师资队伍建设研究[J]. 吉林教育，2017(09)：11－15.

[6]雷鹏飞. 高校外语教师教学科研融合的探究[J]. 内蒙古农业大学学报，2017(01)：19－22.

[7]王丹. 浅析问卷调查法在外语教学科研论文中的应用[J]. 校园英语，2016(29)：50.

[8]陶伟，顾佩娅. 中国高校外语教师科研研究述评与展望[J]. 解放军外国语学院学报，2022，45(01)：95－102.

[9]杨颖. 高校外语教师科研倦怠现状调查研究及成因分析[J]. 林区教学，2020(08)：70－72.

[10]张云清，黄鹂飞，郑新民. 我国高校外语教师科研行为发展及影响因素探究[J]. 中国外语，2017，14(06)：101－109.

高校共青团改革背景下 民办高校基层团委阶段性建设路径探究

——以广西外国语学院会计学院为例

樊　朴　李晶晶

摘　要：自《高校共青团改革实施方案》和《深化学校共青团改革的若干措施》发布以来，民办高校各级团委积极开展改革工作，力求在新时期实现团委的转变和可持续发展。广西外国语学院会计学院团委通过积极探索和加强改革工作力度，在改革初步阶段取得了一定的效果，提升了会计学院团委的竞争力和影响力，但是在改革的攻坚阶段，出现了对政策认识不够全面、团组织结构改革不彻底、思想引力能力不足、品牌活动建设和创新不足和网络教育滞后五个建设性问题。这些问题环环相扣，成为本阶段改革工作的难点和痛点，需要针对性地开展纵深级别的改革措施，以达到改革的目的，促进基层团委在新时期更有质量的发展。

关键词：高校共青团；基层团委；阶段性

一、改革背景

2016年8月，经习近平总书记多次作出重要批示、经中央政治局常委和中央书记处办公室等多部门审议后，中共中央办公厅印发了《共青团中央改革方案》，针对共青团改革提出了全新的指导意见和改革目标，为高校共青团改革奠定了坚实的基础。同年，共青团中央与教育部联合印发了《高校共青团改革实施方案》，方案贯彻党中央对于共青团改革的主要意见，对高校共青团改革进行了初步指引，针对高校各级共青团存在的、旧有的根源性问题，共提出了15项具体的改革细则和措施，彰显了改革的力度和决心。2020年6月，共青团中央与教育部印发了《深化学校共青团改革的若干措施》，新措施结合了已有措施和细则的不足，深入性和结构性地开展新的指导意见，以破除旧有思维和改革难点为目标，以政治教育层面为切入点，以“大思政”和“三全育人”为基点，全方位落实和推动改革，巩固高校共青团在高校思想政治教育工作中的战略地位。2022年5月，习近平总书记在庆祝中国共产主义青年团成立100周年大会上的讲话，进一步提出了改革的要求和方向：要敏于把握青年脉搏，依据青年工作生活方式新变化新特点，探索团的基层组织建设新思路新模式，带动青联、学联组织高扬爱国主义、社会主义旗帜，不断巩固和扩大青年爱国统一战线。

共青团作为党的后备军和党联系青年的桥梁，在高校基层建设中的作用至关重要。在共青团改革由初步向深入迈进的背景下，因地制宜地开展各项改革措施，自上而下地让高校基层共青团推陈出新、焕发新的活力就显得尤为重要，这也是本研究重大的现实意义。

二、民办高校基层团委建设研究现状

经查阅和了解，自共青团中央发布“实施方案”以来，国内有一部分学者开展了针对性的研究和探索，并且研究正在逐步细化到基层团组织的各大改革项目。通过知网查询，输入关键词“共青团改革 高校 团委”后，发现自2016年起，相关研究有114篇，以2018—2020年度发表论文最为密集，有82篇，占研究总数71%；而在“深化措施”出台后，2021—2022年发表论文仅16篇，占研究总数14%。由此可见，目前国内关于高校共青团改革的研究，大部分处于2016—2021年的初步改革阶段，而2021年至今的深入性、阶段性改革目前的研究处于起步阶段，阶段性的探究具有一定的前瞻性价值。另外，为进一步开展民办高校团委建设的针对性研究，通过知网查询，输入关键词“共青团改革 民办高校 建设”后，发现自2016年起，相关研究仅有10篇，主要从班团一体化、第二课堂成绩单、团干部队伍、思想引领、教育体系等板块进行研究，与作者研究内容相关性较大。从研究数量和内容上看，针对民办高校的共青团改革研究目前在国内较少，更进一步佐证了本研究“民办高校基层团委阶段性建设路径探究”具备较高的研究价值。

在高校共青团改革背景下，针对团委第二课堂与创新创业相结合的研究，覃蓝天和朱新辉[1]认为，民办高校可以从“二课”学分制度、人才培养方案修订、“二课”课程设置、创新创业导师队伍建立等方面推动大学生创新创业教育教学及改革，为社会提供更加优质的创新创业人才。

在高校共青团改革背景下，针对团委在思想引领方面的研究，杜结实[2]指出，要构建分层分类一体化思想引领工作体系，改进创新面向广大青年学生的思想引领工作方式；邱翠[3]指出，共青团普遍存在着大学生思想政治教育“四化”问题，需要优化政治教育工作体制、完善人才培养机制和合理运用新媒体。

在高校共青团改革背景下，党建带团建的工作模式成为新的引领方式，肖承宇和王苏蕾[4]认为，突破改革发展“瓶颈”，需构建起党建带团建的工作模式：党建引领团建、团建促进党建的共创工作模式，党团组织资源互通、优势互补的共享工作模式，党建团建同规划、共发力的共建工作模式。

三、共青团改革初步阶段出现的建设性问题

据调查显示，广西外国语学院会计学院团委坚决按照《高校共青团改革实施方案》指示，开展全面性的改革工作，并取得了阶段性的成果，在第二课堂品牌类活动方面有了新的建设和创新，但是在诸多良好的成绩背后也面临着许多根源性或潜在性的问题。结合《高校共青团改革实施方案》和《深化学校共青团改革的若干措施》提出的要求，初步改革阶段主要发现了以下五个方面的问题：

（一）对政策性改革的理解不深刻，具有片面性，同时暴露出基层团委改革工作中对普遍性和特殊性兼顾不足的意识问题

共青团中央出台的政策具有全国通用的普遍性和强制性，在公办院校和民办院校同等级同要求来开展。在政策落实过程中，民办高校的团干部要面临着民办高校的岗位设置、权责分配、师资力量重心等诸多方面与公办院校不一样的情况。如果基层团委管理者全盘参考已经率先开展改革工作公办院校的改革经验，民办院校的特殊性就会因为客观环境的不同而无法兼顾，出现部分改革措施无法有效实施的问题。政策性改革在基层团委引发的问题应该给民办高校基层团委的负责人一个启示：不能只把重心放在上级团委下达的“怎么做”文件，不能单

纯地认为上级团委的意见和措施就是“万全之策”，而是要在理解和领悟改革工作的要点和思路的基础之上，花费时间和精力去思考自己所在的二级学院团委该“如何破局”并再结合本专业特点去解决“如何做”的问题。

（二）团组织结构改革“换汤不换药”

机构改革是团组织改革的头号措施，但是新的结构犹如“合格的外衣”，经得起做材料的检验，却经不起质量的保证，眼下依然是由旧有的运行结构和思维来维持团组织运营，结构改革不彻底。最典型的案例就是部门改革问题：改革前，团组织内部由A部门负责多项院级的主要工作，A部门内部的团干部的职权和分工采用垂直管理。改革开展后，会计学院团委决定将A部门与B部门合并，然而部门主要的团干部职责和职能仍和改革前一样，只是把B部门旧有的职能包揽进原有系统和规划中，依然是垂直管理，依然是原本的A部门的工作要求和工作风格，变化的只是团干部人数增加了。这就背离了原本共青团中央对于完善领导机构设置的初衷，部门改革仅仅是合并工作，并不能够从根本结构上实现职能和功能的转变，没有规划和统筹如何把职能转变为新的发展业态，更无法重新激发这个基层部门在团委工作中的活力和创新力。

（三）思想政治教育工作存在“三低”现象

一是思想引领能力偏低，团干部“追求结果”意识偏高。共青团是党联系青年人的桥梁，它引领青年学习马克思主义树立正确的“三观”，指引青年人树立远大的家国理想和中国梦。思想引领在初期虽然有效果，但是禁不住“结果”的诱惑：担任团干部能够得到一纸聘书、能够有利于入党考核和评优加分等一系列背离思想引领初衷的荣誉和奖励，大大降低了团组织思想引领力。二是政治素养偏低，该问题主要存在于团干部队伍内部。“重工作、轻学习”是团干部队伍里普遍存在的情况，政治学习更是花费时间最少的个人成长项目之一，团课党课之外，能主动学习和提升政治素养的团干部屈指可数。政治素养偏低带来的后果是团干部形式主义作风渐长、对团组织存在的问题瞒而不报、对指令和任务执行不力等作风问题。三是团学活动质量偏低，降低了团组织对青年大学生的吸引力，更是降低了思想政治教育工作贯穿团学建设的质量。团学活动质量偏低主要体现在团干部队伍对团学活动深层次的理解不足、政治素养偏低带来“大思政”无法融入学生活动、活动的创新力不足等问题。团学活动质量偏低、创新力不足还带来了关注度大幅度下降、参与学生逐渐减少、学生参与感受偏差等问题，而受众面的减少也制约了第二课堂品牌活动的建设。

（四）第二课堂品牌活动建设力度不足，学生创新力未能激发

二级学院团委的第二课堂品牌活动是一个基层团委的名片，是团委特色的展现，更是本学院的重点建设活动。当前，第二课堂品牌活动面临着三个问题。一是重“量”不重“质”的困境。重“量”：看重参与的学生人数、团干部参与人数、领导老师参与人数，看重宣传的数量等，甚至“量”在一定程度上会被认为跟“质”成正比，观看的人越多说明质量越好。不重“质”：思想政治教育工作形式化风气大，其存在仅限于活动结束后在活动总结时以文字形式升华活动主题，而不是全程贯穿思政教育，更无法让参与的青年学生感悟到品牌活动深层次的教育意义和成长影响。二是品牌活动和专业教育关系和关联性不大，没有针对本专业设计相对应的第二课堂活动，没有系统统筹第一课堂和第二课堂的串联对接。除了主观上的不重视，基层团委师资力量投入低、行业内开展形式过于单一、开展的硬件成本过高等客观因素也起到了一定的制约作用。三是未能充分激发学生在第二课堂建设上的创新力，缺乏一个宽松合理、释放创新氛围的驱动空间。结合现实中的情况来分析，缺乏的原因是多重因素导致的，比如有组织结构及权责束缚、有思想引领力偏低导致创新思维得不到启发、创新引导不足缺乏引导和奖励机制、监督和咨询机制缺失等因素。创新力不足对第二课堂品牌活动建设产生的潜在负面影响很大，会导致品牌活动设计落后、逐渐不能满足学生的成长需求、活动吸引力降低等一系列阻碍品牌发展的问题。

(五)网络教育工作规划滞后，领导和管理层面缺乏重视和行动力

目前，会计学院团委在网络教育方面有“三缺”：一缺结合时代发展和脉络的网络思政教育的主动意识，二缺建设一个合格且有政治素养的网络教育团干部队伍，三缺尝试创作网络文化产品的行动力和执行力。由此可见，“三缺”问题是一个自上而下的问题，最直观的现状是没有形成一个稳定的网络教育工作团队和有一定影响力的平台(或生态链)。观念缺失会使管理和发展脱离时代的脚步和发展，逐渐成为一个落后守旧的基层团组织。如今，高校网络教育工作益发重要，它甚至比线下教育更具备前沿性和时效性，因为在短文媒体时代和信息快速流转时代，它可能离“00后”学生群体的日常生活更近，更能第一时间体现新生代学生群体的需求、痛点和焦点。毫无疑问的是，网络教育已经成为民办高校基层团委阶段性建设的重要一环，它是在信息化时代以较快较高的速率实现高质量教育的网络渠道。同时，网络教育工作滞后也会引发思想政治教育工作的“三低”现象。

四、共青团初步改革转向多层次、综合性深化改革的对策

面对改革初步阶段凸显出的五个问题，寻找合适、有成效的对策是会计学院团委接下来工作规划的重中之重，打破旧有体制掣肘团委改革的局面刻不容缓。“破局”的根本出发点是坚持以党带团，核心思路是探索和发展“思政”道路和“创新”空间，阶段性深化改革的动能为思想政治教育工作贯穿团工作的全流程和第二课堂品牌活动的设计、实践环节给予更大更多的创新驱动。针对以上五点，会计学院团委要在接下来的阶段推动以下措施：

(一)因地制宜地开展改革

在管理层面，管理者需要树立因地制宜的改革思维，在思想层面上破除片面性、依赖性、成绩论等制约因素，既要坚持按照共青团中央的指示逐步开展改革工作，又要明确民办高校自身特有的管理模式。在每一项改革和实施的要点中，找到适合民办院校特色风格和管理模式的措施，凝聚学生和老师的改革共识，更进一步完善细节工作，确保改革后的发展路径既能够保证与共青团中央的要求一致，又能够与民办高校的发展要求和学校定位相契合，二者兼顾可以在政策层面确保团组织改革的根源性成功。

团学干部层面，开展改革文件解读工作，开展改革工作交流会，加强团干部与学院老师之间的工作沟通和交流，落实改革的思路和方针，增强团干部队伍的政策解读能力，凝聚更多学生的支持和参与力度。

(二)从整体角度出发全方位设计团组织结构改革

团组织结构改革需要基层团委自上而下地下决心开展改革工作，加大改革的力度和强度，克服改革的阻力。基层团委负责人应该从整体的角度出发，梳理已有的工作项目和品牌活动，暂停或排除形式落后、过度娱乐化和无法贯彻思政教育的团学活动；规划中长期要开展的创新

活动，针对梳理出来的众多团学活动项目进行资源整合和归纳进职能部门。以此为基础，通过清理淘汰不合格的团学活动，重新规划和更新原有的品牌活动，创新全新的第二课堂品牌活动，谋划更高层次的团组织运营规划和管理模式，筹划和精简团组织部门，以“大思政”和“高效率”为原则重新界定精简后的部门职能、功能、人员设置和权责分配，彻底摆脱旧有的运营思维，打破原有模式的思维束缚。

调整师资力量及资源分配权重对团组织结构改革具有很大的推进作用。以学院指导老师、团委主要团干部为首，将主要的团委资源投入创新的品牌活动，设计更大的操作空间、采纳更多学生的意见，引导更多学生把注意力和创新力投入更符合思想政治教育工作要求的品牌活动中，减少重娱乐轻思政的活动经费和压缩活动空间，甚至取消完全没有教育作用的活动。

(三)思想政治教育工作贯穿团委工作全流程

坚持以党带团、以团促党的发展理念，牢记为党培养合格的后备军为使命，将思政教育贯穿团委工作全流程。提升基层团委思想引领能力，从提升政治素养为切入点，团委指导老师带头上团课，讲党史，在团干部队伍内培养良好的政治学习氛围，提升团干部的政治理论积累和政治警惕性，树立为党育人的使命感。充分运用思想引领作用打开创新氛围新局面，创新基层团组织建设格局，创新团组织的领导机制和评价机制。

此外，创新团干部队伍的培养机制和评价机制也是重点，加强团干部的作风教育、工作方法教育、人际关系教育，培养基层团委内部良好的干部风气和积极向上的工作氛围，抓牢团干部队伍的整体素质。创新团干部队伍的评价机制，由固定的评价体系转变为灵活的评价体系，以阶段性、重点性为评价重点方向，以政治学习、文明礼貌、部门建设为基本评价因子，以新的评价体制督促、鞭策团干部在工作和学习中实现自主提升。创新团干部队伍监督管理机制，让团干部的言行得到充分的监督；成立由学生党员为主的监督队伍，监督各项团学活动的全流程。

(四)发掘和弘扬优秀传统文化是提升第二课堂品牌化建设质量的重要途径

以优秀传统文化为载体，培养团干部队伍的唯物史观和历史素养，培养国学文化在团课教育的比重，切实加强团干部队伍的文化软实力和文化继承创新意识。充分挖掘融合团干部队伍的创新驱动力，开展和创新第二课堂品牌的建设，牢牢把握时代的发展脉络和加强思想引领，以优质的红色主题活动、红色主题教育为方式，注入全新的活动形式和辐射更多的学生群体，提升基层团组织的活力和创新力。

(五)全局性统筹网络教育工作

设计和规划网络教育平台，以净化网络环境、提升网络文化产品为基本目标，将网络教育平台逐步拓展并扩大辐射范围，丰富网络文化内涵和内容；建设和探索网络教育体系，将创新的网络文化、网络安全、知识输送和爱国教育体系化；强化网络安全意识，树立网络安全无死角的意识；发挥网络媒体平台力量，建设好网络精神家园，实现线上线下教育生态化和互动化，提升基层团委的活力。

参考文献

[1]覃蓝天，朱新辉.广西民办高校创新创业育人模式探索——以第二课堂成绩单制度为例[J].广西质量监督导报，2021(03)：85－86.

[2]杜结实.民办高校青年学生思想引领的困境与突破[J].现代企业,2020(08):139－140.

[3]邱翠.共青团改革背景下高职院校团委如何做好大学生思想政治教育的探析[J].青年与社会,2019(17):18－19.

[4]肖承宇,王苏蕾.民办高校党建带团建促共青团改革的工作模式研究[J].广西青年干部学院学报,2020,30(01):31－33.

[5]温录亮.新时期高校共青团改革攻坚的实践和思考——以广东高校为例[J].广西青年干部学院学报,2020,30(03):50－53.

广西民办高校"四位一体"资助育人模式实践探析

——以广西外国语学院为例

徐世俊

摘　要:随着我国经济的快速发展,人民生活水平得到极大的提高,但地区之间发展的差距和不平衡也开始凸显出来,特别是西部地区和民族地区,在教育配套、资助体系建设方面需要进一步加大力度。本文通过分析广西民办高校资助工作面临的问题与挑战,结合广西外国语学院资助育人工作的实际情况探索"四位一体"资助育人模式,反思民办高校资助育人工作的发展方向,为高校资助育人工作提供更多参考和借鉴。

关键词:资助育人;民办高校;四位一体;实践

一、研究背景及意义

(一) 研究背景

2016 年 9 月 9 日,习近平总书记在北京市八一学校考察时强调:要优化教育资源配置,逐步缩小区域、城乡、校际差距,特别是要加大对革命老区、民族地区、边远地区、贫困地区基础教育的投入力度,保障贫困地区办学经费,健全家庭困难学生资助体系,进一步加大对农村基层学校的支持力度。随着我国经济的快速发展,人民生活水平有了很大提高,但地区间发展的差距和不平衡也开始凸显出来,尤其是西部地区和民族地区,在教育配套、资助制度建设等方面还需要进一步加大力度。近些年国家采取了一系列的措施,都收到了很好的效果。但我国对家庭经济困难学生的资助政策体系还不够完善,特别是家庭经济困难学生的资助面窄、资助标准低等问题在普通本科高校、高等职业学校和中等职业学校普遍存在。此外在高校资助工作中也曾出现资助工作人员不稳定、贫困生认定工作缺漏、资助方式单一、资助与育人脱节等诸多问题。

(二)研究意义

《关于进一步规范和加强学生资助管理工作的通知》中提到:学生资助工作是一项保民生、暖民心的重要工程,必须切实加强学生资助工作的管理。落实助学政策,促进教育公平,是学生资助管理工作的基础工作。助学工作事关每个家庭的希望和命运,为需要的家庭落实助学政策,为学生排忧解难,推动教育事业更大程度实现公平,使每个贫困家庭子女不因学费而失学。

国家为家庭经济困难学生提供的助学政策,在一定程度上解决了他们的经济困难,但高校对困难学生的资助都是无偿的资助方式,往往容易产生依赖、自卑、不劳而获等心理问题,因此,除对学生进行经济资助以外,更应该充分认识到学生资助工作也是一个重要的育人环节,一个良好的育人契机。我们应该变单纯的"助贫"为"助贫"和"育人"并举,把对做好贫困学生的教育和引导工作作为资助工作的主要内容和主要职责之一。只有这样，才能使国家的资助金发挥它应有的作用，让学生接受资助的同时，身心都能得到健康的发展。

二、民办高校资助工作面临的问题与挑战

（一）资助工作人员流动性大，缺乏专职人员

在许多高校，资助工作人员一般为学校资助管理中心（学生工作部门）和各二级院系辅导员，缺乏专门从事资助工作的专员。而在民办高校，由于薪资、福利待遇、个人发展、社会评价等因素的影响，辅导员流动性远远大于公办类院校，流动性过大，导致许多在资助方面有经验的辅导员流失，不利于资助育人工作的开展和工作的连续性。很多在岗辅导员都是刚从学校毕业，缺乏资助工作相关理论基础和实践经验，在资助工作中往往出现认定不合理、家庭情况调查不详、资助等级划分有误、操作过程有误等诸多问题，从而导致资助工作延误，不能及时帮助到需要的家庭。其次，在人员流失方面还存在隐性流失的现象，突出表现为，虽然有的辅导员并没有离岗，但整个状态已不在岗位上，得过且过，交差了事的现象时有发生。

（二）家庭经济贫困程度认定困难

在家庭经济困难程度认定程序上，目前各高校主要是两个途径：其一，依据贫困库里的名单，根据名单显示的贫困类型划分贫困等级；其二，未在贫困库里的同学，需要上交相关的贫困证明材料，用于在班级进行的民主评议。在实际评议的过程中不难发现，许多贫困证明材料来源于村委或者社区的相关证明，但学生本人的生活方式和消费状态与描述不符，这往往给贫困认定工作造成一定困难，特别是在班级民主评议时，班级投票与相关证明背道而驰；其次许多同学碍于情面和自尊心，不愿意在班级进行贫困生认定而无法获得资助；还有少部分同学地处边远地区、民族地区，因家庭、环境等原因无法提供相关贫困证明材料造成资助工作的缺漏，不能及时获得资助，减轻家庭压力。此外，由于各地区经济发展水平存在差异，对于贫困家庭的评价标准很难把握，操作弹性大，无法做到精准资助。

（三）资助方式方法单一

经济资助大致可分为有偿资助和无偿资助，高校对贫困学生的资助工作都是无偿的资助方式。无偿的资助方式往往容易产生依赖和不劳而获的心理，这对当代大学生培养自强不息、勤俭修身、诚以感恩的品德产生不良的影响。随着高校的扩招，生源的增多，负责资助工作的老师们时间紧迫、工作量大，把大量的时间用于奖助学金评选和发放的“规定动作”，对于资助方式方法的探索无暇顾及。对于民办高校而言，没有国家财政性教育经费的支持，学生的学费相对较高，家庭的经济压力较大，更多的贫困学生需要资助相关政策的倾斜和帮助，仅仅依靠无偿的资助方式是比较有限的。

（四）资助与育人工作脱节

学校奖助学金评选与发放的资助工作往往都是从物质层面进行帮扶，忽略了精神层面的帮扶，没有做到“扶贫”与“扶志（智）”同步与协调发展，从而导致学生思想中理所应该、肆意挥霍、情绪悲观、缺乏自信等很多问题的存在。其次，资助工作的对象基本都是家庭经济困难或者突发重大特殊事件（自然灾害、重大疾病、重大事故）的学生和家庭，他们本身就存在很多特殊性，学生个人的心理和性格也会受此影响，即便是在经济方面得到一定的资助，但在心理已经形成的矛盾很难解开，将会对大学生树立正确的人生观、世界观和价值观产生阻碍，严重影

响大学生成人成才。

三、民办高校"四位一体"资助育人模式探析——以广西外国语学院为例

基于当前民办高校资助工作遇到的困难和挑战，结合广西外国语学院实际工作状态，通过资助量化体系、多元资助拓展、帮扶与关怀、感恩教育四个方面进行"四位一体"资助育人工作模式的探索，逐步形成"四位一体"资助育人模式。

（一）建立资助量化体系

资助量化体系主要是以量化作为评选奖助学金的参考，在资助量化体系下，奖助学金评选的过程中融入班级民主投票、家庭情况、学习成绩、技能证书、学生干部等方面内容进行评分量化，以量化结果作为评选奖助学金的参考，依据奖助学金侧重点的不同和评选条件的要求，每个量化标准也有所不同。资助工作的有效开展是资助量化体系不断完善和前进的动力，将资助工作与育人工作相结合，强化"扶贫"与"扶志（智）"同步进行，促进学生自主努力学习、不断增强专业技能、参与各项专业知识竞赛，激发学生学习内在驱动力，使学生成长为社会需要的现代化人才。目前，学校对国家助学金、国家励志奖学金、自治区政府奖学金、国家奖学金、校级助困奖学金的评选都有相对应的量化要求。如表1所示。

表1　各类奖助学金量化内容及偏重方向

序号	奖助类型	量化内容	偏重方向
1	国家助学金	班级贫困生认定民主投票、区内贫困库情况、学习成绩、技能证书、担任学生干部情况、社会实践	家庭困难情况、在校表现、生活状态
2	国家励志奖学金	家庭情况、思想政治素养、学习成绩、技能证书、担任学生干部情况、社会实践、活动积极性、在校生活状态	家庭困难情况、学习成绩、在校表现
3	自治区政府奖学金	思想政治素养、学习成绩、技能证书、担任学生干部情况、社会实践、在校积极性、面试考核	学习成绩、在校表现、综合表现
4	国家奖学金	家庭情况、思想政治素养、学习成绩、技能证书、担任学生干部情况、社会实践、在校积极性、面试考核	学习成绩、综合考察
5	校级助困奖学金	班级贫困生认定民主投票、思想政治素养、家庭经济情况、学习成绩、技能证书、担任学生干部情况、社会实践	国家助学金的补充

（二）"资助＋"多元途径拓展

"资助＋"多元资助途径的扩展，旨在多方面、多渠道拓宽资助的方式和种类。除了国家奖助学金外，学校为家庭困难学生还提供了校内无息借款、校级助困奖学金、学生助理实践岗位、勤工助学岗位等多元化资助方式。校内无息借款主要针对家庭经济确有困难的学生，无法一次性缴纳全部费用的，学生本人可以在开学初期向学校提出校内无息借款申请，并按规定的条件和程序办理有关手续，就可以缓交学费。校级助困奖学金是国家奖助学金的补充形式，对于民办高校而言，学生学费相对较高，需要资助的学生也相对较多，学校拨付专项资金用于资助，扩大资助范围，提高学生经济保障。学生助理实践岗位主要是学院各行政部门根据实际需求，按一定条件招聘学生助理并给予一定的工资补助，常规招聘部门有：行政事务部助理、创新创

业学院助理、学生工作部助理、图书馆助理、各学院实习辅导员等。岗位丰富，对学生提高交际能力、沟通能力、计算机实践操作、团队协作能力等具有很大的促进作用。勤工助学岗位则主要偏重于劳动教育方面，工作部门主要是后勤部和图书馆的工作，同学们利用课余时间加入学校的日常工作和管理中，在劳动中汲取经验，在劳动中获得提升，在劳动中得到教育。助力学生创新创业，鼓励困难学生积极参与各类创新创业大赛。

（三）精准帮扶与人文关怀共同推进

对于民办高校而言，家庭困难学生所面临的压力更大，民办高校学费较高，家庭经济支出大；部分家庭条件较好的学生形成“压制性消费”容易让困难学生产生自卑感；学校提供的勤工助学岗位，由于“面子”原因没有申请等，导致很多资助政策和措施没有落实到位。

因此，精准帮扶与人文关怀在资助育人过程中更为重要，我们要在学生自入校到毕业的全过程，对困难学生在家庭经济、心理状态、资助活动、毕业招聘等领域进行全方位全过程同步推进。学校自开学伊始，设立绿色通道，办理免息贷款，为困难学生家庭消除后顾之忧；进入学校后进行贫困生认定，评选奖助学金；提供勤工助学金岗位和学生助理实践岗位，缓解学生经济压力；实行毕业生精准帮扶一对一就业指导，举办困难学生专项招聘会，推荐就业单位，跟踪工作情况，帮扶困难学生顺利就业；以学校创业实践基地为基础，以大学生创新创业大赛为平台，助力困难学生创新创业。在人文关怀方面，学院实行“1＋1＋1”困难学生帮扶机制，即“一位教师党员＋一位学生党员＋一位帮扶的同学”，通过教师党员和学生党员的价值引领，帮助家庭困难学生树立正确的人生观、世界观和价值观；每年开展受资助同学的中秋茶话会，邀请学院领导、老师和受助学生就生活、学习等各个方面进行沟通交流、谈心谈话，切实关注困难学生实际问题；构建学院心理帮扶体系，设立心理工作站，以寝室长和心理委员作为“桥头堡”密切关注班级情况和学生动态，特别是困难学生，实行每月月报制度，及时反馈；开展丰富多彩校园“第二课堂”，通过资助知识竞赛、感恩演讲、辩论赛、资助班会等，为困难学生提供展现自己的平台，促进学生全面发展，充实自己，提升自信心。

（四）感恩教育

感恩教育是学校资助工作的重要组成部分，在培养学生高素质、高品德、高技能的同时，让每一位受助学生和困难家庭感受到党、国家和政府的关爱，让学生在接受资助的过程中学会感恩、收获成长、自立自强。为此，学校将资助感恩教育纳入现有的各项活动当中，如学校定期开展“三下乡”活动，根据活动地点和学生生源情况，将一定比例的受助学生纳入活动中去，鼓励他们服务当地群众，建设美丽家乡；开展受助学生讲党史活动，组织部分受助学生党员、预备党员、积极分子利用课余时间走入各班级、各组织进行党史宣讲，鼓励同学们不忘艰苦奋斗的革命精神，牢记使命，奋发前行；学校组织受助学生参与各项志愿服务工作，志愿服务工作内容非常丰富，既包含环广西公路自行车巡回赛（广西站）、东盟博览会这样的大型活动志愿者，同时也包括各项校园活动志愿者、迎新志愿者、公益活动志愿者等志愿服务工作，这些活动在提高学生能力的同时教会他们学会感恩，用自己的力量回馈社会；学生资助宣传大使进校园活动，在暑假期间，学校会组织受助学生回到生源地所在的高中开展资助政策宣传活动，分享自己的受助过程，讲解相关资助政策内容，给即将步入大学的学弟学妹们答疑解惑，帮助更多想要上大学的学生消除后顾之忧。大学生需要通过不断的学习来提高自己的感恩认知能力，同时，大学生还要投身于社会实践，感恩实践活动可以增强学生的情感体验，让大学生不再以自我为中心，学会换位思考，以此激发感恩意识，唤醒大学生内心向善的品质。

四、民办高校资助育人工作反思

（一）建立和完善监管机制

民办高校要想把资助育人政策落到实处，必须建立完善相关监管机制，加强对高校资助育人管理工作的监督检查和考核力度。在监管机制作用下，规范相关工作人员操作流程，针对资助育人工作存在的问题，及时进行整改，有效确保奖助学金精准落实到位，各项资助活动有序开展。资助育人工作任重而道远，要建立健全各项资助政策和机制，保障资助育人工作顺利进行。

（二）进一步拓宽资助渠道

民办高校不是国家财政性教育经费举办的高校，相对于公办高校而言资金实力比较薄弱，资助渠道也相对较窄，困难学生受助范围有限等问题将不利于民办高校资助育人工作的开展，相关问题亟待解决，在解决过程中要充分利用民办高校与各企业间的紧密联系，采取多元化合作方式，进一步拓宽资助渠道。政府要加大扶持政策支持力度，引导社会力量参与到民办教育事业当中去，促进民办院校更好地发挥其作用，为培养人才提供良好条件。

（三）提高资助队伍稳定性

学校资助队伍的稳定性是资助育人工作有效开展的前提，在高校资助工作主要由学校的资助中心和各院系辅导员组成，想要提高队伍的稳定性就要加强资助队伍建设，特别是辅导员队伍建设，加强辅导员队伍的职业化和专业化发展，搭建辅导员工作平台，提升专业化水平，重视高校思想政治素质培养，增强服务意识，提高综合素质能力，以更好地促进民办高校资助育人工作的开展。

（四）资助育人工作品牌打造

资助育人工作是高校学生工作中一项常规工作，如何把“平凡”的工作做得“不平凡”，成为各高校需要思考的问题。在品牌打造的过程中，各高校应根据自己的实际情况，具体问题具体分析，做到有的放矢，突出自己亮点，可以极大地促使高校资助育人体系不断健全和完善。

参考文献

[1]陈海静．民办高校教师流失问题研究[J]．市场周刊，2022(19)：46－49.

[2]颜丽娜．高校发展型资助育人路径探索——以某民办高校资助育人实践为例[J]．产业与科技论坛，2020(22)：120－121.

[3]夏亚莉，黄伟军．高校“333”资助育人工作模式研究——以安徽中医药大学为例[J]．内蒙古财经大学学报，2022，20(4).

[4]崔杰．新时代高校资助育人体系实践探索——以大连民族大学经济管理学院为例[J]．西部素质教育，2019(7)：2.

[5]刘云博．新时代高校精准资助育人质量提升研究[J]．教育财会研究，2019(2)：66－70.

罗尔斯和哈贝马斯的共识观比较研究

梁雪倩

摘　要：罗尔斯认为不同的前提有可能获得同样的结果，提出了重叠共识理念；哈贝马斯则认为共识只有通过主体间的对话才能形成，更为认可商谈共识。罗尔斯和哈贝马斯在共识观方面的主要差异和争论有：为论证共识形成所设计的公共理性和理想情境孰优孰劣？共识是程序共识还是实质共识？共识应强调维护合法性抑或是正义性？两人的共识观虽有分歧，但都致力于寻求多元社会中的理性共识，在学术交锋过程中相互补充发展。

关键词：罗尔斯；哈贝马斯；重叠共识；商谈共识

面对现代社会观念与价值的多元性，罗尔斯和哈贝马斯都在努力探求共识何以可能。罗尔斯认为不同的完备性学说有交叉重叠的部分，而哈贝马斯一直以来都试图建立一种商谈伦理学，强调共识必须在对话过程中形成。虽然罗尔斯和哈贝马斯两个人研究的侧重点有所不同，但在共识问题上他们有过学术的交锋，并且在争论过程中逐渐明晰了各自的理论。罗尔斯从政治的角度出发，认为存在着基本的善观念和道德预设，人们能在实质上达成对正义的共识，这种共识虽然不一定包含真理性，但能帮助人们做出公正的选择；哈贝马斯则从社会交往出发，希望通过建立一种对话的商谈程序来达成共识，并且认为这种在规范条件下形成的共识具有合法性，因而能够起到认知判断的作用。无论是罗尔斯的重叠共识还是哈贝马斯的商谈共识都有其建树和偏颇的地方，辩证综合二者的共识观才能正确处理世界文化的多样性，促进现代性事业的发展。

一、重叠共识与商谈共识

《正义论》的出版让罗尔斯声名大噪，但问题也随之而来：在多元主义背景下，人们凭什么相信罗尔斯预设的那一连串正义原则序列呢？因此罗尔斯又出版了《政治自由主义》一书，力图证明人们能够运用公共理性的集体推论，从而取得一种超越各种完备性学说的同时又取得各类学说支持的重叠共识（overlapping consensus）。完备性学说能够串联起一个社会的政治、道德、文化等方方面面的内在逻辑，其构造出了一个融合的价值体系，进而影响人们的认知判断。罗尔斯认为，不同完备性学说背景下的人们有着不同的价值追求，这些分歧有可能会影响社会的稳定性，因此人们有达成共识的欲望。由此，人们便会在不违背自身意志的同时尽可能地宽容他人的学说，并且各种完备性学说都有其自身的逻辑，因此人们运用理性去对某些政治观念作判断便有可能达成共识，例如几乎所有公民都认可立宪民主、法治、自由、平等、公正等政治价值。重叠共识本身并不是一套完备性的学说，重叠共识也不试图改造任何一种完备性学说本身，而是将分歧朝着一致的方向作出符合不同学说逻辑体系本身的阐释，从而使得全体理性公民的观点尽可能趋同，以此维护社会统一和团结。

重叠共识理念是罗尔斯阐发政治自由主义的一个重要支柱，与他的正义论一脉相承。罗尔斯指出，只有在正义的社会当中才能形成重叠共识，因为在正义的社会当中全体公民一律自由而平等，能够最大限度地激活公共理性，致力于实现社会和谐发展的理想，而这三者是实现重叠共识必不可少的条件，因此可以说正义理念是重叠共识的核心。尽管罗尔斯提出重叠共识理念主要是为了强调在多元理性的社会当中维护正义的重要性，但这一理念本身的意义已经远大于此，重叠共识使得各种整全性学说能够合理共存，成为调和社会矛盾冲突和培育理想公民的润滑剂。

哈贝马斯则无论是在阐述他的公共领域思想，还是建构交往行为理论，本质上都要建立一种商谈共识。哈贝马斯认为真正的共识是不同价值观念的人能够彼此互相理解和认可，而不是从各自的角度出发去下判断时碰巧做出了同样的选择，共识意味着即使一开始没有某种思想观念的人最后也能够形成新的认可，因此共识只有通过主体间的对话与商谈过程才能够形成："沟通的目的是要达成一种共识，而共识的基础是主体间对于有效性要求的认可。这些有效性要求反过来又是由交往参与者互相提出来的，并可以加以彻底的批判和检验。"①如果一个彼此都能够清楚的理解表达具有真实性、正确性、适当性的有效性要求，那么这个表达便应该为大家所接受，这个表达便能成为共识。但是，因为言语者向他人一次只能提出一个有效性要求，在不同的时空和语境条件下，适当性和可理解性等有效性要求可能会发生些许的改变，因此只有在商谈的过程中不断明晰才有可能最终形成共识。

在商谈过程中，语言作为人与人之间相互理解的媒介既可以描述客观世界的事实（真实性），也可以规范社会世界的秩序（正确性），还可以表达主观世界的想法（适当性）。也就是说，内在于语言当中的有效性要求广泛地存在于主客观世界和社会交往当中，由此商谈共识在人们的社会交往当中可以广泛存在，无论是政治问题还是社会道德问题，都可以用商谈去达成共识。可以看出，哈贝马斯的共识观念不仅仅是为了寻求民主政治社会的共识，而且也是为民主政治社会夯实道德根基，商谈共识可以有效地批判后现代社会中的道德怀疑论，这是罗尔斯的重叠共识理念不过多重视的地方。哈贝马斯和罗尔斯的共识观念在立足点和目标方面有所不同，这也注定了二人在此问题上的争论。

二、罗尔斯与哈贝马斯之争

（一）公共理性与理想情境孰优孰劣？

罗尔斯指出，每一种完备性学说都有其理性逻辑，没有任何一种完备性学说能够获得普遍的同意，但在这种理性多元的情况下人们之所以还能够达成重叠共识，这与公共理性密不可分。公共理性要求人们基于一种普遍的推理形式而作出策略，从而达成各种分歧意见的一致性。公共理性并不依赖于某一种完备性学说，因而重叠共识也不追求成为一种完备性的学说，它只是出于稳定性的考虑让各异的理由指向同样的方向，重叠共识并不一定具备真理性。此外，公共理性是全体平等公民的理性，并且以公共善为最高目标，因此罗尔斯认为公共理性的

① 哈贝马斯. 交往行为理论[M]. 曹卫东译. 上海：上海人民出版社，2018：173.

诉诸应当限制在“宪法根本”和基本正义这样的根本性政治问题上。道德问题和策略行为有所区别,人们不应该过多地运用公共理性去对道德规范指指点点,人们达成重叠共识不一定是要获得同样的道德观念,只要在政治实践达成共识即可。

哈贝马斯对于商谈共识的形成则预设了一个理想的言说情境,商谈过程必须遵守平等发言、批评自由和畅所欲言的对话规则,同时他们的发言必须满足上述所说的有效性要求,如此方能形成真正的共识。这样的言说情境对公民自身的要求和对话环境要求非常高,并且依靠公共的语言结构,哈贝马斯认为商谈共识实际上具有普遍性质:“因此,共识和实际中偶然的意见一致(bereinstimmung)有所不同。沟通过程所追求的是共识,它满足了合理同意表达内容的前提。一种通过交往而达致的共识具有合理的基础。”每个人必须基于合理的理由来立论,同时只有经受住他人的批判的言论才会获得他人的认可,由此商谈共识便具有了道德规范的作用,进一步指导人们的认知判断。

罗尔斯将商谈共识放到政治问题上讨论,主张人们不要对道德问题作出政治的妄加判断,例如面对风俗习惯等社会分歧时避免政治的一刀切,这确实能够有助于将政治权力限制在一定的范围之内,在维护政治共识的同时又允许了多元文化的并存。哈贝马斯则设置了一个严密的商谈程序,并使得商谈共识的达成几乎适用于所有的公共讨论,使得无论是道德问题还是政治问题人们都有达成共识的可能,并且延续将善作为政治第一要义的哲学传统,使得政治价值也有了美德的支撑。罗尔斯批评哈贝马斯所谓的理想商谈情境在现实中很难获得,人与人之间稍微的话语压迫便有可能使得商谈失去自由与公正性,商谈共识可能只是一个理想。但事实上,罗尔斯所提出的公共理性理念所呈现的也只是一个理想,人们事实上很难把公共理性和一般的理性行为区分开来,在政治讨论时很难完全悬置个人的文化背景和思考习惯,道德观和政治观可能会不适时地发生混淆。

(二) 一种实质共识还是程序共识?

实质主义可以简单理解为事物本身或者事情的结果符合预设的判断;程序主义强调一种看得见的过程,重视过程的合法性大于事情的结果。罗尔斯在一开始论证其正义理论时,认为正义依靠纯粹的程序来达成,只要达成结果的程序是正确的,那么无论结果如何都是正义的。对此他举了一个赌徒的例子,认为只要赌徒都公认了赌博的过程,那么谁赢谁输都符合正义。由于罗尔斯认为社会制度的安排都需依据正义原则,当他自认为正义是一种程序正义时,那么他对人们形成政治共识的看法也自认为是一种程序共识,“如果当我们试图想象这一理想的程序是怎样进行时,我们得出结论说大多数参与这一程序并执行其规定的人都将赞成某一法律或政策,那么这个法律或政策就是足够正义的,或至少不是不正义的。”[①]可以说,罗尔斯在《正义论》中所提出的“多数裁决原则”和在《政治自由主义》中详细阐述的“重叠共识”有着异曲同工之妙。

尽管罗尔斯认为他的理论是程序性的,但是他也一直强调所谓的程序过程有着理想的预设,之所以多数裁决原则是合理的是因为无知之幕意味着每个投票人都是公正的,集体讨论反而会影响投票人的中立性。而人们之所以达成正义的共识,更是因为正义具有“自由”和“平等”这两种普遍的价值。由此哈贝马斯批评罗尔斯的所谓的人们对正义达成的程序共识其实

---

① 罗尔斯. 正义论[M]. 何怀宏等译. 北京:中国社会科学出版社,2009:280.

是一种实质共识。对此，罗尔斯专门在《政治自由主义》的最后一讲“答哈贝马斯”中申明：“一种程序的正义总是依赖(除赌博这种特殊情况之外)于其可能性结果的正义，或依赖于实质性正义。”[①]也就是说，一个程序所产生的结果没有一个评判的标准，那么这个程序也就无从判断好坏，那么便无法寻求达成共识的程序。

而在哈贝马斯看来，要想在更高程度上达成共识并不一定需要预设无知之幕来假设公民处于一种中立状态，当处于商谈当中的个人具有不同的偏好和知识水平时，他们才会真正去寻求他人对其自身的理解并试图去理解他人，这样主体的自身自利性思维便有可能转变为主体间的思维，培育出真正具有社会责任感的公民。所以，共识的形成必须遵循商谈的过程，首先通过反复讨论和批判列出多种回答，紧接着按照类似少数服从多数的程序做出决策，最终将决策上升至法律，由此确保共识的实效性。哈贝马斯的这种程序共识相比于罗尔斯的实质共识有着更多的开放空间，他能够有效尊重每一个进入商谈程序中的个人意见，避免了哲学家的形而上学预设。

(三) 正义性抑或合法性?

罗尔斯从他的正义理论出发来提出重叠共识理念，正义作为罗尔斯政治哲学中的根本价值，所谓重叠共识也自然而然是为了达成一种正义的共识。因此，重叠共识必须基于各种完备性学说而提出来，由此便能摒弃那些私人性的观点，并且尽可能地整合各种学说，在尽可能不偏不倚的基础上获得公正性的共识。哈贝马斯则依照一贯程序主义的路径，认为确保商谈程序的合法性才能形成真正的共识，“一个行为系统或是一个生活秩序，只要依靠的是它们的合法性，它们所立足的实际上就是‘共识有效性’(Einverst ndnisgeltung)。共同体行为的共识特征在于：集体成员承认他们的行为规范，他们相互之间也都知道，必须承担起遵守规范的义务。”[②]在哈贝马斯那里，共识最重要的是提供一种合法性，由此抵抗后现代社会中个体的原子化和疏离感，维护社会的团结和稳定。

罗尔斯批评哈贝马斯对合法性的过度强调有可能会导致一个合法却不正义的政权出现：“一种合法的程序产生合法的法律和按照该法律制定的合法政策，而合法的程序可能是习惯性的、长期确立起来的和人们已经接受的。”罗尔斯的批评不无道理，毕竟印度的种姓制度、伊斯兰教对女性的歧视等并不遭到当地人的反对，但显然这种合法性长期来看并不利于社会和个人的发展。不过我们也应当警惕罗尔斯对正义理念先入为主的判断，重叠共识或许能使各种完备性学说并行不悖，但是对于不重叠的部分自以为持正义的一方是否有权对另一方发起攻击呢？仅仅强调合法性确实无法保证社会的长治久安，但是能够在不断的调节过程中实现逐步改革，因为商谈过程会尽可能地包容更多人的利益；维护共识的正义性确实能够保证政策和法律在大方向上不出错，但是要尽可能避免一种体制对另一种体制的越位干涉，毕竟人们不能为了自己心目中的公平而制止孔融让梨。

当然，罗尔斯也认可各种学说自身的独立性，毕竟重叠共识从不会试图去改变原有的完备性学说，所谓的共识更多时候是以一种中立的态度来面对各种政治事务，除非某种学说实在是有违正义才会加以拒斥。一种合法性的共识很多时候也会与正义联系在一起，毕竟合法性便

---

① 罗尔斯．政治自由主义[M]．万俊人译．南京：译林出版社，2011：390.

② 哈贝马斯．交往行为理论[M]．曹卫东译．上海：上海人民出版社，2018：246.

是要尽可能得到绝大多数人的认可，强调共识的合法性更有利于包容多元文化，这有助于人们更好地应对后现代主义思潮。

三、罗尔斯与哈贝马斯的共识观评价

罗尔斯的重叠共识和哈贝马斯的商谈共识因为两人学术偏好的差异，因此在理论基础、论证思路、学术目标上难免存在着差异，但是经过以上的分析，我们可以知道：公共理性和理想情境的预设虽然都有其理论困境，但是本质上都有利于澄清共识造成的一些诘难，特别是要注意避免共识的强制力和强迫性；单纯的程序共识和实质共识都难以自圆其说，在达成共识时应该既要符合一定的程序，但同时也要认识到某些实质性共识在其中所起的作用；具有合法性的共识能够成为人们互相信赖的基础，但我们要尽可能在合法性的基础上使得共识趋向正义性。但是，仅仅单纯整合罗尔斯和哈贝马斯的共识观，剥离掉他们的理论自身有待商榷的地方，不仅不能获得一种真理性的共识观，还有可能会遮掩住他们各自共识观所应有的不同光芒。因为他们的理论有着自身的逻辑体系，他们虽然不能够在方方面面做到完美，在理论架构上可能有着些许的漏洞，但是当我们尝试用他们的目光去审视他们的论证过程，我们便会发现他们对共识的观点有他们自身的考量，他们遭受批评的某一个点从另一个角度来看具有巨大的理论穿透力。我们必须承认，这个世界上有着太多的不确定因素会影响共识的形成，在动态变化而又复杂多面的世界里，我们只能尽可能极限接近终极真理，能够建立自身理论去阐明时空的某个维度已是难得。

尽管罗尔斯和哈贝马斯之间争论多于赞赏，但他们也有许多趋同的地方。首先，他们都尊重多元文化的合理性，罗尔斯承认理性多元论，哈贝马斯希望在商谈中尽可能纳入每一个主体的利益考量，并且他们都试图在各种分歧中达成共识以维护社会的稳定性；其次，他们都认为理性是形成共识的第一条件，罗尔斯的重叠共识概念与公共理性密不可分，哈贝马斯则认为共识必须遵循严密理想的商谈程序，宗教和情感虽然也可以促成共识，但所起的作用是次要的；再次，他们都认可共识有一个动态发展的过程，罗尔斯认为重叠共识会不断交叠扩大共识面，哈贝马斯更是强调商谈互动是不停息和开放的过程，共识会不断纳入新的共识。此外，罗尔斯和哈贝马斯的共识观也有许多可以互相补充的地方，哈贝马斯严密的论证逻辑和商谈伦理学可以更好地论证罗尔斯许多预设的实质性价值，而罗尔斯基于正义共识所建构的各种原则亦有助于建立一个和谐团结的良序社会，他们之间的学术交锋可以帮助他们的理论不断完善和超越。

结语

现代性的不确定既需要共识来维系社会的稳定，也呼唤着一种海纳百川的包容精神，以应对多元文化的冲击。面对这种不确定性，我们需要哈贝马斯那种程序性的商谈共识来与时俱进，也需要像罗尔斯那样在尊重多元理性的同时坚持信任公共理性。墨菲的社会冲突论确实能够激活多元文化的活力，但是过于激进的社会斗争难免附带不小的破坏性，罗尔斯和哈贝马斯的共识观显然有助于保护现代性留下的遗产。这是一个思潮激荡的时代，亦是一个休戚与共的时代，相比于斗争，达成共识更为重要。

参考文献

[1]哈贝马斯.交往行为理论[M].曹卫东译.上海:上海人民出版社,2018.

[2]罗尔斯.正义论[M].何怀宏等译.北京:中国社会科学出版社,2009.

[3]罗尔斯.政治自由主义[M].万俊人译.南京:译林出版社,2011.

[4]李佃来.施特劳斯、罗尔斯、马克思:政治哲学的谱系及其内在关系[J].中国人民大学学报,2014,28(04):59-68.

[5]李佃来.合法性:哈贝马斯政治哲学的焦点[J].人文杂志,2010(05):7-15.

[6]惠春寿.重叠共识的公共性与辩护性[J].学海,2019(06):57-63.

[7]王晓升.宗教多元主义条件下的社会团结如何可能——哈贝马斯的思考及其启示[J].求是学刊,2019,46(03):27-35+181.

[8]蓝江.仪式与交往理性——哈贝马斯晚期对政治哲学的修正[J].马克思主义与现实,2019(01):106-113.

[9]周萍.哈贝马斯的程序正义思想及其对罗尔斯的超越[J].南昌大学学报(人文社会科学版),2018,49(06):40-46.

[10]赵志坚.限制-收敛与反转-扩展——罗尔斯与哈贝马斯道德视角建构路径比较[J].哲学动态,2018(11):78-87.

[11]段元秀.政治哲学视域中的理性共识观论辩——以墨菲对罗尔斯、哈贝马斯理性共识观的批判为视角[J].云南社会主义学院学报,2017,19(03):131-136.

[12]雅文.程序与实质:一种对罗尔斯的辩护与批评[J].学术月刊,2017,49(06):51-58.

[13]陈肖生.实践理性、公共理由与正义观念的辩护[J].南京大学学报(哲学·人文科学·社会科学),2015,52(03):129-141+159-160.

[14]胡军良,薛冰.哈贝马斯与罗尔斯"家族内部之争"的三重迷雾[J].理论导刊,2010(12):71-73.

[15]童世骏.关于"重叠共识"的"重叠共识"[J].中国社会科学,2008(06):55-65+205-206.

[16]赵祥禄.论哈贝马斯与罗尔斯对公共理性的争论[J].山西师大学报(社会科学版),2007(05):10-14.

[17]姚大志.何谓正义:罗尔斯与哈贝马斯[J].浙江学刊,2001(04):10-16.